衆樂樂

新樂府
truthist

古樂之美

苏泓月／著

人民音乐出版社·北京

代序

给苏泓月的一封信

苏泓月女士：

你好，谢谢你的书稿！

通过你清晰的文字描述，那些古代乐器如魔影般出现在我脑海里，它们的命运栩栩如生，穿越数千年的空间，带着古战场或宫廷雅士或街巷平民的气息奏出声音。

这本书很容易读，是所有专业音乐人士或爱音乐的人都值得留在手边的一本书。书里的资料丰富，把中国打击乐、弹拨乐以及吹奏乐的来龙去脉一笔画尽。你的解译和跨越时空的调侃，使读者一下进入到这个宏大复杂的声音历史，当然要弄明白这些文字记载中的声音和真实声音的联系，就得花上一辈子的工夫了。因为很多古代乐器现在已经消失了，或者同样的乐器也早就不演奏同样的声音了，那些古代的声音是什么？看你的书，更加让我感叹：中国音乐史真像一个运星不佳的巨人，且不说秦始皇焚书坑儒销毁了上古丰富的乐史经书；单说古代那些亡国君臣只要一面临亡国或亡了国，就怪罪音乐使人萎靡不振。于是音乐被加上种种禁忌的枷锁，以"使人抛却妄念"。到了如今，我们只能对这个不会为自己辩白的巨人曾发出的声音进行"猜测"。

你的漂亮文字和插图，把中国乐器的漂泊史为读者清晰展现，它们在人类社会中的出现和消失，反映了种族和社会结构发展的走向。如果说声音的振动频率如同巨神对人类意识的影响，那么乐器就像传达神旨但却被命运捉弄的草民，在世界各角落漂移。它们也像人类一样，适者生存，时而由于命运出现在皇室成为权利之音的象征，浑身刻满繁华；但世时一转，它就可能沦为民众的娱乐工具或干脆由于不适时宜而被彻底抛弃。

　　作为职业音乐者，我们常常面对西方巨大的音乐系统和散若荒沙的中国古代音乐经典而感叹。因为我们现在能听到的古代音乐，大部分是"教化之音"的结果，教化来教化去，我们就剩下了五个音来回演奏。尤其是这五个音，据说都是针对人体要命的五脉，所以潦草不得，因此古代教化主有最强大的理由来简化人们的音乐思维：要养生要活命者，噤声。

　　真幸好今天我们是生活在一个微观世界中，今天我们能够让所有的声音浮动出来，今天我们能草木皆音得猜，从村民的嚎歌猜回到古战场至宫廷；从一个滑音猜回到第一口人类的呼吸，启动我们生命中的全方位感受。

　　那些在上古被指亡国罪名的"靡靡之音"，它们曾经是什么声音？是不是中国古代的十二音律结构的声音？是不是那些上古六全音和各种即兴的移宫上下浮动的如同海市蜃楼般难以捕捉的音调？

　　谢谢你！

刘索拉

2015 年 11 月 10 日凌晨

引子

骨龠

摇响器

巫祭

那时候，他总是独自在田地里坐着。

用一枚尖又长的石刀，慢慢地将一根手指大小肢骨磨刻出细孔，关于细孔的定位，他心中自有测算方式，后世却没有人知道了。他边磨刻，边将它竖起来，嘴唇对着骨管一端，手指按住音孔，试着吹一吹，尖利清扬的声音，从那根管状肢骨里发出。

可能因为声音高低转折的变化有些弱，他不是很满意，于是在第六与第七个细孔间又加了一个更细的孔，便于控制和过渡，而有的孔被他磨大了些，为的是声音更加响亮。

这根肢骨来自一只被猎杀的鹤。在黄河中游一带的人们，靠耕田、捕鱼和捕猎为生，天上的飞鸟，地上的走兽，常常会被空中忽如其来的声音诱骗，那声音来自大地，响彻云霄，鸟儿听了以为同伴的呼唤，狮虎听了以为离群的野鹿，甚至密云不雨，久涝成灾，虫扰庄稼，瘟病蔓延，也可以试着通过这声音，在苍茫天地间，向未知的神灵说一说。

天有神，地有主。雨落下来，稻禾茁壮，是天神感应；当女人用陶纺轮织好苎麻，以骨针缝成衣服，用陶器煮好一家人的饭食，或者丰收时，人们堆起柴火，熏烤牲畜，围着他歌唱时，他便是地之主。

他是谁呢？是捕猎人，部落首领，巫师……所有身份都可以是他，他是那个独坐在田地里的男人。

他是独坐在中原大地上，生活在远古时期的先民，新石器时代的觉者。他也是一位数学家，区区几个小孔，排列起来端正威仪，它们的距离测算，定音精准，是个永久的谜，每一单调孔洞吹出的音，其韵无穷。

一孔洞开乾坤，一音包容天地，吹响之时，他自己便是天地，万物之主宰。

他一生，做过不止一根这样的骨龠，人们也称它为骨笛，不过它只是吹管乐器的初始形态，龠更加贴切。像这样精细的骨龠，有一根曾经摔断过，他在断处左右两边各钻了两个小孔，以线维系，再一圈圈缠绕固定，便又可以吹出他想要的乐声。

他吹的是什么呢？依和着迎面吹来的风，依和着面前或急或缓的河水，依和着天上散散聚聚的云朵，依和着自己安宁抑或不安宁的心。

他的气息，与大自然之气息共同起伏。

天风，云波，水浪，松涛，在他唇边，动静相合，汇总成抑扬音调，他的觉知，时而舒展，时而顿止，他对于世界的描绘，全情投入地通过他的气息，以这清远的骨龠声，随机变幻的音调，飘荡在人世间。

　　人们契刻记事，他的名字不知遗落在哪里，他并没有活在远古的传说中，手中的那支骨龠，伴随着一场隆重的葬礼，得以永留于世。

　　历史的残片，后人想象起来总是贫乏苍白。黄土之下，只存枯骨，却胜过世上万千鲜活生命。他下葬时，陪伴在身边的，有那支被修补过的断龠，线绳缠绕过的痕迹还在。物敬，先民敬天惜物，敬生死，敬万年不化的情意，从这支葬器可见。

　　他生活的时代，距今差不多八九千年。与他同遗址的墓葬，约十五座，位置在河南舞阳贾湖，被发现于 1986-1987 年间。出土的骨龠共有二十五件，多为鹤的尺骨制成。一件是半成品，存在窖藏中，两件残骨龠则被弃置在地层中，另外二十二件完好的骨龠与他们的主人随葬，多数被放置在主人身旁，这些主人皆男性，是巫师或者首领，是骨龠的制作者与使用者。

　　那支断龠和其它几支骨龠一样，管开七孔，且另有一调音小孔，在第六与第七孔之间，孔洞大小为大孔的三分之一，分七声音阶，而另一些则管开四孔、五孔、六孔，它们代表骨龠早、中、晚三个分期，时间跨度大约从公元前 5800 年至公元前 7000 年。

宫、商、角、徵、羽，另有变徵、变宫二声，西周以来的七声音阶在中国绵延了两千六百年，故可知，舞阳骨龠的七声音阶，已充分显现华夏先民的驭物智慧。有两支骨龠，形状相似，吹出来的音有高低粗细之分，为雌雄龠。

舞阳贾湖的先民，就这样以似鸟似鹿的骨龠，招飞禽引走兽，生之哀乐，命运跌宕，都留在音孔中，在音孔与音孔之间，依稀还能看见当时修修改改的等分痕迹。

史前文化是巫觋文化。女巫为巫，男巫为觋。

他们是原始部族的精神领袖，能巧饰、掌规矩、善卜医，知天文地理，是创造刻符记事时代的圣人智者。

巫咸、巫贤、巫彭，史籍中有据可考的殷商王室著名巫师，同时又是名臣与名医，这样的巫，传说有十位，《大荒西经》："有灵山、巫咸十巫从此升降。"

山是神的居所，巫觋在这里接天引地。也有帝王陟山，祭诸神，而王自己，往往也是巫。陈梦家曾总结说："由巫而史，而为王者的行政官吏，王者自己虽为政治领袖，同时仍为群巫之长。"

群巫之长，帝王身，比如"依鬼神以制义"的颛顼，黄帝之孙，五帝之一。颛顼的时代，对应新石器晚期的龙山文化时代，约距今六七千年前。《书·吕刑》："乃命重黎，绝地天通，罔有降格。"重与黎，颛顼的二位嫡孙，颛顼命重上承天，管理通天事务，黎下接地，管理地上群巫，将接通天地的巫觋之职，正式归帝室独占。

如此，天地各有其所，建立纲纪秩序，为政治稳固所用。在此之前，人人可祭神，家家有巫史。

人之始，自觉渺小，希望感通天地，引召万灵，遥想远古之音，旷远若日月山川，从而使精神上脱离生活的苦难，现实中远离灾厄祸乱，得到尽可能丰盛的物质。

巫觋与神灵之间有条笔直道路，两边是熊熊烈火，一路载歌载舞，敲敲打打，陟神山，敬神树，引神鸟，祓禳牲血，饮酒服药，借手边易得之物，弄出各样声响，到达迷幻颠狂时，巫觋的本领显露出来了：他们的灵魂向上飞升，看见神在殷勤召唤下，自上界以山以树为梯，降至人间。

当他们的灵魂缓缓向上，去接引神灵时，手中或身上的摇响器在发生作用，可能是一只装着果籽的葫芦；可能是一枚陶泥做的空心圆球，里面填上陶弹丸、沙砾；也可能是一只龟甲，甲腹里是细碎石子，随着巫舞开始，身体跳荡，它们在碰击中发出哗哗、沙沙的声响。

声响并不高，不像骨龠或者骨哨，不像击石鸣球，人们唱起狂歌，歌声游灵似回荡在山谷间，它们集体摇出节奏，和着骨龠、铃哨的声音，还有竹木棒的击节声、跺脚击掌声，史前人类的通灵音乐会，王国维称之为中国戏剧的来源，它们有主题：丰收，凯旋，求雨，嫁娶，殡丧……有情节，有专门的仪式，步骤，道具，服饰，歌辞。

1987年，与二十支舞阳骨龠同时出土的，还有六或八枚一组的龟甲摇响器，除此之外，别无其它乐器，虽然人类在旧石器甚至更早的时代开始了音乐活动，但实物与文字已然无存。

龟甲摇响器，随主人下葬时，被放置在主人身上，或者双手所及之处，也有的放置在主人头顶，背甲与腹甲扣合，上下甲的结合部位钻有若干个缀合孔，内装黑白及彩色小石子，它们和骨龠一起，构成了华夏大地上最古老的乐器组合方式——吹奏与击奏的组合。

龟腹内，小石子的数量与色彩、形状不一，可见它们并不单纯只是发声工具，还可用来记数、记事、占卜，奇偶数与黑白阴阳占断吉凶，问天气，问命运，天神旨意如种子一般撒落在黄土地上，这些只是猜测。

灼龟甲，观其裂纹问卜，由牛、鹿、羊、猪的肩胛骨为始，新石器时代华北地区龙山文化常见，直到殷代之前的黑陶时期，都没有出现过龟。殷人与南方交通繁盛，在公元前3200—前2500年的花厅村文化时期，先民弃兽骨用龟板，最早的文字是由图画演变而成的象形文字，刻在甲骨上的卜辞，这是题外话。

　　西汉贾谊曾说："吾闻古之圣人，不居朝廷，必在卜医之中。"占卜行医不分家。

　　黄河上游，大汶口墓葬中，龟甲被置于主人的腰际，龟腹内有数十颗小如豆、大如樱桃的砂砾，扣合的背甲与腹甲上钻有圆孔，有的施以朱彩。它们的时间比河南舞阳裴李岗文化要晚两千多年。

　　其它花厅村文化时期的龟甲摇响器，龟腹内不仅有小石子，还有骨针和骨锥，龟甲上有三角形或环形绳索磨痕，曾经穿过绳索或系缀装饰流苏，是巫医随身所携之物。

　　龟甲之外，各地新石器时期遗址都有出土陶响器。仰韶文化的陕西姜寨，有细泥红陶制成的摇响器，出现得比龟甲摇响器晚约两千年，扁圆形，似两碗相扣，腹鼓中空，没有绳孔，摇之沙响。巫山大溪遗址出土的陶响器，细泥红陶制，有圆形及纺槌形，表面饰以组刺菱形篦点纹。

同为仰韶文化的甘肃野林寺沟出土过一件陶响器，刻以方格纹和菱纹。在长江中上游地区，湖北易家山石家河文化有十九件陶响器，为圆球状，外面饰着圆圈纹、螺旋纹、点纹、叶纹。

带有迷幻色彩的装饰纹，成为原始器具常见的装饰图案，或与巫师饮酒服药致幻有关。大汶口文化遗址已经出现酒器，为祭祀所用，巫师服之，可通神明，见鬼狂走，产生无限延展的图像，诞生变幻莫测的流动波纹，到殷商时代，酒药之风更盛。

陶响器，既用作巫舞，又用来逗哄儿童，甘肃临洮寺洼和兰州土谷台有婴孩墓，小小的瓮棺内，放着随葬的陶响球，古老信仰与大地的恩慈，长伴大地的孩子。

祭礼有季节性，在田园中举行，是对宇宙万物的感谢祭，周王朝的始祖后稷，被尊为农神，开创了郊天之祀，将原始农业祭祀与祖先崇拜合而为一，从而有祖先祭。

华夏先民的礼，由丧礼和祭礼开始。去者必有返，珍重异途魂魄，泉壤之下，金棺纳寒衣。人生于尘土，归于尘土，活着，悉心相待；死了，妥善安葬，以期再来，以期永生。荀子曰："事死如事生，事亡如事存。"正因为古人对丧礼的重视，后人才得以数不尽的出土实物，发现曾经灿烂的文明，探究文明形成之因。

最早的宗教崇拜是不可抗的自然，未知的神力，也是死去的亡灵。祭坛之上，敬奉日月星辰、

云风雨雷，以及三种神：超自然神、天地神灵、先祖鬼神。

商王武丁，以一千六百余件青铜、玉器、骨器、象牙、陶器，七千余枚海贝，十六个殉人、六条殉狗，盛葬生前战功赫赫的妻子妇好。其中有五件一组青铜编铙，既是军事金奏，又是祭祀礼器，大小次第有序，饰回字弦纹，为当时王室重器。即使这样，武丁仍不放心，他为妇好举行了冥婚，将她嫁给自己的三位祖先，以期获得庇佑。

国之大事，在祀与戎。巫觋与祭师，辅佐帝王，祭政合一，产生中国礼乐，以文字确立制度肇始于周。《周礼·春官》中的"大宗伯"是史载最早的"礼部尚书"，明确"大宗伯之职，掌建邦之天神、人鬼、地示之礼，以佐王建保邦国。以吉礼事邦国之鬼神示，以禋祀祀昊天上帝，以实柴祀日、月、星、辰，以槱燎祀司中、司命、飌师、雨师，以血祭祭社稷、五祀、五岳，以貍沈祭山林川泽，以疈辜祭四方百物……"

祭天地祭先祖，祭日月星辰，祭江山社稷，之后一切可祭。以何为祭，莫于乐，以何为政，莫于礼。《礼记乐记》："乐者，天地之和也；礼者，天地之序也。和，故百物皆化；序，故群物皆别。乐由天作，礼以地制。"

先民取法自然，后世制礼治律。礼乐治国，乐的至高追求是和，大乐与天地同和，人与自然共生，高尚的音乐使人内心平和，家国安定；礼的作用是维持天地间的秩序，使区分有别，上下尊卑，各循其位。

西周开始，礼乐纲纪以八音为基础：金、石、土、革、丝、木、匏、竹。宣告一个鼎盛的黄金时代来临，此后朝代更迭，无数番见证，盛极必衰。

时空轮转到今天，万物历经劫毁，新生更替，多少绝响，不复重来。

作此书，以追怀。

苏泓月

甲午立秋于京师

目录

卷二　灵石仪磬

爰有异石　096

卷三　旷土远音

卷一　金音汤汤

大地悲怀　110

鼓缶而歌　117

和铃央央　008

钟鸣鼎食　019

晓战随金鼓　032

卷四　革鼓雷灵

妙音飞花雨　043

玲珑环佩互宫商　053

殷殷鸣鼍　132

悬若日月　141

云间锣鼓　061

革鼓雷灵　146

禅钟出林幽　075

仙乐风飘何处　159

梵宫清磬　083

南唐已老　167

跋　未了缘 ——— 443

参考书目 ——— 446

卷五　丝弦清波

悲歌击筑 ——— 180

泠泠七弦上，静听松风寒 ——— 191

既见君子，并坐鼓瑟 ——— 204

宝柱秦筝弹向晚 ——— 218

箜篌引 ——— 234

停杯且听琵琶语 ——— 251

来听纱窗摘阮声 ——— 271

胡琴旧事 ——— 279

三弦五味 ——— 292

卷六　万木云深

合止柷敔 ——— 308

画堂檀板秋拍碎 ——— 317

山风向木鱼 ——— 325

吹叶嚼蕊 ——— 337

卷七　匏声凤音

今夜何人，吹笙北岭 ——— 350

卷八　竹雅清风

管中乾坤 ——— 362

参差凤鸣 ——— 372

紫箫声转香风回 ——— 381

虚无吹断 ——— 389

穿云裂石 ——— 397

凉月悲笳 ——— 411

觱篥无声河汉转 ——— 430

时间给它们增加了历史感和人文气，如同铜器上经久摩挲的厚重包浆。我们就这样看见了许多陌生，文明的转变，情感的疏离，茫漠幽眇。它们已经历了逝去，变成永恒，我们正处在繁华，奔向消亡。那年玉手，执箸轻击，慢吟浅唱，音声与花香，在回不来的时空里淡无了，又在怀想的空间里产生新的图像和新的意兴。

卷一

金音汤汤

金声冲容　秋分之音　莫尚于钟

人之始,自觉渺小,希望感通天地,引召万灵,遥想远古之音,旷远若山川泽沼。于是祭日月星辰、江山社稷、祭天地、先祖、神灵,"国之大事,在祀与戎",自青铜器时代开始,由祭政合一的国家统治形式,产生了以礼乐重器应和宗法制度、区别身份等级的华夏礼乐文明。

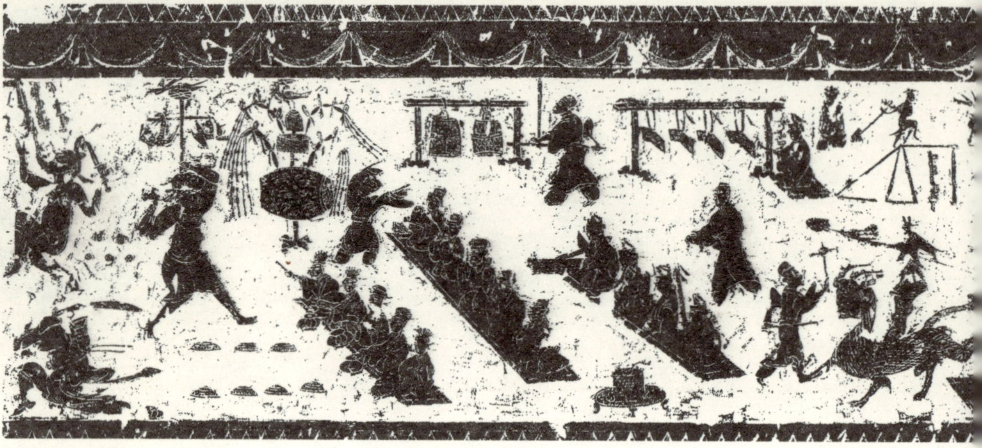

［东汉］《百戏图》（拓片），山东沂南汉墓画像石

和铃央央

> 载见辟王,曰求厥章。
> 龙旂阳阳,和铃央央。
> ——《诗经·周颂·载见》

大地承载万物,孕育万灵,万物的本原是火。

旧石器时代的人类,是渔民、猎人,攫取生活资料的方式极其简单。树上的果子,摘来就吃,鸟兽鱼虫,茹毛饮血。古希腊传说普罗米修斯以茴香树枝向太阳神阿波罗之车盗来火种,帮助人类走出无明,华夏传说则是燧人氏钻木取火,人间开始升起乐融融的炊烟。

炊烟使人类萌生安居意识，在烧热的石板上将食物弄热，或是堆起土灶，将食物弄熟，可以御寒、去毒、化腥臭。接着是原始农耕时代，在黄河或长江流域，人类懂得了撒种以收获粟、稻类谷物，将泥土匀水，捏成简单炊具，便有了家最初的温暖形态。

江西万年仙人洞的夹砂陶罐残片，其时间约公元前9000年，为新石器有陶时期。渐渐地，陶泥中的砂砾少了，泥质细腻起来，人们安居，才有固定制陶作坊，随着生活的丰富，器形愈加丰富。在农业发达的地区，陶器制作同步发达，北方草原和东南沿海，因着人们对炊煮需求少，陶器发展缓慢。

石器，令人类成为万物灵长，降获飞禽走兽，捕捞渔产；陶器，使人类向文明更进了一步，建屋、群居、安家，伦理演进，继而长幼尊卑，等级划分，筑城修池，部落生成，出现一个个小型城邦。

史学家将人类物质文化发展分为新旧石器时代、青铜时代、铁器时代……石器是对已有材料进行外形加工，青铜器却是物质能量之间的转换，从矿石中提取金属，再将它们由化合态转化为游离态。量变到质变的过程，中间绕不开陶器时代。

冶金技术紧跟制陶技术，人类通过制陶工艺的发展，来到青铜时代，青铜器以陶泥铸模，制陶工艺积累的火候知识与经验，为青铜器的铸造铺开道路，在石器与青铜时代之间，由陶器时代过渡，远古乐器的发展更是如此。

没有从天而降的钟鼓之乐，一切由大地而生，脱胎于浑浑泥土。

几乎所有早期青铜器形，都有陶制器形在先。青铜器时代开始之后，二者共生共存，此消彼长。裴李岗文化的陶制圈足碗、钵、罐，大汶口文化时期的陶鼎器、壶、豆等盛具，青铜器纹样延续陶器纹样，从早期绳纹、织物纹，到水涡纹、回纹、篦纹、三角纹、鸟兽图腾纹等，陶纹与青铜纹，气脉相连。

❖ ❖ ❖

人类起先没有语言，语言始自劳动时的号子，从而节奏产生，演进成歌。原始的伴奏是"击石拊石"，磨制石器时砰砰有力的欢声，有如后来的敲击乐器——磬。陶器时代来临，它承接了石器与青铜时代，龟甲摇响器之后是陶响器。

1956年，河南陕县庙底沟出土了一枚陶铃，经断代为公元前3900年左右的仰韶文化时期，已经有了铃最基本的特征：顶端有悬系的钮，椭圆形，上小下大，有两个应是系铃舌的斜孔。陶质是细泥红陶，整个高度不到10厘米。铃身已残破，时光哑然，如空中的尘埃无声无息，每一粒尘埃都有它的来处，亘古不变。

原始的造型，因人的气息而生，受自然感召而发。摇响器是混沌中空近圆形，一团气的形状，近乎无形，陶铃原初的样子也是囫囵的。

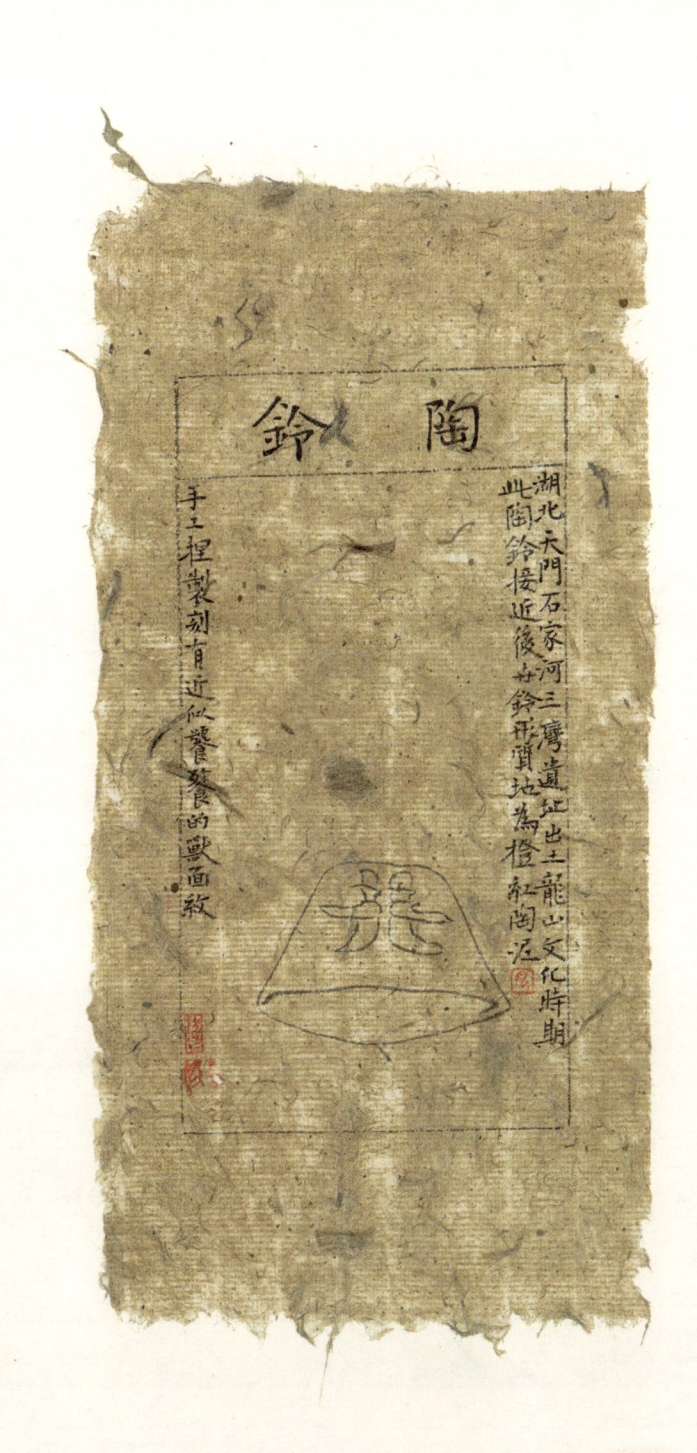

陶铃

湖北天门石家河三房湾遗址出土，龙山文化时期。此陶铃接近后世铃形，质地为橙红陶泥，手工捏制，刻有近似饕餮的兽面纹。

铃上用以悬吊的钮，后来演变成青铜钟的甬部；铃身的椭圆腹鼓，即后来青铜钟的舞部。看似是人赋予器物的形，实际是参悟了自然。朴实无华的器形，人的觉知在某个参悟的瞬间碰出的火光，不起眼，却有燎原之势。

另一处仰韶文化遗址在郑州大河村，是一个约五千年前人类栖居的村落。这里曾陆续出土了四件陶铃，均为细泥红陶或灰陶质地，差不多的样式，椭圆形的铃身，喇叭口，顶端平，有两个悬铃舌的圆孔。这里还出土了许多彩陶，上面绘着太阳纹、月亮纹、日晕纹、星座纹，那时候的先民，便已经开始观察星象，进入天文学萌芽阶段。

湖北天门石家河三房湾遗址，年代相当于龙山文化时期。这是一座史前古城，城高池深，有宗庙与宫殿，比商王朝的偃师都城早一千多年，曾经被废弃，又在西周时期重新使用，一段神秘的历史，留下陶塑人偶与牲畜让人们猜想。

泥塑的人偶里有高举大钺的统帅，有手里捧着鱼、跪坐的百姓，或许是鱼祭，原始农业时代的祭祀，无非鱼祭和祈猎祭。

这里发现的陶铃，形状与后世铃形更接近，质地为橙红陶泥，手工捏制，铃身有曲线优美，刻有近似饕餮的兽面对称纹样，又似鬼符，仿佛有种浑莽奋起的力量，生动刚烈，它从蛮荒太古中来，人类正欲破除无明时，张开大口发出一声呐喊。

早期，陶器或青铜器上的神兽，观赏起来有种神力，青铜器时代晚期的兽纹，变得呆板，没有鲜活气，纹样承袭太多之后，人们心中没有了原初的敬畏。

还有一只陶缸，被发现在石家河古城东面的蓄树岭，陶缸上绘着三种符号，代表农业、战事和祭祀。祭政合一的宗法制度，在此可见雏形。

青铜钟，编钟里的甬钟、钮钟、镈钟，由陶铃演化而来。而另一种自商代开始的青铜乐器铙，它的远祖则是陶钟。

考古发现的唯一一件陶钟，于1955年陕西长安斗门镇出土。四千多年前，龙山文化时期的先民对陶乐器尚处在懵懂阶段。钟有陶把，演奏者一手执把，一手用槌敲击钟体发声，泥质为灰陶，椭圆的钟体，短而阔的比例，前后厚薄不同的钟壁，十分笨拙，混混沌沌。

陶钟，陶铃，它们就像一个个未完工的试验品，蕴藏着无穷蓄势待发的能量，敲响了黑夜，等待时机成熟，新生命迅即破土而出，这就是姗姗而来的青铜时代。

❖ ❖ ❖

从前陶时代，到青铜时代，人类走过了大约七千年。

由蛮荒走向文明，经过漫长的陶器时代，陶泥、水、火，融合大地之气，从混沌到有形、有秩序，是"气"化的世界，人与自然最亲密无间的时候，从这里走向"礼"的世界，由夏朝开始，经过夏、商、西周、东周、春秋、战国、一秦统两汉，走过了上古，至汉代，是"人"的世界。

陶钟

陕西长安斗门镇出土，距今约四千年前，当时的龙山文化时期的先民对陶乐器尚处在懵懂阶段，此件为迄今为止考古发现唯一一件陶钟，是青铜乐器铙的远祖。钟有陶把，演奏者一手执把，一手用槌敲击钟体发声。泥质为灰陶，椭圆钟体，比例短而阔。

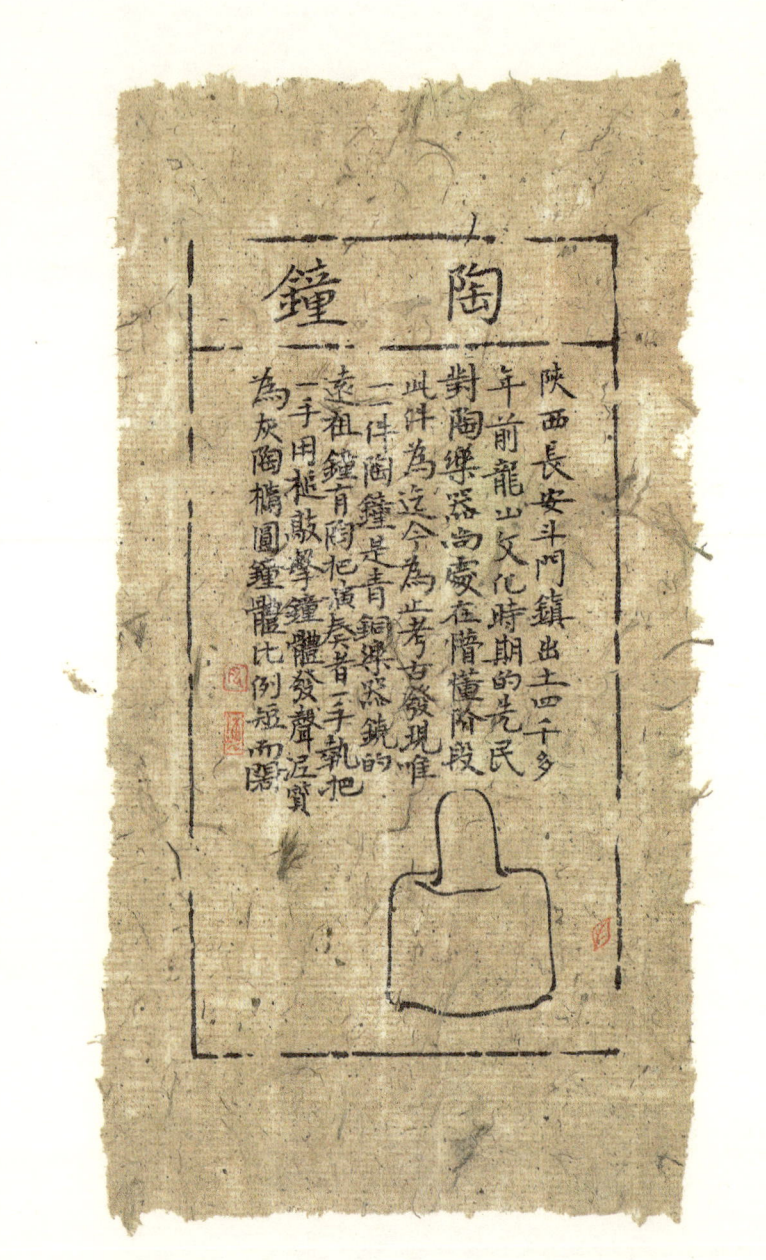

恢弘的戏剧在幕启之前，正如剧作家的废纸篓里总有无数张草稿。世上不会只存在过一枚红铜铃，只是不知道，它们身在何方，考古学家的工作究竟也没有终了之时，掘地十丈，新天地层出不穷，说不定哪天又会有别样发现，推翻过去的论断。

今天已知青铜钟器的祖先，是 1983 年在山西襄汾陶寺遗址出土的一枚小小的红铜铃，时代约公元前 20 世纪的夏朝。它是考古发现最早的铜制乐器，这里也出土了一枚近似的灰陶铃、一枚石磬及一只木鼍鼓，似乎是奴隶社会小型打击乐的组合。

铜铃浑身布满青锈，已见合瓦式雏形。合瓦式，是中国青铜钟类乐器独有的形状，略扁的橄榄形，似两片青瓦互相扣合，此后发现的所有青铜钟器均为合瓦式。

铜铃的铃壁厚薄不均，坑坑洼洼，处处是砂眼，铸工粗糙，但是散发出一种时间的美感。透过它，看见历史的纵深，铃顶端的悬舌孔，不存在的铃舌，有如苔痕梦影，让人们隔着时空，仿佛听见清脆的铃音，从遥远的年代悠悠传来。

陶寺遗址属于龙山文化时期，这里有王墓、观象台、道路、人们居住的洞穴或房屋，还有居民的公墓，公墓里的随葬品数量和品类已有明显的等级差别。大墓主人的随葬礼器，不仅有乐器，还有玉钺。下葬时，人们在他的木棺内撒了朱砂，他的身份可能是部落执掌军政的首领。可见，祭政合一的礼乐制度已经形成。

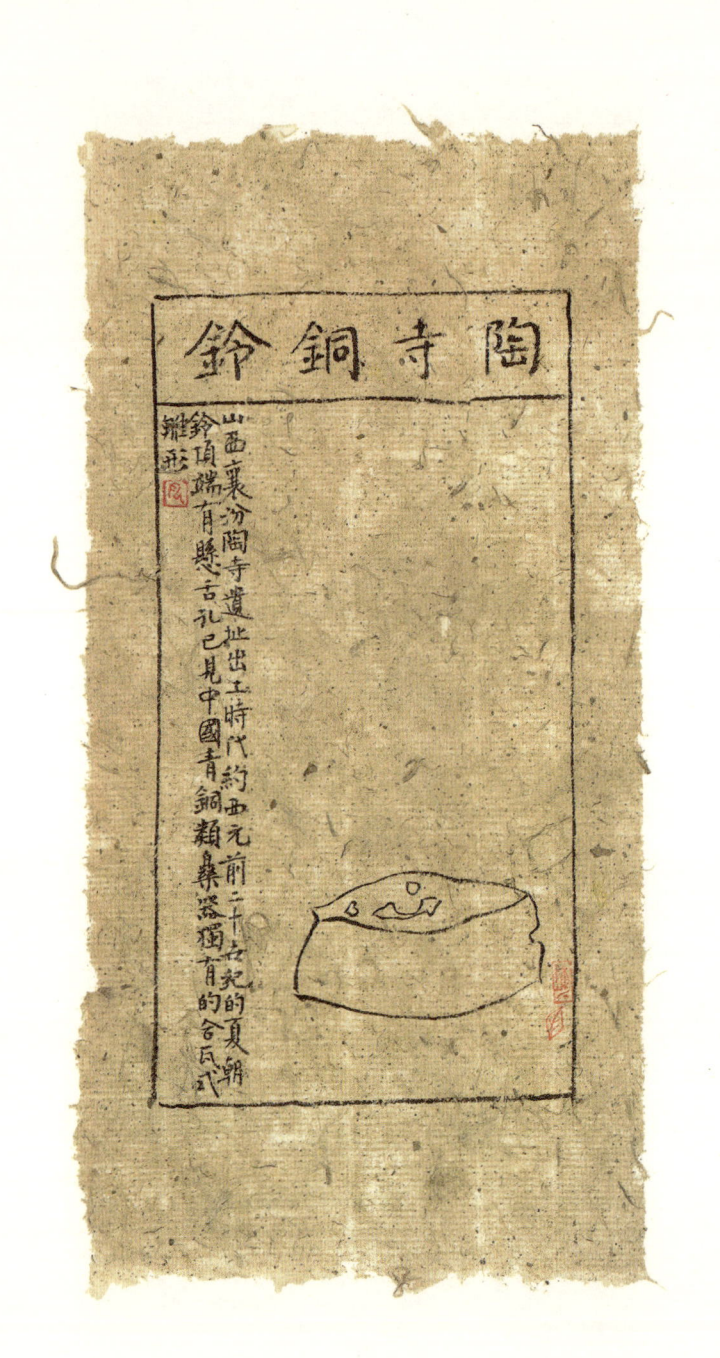

陶寺铜铃　山西襄汾陶寺遗址出土,时代约公元前20世纪的夏朝,铃顶端有悬舌孔,已见中国青铜钟类乐器独有的合瓦式雏形。

陶寺的铜铃、石磬、木鼍鼓，组成了一支简易的小型乐队，虽然它们的样子仍只是朦胧雏形，却已窥见一千多年后，西周钟磬乐悬制度的萌芽，绵延华夏文化近四千年钟鼓之乐的发端。

陶寺铜铃上承史前的陶铃，下启商代晚期的青铜执铃、兽面纹铜铃，西周中期应国贵族的编铃，西周末期的钮钟，直到战国早期的编钟，为一条清晰的发展线路。

青铜时代的初期，短暂出现过红铜时代，史传不列。红铜与锡的合金普遍常见。国家监督和组织劳工在矿区采集青铜矿和锡矿，越来越复杂的青铜器被铸造出来，大量铸块从矿场运送到作坊，途中有军队护卫。青铜器是社会秩序、国家稳固繁荣的象征，青铜时代自公元前2500年的夏朝开始，纵向跨越夏、商、周三代，至公元前500年，铁器的兴盛致其渐渐衰落。

河南偃师二里头村，有宫殿规模的夯土基址，房屋、制陶作坊、青铜作坊，有玉器及朱砂随葬的墓群，这里是曾经居住着权贵的国都，年代为夏代中晚期至商代初期，宫城方正规矩，有中轴线，后世的都城营建与它一脉相承。

出土的礼器中，有世界上最早的青铜礼器、玉器、骨器和兵器，其中酒类容器青铜爵、青铜斝，也是首次破土面世，还有多枚青铜铃，有的以数层丝麻织物精心包裹，配着玲珑的玉铃舌，金玉相彰。

经过打磨的玉铃舌碰撞着青铜壁，声音清脆，上层阶级的生活可以想象。

有的铃与殉葬的狗在一起，作为狗铃使用。纵观青铜乐器历史，铃的位置不算重要，发展到西周仅有一组九件的编铃，便没有更成规模出现了，它却在贵族日常生活中用途广泛。

格物致知，远古的铃，青铜器初始，缺陷诸多。音声没有规范，不过经隔数千年，从斑驳的铃身，能感知当初铸造它的那个人的气息。

愿意想象当时，他是如何穿绳过小孔，装上铃舌，摇振得声，得喜悦，一系列动作，依稀就在眼前。

随着国家成形，礼制完备，铸造技术先进之后，铃形与铃音，各件钟形，乃至由定音均钟规范过的钟音，敲起来，听见的便是大一统的教化之音，人的气息，悄悄淡去了，上了规模、有组织的生产，感受到的是王者意志，威武庄严之势。

《诗经》里，诸侯祭颂周天子武王，有描述："载见辟王，曰求厥章。龙旂阳阳，和铃央央。"诸侯们华丽的车队，绘着龙图腾的旌旗高高飘扬，一路上，挂在竿头的铜铃振响，连缰绳都装饰得金光灿灿，他们向先王奉献丰盛贡品，表以虔孝之心，又祈神佑新王姬诵，皇天之下，永保太平安乐。

那时候，新即位的周成王不过十二岁，尚不可担当国之柱梁，周公防国家离散，在幕后摄政，主持大局，引发后来的"三监之乱"。

铃音悦耳平和，在和煦的风中跳荡，像一首欢乐的颂歌，实际上，诸侯们的心里却各自有打算。

钟鸣鼎食

鼓钟将将,淮水汤汤,忧心且伤。
淑人君子,怀允不忘。
鼓钟喈喈,淮水湝湝,忧心且悲。
淑人君子,其德不回。
——《诗经·小雅·鼓钟》

青铜乐器,钟为本。

《吕氏春秋·仲夏记·古乐篇》说黄帝命令伶伦与荣将二位乐师铸十二钟,以和五音,新乐曲名《咸池》,演奏日期定在仲春月乙卯日,太阳正对天奎星之时。咸池二字,咸:皆;池:施予,布施。此曲的意义是遍施德惠恩泽,恒顺众生。

事实是，黄帝的时代，仰韶与龙山文化时期，青铜铸造业并没有发达到能铸出符合十二律吕声调的钟，以协和宫、商、角、徵、羽五音。

青铜乐器的铸造，随礼制发展而发展。商承袭夏制，周承袭商制。孔子是周礼的拥护者，曾说："周监于二代，郁郁乎文哉！吾从周。"周礼借鉴夏、商二代，青铜铸造业从商王朝晚期至西周是强盛期，礼乐承应宗法制度。周天子将土地分封给诸侯，诸侯又分封给卿大夫，卿大夫再分封给末等贵族士，一层层小宗与大宗的等级关系，构成了日渐完备的礼乐规格制度。

器以藏礼，因其名位不同，器的规格数量也各有不同。立制度是为了协助统治者巩固地位，稳定政治，制度从形成到成熟的过程大约四百年。

《周礼·考工记》有："凫氏为钟。"凫氏是冶铜工匠，这样世代相续的家族作坊，同时代有六位。他们分别是制削刀的筑氏，制箭镞、戈、戟的冶氏，铸钟的凫氏，制量器的栗氏，制搏器的段氏和铸剑的桃氏。钟的始作俑者，从考古成果来看，钟决非一人或一个冶铜家族始作，而是经过多年衍进，各地礼乐文明慢慢孕育、融合而成。

钟的形制，分甬钟、钮钟和镈钟三种，它们的远祖是陶铃和陶钟。最接近陶钟的青铜乐器是商代晚期南方百越聚居区的大铙，它是手持或安置柱架上敲击的乐器，铙口向上。

将铙倒置，管柄变成利于悬挂的吊钮，设旋和斡，或如铙一样植于柱架上，即是甬钟。

在西周早期的康昭之际，商铙演变为甬钟，陕西宝鸡、长安普渡村、

甬钟

前身为商铙,产生于西周早期的康昭之际,钟作合瓦形,舞部平坦,甬柱上细下粗,设旋和斡,钲部有枚三层,每层六尖顶,篆部下方正鼓部设乳钉,铣间为弧形。

甬 鐘

前身為商鐃,產生於西周早期的康昭之際,鐘作合瓦形,舞部平坦,甬柱上細下粗,設旋和斡,鉦部有枚三層,每層六尖頂,篆部下方正鼓部設乳釘,銑間為弧形。

湖南宁乡、湘潭均有出土。甬钟的悬挂部件是原始管柄的圆柱形，称为甬，于是所有钟器的管柄部位都称为甬部，甬钟的名称也是这样来的。

钮钟与甬钟接近，差别在于吊钮部分为环状，似扣钮，故名钮钟。它出现时间晚，约在西周晚期至春秋早期。彼时，中、小贵族之间流行编钟之乐，为使钟的音列丰富，甬钟和铃钟衍生出钮钟，可以说钮钟是周王室衰弱，诸侯擅自享用越级的乐悬规模时衍生出来的新品种。

钟上端，甬部所立的平面，为舞部；钟体中部通常有一个狭长的区域，为篆部；它的下方，鼓如腹，称为鼓部；篆的两侧，往往饰有图案纹样，为钲部；钟面上有乳钉状、列阵的突起，称为枚。乳钉与诸多青铜器上的乳钉纹一脉同源，古人攻城，守城门有"一寸一涿弋"之说，涿弋是门钉。钟是合瓦形，下端凹，有两角，那个叫作铣。

镈钟出现很早，殷末周初，便已成形。目前存世最早的青铜镈钟，是1890年出土于陕西法门寺任家村的西周克镈，同时出土的青铜器中还有一件克钟。克为周宣王时代的贵族，钟与镈上均有铭文，表示了作为诸侯的克，对周天子的拥护和颂扬，克授受了周天子的赏赐之后，造器铸文，记录这无上光荣的时刻，传递王的神威，不仅是一时的纪念，更要"子子孙孙永宝。"

克镈顶端有悬吊的钮，正背两面的中央各有一条相对的镂空夔纹扉棱，舞部饰有窃曲纹，上下绊带，饰云纹和菱形纹，浑穆凝重，华丽端庄。它通身泛着青绿色铜锈，不由想起石评梅女士的《墓畔哀歌》：我想让丹彩

钮钟

出现于西周晚期至春秋早期，置悬挂的环状把，形似钮，故名钮钟，舞部平坦，钲部有乳钉三层，每层六枚。

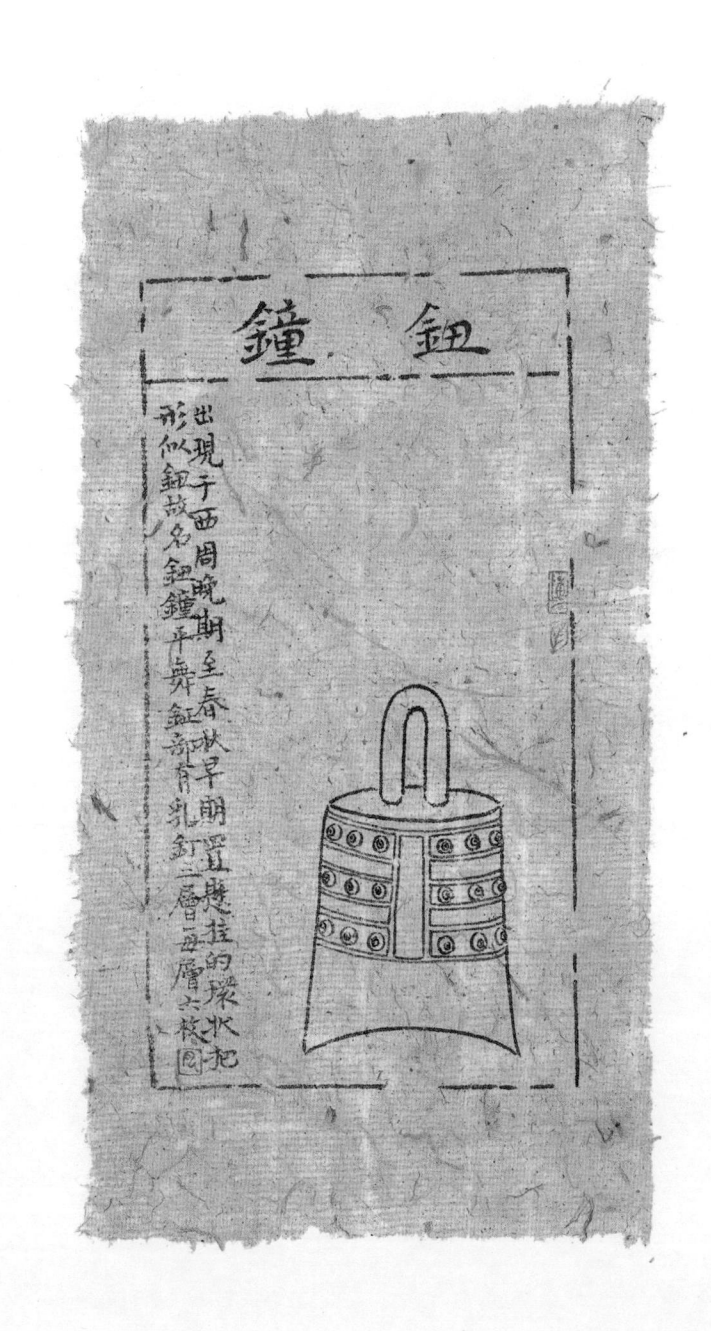

镈钟

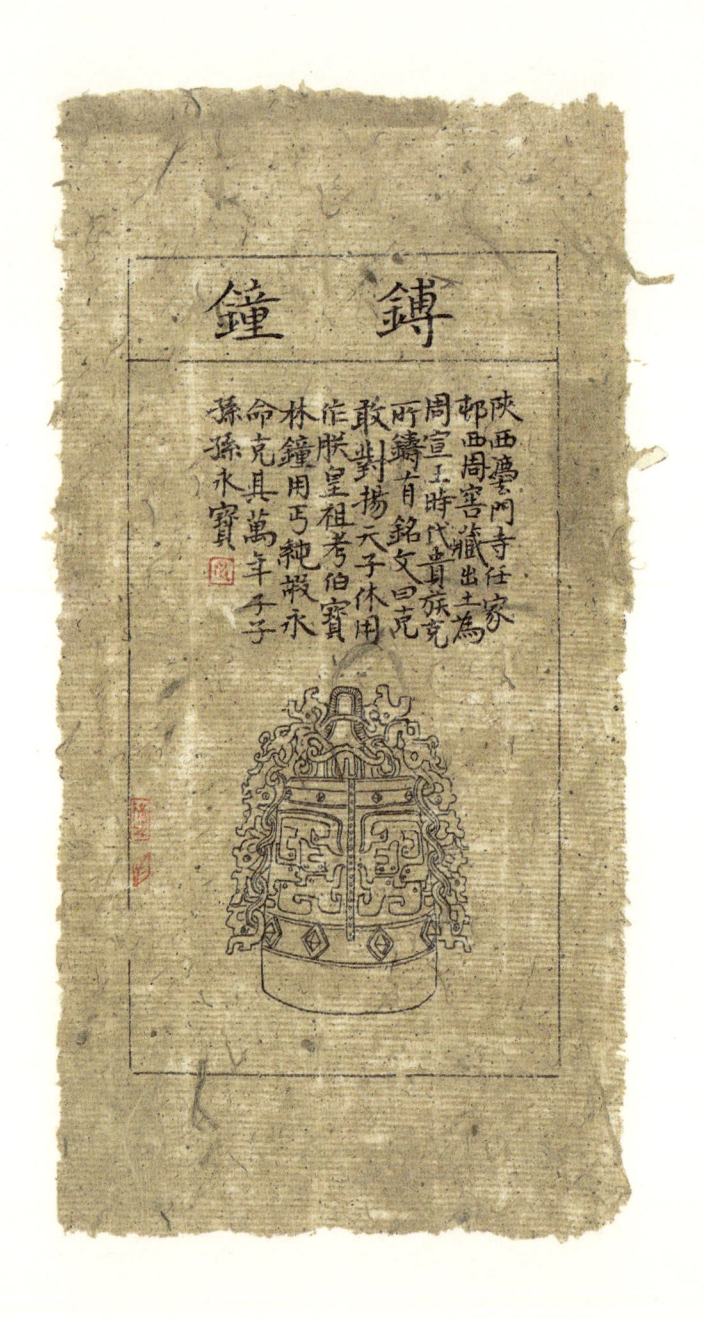

陕西法门寺任家村西周窖藏出土,为周宣王时代贵族克所铸,有铭文曰:"克敢对扬天子休,用作朕皇祖考伯宝林钟,用匄纯嘏、永命,克其万年,子子孙孙永宝。"

镈钟

陕西扶风法门寺任家村西周窖藏出土,为周宣王时代贵族克所铸有铭文曰克敢對揚天子休用作朕皇祖考伯寶林鐘用匄純嘏永命克其萬年子子孫孫永寶

的云流，再认认我当年的颜色。

今天我们见到的青铜器，因为年代久远，产生了斑斑驳驳的青绿色铜锈，而在青铜器时代，它们被交付使用时，是色泽明亮的黄铜色。八音金为首，金音，不仅指金属材质，也指成色。

❖ ❖ ❖

将大型钟、磬悬挂在专属木架上进行演奏，并有一整套严密制定的钟磬组合种类、数目、悬挂方式、设置方位、音阶等的等级规定，是从西周开始的"乐悬"制度。

"正乐县之位，王宫县，诸侯轩县，卿大夫判县，士特县。辨其声，凡钟磬，半为堵，全为肆。"《周礼·春官·小胥》，县：通悬。意思是，乐悬有四种类型：宫悬、轩悬、判悬、特悬。王的钟磬悬挂四面；诸侯悬挂三面，北面、东面和西面，南面留空，状如马蹄，又名曲悬；卿大夫悬挂两面，东面和西面；士悬挂一面，北面。

凡挂钟磬，仅悬挂十六枚钟或十六枚磬，称为堵，全部悬挂叫作肆，等级不同，乐悬的数量和种类各有不同。这个编制里没有镈，只有编钟和编磬，周代，天子以下无权用镈，士不可悬钟，只能悬磬，但是僭越现象不可避免。

《诗经》里，《颂》是天子在宗庙中祭祀及颂扬统治阶级文功武德时的用乐，以钟、镈、磬伴奏；《雅》则是贵族文人的作品，以钟和磬伴奏。

镈是区分等级的标志，钟师掌金奏，敲钟总是在击鼓之前，由专门的钟师掌管钟与镈的演奏。

乐事中，有九组专门以钟鼓演奏的乐章，谓之九《夏》，它们分别用来表现迎送天子、诸侯、亡者、祭牲、宾客，以及嘉赏功臣、宴后客醉等九种不同的场景。

钟磬有规矩标准，钟的成组使用及其与鼎簋的匹配，也有等级之分。原始农业时代，人们酬神，行礼饮酒，殷代酒器繁盛，祭祀专用，殷末，天子贵族开始饮酒享乐。

至西周，周公第九子康叔赴卫国主政，周公作《酒诰》引殷纣酗酒为戒，明确说只有在祭祀时饮酒才是合法的，这条"禁酒令"说明那个时候，王室贵族饮酒已成风气，周公开始严打不正之风。

饮酒受到限制，食器随着酒器的减少而增加了，从而"钟鸣鼎食"，对应金石之乐。特别是到了东周，诸侯大宴宾客时，豪庭内，乐人击钟，列鼎而食，足显地位上的荣耀。天子九鼎八簋，诸侯七鼎六簋……列鼎和编钟，呈对应关系，列鼎越多，将来入土为安时，棺椁与祭器数目也越多。

周朝重臣南公是曾侯的祖先，曾国自然承袭了周王朝正统礼乐制度。1978年湖北随县（今随州）曾侯乙墓，出土了阵容庞大的曾侯乙编钟，时代为战国初期，是典型的礼乐崩坏产物，上层为三组19件钮钟，中、下两层共五组45件甬钟，均为合瓦式，依大小次第排列，有六个青铜武士支撑上下横梁，他们戴冠、佩剑，穿着施彩绘的衣裳，威风凛凛。

一件单独的大型镈钟，为楚惠王熊章所赠。镈钟通身饰有浮雕蟠龙纹，正中立蟠龙形复式钮，两对龙形装饰，兼饰有三角雷纹、圆圈纹等纹饰，铸造工艺极其高超。

编钟可以演奏七声音阶，音域超过五个多八度，中间的三个半八度十二个半音齐备，可以旋宫转调，能演奏以和声、复调、转调手法写成的乐曲，更玄妙的是，一只钟可以发出两个不同的音，即"一钟双音"。

这组大型钟器深埋地下两千三百多年，出土时音质依然纯正，上有完好铭文共计3755字，内容包括编钟的编号、纪事、标音及乐律理论，注明曾国与楚、周、齐、晋等国的律名、阶名对应关系以及八度音对应说明，俨然一部古代音乐理论百科全书。

先秦时代，为编钟定音的音律标准器，通称为均钟。《国语·周语（下）》记载了周代度律均钟的乐师多为盲人，他们拥有绝世敏锐的双耳，具备辨风识时的能力，古人认为识正音，则通天道，知晓天地间的秩序和奥秘，被尊为"神瞽"。

他们在专门教习贵族子弟礼乐的学校，死后被奉为乐祖，学校也是祭祀乐祖的宗庙，故名为"瞽宗"。

❖ ❖ ❖

收天下兵，聚之咸阳，销以为钟鐻金人十二，重各千石。

这句话出自《史记·秦始皇本纪》，关于它的解释，一直有两种不同的推断。一是秦始皇灭六国之后，在始皇帝二十六年，即公元前221年，收集天下的兵器，于咸阳城销毁，制成十二个重各千石的铜人，同时被收缴销毁的可能不仅是兵器，还包括天下青铜乐器，因为在公元前213年，始皇帝将周朝及此前流传的典籍统统焚烧，传说《乐经》也因为这场劫难，一同付之秦炬，"六经"变"五经"。

另一种推断是秦始皇销天下兵器，铸造了无与伦比的编钟。钟鐻：支撑钟的柱梁。钟鐻金人，类似曾侯乙编钟上的六个青铜人。十二个支撑编钟上下横梁的铜人支柱，置于宫廷之中，以示大国之威。

不管哪一种推断成立，十二铜人也好，十二铜人支撑的巨型编钟也罢，这样的动作，比当年法国元老院用一千二百五十门大炮战利品为拿破仑铸造凯旋柱还要声势浩大；能让六个青铜武士支撑的曾侯乙编钟相形见绌。关于它们的摆放位置，有说最初被立在钟宫里，后来移到瑰丽无双的阿房宫，也有说就立在咸阳宫。

权力金字塔顶端的人，热衷于铸造体量巨大的青铜器，遥想一下，十二铜人，在宫城中摆开阵势，金气逼人，显露出不可违逆的气度，使人心生敬畏。

钟音沉远悠长，宗庙中响起，与天神通和，国宴中响起，雄浑严正。它是上界的语言，人声或其他乐声无法代替，也不可比拟，它的震慑力，不近人情，没有情绪，摒绝喜怒，无色无欲，磬声似流水，鼓声似雷霆，钟声如天诏，击开天门，天光透过云阵，一组组大乐，众音叠起，如洪似浪，敲起来正是排场。

❖ ❖ ❖

> 鼓钟将将，淮水汤汤，忧心且伤。淑人君子，怀允不忘。
> 鼓钟喈喈，淮水湝湝，忧心且悲。淑人君子，其德不回。

《诗经·小雅·鼓钟》，诗人追怀周制，发出忧国之思，钟声在淮水上回荡，有德行的人啊，永怀不忘。王安石认为此诗是伤今思古之作，讲的是当年周幽王在淮水上鼓钟作乐，流连忘返。周幽王昏庸无道，为博褒姒一笑，烽火戏诸侯，结果断送了西周的命数；东周时期，周王室衰微，战乱频仍，礼乐崩坏，不光是礼乐仪制降格，钟的形制也随着礼乐制度一起退化。

秦代之后，钟的传统合瓦形渐渐变为正圆。

楚汉相争，中原动乱，西汉高祖刘邦得天下，下令废除秦朝仪法，此时，转投汉军的秦朝博士叔孙通自荐为刘邦制定朝仪，倡导汉承秦制，编钟是必备之物。

汉代有首《安世房中歌》，房：宗庙、祠祀。相传作者是汉高祖刘邦时代的唐山夫人，被收入《乐府诗集》，歌中有"高张四县，乐充宫廷"。

此时汉宫中依然有四面乐悬，繁华富丽的乐舞，不过乐官人数一直在减少，到汉哀帝刘欣时，乐官人数从原先的829人削减到388人。汉乐府，汉武帝在位时设立的独立音乐机构，采集的歌曲已融入不少民间歌谣。

西汉初年，第二代南越王赵眜驾崩，随葬的青铜乐器有一套14件钮钟，一套5件甬钟和一套8件句鑃，以及一名乐师殉葬，是秦朝礼法在汉代的延续。

但是，汉代钟磬乐悬位置明显不同以往，山东沂南北寨村将军冢画像石墓出土的钟鼓乐悬画面中，吹管、弹弦类乐器堂而皇之地排列在前部重要的位置，编钟、编磬和建鼓等礼乐重器排列在后排位置。

当年处在至尊地位的"礼乐重器"，已和笙箫笛篪、琴瑟筝筑等乐器混在一起，雅乐俗化、雅器俗用，旧制被新制代替，西周礼乐的森严等级，无复旧观。

世守其业的铸钟家族，更是因为战乱流离，星散四方。钟乐制度一代代衰落，不过皇权仍在，礼制就不会消失，后人造雅乐，在含糊概念时，往往凭借想象去实施。

宋人李焘《续资治通鉴长编》里记载了这样一个故事：宋景祐二年，仁宗御驾延福宫，乐人奏郊庙五十一曲，仁宗问李照："乐何如？"李照答："乐音高了二个律，击黄钟实际上是仲吕，击夹钟其实是夷则，这样等于明明是冬时，却奏夏令，明明是春季却召秋气。估计五代乐坏，古法丧失，王朴造律，也是不合古法……"实际上李照自己对钟的形制完全不懂。李照请仁宗批准依先秦神瞽律法铸编钟，仁宗下诏书恩准，于是编钟在锡庆院铸成。

欧阳修《集古录跋尾·古器铭》也记载了李照铸钟的逸事，说后周大臣王朴曾作编钟，钟体不是圆形，后来李照等奉诏修乐，以为王朴制器不准。后来宋仁宗得到一件古器"宝龢钟"，与王朴所制钟形一样，才知这位前朝圣贤是遵循古制的。

李照并非太常寺乐官，他的职务是祠员外郎兼集贤校理。祠部属于礼部，集贤校理是沿袭唐代集贤殿书院设置的相关撰修勘校一类的职务，与他搭档铸钟的宋祁，则是位文史学家。但照这故事看来，他们对先秦礼乐是连蒙带猜。而辅佐过周世宗的王朴，校过历法，考证过雅乐八十一调，宋太宗曾经对着王朴遗像，怔怔地说："倘此人在，朕不得着此袍。"语声悲叹，心存庆幸。

倒是通音律的有心人宋徽宗，曾因礼乐远离古制，重新编修，成立专门机构大晟府，整理制作的乐曲名"大晟乐"。其中使用的编钟，仿春秋晚期宋平公时代宋公戌钟的器形纹饰，是先秦之后历朝雅乐重器之中的精品。"大晟钟"当时铸有几十套，分派给州府，存世至今，在国内有五件，约二十几件流失海外。

后来造的，基本都是工艺品，乾隆五十五年，为贺皇帝八十寿辰，各省总督筹聚一万多两黄金，铸了一套十六枚纯金编钟，尺寸相同，以厚薄悬殊来控制音高，钟体横截面是圆形而非合瓦形，与真正的编钟不可相提并论。

晓战随金鼓

> 鼓人掌教六鼓、四金之音声,以节声乐,以和军旅,以正田役。以金镦和鼓,以金镯节鼓,以金铙止鼓,以金铎通鼓。
>
> ——《周礼·地官司徒·鼓人》

《周礼》中有四种青铜敲击乐器,称"周四金":镦于、镯(钲)、铙、铎。它们配合鼓来使用。战场上金鼓齐鸣,"以金镦和鼓,以金镯节鼓,以金铙止鼓,以金铎通鼓。"宫廷音乐归春官所属的大司乐掌管,而掌教六鼓四金的鼓人,则听命于土地和政教的最高长官——大司徒。

公元前482年,吴王夫差怀着问鼎中原的野心,与晋定公等中原诸侯在黄池会盟。夫差率三万精锐兵士，一万人着白裳、披白甲、举白旗、挂白箭组成白色军阵；一万人着红裳、披红甲、举红旗、挂红箭组成红色方阵；一万人着玄裳、披玄甲、举玄旗、挂玄箭组成玄色军阵。夫差亲自执槌，鸣钟击鼓，敲响钲和镈于，摇振金铎，三军齐声威吼，一时撼动天地。

"晓战随金鼓，宵眠抱玉鞍。"李白《塞下曲》描述了这样的军中生活：白天，士兵们在雷声厉喝的金鼓激鸣中，与敌人沙场拼杀，入夜歇息时，丝毫不敢放松警备，竟抱着马鞍睡觉，以防敌军突袭，好随时翻身上马迎接战斗。

它们个个器形权威庄重，劲峭有力，纹饰均衡冷静，呈现春秋军乐之端肃威仪。敲打时伴随沙场的狂呼，敌人血溅戈戟。它们身上浇铸着诸侯攘夷的野心，图强争霸与崇神敬鬼反映在同一件乐器上。像礼器，有着和兵器、车马器类同的铸纹，风、云、雷、神兽……代表着汉王朝、北狄鼓吹渗入之前，华夏部族的血性。

铙

四金中，铙出现的时间最早，商代晚期已经非常盛行，战时敲击金铙，是退兵的命令，也用于祭祀和宴乐。

殷商时期，商王武丁共有六十四名妻子，其中三位王后，元配是善于领兵打仗的妇好，安阳殷墟一万多片武丁亲自向上天祷问命运的甲骨中，

金铙

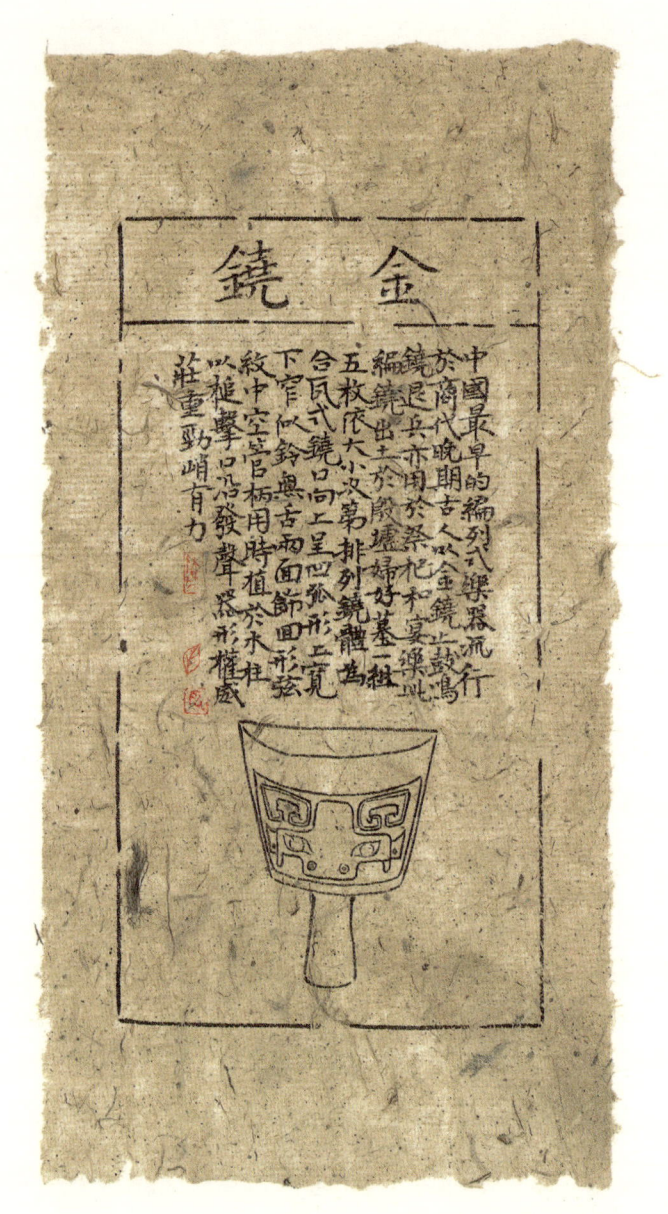

中国最早的编列式乐器，流行于商代晚期，古人以金铙止鼓，鸣铙退兵，亦用于祭祀和宴乐。此编铙出土于殷墟妇好墓，一组五枚，依大小次第排列，铙体为合瓦式，铙口向上，呈凹弧形，上宽下窄，似铃无舌，两面饰回形弦纹，中空管柄，用时植于木柱，以槌击口沿发声。器形权威庄重，劲峭有力。

出现了两百多条与她有关的卜辞，从率军征战，生子嗣后，病痛苦扰，生死吉凶，到去世后她在阴间的状况，足见武丁对她的用情至深。

妇好的死因一直悬而未解，或许是战死沙场，或许是难产而亡，武丁为她举行了极其盛大的独葬仪式，以一千六百余件青铜、玉器、骨器、象牙、陶器，七千余枚海贝，十六个殉人、六条殉狗，盛葬这位华夏民族最早的戎装王后，并将她埋在自己处理军政要事的宫室旁边。

在她的随葬礼器中，有一组五枚的青铜编铙，按大小次第排列，铙体为合瓦形，铙口向上，呈凹弧形，上宽下窄，似铃无舌，两面有回形弦纹装饰，中空的管柄。编铙是中国最早的编列式乐器，之前安阳大司空村等殷商遗址只出土过三枚一组。

常常凯旋而归的妇好，不知多少次在沙场上击响金铙，胜利止兵。武丁以尊贵的编铙为她随葬，也许是期望在未知的阴间，她仍能雄姿英发，并且能受天、地、人三神的护持。

即便这样，武丁仍不放心，他为妇好举行了旷世冥婚，将她嫁给自己的三位祖先。他认为有祖先的庇佑，妇好的灵魂可以得到妥善安护。

錞于

錞于更似礼器，端放时形如青铜瓮，或一种花盆鼓状的矮凳，它偏偏是乐悬。

肩部宽圆，肩上铸一个平底圆盘，盘边外侈，这是成熟时期的器形。

錞于

出土于四川涪陵小田溪战国墓，青铜质，圆如碓头，肩部宽圆，肩上铸一个平底圆盘，盘口外侈，中央立虎形钮，体有数孔。

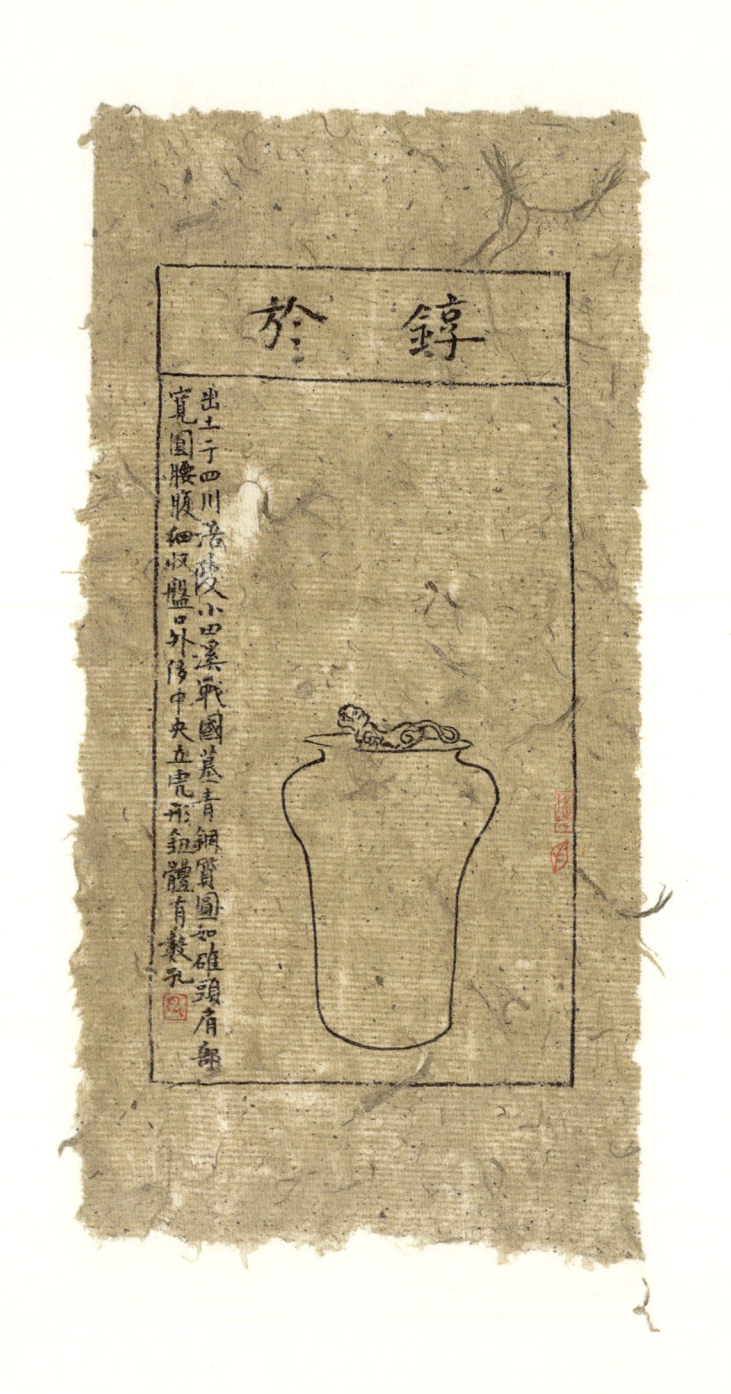

錞于顶端的钮部多为虎形，多见于古代巴族地区。也有桥形和马形，器身铸着涡纹、云纹、雷纹、鸟兽纹或龙纹。钮的作用是使其悬挂在木杆上，以青铜槌敲击。

錞于最初被发现在春秋齐鲁之地，可能源自长江流域的东夷民族，继而浸润南方百越族，在湘、鄂、川、渝、黔一带的巴族聚居区流行起来。战国和两汉时期发展兴盛，汉代之后逐渐衰落。宋代，它只用于为舞蹈击节奏，那时的錞于，不再挂在木杆上，而是置于架上，撞击发声，到了元代彻底消失殆尽。

"两军相当，鼓錞相望"，錞于的作用是调和鼓声。江苏丹徒王家山的东周墓葬出土过三件一组、大小不同的虎钮饰雷纹、云纹及人面纹的錞于，腰间还饰有兽形钮；丹徒北山顶春秋晚期墓葬中，出土过吴国錞于，是最早的有盘边和虎钮的錞于，也是三件一组。山东沂水刘家店子一号墓出土过莒国錞于；在安徽，寿县出土过春秋晚期的蔡国錞于，宿县出土过许国錞于。可见春秋时期，此物在中原地区各个诸侯国之间普遍存在。

錞于也被用在巫礼上，云南晋宁石寨山古墓，出土过用来盛装贝壳货币的青铜贮贝器，为西汉时期古滇国王室所用，有一只贮贝器上雕塑的情景是滇王一次杀祭诅盟活动。两千年前的滇人，设立祭坛，供奉祭品，结盟诅誓，向天问事。从雕塑上看，参与这次祭祀的人数一百二十七位，有持刀的屠夫、被拴在柱子下即将牺牲的奴隶，有两人合扛一根横木，上面悬挂一件錞于和一件铜鼓，一人执槌而奏。

镯（钲）

镯，又名钲，它和句鑃一样，状如小钟。一手执柄，一手执槌，敲击发声。但它们使用的场合不同，钲多用于战场上，随军行停。而句鑃则用于祭祀和飨宴，有铭文"择其吉金铸句鑃，以享以孝"可证。

《国语·晋语五》："战以錞于、丁宁，俄其民也。"一些先秦文献把钲叫作丁宁，取其象音，这是有可能的。

钲体近似圆形，总是单独出现，历来凡是在墓葬里发现钲的墓主人，不是诸如虢太子、蔡侯、吴王、西汉齐王这样的王室贵族，就是高级军吏。湖北荆门包山二号战国楚墓发现的青铜钲，上有浮雕三爪蟠龙，龙身有雷纹和鳞纹，不仅表面有精美的装饰，在钲的内壁还有对称龙纹。

句鑃为合瓦形，在江苏高淳松溪和武进淹城，分别出土过七件一组的编句鑃，大小有序，素面无装饰纹样，敲起来声音闷哑，不成音列。

先秦之后，合瓦形的钲消失了，唐代杜佑撰《通典》中另记载一件铜乐器，与锣非常接近，它的名字也叫"钲"，与先秦钲的作用相当，形制却完全两回事，杜佑这样说："钲，一有如大铜叠，悬而击之，以节鼓，呼曰钲。"元代马临端在《文献通考》里也提到了它："钲如大铜叠，悬而击之，南蛮之器也。"铜叠：铜盘。

这里的钲，是由铜制成的圆形薄片，边缘钻孔，悬在架上，以木槌击奏，样子像锣。清代康、乾两朝敕撰的《律吕正义》中给出了答案："自隋代

金钲

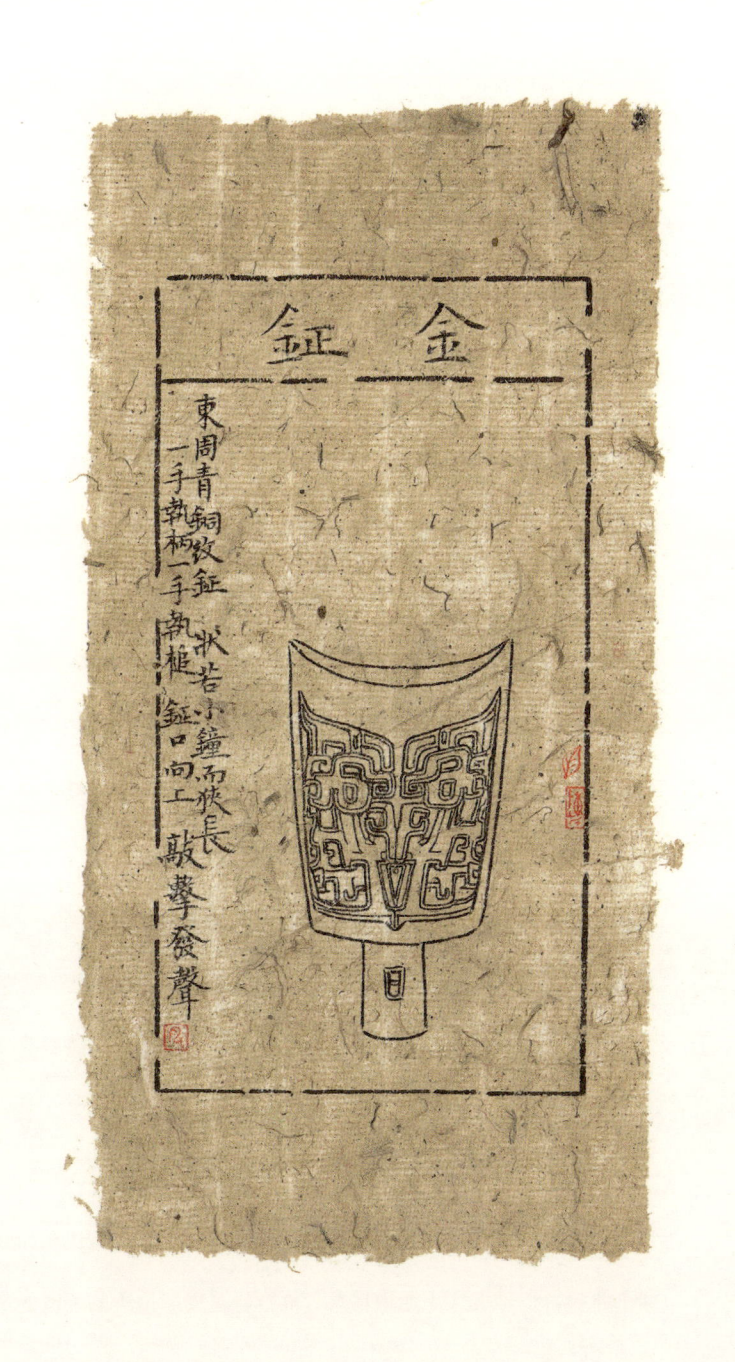

东周青铜纹钲，状若小钟而狭长，一手执柄，一手执槌，钲口向上，敲击发声。

始，历代卤簿有钲，而形制不详。……明制卤簿，有金又有钲，我朝因之，金即锣，钲则有如锣而有边。然今之钲制，自唐已然。"很明显，钟鼓之乐衰落之后，隋唐以降的钲，失去了先秦古制，莫名地变成锣的形状。

铎

最后说铎。铎，形如钲铙，合瓦形腔体，似钟而小，与铜铃一脉而生。钲的握柄长，铎的握柄短，有的会嵌上木柄。有的学者认为钲、铎、句鑃同为一物，比如郭沫若。

铎有铃舌，如果是青铜制，称为金铎；如果是木制，称为木铎。通常舞部设有一矮方銎，装插木柄，摇振得声。它盛行于春秋战国时期。"文事奋木铎，武事奋金铎。"木铎用于文事，传播政教法令；金铎用于武事，包括征伐和田猎。田猎：有百姓参加的军事演习和狩猎祭祀。

武事中，通常是先摇响金铎，铎声一出，诸鼓齐鸣，军心激荡。有一件铎体饰蟠螭纹的青铜铎，出土于河南南阳市桐柏县月河一号墓，年代是春秋中晚期，可惜铃舌不见，正反面分别铸铭文"漾子白"和"受之铎"。漾国是春秋时期河南南阳一带的小型诸侯国，这件铎与带鞘青铜剑、髹漆皮甲放在一起，是当时的军阵乐器。

"徇以木铎"，凡官府有了新的政策或号令，便摇振木铎，聚集民众，统一宣告。孔子自喻木铎，《论语》曰："天下之无道也久矣，天将以夫子为木铎。"他说天下无道已久，而自己是受了上天的委派，来到人间宣

金铎

　　金铎，盛行于春秋战国时期。「以金铎通鼓」，战时，金铎鸣响，诸鼓齐擂，军心激荡。铎形如钲铙，合瓦形腔体，似钟而小，与铜铃一脉而生。此件出土于河南南阳市桐柏县月河一号墓，铎身饰蟠螭纹，舞上有一矮方銎，曾装插木柄，摇振得声，可惜出土时铃舌不见。金铎正反面分别铸铭文「漾子白」和「受之铎」，为春秋中晚期南阳一带小型诸侯国漾国之军阵乐器。

扬政道。此后，师者，木铎也，成为象征比喻。

除了枯燥的政道，人间也有过诗意一景。汉代，男人年满六十，女人年满五十，如果膝下无子嗣，官府管养老，他们通常有一个奇特的差使——采诗官。

孟春三月，东风送暖，万物待发。人们走出宅院，结束蛰居的日子，采诗官们出现在各地的大路上，他们摇着木铎，向人们发出召唤。人们听见铎铃声，纷纷拿出新旧歌谣，采诗官收集了，交给乐官，乐官为它们配好音律，一一唱给天子听。

这是来自民间真实的百姓之声，天子从歌谣中听到了原汁原味的民风，听到了人们心中的喜怒，也听到了百姓对治政的褒扬或贬损，以此为依据，考量自己执政上的得失。

在人民淳朴的歌声中，王者可以不窥牖户而知悉天下。

妙音飞花雨

> 初集鸣铙钹,唱佛歌赞,众人念佛行道。
> ——[宋]赞宁《大宋僧史略·结社法集》

西汉哀帝元寿元年,即公元前2年,从大月氏来到中国的使者伊存,向汉朝博士弟子景庐口授《浮屠经》,不过,当时汉地正推崇黄老学说,故"中土闻之,未之信也"。

六十多年后,东汉明帝在永平七年的某个春夜梦见一位金色天神,身披日光,飞在殿前,明帝正欲上前对天神施礼,不料他却向西方腾空而去。

次日，太史傅毅为明帝释梦，说这尊轻举能飞的金色天神，正是来自西方世界的佛。

明帝即诏蔡愔、秦景等人前往西域取经，在此之前，西汉武帝时，先有使臣张骞通西域，继有骠骑大将军霍去病远征河西，开辟河西四郡：武威、酒泉、张掖、敦煌，打开丝绸之路的要冲。三年后，取经的一行人在大月氏遇见天竺僧人摄摩腾和竺法兰，于是盛邀二位随他们一同回到都城洛阳，带回佛像和《四十二章经》。次年，洛阳城东雍门外建起一座寺院，为中土佛教祖庭，由于经书及佛像以白马驮回，寺院名为白马寺。

佛光自西而来，河西重镇武威郡，即凉州，为交通要隘。它虽地处西方，常年寒凉，东汉十三州时，凉州辖郡、国十二，县九十八，范围之广，十六国时有五凉政权，前凉的疆域覆盖今甘肃、新疆及内蒙古和青海。

正因为"凉州大马，横行天下"，才有了天竺乐等西域音乐及歌舞纷纷经过那里传入中土，彼时约公元350年，张重华执政前凉时期，随天竺乐一道而来的，还有铜钹等九种乐器及乐工十几名。

《旧唐书·音乐志》中描述了宫廷乐人们表演天竺乐的情景，乐工们扎着皂色丝布头巾，穿着白练裙襦，紫绫袴，披着绯色的帔帛。有两名舞者，为僧人装扮，他们身披袈裟，缠裹腿，足蹬青色麻鞋。

伴奏则有打着铜钹、铜鼓、羯鼓的，吹着横笛、筚篥的，还有弹着琵琶和凤首箜篌的，几乎每件乐器都是新鲜的，带着异域奔腾强烈的色彩，刺激了中原朴厚、素静的听觉。

铜钹，又称铜盘，铜钵。是两片黄铜铸成的圆盘，圆盘中心通常有个突起，钻有圆孔，穿过绸布，演奏时乐人用手持握，两片相击而发音。

还有一种类似的乐器是铙，有别于先秦时期的金铙。宋代马端临《文献通考》载："铜铙，浮屠氏所用浮沤，器小而声清，世俗称之铙，其名虽与四金之铙同，其实异。"浮屠是佛陀的异译，浮屠氏可理解为佛家或佛弟子。

《摩诃僧祇律》卷三十三中载："伎儿者，打鼓、歌舞、弹琵琶、铙、铜钹，如是比：种种伎乐。"铙钹相合，在唐代的宫廷燕乐和佛乐中常常见到。钹的中间突起，比铙的要略大些，铙面薄而翘，钹面厚而平。另有一种比钹稍薄、较铙略厚的小钹名为"镲"。

但年代越往后，区分得越不清楚。明代崇祯末年的《正字通》，干脆将二者统称为一："铜钹今铙钹也。"

西域音乐在中原渐渐流传，中原的雅乐备受冲击。隋开皇二年，历经南朝梁、北齐、北周、隋四朝的学士颜之推请求隋文帝杨坚从梁朝的旧制中考寻古典，他叹息现今的太常雅乐，融进许多来自西域的胡人音乐，这是典型的礼乐崩坏。杨坚却不以为然，他认为从梁武帝时期，宫廷音乐已经融入许多西域佛乐，梁朝又已经灭亡，何必借鉴"亡国之音"。

到了隋开皇中期，龟兹音乐风行于世，宫廷九部乐中，一大半是西域之音。而民间，新声层出不断，流行与更新速度之快，已经到了朝改暮易的程度，人们争相崇尚，都为异域奇妙的旋律着迷。

经卷被译成汉文，铜钹与铜铙、琵琶、箜篌等西域乐器在中土的殿阁上奏起佛乐，至庙堂，缭绕不绝。敦煌莫高窟诸如《净土变相及阿弥陀菩萨来迎图》等壁画中，有佛伎持铜钹奏乐的场景。

《佛本行集经》卷十四中记载，悉达多当年为太子时，净饭王为他在宫中另造一大好宫殿，怕其在外面行游，眼见浊秽，耳听杂声，于是宫中设乐舞，乐器都以千件计数，如"一千之铜钹，一千之具箫"，昼夜不绝，又有最妙最美丽女子百千，前后围绕，受诸快乐，恭敬侍养，可想太子生活的繁华阵况。

佛家说妙音，敦煌壁画中常见妙音天女，身姿曼妙，有华美宝相，手持各种乐器，发美音善歌咏，是主智慧、福德之天神。《妙法莲华经》云："若使人作乐，击鼓吹角呗，箫笛琴箜篌，琵琶铙铜钹，如是众妙音，尽持以供养。"

佛陀教化大千世界里的佛弟子，如果以众乐供养，在乐音中传递至善至美，现在世即过去世，可望修好未来世，妙音菩萨的故事便是最好的证明。

关于这尊菩萨如何修得善果，见《法华经·妙音菩萨品第二十四》："妙音菩萨于过去世中，在雷音王佛所，曾以无量妙乐供养于佛，故有此妙音之号。又、此菩萨本其神力，能现种种身而说妙法，即为能演无量之妙音声，名从果德，故名妙音。"在漫长年代，这些美好的叙述始终感化并激励着佛陀的弟子。

《佛说无量寿经》描绘了众生求证菩提道，种诸善根，证得佛果之后的画面。当他们往生西方极乐净土世界时，以各自福报，于各方次第成佛，届时三千大千世界，光明普照，诸天人在虚空中奏响美妙音乐，无以计数的妙花如雨，纷纷而降。

寺院中，僧众聚合，维那趋向炉前揖请住持，两序出班上香时；僧侣们往藏殿进行祝赞转轮时；抑或送亡法事时，为佛弟子出家行剃度仪轨时；念佛行道时，接请新住持入寺时；都需要鸣响铙钹，护持佛道。

道家也用铙钹，《五代史演义》第三十回："三清殿是由天师崈恩，内供宝皇大帝，元始天尊，太上老君像。统用黄金铸成，约需数千斤。日焚龙脑，薰陆诸香，佐以铙钹诸乐。每晨祷祝，谓可求大还丹，命巫祝林兴住持殿中。"

不过，若与佛道无缘，日行苦修反成魔道。人间烟火诱惑难抵，也有想弃了铙钹去追寻尘世情爱的僧门中人。《思凡》里的赵氏女，自小被爹妈抛弃在尼庵中，懵懵懂懂的年纪，被师父削去青丝，待到情窦初开时，僧房寂寞难耐，对戒律清规自然生出厌离心。

她眼见人家夫妻穿着锦罗，恨不得扯破灰蒙蒙的僧衣，怨叹道："埋了藏经，弃了木鱼，丢了铙钹。学不得罗刹女去降魔，学不得南海水月观音座。"

❖ ❖ ❖

将钹打出花样，抛掷空中，再顺手接回，称为飞钹，又叫铙钹花。

广东客家香花佛事,佛曲唱词融合客家山歌,兼有法器表演,铙钹花飞舞起来,活色生香。源于唐高宗李治乾封三年,六祖慧能在曹溪山宝林寺创立南宗禅,以心传法,不立文字,行住坐卧皆是坐禅。慧能在岭南弘化四十年,香花佛事受其影响与客家风土结合,续传至今。

十八罗汉在南方一带,原本的"托钵罗汉"就有了不一样的气息,如台南大观音亭里供的"风钹"罗汉,鹿港龙山寺的"飞钵"罗汉。飞钵,与飞钹意思相通,"供坐僧飞钵,香园客戏沙"。北宋诗人宋祁于阳春三月,赴成都海云寺茶花盛会,在鸿庆院欣赏到僧人表演飞钹的绝技,赞叹之余,作诗纪念。

铙钹花在僧人手中,上下翻飞,花样层出,宛如杂技,招式各有其名:高空抛钹、黄龙缠身、猛虎跳墙、鹤立鸡群、独脚莲花、枫树脱叶……约数十种,渗透进民间节庆的欢快。掌握一身扎实的铙钹花技艺,需要多年的苦练。世间所有类似的习艺过程,本身与僧人苦修的理念接近,心、手、眼达到高度统一,意志的顽强磨砺,最终结出良果。

《东京梦华录》记载了一次正月十六开封府的元宵灯会,僧、道两界举行热闹非凡的法事活动,他们"打花钹,弄惟鼓,游人无不驻足"。甘肃酒泉的安西榆林窟中,有元代钹舞图,一位头戴宝冠的半裸乐伎,长长的飘带轻绕着肩臂,两片系着飘带的圆钹,正从手中抛出,悬在空中,画面就停留在欲接未接之间,灵动非凡。

另有一种由铙钹演化的乐器,清代《皇朝礼器图式》中有列入,名字很好听，叫作星。普遍称谓是碰钟，或碰铃，因其样式如钟铃，但是没有铃舌。它和铙钹一样，两枚为一副，相互敲击，音声清脆悦耳，顶端也钻有圆孔，用丝带或皮绳拴住，有大小不同尺寸，区分音高与音低。南北朝时已经存在，敦煌千佛洞的北魏壁画中有绘执碰铃的乐伎，称为击星俑，在北魏云冈石窟也有击星俑的形象出现。

唐宋以来，碰铃在民间传播甚广，各地民乐都有使用，如果没有丝带或皮绳，装上木制手柄，样子很像寺院的引磬。不过引磬是当年释迦牟尼广布佛法时手上托的铜钵演化而来，碰铃则是铙钹和铃的结合。

"一个铙钹一口磬，一个木鱼一盏灯。一个金钟，整四两，西北风一刮，纹儿了纹儿了响纹儿了嗡。玲珑塔，塔玲珑……"马增芬这段西河大鼓，不知说的是不是北京昆玉河畔的玲珑塔，在明万历皇帝的生母慈圣皇太后为巩固自己地位修建的慈寿寺内。

每每听起，仿佛飞檐下的铃，秋风里的钟，佛像旁的铙钹、铜磬、碰铃，风——划过沉默的口沿，擦过金属空腔，螺旋状的嗡嗡声波，一圈圈环绕而出。

寺内法事，铃钹常响，说唱与戏曲里的铙钹呢？各有各的打法。福州评话、山东画鼓、陕北道情、川剧、豫剧、梆子剧、吕剧、京剧……处处可见。

京剧里，清末时没有铙钹，后来武生俞振庭发现武三场没有铙钹，效果不热烈，于是借鉴梆子戏，将铙钹列入席中。过去戏班人手少，每个人叩头拜师的时候，一个人学一样乐器要代管一样乐器，学三弦的也学打堂鼓，学月琴的兼学打铙钹。

月琴师的手顾不过来，所以是单手敲打，一副铙钹拆开，一只放在桌案上，敲的时候，手拿另一只叩击桌案上的那只，打得十分单调，有时候打得声音都没有了，因为这时候月琴师要管月琴了。

20世纪20年代始有专司铙钹的乐师，只用在武戏，后来慢慢文戏也用，梅兰芳、程砚秋遵循旧式文三场和武三场的乐制，不用铙钹，以求清肃。马连良属于新派，他的戏里有铙钹。

余叔岩也属于旧派，不怎么用铙钹，不过他在1924年灌了一张唱片，由高亭公司出品，其中半张曲目来自《洪羊洞》，"叹杨家投宋主心血用尽，真可叹焦孟将命丧番营。宗保儿挽为父软榻靠枕，怕只怕熬不过尺寸光阴……"铙钹的〔夺头〕是开原板、慢板唱腔的，这次开的是二黄慢板，铙钹打得格外苍凉。

电影《一代宗师》里，叶问去找宫二，时是1950年的香港，一切斗争已平，大年夜，叶问与宫二向宫老先生进香时，背景音乐正是余叔岩的这段"叹杨家投宋主心血用尽"，铙钹似有似无，桌上是热气腾腾的饺子，酒徐徐斟入杯中。叶问提出想再看一次宫家六十四手，但此时宫二已心如止水，假说六十四手已经淡忘，熄灭了尚存的情感："武艺再高高不过天，资质再厚厚不过地，人生无常，没什么可惜的。"

铙钹

其围数寸,隐起如浮沤,贯之以韦,相击以和乐。

玲珑环佩互宫商

> 数条秋水挂琅玕，玉手丁当怕夜寒。
> 曲尽连敲三四下，恐惊珠泪落金盘。
> ——[唐]杜牧《方响》

越是动荡的年代里，越容易产生新鲜、活泼的事物。民族迁徙、混居、混战，促使旧的规则被一一打破，文化激荡，音乐繁荣。

南北朝期间，西北少数民族向内地移民，北方人往南方去，北魏的宫女们，传唱着鲜卑族歌曲，西域文化、少数民族文化与汉文化融汇在一起。凉州是咽喉地带，在这里，中原带去的汉族音乐遇见了西域龟兹音乐，产生秦汉乐。

再往后，北魏太武帝将之改造成西凉乐，成为宫廷雅乐里相当重要的部分；梁朝的宫廷里增加了许多杂技艺人；北齐的高氏家族是外来音乐爱好者，他们治国无方，终日耽爱歌舞，历史哪里容下一代代挥霍的无愁天子？龟兹的苏祗婆随着突厥皇后进入北周的宫殿，带来了琵琶和新式乐舞；在南方，陈朝的陈后主派宫女前往北方学习箫鼓；而花木兰替父从军的故事已经在民间广为流传。

从宋、齐、梁、陈到北周灭北齐，短短一百六十多年时间，九个朝代交替并存，国家四分五裂，政治混乱、社会苦痛，艺术却自由、热情，音乐如异草繁花，簇簇新生，和汉族音乐并存的少数民族及外国音乐有：龟兹乐、西凉乐、高昌乐、鲜卑乐、疏勒乐、安国乐、高丽乐。

南朝梁时，方响这种在当时看来属于新生代的乐器，以轻巧灵便的姿态踏兴而来。它脱胎于旧式雅乐，同样是乐悬，相对那些雕龙绘凤、盘踞神兽或立着佩剑青铜武士的支架设计，方响的木架式样大大减弱了原始图腾崇拜，看上去简化了许多。

十六枚轻巧的金属音片，常规是一排八枚，共分两排整齐悬挂，大方响长八九寸，宽二寸，用于教坊燕乐，小方响长三四寸，多为民间所用。音片的形状初时上圆下方，遵循古人天圆地方的理念，后来演变成长方形。

在材质上，方响是编钟的延展，发声原理则继承了编磬，以厚薄区别高低音，用小铁槌敲击。钟磬体积大，重量动辄上千斤，磬由于是石头打磨而成,容易碎,方响器形小,轻便省力。

方响之制,以铁为之,故又称响铁,也有少数是铜制的。较之钟磬,它的音块小,音声高,声音清亮,并且从制作到搬运,都省却了太多的人力和物力。

在北周宫廷的西凉《清乐》中,方响占一席之位。隋唐,它盛行于燕乐和俗乐,官贵堂府,亭台水榭,文人雅赏,甚至佛乐都会用到此乐器。

《旧唐书·音乐志》里提到方响,有四字"以代钟磬",从古老礼乐制度的立场看方响,它是庸俗的,它失去了庄重和典雅。但是,当包豪斯设计理论诞生的时候,人们怎么看待水泥、钢筋和玻璃组成的四方楼房呢?方响来自一个新事物层出不穷的时代,代表着当时观念更加开放的上层社会对音乐的态度,通俗、流行、灵活、亲近大众。

乐中何乐偏堪赏,无过夜深听方响。

缓击急击曲未终,暴雨飘飘生坐上。

铿铿铛铛寒重重,盘涡蹙派鸣蛟龙。

高楼漏滴金壶水,碎电打著山寺钟。

又似公卿入朝去,环佩鸣玉长街路。

忽然碎打入破声,石崇推倒珊瑚树。

长短参差十六片,敲击宫商无不遍。

此乐不教外人闻,寻常只向堂前宴。

《全唐诗》收录的这首《方响歌》，作者是中唐时期的诗人牛殳，他全方位写活了方响的音色。急急暴雨、缓缓漏滴、与山间寺钟交错的离离闪电、公卿袍裳上的玉环佩在入朝路上细碎的微鸣，诗人运用了各种出神入化的比喻。最后转入破声，似豪奢的石崇大手一挥，哗啦啦推倒二尺高的珊瑚树，乐声激荡肆作，诗人在深夜聆听，沉醉不已，哪里还有比这更美好的人间乐事。

正如牛殳描述"长短参差十六片，敲击宫商无不遍。"方响的每一枚音片都有特定的音调，据宋代陈旸《乐书》记载，十六枚音片包含黄钟、太簇、姑洗等十二律声，以及四清声，即黄钟之清、太簇之清、姑洗之清、仲吕之清。

关于方响的音片和音调，有一个不太可信的故事。唐武宗时期，有位乐吏名叫廉郊，是琵琶名手曹纲的得意门生，某夜，廉郊携琵琶来到荷池边，弹起了蕤宾调，弹着弹着，忽然听见芰荷间有东西跃出，落在水岸，他闻声探视，是一块方响音片，叩击便发出了蕤宾调的音声，原来廉郊指拨功夫太精妙，以致音片发生了律吕感应，一下子从水里跳到岸上。

与廉郊同时代的唐朝宫廷里，调音律官吴缤，最擅长演奏大方响，之前在唐明皇时期，方响高手是马仙期。

杜牧夜听方响，听见的是些许悲愁，"数条秋水挂琅玕，玉手丁当怕夜寒。曲尽连敲三四下，恐惊珠泪落金盘。"寒夜里的响片，垂挂在架上，一片片冰冷清寒如秋水，美人叮叮当当敲去，触发了诗人心中淡淡的伤怀，曲子将尽时，不忍听既舍又离的三四下连击，像珠泪一滴滴落在金盘中。

同样是秋季，白居易感受到的方响却是轻快温暖的，夕阳中，亭檐下，饮酒三盏，饮到四肢软融融的时候，秋风煦暖恰如春风，身旁有美妓以乐声相陪，"千声万响敲相续，一曲云和戛未终。"

唐代的方响，日本正仓院尚存九枚钢片，原是十六片，木架不存。敦煌莫高窟第390窟隋代壁画中，有飞天乐伎演奏方响的画面；在220窟壁画《药师经变》中，坐姿优美的乐伎含笑垂目，敲着身侧的一架方响，仿佛叮叮咚咚的声音从静止的画面中飘出。

以玉石制成的方响，水润玲珑，唐文宗时期的名伶沈阿翘，凭借丰姿绰约的歌舞技艺和一架稀世白玉方响为自己在宫中谋得一席之位。沈阿翘原初是淮西节度使吴元济家蓄养的乐伎，元和十二年，吴元济叛变被镇压，成了俘虏的沈阿翘便进了宫，成为一名普通宫女。

时逢"甘露之变"，唐文宗受宦官钳制，心情抑郁，花园中偶遇沈阿翘，她见皇帝神情不悦，便主动上前为他献上一曲"何满舞"，妙绝歌舞获得嘉赏。得到接近皇帝的机会之后，她又将吴元济从前赠予自己的白玉方响献给皇帝，它以珍贵云檀木为架，未闻其声，先闻檀木芳香，沈阿翘用犀槌演奏《凉州曲》，皇帝惊为天音，很快她便受到重用，在教坊中执教，向她学习的都是宫中技艺高超的乐伎。

南唐画师周文矩的《合乐图》中，可以领略宫中女乐人敲击的美态，她演奏的方响是斜挂式，即每排音片背后有一根横杆支撑固定，整齐的朝演奏者方向倾斜四十五度，这样敲击起来，音片之间不会因为左右晃动而碰撞在一起。

宋代宫廷教坊四部乐：胡部、龟兹部、法曲部、鼓笛部，可见自南北朝、隋唐受重大影响的西域音乐，在宋代的宫廷中依然位置重要，方响列在胡部和龟兹部中，承唐朝遗风，但不如唐时壮丽浩大，风格趋向清丽阴柔，百戏、杂剧以及各类新式舞蹈丰富了表演种类。

宋仁宗时期，宫廷燕乐开始衰落，教坊四部合一，后又渐渐形成十三部，有些不合时宜的乐器如箜篌、五弦琴、羯鼓、鸡娄鼓被淘汰了，方响不仅保留且设置了专门的方响部门——方响色，领头称为色长。

在民间，它因为没有编钟和编磬那样大歌大舞、大开大合的气势，很容易流行起来，从贵族的散乐到杂剧、瓦舍勾栏、酒肆茶楼，方响无处不在。

宋人的音乐理念，较前朝更加自由开放，宋徽宗时期，举国上下皆文艺，瓦舍勾栏的优秀艺人会去宫廷表演，她们凭各自的机缘与才艺进入教坊，给后世留下一出出说不尽的红粉事，如宋徽宗与汴京歌伎李师师、宋理宗与武林歌伎唐安安。

《武林旧事》里记载了一场宋理宗时期宫廷飨宴，期间斟御酒环节，一杯酒是一盏，第一巡十三盏，第二巡十盏，第三巡二十盏，三巡结束，每盏都安排不同音乐、杂剧、傀儡舞等表演，方响合奏和独奏共出现二十次之多，其中有一次独打玉方响，曲目是道调宫《圣寿永》，由色长余胜表演。

《梦粱录》中描述了宋度宗年间的一场寿宴，彼时，理宗皇后谢道清已是皇太后，在她的这场寿宴上，有玉琵琶和玉方响独奏，由当时方响色的色长表演，打的是一架饰着垂珠、挂着玉牌状音片的玉方响，音声宛如从仙界中来。有诗形容："疑是飞仙朝帝阙，玲珑环佩互宫商。"凡由色长担任独奏的玉乐器，都有额外的宣赐，乐伶当殿谢恩并受讫。

元、明、清三代，音乐的精神随着时代变化不停改变，元代，元杂剧等戏曲盛行起来，歌舞伎乐慢慢不时兴了，云锣顺势而兴，它比方响更灵巧，更适合给戏曲伴奏。

方响在民间受到冷落，可是在宫廷中，它的地位反而比唐宋时升高，钟磬的时代彻底过去了，方响对皇家礼乐来说，仍有形式上的象征性，它的仪式感还在，很容易为各种盛大的祭祀、庆典和军乐所用，像钟磬那样进入宫廷雅乐的行列。据《明史乐志》记载，皇家庆典使用的《丹陛大乐》中，一部乐章设方响四架，它在宫廷音乐中的受重视程度可见一斑。

而民间，它被越来越多的人遗忘，明代文人王绮《寓圃杂记》中说到他家里从前有过一架玉方响，当时他还年幼，常常敲着玩，声音泠然，听兄长说这是方响，后来它遭到焚烧，变成一堆瓦砾，王绮成年之后，专门请教了博学之士，做了方响方面的考据，才弄清它到底是何物。

自宋代以来方响"以代钟磬"的说法，在《清史》中变成：以云锣代钟，以方响代磬。历代皇后率后妃在先蚕坛行躬桑劝蚕的祭祀礼，是国家最高祀典之一，清代《御制律吕正义后编》里有一套为"先蚕坛祭祀"所用的乐谱，由箫、笛、笙、云锣、方响、琴、瑟、鼓组成。

音乐文化以它自己的方式和速度在继续向前行进，就像当年方响替代了钟磬，必然会有新的乐器来接替它，一旦它被赋予、承载的音乐精神与制度消失了，形式会从根上消亡。

清王朝覆灭后，宫廷礼乐彻底崩坍，方响最终失去了立身之处，虽然近代有复原和改制品，在一些古乐遗音的演出时偶尔使用。复原之目的是让人们重新聆听它的声音，改制之意义是帮助它探寻新生的可能性，可是，一个时代过去了就是过去了。历历往事，早已蒙尘三尺。

过眼光阴难再得，想前欢，尽成陈迹。故宫弘义阁有一架钢片方响，顶端横梁雕着金龙，两侧垂饰着五彩丝线结成的流苏，是乾隆年间的清宫旧藏，带着清朝人的审美，常年陈列在那里，沉默地面对着人来人往。

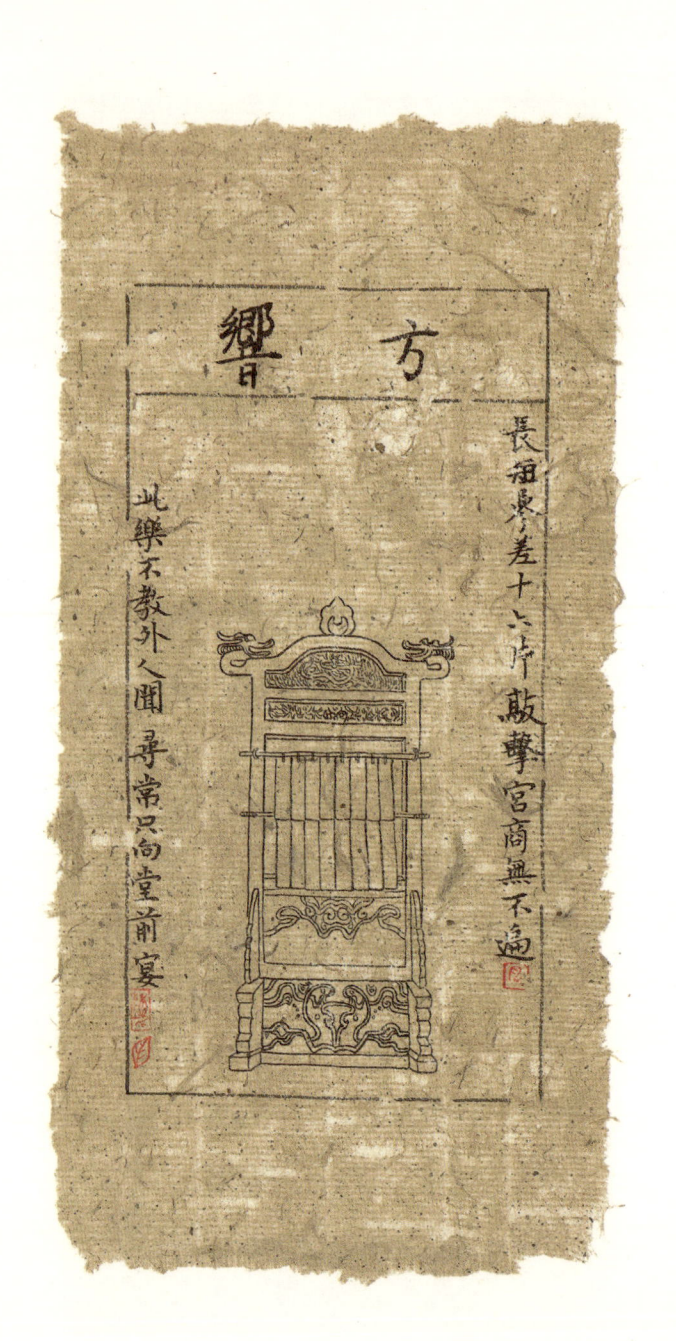

方响

长短参差十六片,敲击宫商无不遍。
此乐不教外人闻,寻常只向堂前宴。

云间锣鼓

> 迎婚娶妇好张罗,彩轿红灯锦绣拖。
> 鼓乐两行相叠奏,漫腾腾响小云锣。
>
> ——[清]郑板桥《潍县竹枝词》

直到唐代,文献记载中才出现锣这个字。

锣的出土实物,最早的距今两千多年,那是一面与今天的锣形非常接近的西汉初期百越铜锣,在 1978 年,被发现于广西贵县罗泊湾一号墓。

锣纵横三十多厘米,有明显的锣脐,锣边铸一道拱线纹,侧边拱弦上系三个等距离的圆环,锣面上镌有一字铭文"布"。秦汉时,广西贵县被称为布山县,这面锣被认为是当地所产。

在百越铜锣出土的前三年,江苏句容县东昌乡出土了一面边缘已侵蚀破损的铜锣,锣边有两个穿绳的孔,圆径为45厘米左右,断代为汉代,年代比百越铜锣稍晚。汉代甚至之前,人们管锣叫什么,至今也没有定论。

"锣"字的首次出现,见唐代杜佑撰《通典》:"自宣武以后,始好胡音。洎于迁都,屈茨琵琶、五弦、箜篌、胡笳、胡鼓、铜钹、打沙锣、胡舞,铿锵镗鎝,洪心骇耳。"宋代陈旸在《乐书》中引用了这句话,并在"自宣武以后"前面加了"后魏"两个字。

"洎于迁都"事件指北魏孝文帝在太和十七年左右,即公元495年,由平城迁都洛阳,"后魏宣武"指北魏宣武帝元恪,他在位的时间是公元499～515年。史家将拓跋氏建立的北魏、东魏、西魏,史家统称为后魏,以区别曹魏。这样推算,锣是在公元6世纪,随胡人音乐传入中原的。那么,后世人们考古发现的西汉铜锣又是什么呢?

我们且先研究一下铜鼓,你不觉得铜鼓的鼓面,很像锣吗?

1976年广西罗泊湾出土了一只三足铜案,是一面铜鼓齐胸锯断而成,焊上三蹄足,鼓面中心铸有十二芒太阳纹,被人字纹和圈纹围绕,并饰有四只飞翔的鹭。将铜案倒过来,就是一只浅口铜盆。

广西西林普驮汉墓,曾出土过四面大小不一的铜鼓,其中有两面的上半身被截下后,与另外两面互相套合,类似外椁内棺,将鼓变为盛器,锯痕清晰可见。铜鼓内装着人骨,或许是当时陪葬的人殉。

铜鼓

春秋战国时期，初见铜鼓，南方少数部族首领用于战阵、祭祀、集众、贮财、作乐。《后汉书》始见铜鼓记载，称昔日马援于交趾之地得骆越铜鼓。铜鼓器形浑厚，附穿绳鼓耳，胸腰交接处常设有可悬挂的扁耳，鼓面中央铸八芒或十二芒太阳纹，击鼓时击鼓心，铸太阳纹亦可增添厚度，延其寿命。

铜鼓，始出现在南方少数民族，为豪强象征权贵的礼器。考古发现最早的铜鼓距今约两千七百年，在云南楚雄万家坝二十三号墓出土的五面铜鼓，春秋战国时期，大小不等，鼓面中心都有太阳纹，有的有星芒，有的没有，胸腰交接处都有可悬挂的两对小扁耳，鼓的表面有烟痕，说明当时铜鼓也当炊具用。太阳纹是先民对天的原始崇拜，代表超自然力，彩陶、玉雕上都有出现，紫薇斗数有太阳星曜。

铜鼓初有，便伴随太阳纹，击鼓时击鼓心，铸太阳纹以增加厚度，免于凹陷，星芒是发散状，有十二芒，有八芒，既象征鼓由中心向四周传递的声波，又象征火、光明、无边的神力。

《后汉书·马援传》中有关于铜鼓最早的文字记载，书中说马援好马，善于辨别名马，有一次他在"交趾"（即今天的越南北部）得到了骆越铜鼓，就将它铸成一匹骏马献给皇帝。骆越属于百越之地，那里的铜鼓产量最多。

马援一生崇马，率兵打仗离不开良马，战死边野还要"马革裹尸还"，绝不愿卧床死在儿女身边，后来果真殁于军帐之中。

云南晋宁石寨山出土的青铜贮贝器上，有盛大的滇王祭祀场景，铜鼓以绳穿鼓耳，悬在横杆上，一人执槌击奏，另一人以木桶合之，一击一合，以求声音洪亮远播。铜鼓是权贵象征，护佑灵魂，彰显财富，在广西、广东、四川、贵州一代，从春秋战国开始，直到清末才停止铸造，明清时代的遵义和麻江铜鼓，上面仍然有十二芒太阳星纹样。

铜鼓由于长期悬挂和敲击，鼓腰容易损坏甚至断裂，铜料易锈蚀，时间久了容易残破，古人在这样的情况下，会将铜鼓损坏的部位锯掉，另外焊上足，变成铜案或者盛具，是很有可能的，铜锣因此诞生。

广西壮族自治区宁明县花山的崖壁画，年代大约在战国至东汉时期，古老壮族的人民以赤红色颜料绘上骆越人祭祀、庆典的种种场景，他们敲打着饰有太阳星芒的铜鼓，也许正是一面面铜锣，与《宋史·蛮夷列传》所描述的："黔南言溪峒夷僚疾病，击铜鼓、沙锣以祀鬼神。"十分相似。

铜锣也像铜鼓一样，被当过盛具。

传说清康熙年间，广西思恩县有一个人，在地里挖出一面铜锣，盖在铜鼓上面，鼓面向下，鼓腹中贮满了铜钱，有皇宋通宝、熙宁元宝、熙宁重宝、元丰通宝、元祐通宝、绍圣元宝、宣和通宝……均是宋币。

1992年，在贵州德江青龙镇发现了几乎一样的铜锣扣在铜鼓当盛具的情景，不过鼓腹中存放的不是铜钱，而是一块刻在石头上的买地券。

买地券是源于东汉时期的葬物，表示生者为死者在阴间买了块地，用石头造一块地契，保佑死者的墓地不受侵犯。青龙镇铜锣的年代大约为南宋，锣面中心饰有八芒星纹，这与铜鼓上经常见到的太阳星纹，应该有着不可割裂的关系。诸多历史遗迹和实物，给铜锣源自铜鼓的说法提供了线索。

古人击鼓、击缶、击水盏或瓯，将铜鼓锯断的"铜盆"，自然而然也可以用来敲击，渐渐产生了击铜鼓、铜锣"以祀鬼神"的习俗，《文献通考·夷部乐》中提到的"上户女出嫁，亦用铜鼓、铜锣焉"。铜鼓与铜锣配套使用，敲锣又打鼓，古老西南少数民族的节庆、丧葬等礼仪习俗，至今仍在。

秦汉时期，军中有一种器具名叫"刁斗"，可以用来炊饭，也可以用来打更巡夜，宋代军营中的锣，就像秦汉的"刁斗"，一物两用，既当锣使，又能当盥洗盆使，宋人称这样的锣为"沙锣"，或者"厮锣"。元代戴侗在《六书故》中亦说："今之金声，用以军旅者，亦以为浴盆。"

明清时，宫廷鼓吹乐里出现一种高边突脐的锣，从彝族、傣族、佤族传到中原汉族，南方俗称它为铜鼓，但它与铜鼓完全不同。顺着傣族语言的音译，它的名字是铓锣，演奏者以木槌敲击锣心突起的部分，声音似钟，圆润沉缓，今天在云南一带少数民族依然能见到。

锣一般是铜和锡的合金所制，以得响亮持久的音效，这样的材料名曰响铜。铜锡比例，青铜器时代，《周礼考工礼》中记载钟鼎的标准是"六分其金而锡居其一"；明代宋应星《天工开物》记载则是"红铜八斤，入广锡二斤"，说明响铜制造随着金类乐器发展也在变化。清代屈大均《广东新语》中说："红铜为上，黄铜次之。其声在脐，雌雄之脐亦无别，但先炼者为雄，后炼者则为雌耳。"这个方法为锣、钹、钲、鼓等响铜类乐器通用方法。

先是熔炼铜坯，将熔化的铜水倒入砂模，再进行反复加热锻打成型，工序繁杂，有锻边、剪边、覆烧、打脐、折边、抛光整面、上旋磨纹、裁修齐边、钻孔打洞、微调锻打等步骤，这些步骤是铺垫，任一环节出差池，如铜未熔开，锣片厚薄不均，或者锻打时留下过分凹凸，锣就是死锣，敲不出活音。

最后一步是冷砸定音，有俗语"千锤打铜，一锤定音"，最后这一锤，是冷锤开声，开出雌雄音。单个锣，虽然敲不出旋律，但锣音有分贝高低、雌雄之分，雄声洪亮，雌声清长，雌雄呼应，如凤啸龙吟。

铜锣的出土实物多见于宋代，浙江嘉兴出土过一件直径近五十厘米的大锣，锣边镌有"嘉兴府咸淳四年三月初一置"，咸淳即南宋度宗时期，此锣为开道锣，地方官吏出巡时，专门有差役在前面打锣，一是振其威风，二是令闲杂人等，让开道路。所谓鸣锣开道，到了清朝，相对不同官级，有不同打法：县官出行，鸣锣七下；道、府出行，鸣锣九下；提督、巡抚出行，鸣锣十一下；都统以上，鸣锣十三下。

开道锣也叫抄锣、黑锣，锣面有一层黑色氧化膜，有的只留锣心和锣边是黑的，其他地方刮光，露出金黄的铜色。敦煌莫高窟220窟初唐时期壁画《药师经变》中有绘制乐伎打锣的情景，锣型和抄锣相似。

锣槌是木制，圆槌头上包块布，因抄槌打锣这个形象的动作而得名，抄锣是所有锣中流传最广的品类，从官府开道，到僧道法事，到民间活动，再从元杂剧到后来的京昆剧，统统可见。抄锣音域广，尾音长，音波缓慢沉远，一槌子下去，五里之外的人都能听见。

京戏武场三大件：单皮鼓、大锣、小锣，锣在不同的戏中，配合鼓点，随着剧情和人物状况变化万千，出现在开场、换场、人物转场等各个时间段，唱、念、做、打，皆是锣鼓经，灵活复杂，无处不在，配戏的锣鼓与念白、动作、情绪融合得天衣无缝，产生难以言说的美感，有了锣鼓，戏才完整。

锣的好坏不在于响或是不响，脆或是不脆，而是与剧情配合得到位不到位。比如人物念白中的锣，称为"垫锣"，衬托剧中人说话时的语气节

抄锣

"千锤打铜,一锤定音",古来官府开道,僧道法事,民间戏曲,离不了抄槌打锣。

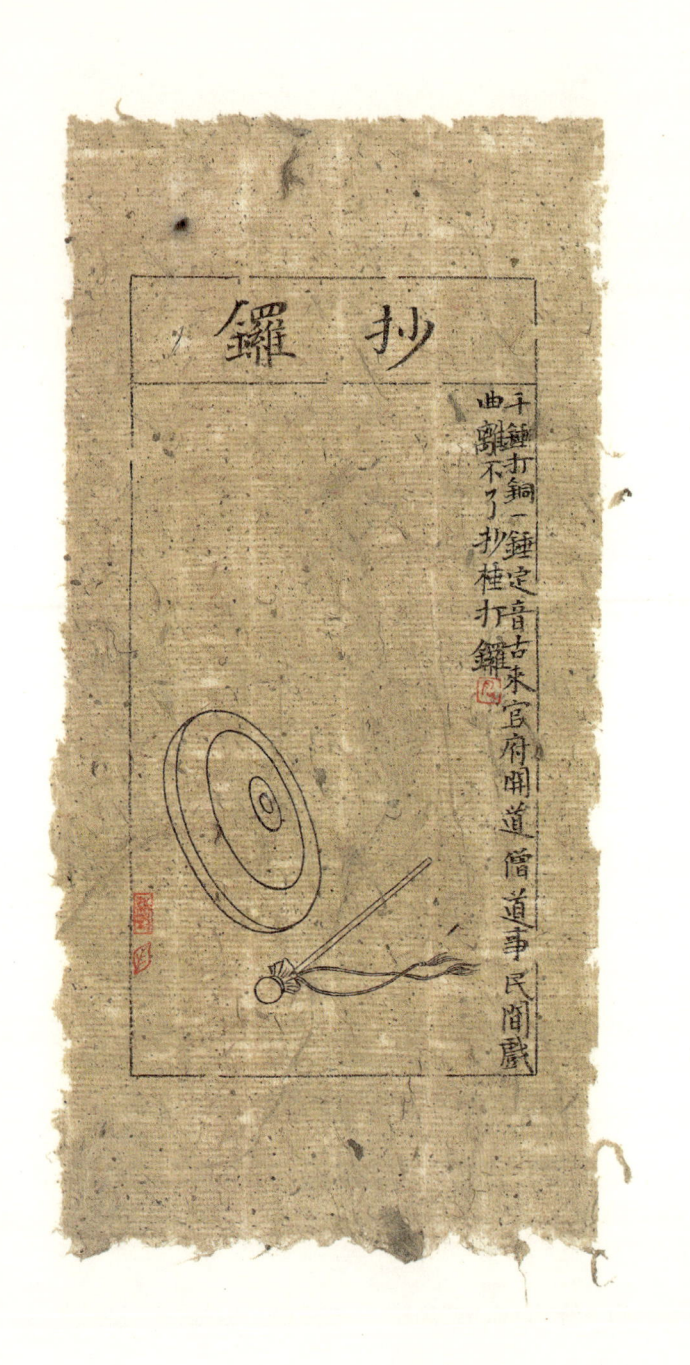

奏和情绪缓急；《碰碑》一折戏，谭鑫培饰演的令公杨继业，人在冰雪天，生命到了悲临绝境之时，乐师开始使的是〔慢长锤〕，将锣的敲击力度控制得很弱，与凄惨阴寒的情境相吻合。

杨小楼的锣鼓是他那个时代最出色的锣鼓之一，罗文田专攻武场大锣，许多人听杨小楼的唱片，就为了研究罗文田的大锣，随着剧情走，走得特严实。《战宛城》中，杨小楼扮演张绣，罗文田的大锣打的曲牌是〔出队子〕，很多人打〔风入松〕，据我所知，〔风入松〕是给反派用的，不能给正面人物打。

《冀州城》里，锣鼓点配合马超火帜的情绪，部下造反，城楼上杀马超妻儿，一番紧锣密鼓，只有一句是慢锣，衬托出主人公的悲愤；《连环套》里面，杨小楼演活黄天霸，连环不绝的大锣小锣功不可没。

清代，抄锣传入欧洲，是西方大交响乐团唯一使用的中国乐器。20世纪70年代末期，卡拉扬来到中国演出，订制过一面大抄锣，排练的时候敲一下，锣声响亮得将他几乎惊呆，后来不得不在锣面上蒙布，才敲出他想要的音效。

卡拉扬去世后，小泽征尔在维也纳金色大厅纪念卡拉扬的音乐会上，指挥到《悲怆》第四乐章时，万声喧嚷中，一声沉重的锣响将音乐引入挽歌般的尾声。

❖　❖　❖

宋元时期，人们将锣编起来，效仿编磬，名曰云锣、云璈。

云璈之名，汉唐时期即有，说的不是锣。《汉武帝内传》中："上元夫人自弹云林之璈，歌步弦之曲。"唐代顾云《华清词》："隔烟遥望见云水，弹璈吹凤清珑珑。"这里的璈是弹奏乐器，类似阮咸。

汉字偏旁，王、玉通用，王字旁又叫"玉补"，璈又容易让人联想起玉磬。东晋时吴人杨羲自幼有通灵之异赋，王母娘娘第二十七女紫微夫人曾下凡授他道术，他因此作诗记载："列坐九灵房，叩璈吟太无。玉箫和我神，金醴释我忧。"这里的璈为叩击之物，根据模糊的历史碎片，我们知道璈字曾被用在不同的乐器上。

诗词里的意象是清雅幽玄的，可惜看不到当时上元夫人和紫微夫人演奏的美景，璈怎么变成了锣，不知从何考证。云锣代替了编磬，在历史中却是不争的事实。

四川南江博物馆收藏一套宋代七面云锣，锣面直径都在十厘米左右，并未见什么学术记载，这套锣曾经用在什么场合，为何人所制，不可知。永乐宫元代壁画中有五名道士在供案旁奏乐的画面，其中一位道士手举一套十面云锣的画面，时期是元代至正十八年，当时的云锣，与今天的云锣形制和演奏方式虽然接近，但是尺寸小巧玲珑多了。

另外，台北故宫博物院中藏有一幅疑是明人仿宋朝宫廷画师苏汉臣风格的《货郎图》，画面绘得极精细，货郎推着独轮车，上面挂着琳琅满目的货物，葫芦、铙钹、鼗鼓……有一套漆红木架的十面云锣，锣架下方有一个手持的短柄，看起来像儿童玩具。

云锣

　　云锣成形于宋元,又名云璈,此件为清宫旧藏,立座式放置,黄铜色锣片一套十枚,锣架髹黑漆,镂空雕龙首及云龙纹,清宫先蚕坛乐,以云锣代钟,方响代磬,微有些「礼乐之姿」。

云锣由于是由不同音高的锣片编成，所以能打出旋律，元代是盛行期。《元史·礼乐志》描述了它的基本形制："云璈，制以铜，为小锣十三，同一木架，下有长柄，左手持，而右手以小槌击之。"可见这时候的云锣仍是手持击奏，灵巧轻便，锣片也不会很大。云锣的锣片数量，有十片、十四片不等，到后世发展出二十九片、三十七片。

和其他民间乐器一样，云锣技艺的传承靠的是师徒相传，明末有苏州人韦兰谷和福建人熊大璋二位大家，韦兰谷向崇祯年间内苑乐工学会了击奏蒲钹，传给张九思，人称韦派；熊大璋专工二十四面云锣，传给王紫稼，同时云锣又被苏州人沈西观学了去，得到二十面锣。后来王紫稼遇祸，于是另外的四面锣失传。沈西观后来将技艺传给徒弟顾美抡，得到十四面锣，美抡是杭州人，又传艺给熊大璋的孙子熊知一，谓之熊派。所以扬州蒲钹出自张九思一门，而十四面云锣，流传到福建。

至清代，或许为了配合皇家祭祀、庆典，云锣需要发出更洪亮庄重的音色，锣片直径增加，以立座式放置，一副木槌，双手执打，木架出现云纹和龙纹的雕饰，底座绘有莲花，宛如莲台，配上黄铜色锣片，有了些微"礼乐之姿"。

在云锣盛行之前，方响被认为"以代钟磬"，到了清代，便成了"以云锣代钟，以方响代磬"。它们同样是中国古乐器里的后起之秀，带着人们求新求变化的时尚感。

没有钟磬的凝肃沉着，和它们自上古遗留下来的繁缛华美甚至巫术中的暴烈激荡之气，那种暴烈激荡是浪漫的，云锣和方响没有这些特质。

明清时，云锣开始为民间锣鼓十番乐、戏曲音乐所用，直至今天，昆曲离不了云锣，乐师以硬槌和软槌不同的打法表现剧情以及剧中人物的心情起落，两手分执两槌同时敲击，可奏出四音和弦。软槌可使锣声优美、柔和、空灵；硬槌可使锣声清亮有华彩，宛如仙界。

十番乐是明清时兴起的民间锣鼓乐，起先叫十样锦，明代文人沈德符在《万历野获编》中有记载。初时，它在苏州一带流行，明武宗朱厚照南巡时，将这它改造成《靖边乐》，从繁华的姑苏带入京城的宫中，传授南教坊。

当时，山西的霍州、洪洞、汾西、临汾一带盛行威风锣鼓，潮州一带有潮州大锣鼓，打起来咚咚锵锵，热闹非凡，江南的苏州、无锡、常熟等地则有十番乐，充满簇簇向上的鲜活气息，又是文人雅集中的重要娱乐。

清代李斗在《扬州画舫录》中有首《梦香词》："扬州好，新乐十番佳。消夏园亭《雨夹雪》，冶春楼阁《蝶穿花》。"李斗对此诗后半部分不以为然，说《雨夹雪》是明代便有的事，并不是新乐。

康熙年代，十番乐隶属于南府，机构名为十番学，负责教习授艺及演出，道光年间，十番学人员裁减了些，保留笙、箫、星、镗、扑钹、云锣、弦板、木鱼、堂鼓、单板鼓等十三种乐器。由于乐曲优美，在后宫嫔妃中甚是流行，表演时的着装也很讲究。道光二十四年修撰的《礼部则例》记载："清音十番作乐吏十六名，俱穿百花袍。"

十番乐在贵族富庶之家的酒宴娱乐中助兴，《红楼梦》第十一回贾敬生日，凤姐问："爷们都往哪里去了？"旁边一个婆子道："爷们才到凝曦轩，带了打十番的那里吃酒去了。"

十番乐的乐器组合中，如果仅是打击乐器，如钹、鼓、锣、板、铴锣等，被称为素十番、清十番、粗十番；而加入了丝竹类乐器则被称为荤十番、混十番、细十番。从京城到天津，在曲艺中有一席之地。

天津的十番乐在乐曲结构上同江南十番乐接近，乐曲包括若干旋律的打击乐，乐器组合基本是素十番，曲牌大多数有自己的名称和唱词，是对昆曲音乐的承袭。演奏者并非道士或民间吹鼓手，而多是知识分子，民国时，有三个社团较知名：集雅社、美善社、四如社。

京十番是混十番，有板鼓、大锣、小锣、水镲、碰星、铴锣、小堂鼓、大堂鼓、云锣、琵琶、笙等，其中板鼓是领奏。杨小楼的师父杨隆寿办过一个科班叫"小荣椿"，培养过不少人才，如小生程继先、武生杨小楼、谭鑫培的儿子谭小培。小荣椿排过一出新编戏叫《陈塘关》，讲的是哪吒闹海的故事，里面专门有一场戏安排了十番乐的场景，逛灯会时，每个演员被派了打十番的工种，程继先在里面负责打小锣。

近代张伯驹先生是京剧和京十番的倡导者，他的夫人潘素女士在十番乐中演奏琵琶。20世纪50年代"反右"运动前夕，张伯驹先生曾经想将他组织的京剧研究社分出一个小组，用来继承学习京十番，可惜没过多久，他被打成"右派"，京剧研究社被迫解散，那个京十番学习小组也就不存在了。

禅钟出林幽

> 六识常昏终夜苦,无明被覆久迷情。
> 昼夜闻钟开觉寤,怡神净刹得神通。
> ——[唐]释道世《法苑珠林·鸣钟部》

在寺院里挂单的时候,天不亮,昏曚中,一声沉缓的钟声由远处传来,悠悠颤音,如云似雾,如一隙光,穿透漫漫长夜,敲醒了酣梦里的人。

黄梅季节,骤雨常袭山林,钟声由急至缓,从容横穿急密雨声,舒缓了轰然雷霆,闪电从窗外刺晃,映白墙壁时,听见长长钟音,心中平稳安宁。

僧人听闻寺钟召唤,上早课,大殿里列阵齐整,梵唱声抑抑扬扬,无悲无喜，个个面容，和静中有欣然。

"大钟丛林号令资始也。晓击即破长夜，警睡眠；暮击则觉昏衢，疏冥昧。"(《百丈清规·法器》)自东汉，中土寺院设钟，源自佛陀在受岁日，欲升讲堂，吩咐阿难击犍椎召集僧众。古印度还没有制铜业时，木制犍椎便是佛陀鸣召弟子传诫的法器。

杜甫诗云："欲觉闻晨钟，令人发深省。"丛林法器，钟为首，晨钟起，警示众生，莫再放逸安睡，精进修持，出离火坑；暮钟起，一天将尽，愿众生清净昏昧，脱离苦境。

姑苏佛寺，夜半打钟，唐人张继曾在某个秋夜，泊宿姑苏枫桥下，客船中听见寒山寺的钟声远远传来，霜天愁绪，在钟声里勾起家国忧怀，写就《枫桥夜泊》。

僧人午时坐香叩钟，刘长卿有："花间午时梵，春山云外钟。"

钟声还可通达三恶道的幽冥界，启人天目，《增一阿含经》云："若打钟时，一切恶道诸苦，并得停止。若闻钟声，及佛经咒，得除五百亿劫生死重罪。"

娑婆世界，人有来有往，如钟声有起有落。往生时，僧侣助念，临终者若听见钟声，能消除内心恐惧，使安详平定，生出正念，利于往生善趣。

晨钟暮鼓，晨时先叩钟，再击鼓，暮时先击鼓，后叩钟。《楞严经》云："阿难，汝更听此祇园中，食办击鼓，众集撞钟，钟、鼓音声，前后相续。"古印度，悬钟初始在舍卫城的祇树给孤独园，即祇园精舍，佛陀在世时，于此地度众无数。

钟有大小之分，佛堂一隅，向僧众通告法会事务的钟，叫行事钟；斋堂有钟，叫斋钟；僧堂的钟叫堂钟；佛殿内的钟是殿钟。这些都是小钟，尺寸大约是大钟的一半，大钟设在专门的钟楼里。司钟的执事僧，称为钟头。

寺院有早暮各诵三遍《叩钟偈》的习惯，《暮钟偈》愿："闻尘清净证圆通，一切众生成正觉。"《四分律行事钞》云："佛在世时，但有三下。"钟的打法，先是疏轻，渐次急重，将欲了时，渐细渐微，直至空无，如是三遍，曰"打三通"。

如今在各地寺院普遍施行的一百零八叩钟法，民间认为与一年十二月、二十四节气与七十二候对应，这些数字加起来是一百零八。日本漫画家车田正美画了一百零八个圣斗士，源于《水浒传》一百零八好汉，《水浒传》则是对应了紫微斗数一百零八颗星曜，这些都是中国民间传统的数字观。

佛教中的一百零八，《金刚顶瑜伽念珠经》里的说法是：众生有一百零八种烦恼，念珠一百零八颗为胜，一千八百颗为上，就包含了十法界烦恼总数。佛寺的大钟主叩百零八下，加上接送法器三下，称护法名号三下，共一百一十四下，可使烦恼轻，智慧长。

❈　❈　❈

寺钟器形同华夏传统钟形不同，中土寺院的"东钟西鼓"的钟鼓双阙制度，却是由城邦及宫殿中借鉴而来。

汉代始，城市中建起钟鼓楼，不仅定更报时，还是瞭望台，守护一城百姓的安全。隋代洛阳宫乾元殿东北角有钟楼，西北角有鼓楼；唐太宗在太极门殿两侧，东隅设鼓楼，西隅设钟楼，兼报时和皇家庆典两用。

唐末，寺院中始设钟鼓楼，初时如双翼守护在伽蓝殿左右两方，清代寺院，已将钟鼓楼移至山门左右两侧。

寺钟的器形为正圆，钟肩饰有莲花瓣，钟唇即底边或平直，或呈莲花波浪形，钟裙略有外翘，上面有满月形撞座，又叫钟月，钟身被纵横交叉的"袈裟"绊带分割成四方或八方，"袈裟"绊带又名"六道"。

大钟有诸多名称，梵钟、华钟、鲸钟、蒲牢……钟的顶端兽钮有雕龙，东南亚佛寺里的钟，钟钮也有雕龙，有的双龙，有的四龙。中土寺钟，与华夏文明结合，将雕龙称为蒲牢，龙的九子之一。

它来自一个很奇异的传说，《后汉书·班固传》："於是发鲸鱼，铿华钟。"薛淙注《西京赋》时有详解：海中有大鱼曰鲸，海边又有兽名蒲牢，蒲牢向来畏惧鲸鱼，鲸鱼只要攻击它，就会因惊吓发出吼声。因此蒲牢的形象被铸在钟上，撞钟的木杵则被雕成鲸鱼形。鲸钟、蒲牢的名称是这样得来，唐代皮日休《寺钟暝》："重击蒲牢唅山日，冥冥烟树睹栖禽。"

《法藏传》中有一个故事，或许是木杵被雕成鱼形的另一原因。古月支国王率军队与安息国打仗，杀了对方九亿人口，积下累累恶报，死后化为千头大鱼，剑轮流绕身砍它的头，砍下又复生，往复不已，大鱼极痛难

寺钟

寺钟器形正圆，钟顶兽钮铸盘踞雕龙，名曰蒲牢，龙九子之一。钟肩饰有莲花瓣，钟唇即底边或平直，或呈莲花波浪形，钟裙略有外翘，上面有满月形撞座，钟身被纵横交叉的「袈裟」绊带分割成四方或八方，「袈裟」绊带又名「六道」。

忍,求罗汉僧叩钟,以长长的钟声助它消其苦厄,七天后,鱼终于在钟声里超度转生,得到解脱。

古来,大钟崇尚巨型,尺寸仿佛可以大到无限。钟既是镇寺之宝,又是帝王彰显功德,回向天灾人祸罹难众生及阵亡将士的重要法器。

唐高宗时期,西明寺铸一口大钟,用铜一万斤。明成祖朱棣定都北京,年号永乐,开始铸大佛钟,彰功德。永乐年间最大一口钟重达四十六吨,从永乐四年至永乐十六年,由通儒僧人、太子少师道衍和尚监造,历时十二年铸成。

永乐大钟镌刻铭文二十三万字,含七部佛经及百项汉文、梵文经咒,无一错漏败笔,出自当时的宫廷书法家沈度之手。沈度在书写大钟铭文时,官职只是编修,铭文书成之后,在永乐十四年,被升为侍讲学士,这一年,明成祖开始建造紫禁城。宣德五年,沈度因为皇室写经有功,被升为学士,四年后病逝京城。

大钟原设在宫中的汉经厂,明成祖对钟的信念,如一句经偈:"洪钟震响觉群生,声遍十方无量土。"他曾令文武百官在重大节庆日,将朝服换为僧服,伴着钟声诵经,僧人以木杵每撞击一下,如同诵念一回经文,字字化为钟声,乘风远播。

明成祖逝世后,永乐钟声消寂。一百五十年之后,万历皇帝将它移入新落成的万寿寺,派六位执事僧轮班昼夜撞击,钟声重震世间。半个世纪后,因为一场莫名传言,明熹宗害怕城西钟声会惹来灾难,命人将大钟卸下,一直沉默到乾隆八年，大钟移至觉生寺，觉生寺因此被人称为大钟寺。

钟器和人一样，也有运势起落。《楞严经》中阿难与佛陀有一段关于钟音有无的对话，在有无之间，佛陀做了一番精彩开示。钟音响起时，真的是有吗，钟音消逝时，真的就消逝了吗？钟音无存，其实是听者的心死寂罢了，钟音荡漾，听者或许是在梦中罢。怎么能将钟音的生灭，来判别听觉上的有无呢？

佛陀进而开示：你们这些众生啊，从虚无中始生，在诸声色中，随波逐流，诸相就是尘埃，诸情就是污垢，还不舍弃生灭之心，守于真常，识得无常，远离声色相，你们的法眼，要时时清明才行。

"行色怜初月，归程待晓钟。心源虽了了，尘世苦憧憧。"元稹当年被贬官江陵，行至神秀传法的度门寺，荒林中，遥望西山万树松，想起佛界的一桩桩遗事，月光洒落山间，诗人在行路中心生自怜，他盼望着有朝一日原路返归时，拂晓的钟声远远相迎，感怀虽然已经明了一切皆空的佛理，知道了世间真相不过无常，可是人仍然是尘世中的人，身在尘网中，无法挣脱苦恼。

古来多少文人，天地间营造心庐，在韵澈钟音中得到宁静。"林开见明月，万壑静闻钟。"唐代诗僧皎然与友人卢中丞荡舟闲游山间，见一寺院在荒野中，远离人烟，索性舍筏登岸，攀临远峰，彼时天色已晚，钟声悠悠，在连绵山谷中回荡，豁然间，胸中清朗，仿佛坐拥了一山苍翠，面对身边的知己，如相逢在尘世之外。

《长阿含五·尼沙经》中指出梵音五种清净相：正直、和雅、清澈、深满、遍周远闻。钟音的准则也是如此，编钟音乐再高雅，也是人间的音乐，伴随它们的是太牢九鼎八簋，牲飨宴礼，是流光溢彩。

寺钟没有音调，只有一声一声地沉咏，上至天子下至贫民，无分贵贱，从城市到山野，只要有寺院，就能听见寺钟，听见佛陀的慈悲，来自上界的声音，抚慰着下界的芸芸众生，解脱吧，放下吧，止息吧。

人在钟声里自省，修心，出离，栖隐，了却杂乱的欲念，达到无我纯明之境，识得真常即无常，再看山河大地，一片清凉。

梵宫清磬

古塔荒台出禁墙,磬声初尽漏声长。
云生紫殿幡花湿,月照青山松柏香。

——[唐]卢纶《宿定陵寺》

唐代道宣律师撰《中天竺舍卫国祇洹寺图经》,描述了祇树给孤独园即祇园精舍的图景,昔日佛陀在舍卫国,那里有位须达长者以黄金铺满祇陀太子的一方清幽丛林,以感动太子将丛林奉献给佛陀为清修之地,由于须达长者乐施贫困孤独之人,故此园得名祇树给孤独园,既纪念了祇陀太子的树林,又纪念了须达长者的善行。

祇园精舍成为佛陀在世时最大的修行地，亦成为寺院建筑形式早期的典范。道宣律师说，在这座精舍里，次北边有个佛衣服院，阿难在这里看护佛衣，有一铜磬，可受五升，铜磬的四边饰黄金，磬鼻处有九龙纹饰，以上乘紫磨金镶成，磬背立一位天人像，以玉槌敲击磬，三千世界佛弟子皆可闻其声，聚集起来，聆听佛陀的教诫。磬最早是梵王所造，佛灭度后，被娑竭罗龙王收入海宫，娑竭罗：海。

故事是道宣律师根据佛典与想象撰写而成，这是我国关于佛磬最早的文字记录。如是说，在佛陀时代，古印度的祇园精舍里便有了击鸣佛磬以召集、教化弟子的仪制。佛磬也就是铜钵，佛陀手托铜钵，接受供养，广种福田；僧人以钵为食器，化缘乞食，一钵之量为一餐之食。

"一钵即生涯，随缘度岁华。是山皆有寺，何处不为家。"北宋士可和尚《送僧》游方诗，道出行脚僧手持铜钵四海为家的达观境界，他们无滞无碍，以天为盖地为庐，芒鞋衲衣，冬去春来，看尽枯树繁花，处处是晋水兰若，各山各众林，挂单即是家。

晚唐诗人崔涂造访东林寺愿禅师之后，留下"磬绝朝斋后，香焚古寺前"的诗句，崔涂流浪一生，历史上又没有他的确切下落，可说是去向不明。这首诗中的磬音，表达了诗人远离世事的愿望，并非如普通文人一样旷逸放达，借佛寺暂时清静心灵，而明显流露出像僧人一样修行、长伴佛灯的理想。

日本僧人无着道忠曾提到一个比喻"梅花半含"，说支那（中国）僧磬的形制，铜钵腹大，收口，为的是防止汤食外溢，就像一朵半开的梅花，

坐磬。

一钵即生涯，随缘度岁华。是山皆有寺，何处不为家。笠重吴天雪，鞋香楚地花。他年访禅室，宁惮路歧赊。

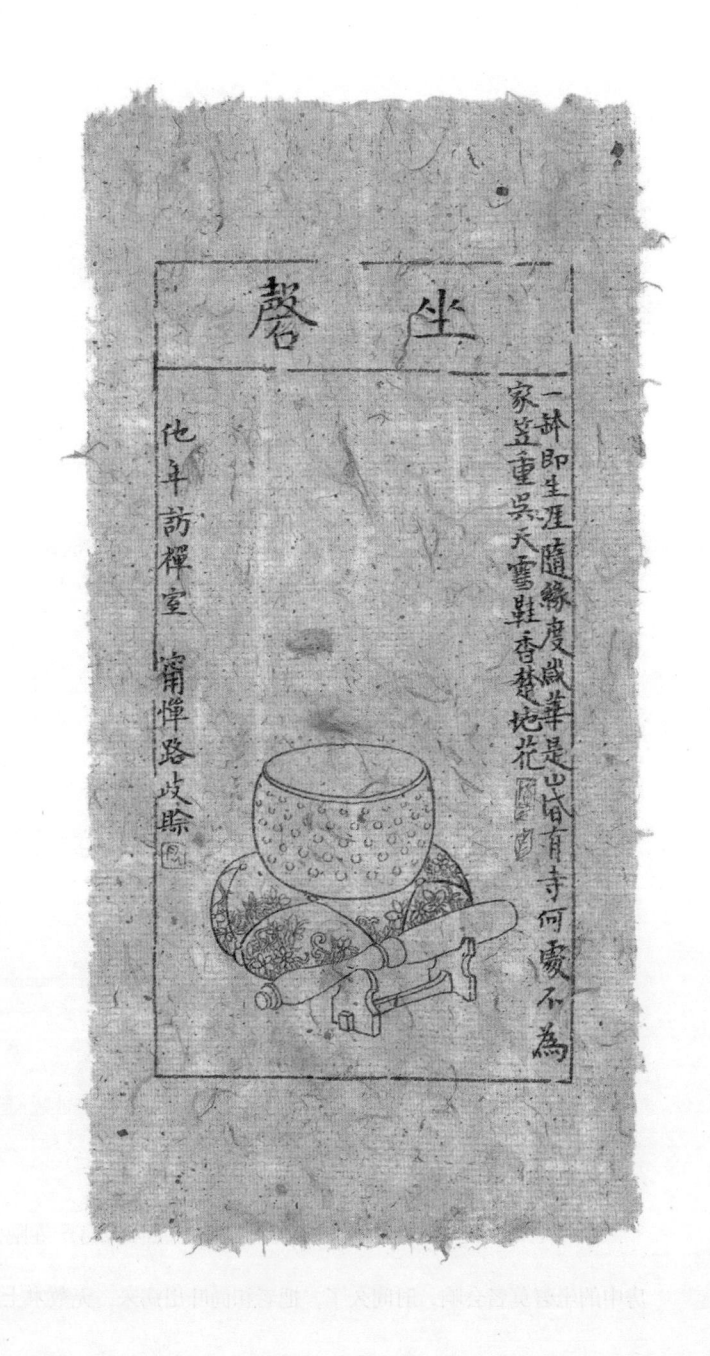

可说是唯美之极。

南朝齐年间，竟陵八友之一的竟陵王萧子良，爱与一群文人在夜里玩赋诗游戏，原本的方法是用小刀在蜡烛上刻记号，烛燃一寸的时间，必须赋诗一首，萧子良将燃烛改成击钵，钵声停，诗即成，文人雅士击着佛磬，随着磬音消逝，诗句随即吟出，妙趣就在动静、抑扬之间发生。

佛磬为铜或铁制，外腹常镌刻佛经，磬敲一下，经诵一回。它的名称诸多：坐磬、大磬、铜磬、天竺磬、僧磬、梵磬……大磬钵口直径大约二三尺，高不足二三尺，小磬的钵口直径约半尺，高约半尺。

坐磬通常置于大雄宝殿等佛像前的供桌旁边，下面垫块毛毡，以木槌敲击磬口边缘发声。它在寺院中的用法，见元代《敕修百丈清规·法器章》记载："磬，大磬早暮住持知事行香时，大众看诵经咒时，直殿者鸣之；唱衣时维那鸣之；行者披剃时作梵阇梨鸣之。"

在晨时及暮时，知持知事行香，僧众诵经咒时，由值殿行者鸣击；僧人亡故后，有唱衣之法，由主持唱卖僧人衣物的维那鸣磬掌度，佛弟子行剃度仪轨时，由阿阇梨鸣击。另外凡住持或尊宿即年老且德高望重之僧人、仕官、施护等礼佛时，有鸣磬三下的仪规。

敦煌壁画中出现过从大至小排列的坐磬，可见坐磬曾经有音律，后来却没有了。

唐代笔记小说《国史异纂》中有一奇事，洛阳城有一寺院，老和尚寮房中的坐磬莫名会响，时间久了，把老和尚吓出病来，无数术士对此束手无策，直到好友曹绍夔来捉妖，哪里有什么妖，原来坐磬和寺钟是一个音调，每当叩钟时，磬就跟着响了，曹绍夔用锉刀把坐磬几处地方锉了锉，改变了它的音调，从此它再也没有自己响过。

唐代有一只传世铜鎏金坐磬，为中国音乐学院杨大钧教授的收藏品。磬口缘有隶书铭文"皇唐大中五年九月九日造"，皇唐大中即唐宣宗李忱的年号，五年即公元851年。磬腹镌有小楷铭文约一千七百五十字，包括两部经咒：《般若波罗蜜多心经》与《佛顶尊胜总持经咒》及"皇图巩固，帝道遐昌，佛日增辉，法轮常转"等四句颂词。

传说光王李怡曾经为躲避他的侄儿唐武宗李炎的暗算，在香严寺智闲和尚的座下剃度出家，后来武宗服丹药身亡，百官前往香严寺，迎请李怡回宫登基，更名李忱，即唐宣宗。

《碧岩录》中有这个故事，但新、旧唐书中都没有，在《黄檗宛陵录》中，给宣宗剃度出家的和尚变成了黄檗禅师，地点也由香严寺改成黄檗寺。历史上，唐武宗曾经发起过一场声势浩大的灭佛运动，或许是后人想以宣宗出家的故事强化武宗对佛教的罪恶。

故事修修改改，历史便飘然不见。

不过真实可信的是，李忱即位后，确实为佛教做了些贡献，但是最后，宣宗却也因笃信仙丹，死于丹药中毒，步了武宗后尘。这只从宣宗年间传下来的铜鎏金坐磬，磬腹经文是明代永乐年间所刻，正是明成宗重修香严寺的时候，加刻经文，代表了明成宗传播佛法的心愿。

❖ ❖ ❖

佛寺里除了坐磬，还有云板和引磬，同属佛磬类法器。

云板又名匾磬、云磬、云牌，多用石材，也有铁制和青铜制，为如意云形，两面铸有线纹、云纹，有的还镌刻铭文，下方中间有圆形乳突，为敲击发音处。它通常在方丈廊外悬空而设，也是以木槌击之，造型优美。但凡有客见住持，知客鸣三下以通报，它在寺院中的使用机会远少于圆磬和引磬。

寺院中的云板声，令人飘然淡出尘世，宋代诗人胡仲弓《游承天寺偶成》："人间热恼正匆匆，才入山门便不同。云板声中僧出定，月台影里拂观空。堂阴岑寂常如夜，殿角清凉不见风。才得浮云闲半日，明朝马迹又西东。"诗人一进山门，听见僧人敲起云板，一刹那间，心灵便与喧杂的尘世相隔绝，享受人生难得的静空清凉。

民间也有云板，做传事板用，事情不同，敲击次数不同。《红楼梦》第十三回可卿托梦给凤姐，正念到："三春去后诸芳尽，各自须寻各自门。"凤姐听出可卿向她预言天机，没来得及细问，就被二门外传来的四声云板惊醒，人回："东府蓉大奶奶没了。"

《牡丹亭·闺塾》里，私塾先生陈最良在杜府教书，那天，本应教习《关雎》，但见杜丽娘迟迟不进馆，于是敲三声云板，唤春香请小姐上书堂。可彼时春意正浓，杜丽娘心不在书堂，惦记着春香口中那个"亭台六七座，秋千一两架，绕的流觞曲水，面著太湖山石"的奇妙大花园。

云板

如意云形，两面铸有线纹、云纹，方丈廊外悬空而设，以木槌击之。但凡有客见住持，知客鸣三下以通报，宋人诗云："人间热恼正匆匆，才入山门便不同。云板声中僧出定，月台影里拂观空。"

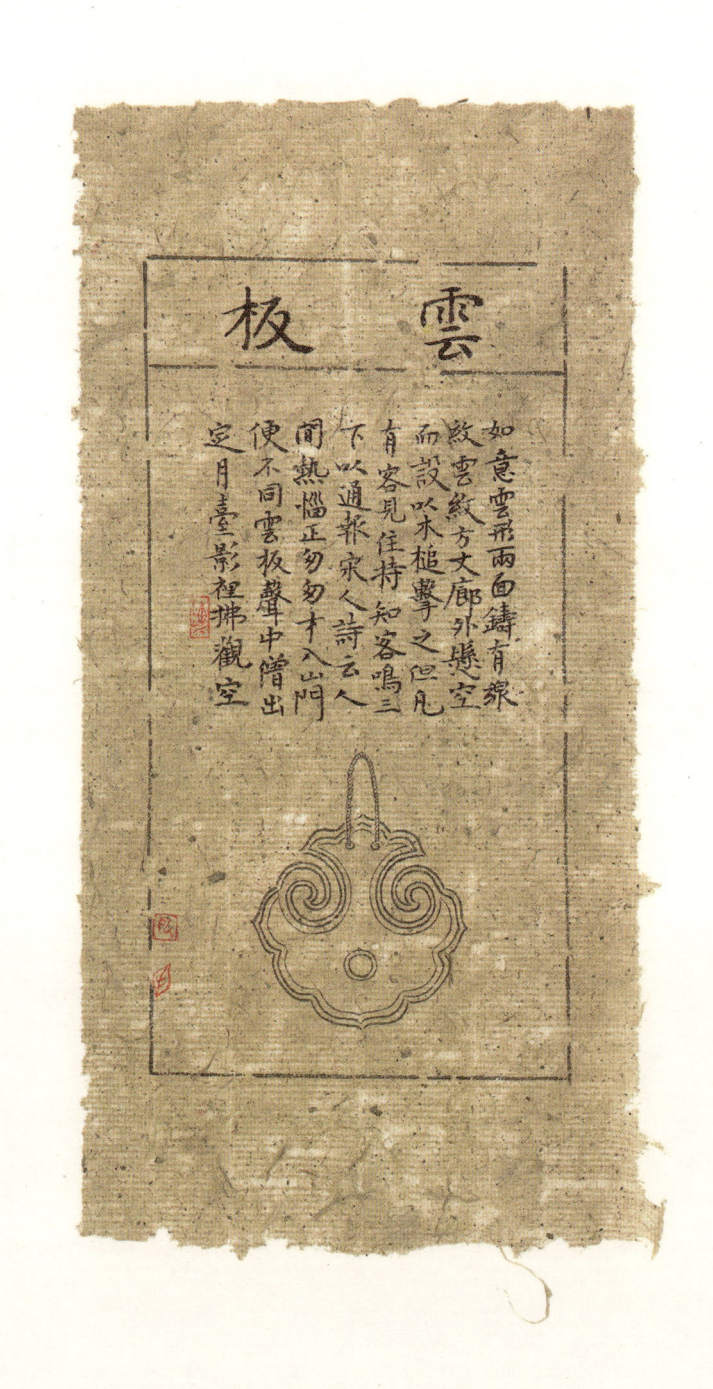

❖ ❖ ❖

引磬即手持小磬，又称击子，呈酒盅状，长约一寸半，磬口直二寸余，下有一小孔，钉有一根木制或竹制手柄，拴着细长木槌或铜、铁棒敲击。《禅林象器笺·呗器门》这样解释引磬："小磬如桃大，底有窍，贯绪，连缚小竹枝为柄，以小铁桴（槌）击之，名为引磬，盖因导引众故名。"小磬用以导引僧众，故称引磬。

僧众上殿礼佛诵经时，维那负责起腔领念。悦众是维那的副手，维那起腔时，悦众接腔；维那转腔时，悦众跟腔。

维那掌管圆磬，在起腔、收腔、合掌、放掌及念佛号时用；悦众掌管引磬，在诵读起止时，控制段落节奏时用。引领僧众诵经时保持音准，统一唱赞，防止参差。

引磬也在佛弟子接受剃度仪轨时，引剃头人上堂时所用，僧人亡故，斋粥、殿堂诵经及放参（临时休止日课晚课）结束时，堂司行者鸣引磬，由首座带引僧众至龛前，住持烧香后，维那领诵大悲咒超度亡僧。

木鱼在佛教法器中，有时与引磬相配合，以警昏隋。

印光大师却认为，人在临终之时，往生助念，只宜击引磬，不可击木鱼。这是因为木鱼声浊，引磬声清，尾音长，听来甚是明亮清耳。在给江易园居士的书信中，他特地如此交代，又言："阁下试于朝暮念佛时,息心谛听,自知优劣。"

引磬

《禅林象器笺·呗器门》载：“小磬如桃大，底有窍，贯绪，连缚小竹枝为柄，以小铁桴击之，名为引磬，盖因导引众故名。”

磬引

禅林象器箋唄器門載小磬如桃大底有竅貫緒連縛小竹枝為柄以小鐵桴擊手之名為引磬蓋曰導引眾故名

卷二

灵石仪磬

石声温润 立冬之音也 莫尚于磬

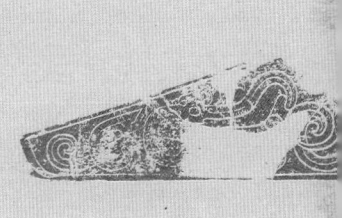

石在人手中，无声变有声，无形变有形，无序变有序，无法变有法，由虚幻混沌的卓尔不群变成宗祀纲常的列位分明，石便脱胎为磬。文人案头与园中有石，为清供雅玩，崇尚自由微妙之生趣。宗庙殿阁中列阵击磬，为礼乐教化，颂扬神授法度之道政。

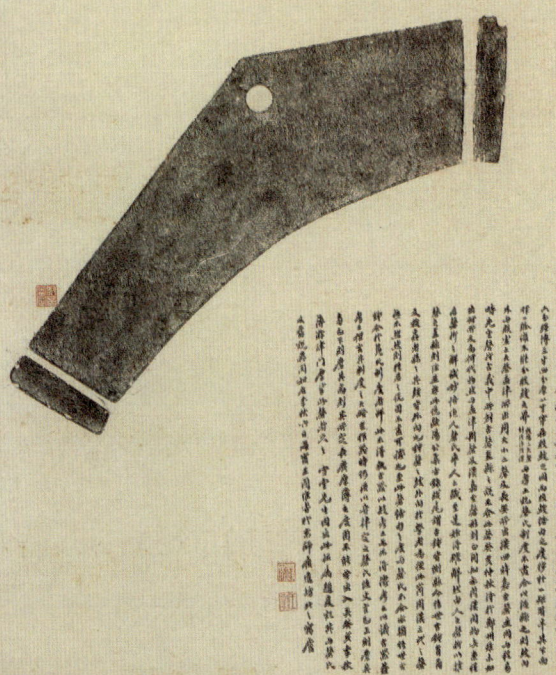

[清]《商磬石》(拓片), 纵127cm, 横50.5cm, 私人收藏。

爱有异石

> 爱有异石,征自灵璧。匪金而坚,比木而栗。音协宫商,采殊丹漆。岳起轩楹,云流几席。
>
> ——[宋]米芾「玄芝岫」

石,云之根。

孔传《云林石谱》序曰:"天地至精之气,结而为石。"古人认为土精为石,一团天地元气,流荡成形,聚合为石。石形,状若云,云有万千姿态,变幻无常,轻盈缥缈,予世人是灵空所在,理想之境。

而石却是死寂,冰冷,混沌,顽野的。它"浑沦无凿,凝结昊天",

苍凉独立，浑朴怪兀，文人赏石，赏的是它的无序、形奇，天然无机巧，无秩序即天秩序，赏的是孤峙无倚，不琢不磨，性灵自开自放，李渔说："山石之美，俱在透、漏、瘦……"

石就是石色，乌黑或者灰黄，石是天性所在，而人是理性造化。石在人手中，无声变有声，无形变有形，无序变有序，无法变有法，由虚幻混沌的卓尔不群变成宗祀纲常的列位分明，石便脱胎为磬。

文人案头与园中有石，为清供雅玩，崇尚自由微妙之生趣。宗庙殿阁中列阵击磬，为礼乐教化，颂扬神授法度之道政。

古人制磬，灵璧石为上乘石料，色如墨玉，声如青铜。有两件比较，一是明末《文房器具笺》记载："有旧玉者股三寸，长尺余，古之遍磬也。有灵璧石色黑性坚者妙，悬之斋中，客有谈及人间事，击之以待清耳"。说有一件三寸宽、长约一尺多的旧玉石，为古时的编磬，色黑质坚，似灵璧石，藏家将它悬在书斋之中，有来访论事者，轻叩此磬，音色清耳。

流转世间不知多少代的磬石，被后世文人作为清供雅玩，供的是久远时光和匠巧，而当初与之悬吊同一磬架的左邻右伴，星散流离，踪迹难寻。

另一件是黑灵璧石"玄芝岫"，为五代南唐宝晋堂遗物，上刻北宋米芾题写的铭文："爰有异石，征自灵璧。匪金而坚，比木而栗。音协宫商，采殊丹漆。岳起轩楹，云流几席。"这件灵璧石没有人工痕迹，形状奇异，沟壑杂陈，遍体天然孔洞，被米芾奉为至宝，他的赞词讲到了灵璧石的优良特性，音色不仅悦耳且入调，黑的通透，胜过丹漆，将它置在案头，如五岳飞来，云波流动，米芾供的是浑然天性。

元代张澹岩好蓄奇石，元陆友的《研北杂志》中有记载，张论石之品云：

灵璧出于泗滨。本乐石所用，《书》云"泗滨浮磬"是也，硕厚清越如被涂泽，而乏烟雨葱茜之姿。思溪近出于太末，深在土中，坚贞温润，文质俱胜，扣之如钟，四面皆可观。其姿裁明秀，体气高妙，琼出诸石之上，视灵璧犹伧父也。林虑远出河朔，土厚水深，体极枯燥，然玲珑嵌空，宛如镌刻，其实皆出自然。洞庭在太湖之中，《咸池》一气下注膏液，石生于水裔，宛转奇巧，翠润而文，吴人以植园馆，亭然秀笋，高或数丈，低犹数尺，然不及思溪之精绝也。

灵璧石出自泗滨，后世也有说泗滨石是砭石，两者不同。张澹岩和米芾一样，奉灵璧石为天然至宝，石厚重声清越，太古洪荒时深藏地下，坚贞温润，叩之声如钟，姿态清秀，远在众石之上。

它玲珑有孔穴，看似人为刻凿，却是出于天然，就好像洞庭湖被环抱在太湖之中，尧帝之乐有了它仿佛气息盈满，石生于溪水之中，有水的浸润而琼翠幽宁，苏州人用它来造园，亭立园中，苍秀超然。

磬最初的样子，粗陋简单，原初的磬音，是生命之欢音，或许像叮咚清泉，随机舒展，上古先民用手中一块小石，去敲击大一些的石，发出清脆声响，观天起兴，望河而歌，山林鸟兽闻之同乐，人与自然界之间和谐相应。

顽石并非无言，在先民们的手中，它开始鸣唱，这鸣唱纯粹出于使心灵欢愉，消除对自然不可抵抗的恐惧。石从亘古的沉默中跃出，石音振奋着单调人心，是人的机巧之心，让石脱离了寂静。先民将原始本能之情感，无拘无束地敲击在浩阔天地间。

在殷墟甲骨文中出现的磬字，左半像悬石，右半像手槌敲击，是古人击磬场景的画意描述。古人对磬的始作俑者一直记载杂乱。《世本》记载"无句作磬"，《礼记·明堂位》有"叔之离磬"，无句是尧时代的臣子，有一说别名叔离，但没有准确依据证明他们是同一个人。《周礼·冬官》有"凫氏为钟……磬氏为磬"，《太平御览》又有"凫氏为磬"和"黄帝使伶伦造磬"。

这些不可考，也不需要考证的历史，只是让我们了解，磬很早就被披上文明的长袍，原本随性天放的形状被人为打磨，凿孔，绳穿，编组，被高高挂在礼制的木架上，进入庙堂殿阁，顽石被驯服，被规范化和标准化。

《吕氏春秋·仲夏纪·古乐篇》记载："击石拊石，以象上帝玉磬之音，百兽率舞。"这是尧时代的情景，上帝指的是前一个天子、尧的父亲——帝喾。上古时传说中的"鸣球"指的也是石磬，以石鸣击发声。

在《尚书·舜典》中，舜任命夔为乐官，掌管天下教化时说："诗言志，歌永言，声依永，律和声。八音克谐，无相夺伦，神人以和。"夔回答："於！予击石拊石。"舜和夔的简短对话，包含几个概念。简单说，诗歌声律有了"学术"系统以及政治作用，不再是山野间人们散漫随意的抒情，它们被定义，被概念化，有了目的性。

此时的磬，和诗歌一样，已承载了统治者的意志，被上了纲纪，人类中取得了强权者为自然之音建立起理性的秩序和标准，来约束驯化弱势者，即万民。而这纲纪在今天看来，也是诗意的，文明初始时，纲纪服从天道，教化蒙昧，开启民智，礼乐崩坏之前，磬和其他宫廷乐器一样，慢慢地有了层层叠叠的制度，从特磬单悬，发展到编磬合架，十二律吕，十二个月份，逢月份不同，挂不同的磬石。

1978年山西省文喜南宋村附近龙山晚期遗址，出土了一枚石磬，它在地下沉默了四千年，轮廓为长条形，略有弧线，为天然黑色石片制成，依古人制磬的标准，磬有股部与鼓部，在这枚磬上看来，区分不太明显，但股鼓部的厚薄经过打磨，悬挂时呈40度角倾斜，孔内有绳索磨过的痕迹。

单独的石磬，谓之特磬，多片组合即编磬，多出现在殷商以后。通常是一套数件或数十件磬片组合在一起，依大小排列，一排或者数排悬挂在磬架上，乐人踞坐，以木槌敲击。1976年，殷墟妇好墓中出土了商代晚期的磬，三枚一组，是简易的编磬，可清楚辨出股鼓。至西周，礼乐完善，编磬和编钟一样，有繁复华丽的组合。

关于编磬中磬石的数量，宋代《三礼图》即写明的标准是十六枚一组，十二律吕加四清声，四清声并不常用。从出土的历代编磬来看，这个标准是不成立的，磬石数量没有统一，规定也并不严格。

1970年春季，在楚都纪南城外，出土了25件矩形彩绘的石编磬。每一枚石磬的正面、背面和脊部均以红、黄、绿四色绘成繁缛的凤鸟花纹，有的还加饰以金线。其中有一枚上画三只凤鸟，中间的立凤作回首展翅欲飞状。磬石鼓部的立凤作回首翘尾垂翅状，股部的立凤呈张口昂首翘合尾合翅状，三只立凤的周围均饰有相互交错的羽毛花纹。屈原《离骚》有："吾令凤鸟飞腾兮，继之以日夜；飘风屯其相离兮，帅云霓而来御。"楚人好彩绘，崇凤凰、盾、鼓、瑟……一切都能看见彩绘，甚至石磬也被绘上华丽的凤纹。

战国曾侯乙墓编磬，四十一片磬石，每磬一音，其中三十二片悬于磬架，分两层四组，跨三个八度，十二个半音，施错金云纹青铜鸟座，另九片闲置待用。

磬架为青铜错金，一对圆雕怪兽及其头上插附的立柱为座，两根满饰错金花纹、端部作透雕龙形圆杆作横梁，横梁底等距离焊接三十四个铜钮，以串钩挂磬，每块磬石刻有相对应的音律名。

制磬的乐师在长久对石音的探索中，研究出这样的制作方法，见《周礼·冬官·考工记》：

磬氏为磬，倨句一矩有半，其博为一，股为二，鼓为三。参分其鼓博，去一以为鼓博。参分其鼓博，以其一为之厚。已上，则摩其旁；已下，则摩其耑。

磬氏制磬，包含了几何学、物理学、和声学，加上选择磬石的学问，还需要掌握一定的地质学。这段文字阐明了股鼓弯曲的度数是一矩半，股的宽度为一，长度为二，鼓的长度就是三。把股的宽度分成三等分，去掉一等分就是鼓的宽度，把鼓的宽度分成三等分，分一等分作为磬的厚度。如果磬的声音太清，就打磨它的两侧，如果声音太浊，就打磨它的两端。它仅仅是对制磬半成品的标准，每一片磬石，音色全凭制磬师的经验控制，薄厚、长短、石质、弯折的角度、敲击时的位置，细微之处皆是讲究。

山间一块顽石，就这样被人工打磨成礼制的形状，是发音需要，让坚劲的石料有了弯度，磬，远看像弯月，近看就像一个个躬腰的人，在礼制面前，人分了等级，大多数人是躬身的。

《礼记》曰"乐施於金石，越於音声，用乎宗庙社稷，事乎山川鬼神"，宗庙祭祀、天子诸侯盛典，礼中必然有乐，乐中自然有磬。孟子说："集大成也者，金声而玉振之也。"说的便是钟磬，古人的钟磬同奏是很科学的安排。

金石和鸣，而且往往以钟始，以磬收，乐曲未开始，先击钟以宣告发声，近尾声时再敲起磬以尽其音，一开一合，沉着稳妥，配合得刚刚好。击磬一事非但庄重，更需要专门的磬师，不仅演奏，也教习击磬击编钟。

荀子在《乐论》中认为磬"廉制"、"似水"，在礼乐列阵中，"钟为天，鼓为地，磬为水"，钟声铿锵有力，鼓声威武有势，磬音清越有序，叩之似流动水声，清晰敏捷，穿透力强，钟鼓声掩盖不了它，令人很快将之从合奏中辨别出来。三者肃雍相合，为礼乐的重中之重。

钟、鼓、磬，象征天之德，后来给道家带来不少影响，如道家的叩齿行为，对应于此：左叩齿为打天钟、右叩齿为击天磬，中间叩齿为鸣天鼓，效其纪纲严正。

乐通于天地神明，与礼平行以治世。《史记·秦本纪》中，秦穆公对由余说："中国以诗书礼乐法度为政。"《吕氏春秋·适音篇》曰："凡音乐通乎政，而移风平俗者矣，故先王必托音乐以论其教。"礼与乐互为形式，礼以乐传播，乐阐扬礼制。从最基本的地方建立纲常，文明框架，移风平俗，自上而下地传达统治者的意志和尊严。

孔子是周礼的拥护者，善磬，曰："依我磬声，天地祥瑞。"便解释了何为尽善尽美。他描述《韶乐》："尽美矣，又尽善矣"，闻之三月不知肉味，并非他为《韶乐》的音声所感，而是他感动于其中传递的礼制。孔子击磬于卫，挑着草筐的农人路过，出言挑衅，孔子继续击磬，虽答："末世有难"，自知虽然无法用音乐来感化草民，但这并不会改变他继续教化的意图，和对音乐教化作用的深信不疑。

孔子家乡鲁国，有1950年安阳武官村出土的殷代虎纹磬存世，是东夷人虎族王自鲁地迁都殷地所带，上面有精美的虎纹镌刻，端庄凝重，这枚单独悬挂的石磬发音明朗，悬孔上有磨损痕迹，表明它被使用已久，伴随着它还有24具女性骨架，应该是殉葬的乐人。乐人一生都是统治者的奴隶，统治者活着的时候，不给她们自由，死了以后，她们更没有自由，也或许，死亡才能让她们获得自由。

统治秦国长达四十年之久的秦景公，当年即位行冠礼亲政，周天子亲自参加，宴上宾客欢愉，百乐合奏，让周天子见识到秦国乐队的完备，特别是清澈有力的磬声，庄重肃穆，格外引人注意，音乐停止后，余音依然缭绕在大殿之中，周天子认可了秦景公理政的能力，因此许他继承了秦龚公和桓公，统领秦国大业。

秦景公四年，他亲政祭祖祭天仪式，编磬又成为重要礼乐用具，磬上有铭文"唯四年八月初吉甲申"（公元前573年八月初二或初三），秦景公死后，当年屡次立下功绩的编磬随他入土，磬体上共有二十六条铭文，计二百零六字记载了当年举行国宴和祭祀的盛况。

这是中国发现最早有铭文的石磬，在陕西省凤翔县南指挥村秦公一号大墓出土，其中有一条上刻着："天子偃喜，龚桓是嗣，高阳有灵，四方以鼎"。周天子大喜，于是嗣接龚公和桓公，先祖高阳在天之灵护佑，秦国得以四方安定。

西汉有"四时嘉至磬"，四时，四季，嘉至，即善神来到，为钟磬专用的宗庙迎神乐曲，《汉书·礼乐志》："高祖时，叔孙通因秦乐人，制宗庙乐。大祝迎神于庙门，奏嘉至，犹古降神之乐也。"此磬因专用于宗庙而得名，曲谱早已不存。

乾隆时期的编磬，有和田碧玉制成的，也有纯金的，若体会磬的盛世之音，有后人按明清《丹陛大乐》仪制重编的曲子可以帮助想象。大起大落，高山平原，只有盛，没有衰，只有平和安宁，没有悲苦愁怨，只有抒发，没有克制，奏给天地万物，奏给神明先祖，颂扬与日月同辉之功劳，不止磬音，还有钟，鼓，琴，笙，竽，箫……

奏的是一朝一朝的气数。

曾侯乙编磬

湖北随县战国曾侯乙墓出土，四十一片磬石，每磬一音，其中三十二片悬于磬架，分两层四组，另九片闲置待用。磬架为施错金云纹青铜鸟座，两根满饰错金花纹，端部作透雕龙形圆杆作横梁，（横梁）底等距离焊接三十四个铜钮，以串钩挂磬，每块磬石刻有相对应的音律名。

卷三

旷土远音

土声函胡 立秋之音也 埙缶系焉

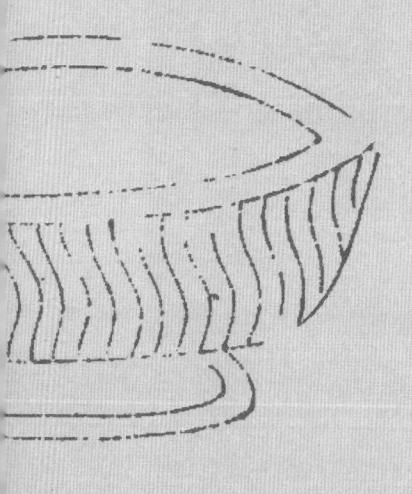

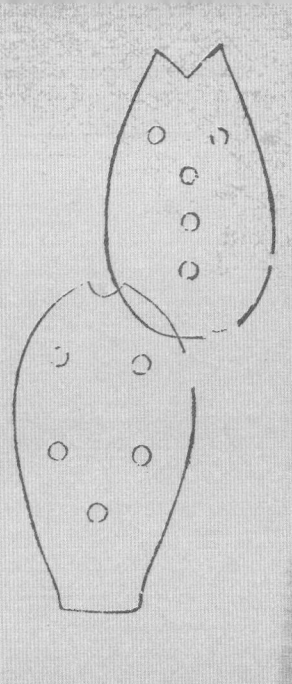

土音是大地之声，人类的原初情感充满蒙稚之趣，来自宽厚温暖的泥土，人们以平和的气息吹响古老的埙，浑沉质朴的音声，仿佛一切任由天意。能通天通地的巫师哗啦啦摇着陶响器，人们逢着欢庆丰收，拍着水瓮、打着酒缸引吭高歌时，鲜活的理想之花便绽开在洪荒大地上。

棠湖塤譜

古胡蘇亭吳潯源纂述

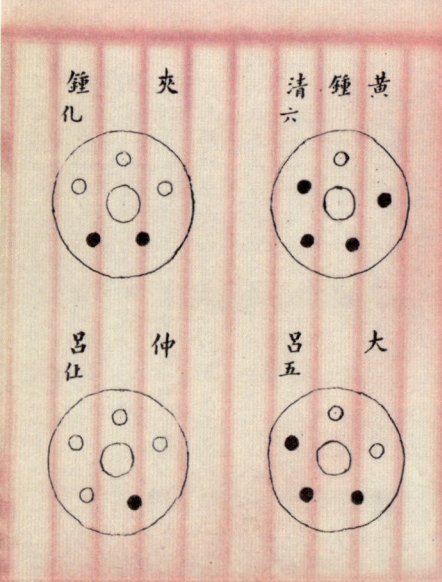

詩經小雅伯氏吹塤

毛萇傳土曰塤 疏云六孔燒土為之

周禮春官小師掌教塤歌 釋文塤同壎

鄭康成注塤燒土為之大如雁卵

爾雅釋樂大塤謂之嘂

郭璞注塤燒土為之大如鵝子銳上平底形如秤錘

六孔小者如雞子謂之嘂者孫炎曰音大如叫呼也

周語瓦絲尚宮又瓦以贊之

| 夾鐘 | 黃鐘 |
| 鍾化 | 清六 |

| 仲呂 | 大呂 |
| 仕 | 五 |

雅樂之器二十土之屬一百塤隋唐以後人既熟竹罕習此者吳棠湖孝廉潯源乃獨以歆篆棠湖籍吳橋通經好古工篆隸每應禮部試輒假寓松筠菴光緒己丑庚寅閒余居翰林亦寓此道與棠湖遇酒餘茶半出塤歙之其聲嗚嗚幽而和閒而遠使人灑然忘俗絕非簫管箏邑敫嘈淩雜之比一日禮閣榜發被放余欲過棠湖室有以慰之忽閒塤聲自煙靄微濛中搖月如浮荇藻棠湖之室一燈熒然聲自煙靄微濛中搖曳而出不勝悵悅余知棠湖之感於中者深矣棠湖又

[清]吳潯源《棠湖塤譜》

大地悲怀

> 埙之自然，以雅不潜，居中不偏。故质厚之德，圣人贵焉。於是挫烦淫，戒浮薄。
>
> ——[唐]郑希稷《埙赋》

落日沉沉，旷野孤雁，吹埙人静立在寒秋，微风悄无声息地抚过他的衣衫，悠远的埙音仿若抑止了尘土的飞扬，天阔地远，苍凉无际。

他是一个楚国人。

"发郢都而去闾兮，怊荒忽之焉极？楫齐扬以容与兮，哀见君而不得。"被放逐的屈原在九年后，回忆离乡时，凝望故国的楸树，泪湿衣襟，惆然不知向何处去，船儿经过夏水的源头，却要向西行，命运哪容许回头望，只有顺着风，随江水一起，向远方漂流。如果想感知屈原当年的悲情，可以听一听赵良山先生的埙曲《哀郢》。

"九月深秋兮四野飞霜，天高水涸兮寒雁悲怆。"楚人善埙，两千多年前，张良布下十面埋伏，四面楚歌从鸡鸣山传至九里山，家国悲愁，壮士不堪生别离，思乡切。

虽然后世有说吹的是箫，但唯有埙，泥土之音，呜咽哀鸣，宛若秋草，教人感叹枉无所依，能在长夜里，令项羽八千士兵的心失了防护，丢盔弃甲。

箫声高扬，埙音低沉。物理学上讲，一个是气柱发音，一个是气团发音，埙音由丹田气纳入团状泥囊，经音孔传出，低频，在夜间遥遥传播，如果说能从鸡鸣山传至九里山，或许不负张良重任，而且，箫是文人器物，吹奏难度高，埙，在古时战争中不可忽视，它是传播信号的重要工具。

在新石器甚至更早些时代，先民已经知道寻找有自然空腔或孔洞的石头，于山野中高高地抛掷，石头在空中飞驰时，空气流穿过空腔，发出哨音，引来猎物，这样的狩猎石器叫作"石流星"，传说是陶埙的前身。

1973年，浙江余姚河姆渡遗址出土一枚约六厘米长的陶埙，呈椭圆形，只有一个吹孔，无音孔，这枚距今七千年的陶埙，是目前发现年代最早的埙。

三年后，陕西临潼姜寨遗址出土一枚同样是新石器时代的陶埙，形如橄榄，也是只有一个吹孔，属于仰韶文化遗物。远古先民的陶埙，只能吹出一个简陋的音，可见绝非是乐器，它的声音平、低，和骨哨一样，帮助人们在狩猎或战争时发出紧急信号。

东晋人王子年在志怪小说《拾遗记·卷一》中说："庖牺氏易土为埙"，南宋人罗泌撰《路史》，有"庖牺灼土为埙"，庖牺氏即伏羲。相信上古传说，不如相信是先民的生存本能，教他们感知了大地之音。

埙，从蛮荒时代进入礼制殿堂，始见烽火戏诸侯的周幽王时代"暴辛公制埙"一说，中国人以暴为姓的历史初始于3500年前的殷代，制埙的暴辛公是周朝人，王族大夫辛被封在暴邑，建立诸侯国暴，世袭周王室卿大夫。

暴辛公是怎样一个人，不用想象，如今我们感知的"古雅之趣"，在当时，却是时髦又稀罕的。暴辛公制埙，用于雅乐和颂乐，雅乐即宫廷宴享和朝会，颂乐为宗庙祭祀、歌颂祖宗功业所用。所以埙也有雅、颂两种，雅埙大小如雁卵，而颂埙大小如鸡蛋，雅埙较大，音色浑厚低沉，颂埙较小，音色高且清远。埙不是暴辛公的原创，但他一定会制作且擅长吹奏。

山东省博物馆藏有五个一组战国时期的陶埙，五个音孔，呈扁平鱼形，每个腹部刻有铭文："命司乐作太室埙"，太室，位于太庙之中，古时供奉天子先祖的地方，可见这些陶埙皆为颂埙。

1956年，河南辉县琉璃阁出土了三枚殷代陶埙，大小不一，平底，卵形，前后各开两至三个音孔，可以吹出高低错落的音调。这就很像《尔雅》里注的："埙，烧土为之，大如鹅子，锐上平底，形如秤锤，六孔，小者如鸡子。"古人算孔，常常吹口也是一个孔。

七孔埙产生于汉代，前四后二总共六个音孔，加上吹孔是七个孔，依据是"人有七窍"。埙,从最原始的无音孔到六孔、七孔,走过了大约六千多年的时间。

八音应合四个节气,埙是立秋之音,古时,制埙人在立秋之日取土,取东流的河水,调合成泥。泥料和好后,经过沉腐,泥性会更好,有些制埙人会在今年把土和好,留到明年再制埙。

陶泥在石板上经反复揉摔,去除杂质和气泡,随后在陶轮上拉成埙坯,再将埙坯搁在炕上晾干,至不沾手,方可开孔定音。一只埙的音准,调音需要很多次,制埙人在陶泥没有干燥时把音孔钻好,开始调音,随着陶泥干燥,音层会不断产生变化,根据变化随时调整,陶泥在烧制过程中还会收缩,在潮湿的阴天和干燥的晴天,它的收缩程度也是不同的,调音者自身的状态,一个人站着、坐着,吃饭前、吃饭后的气息都有差异,这些细微的差异只有经验非常丰富的制埙人才可把控。

陶埙以水火相合后成器,须得经过窑火的炼制,烧窑前要烘窑,制埙人采来松枝或柏枝烘烤它们的油性可燃性和释放的热量大,以慢火把窑温控制住,俗语说:"一窑一宝",一个窑里能出一只音色精准的埙就是宝了,埙烧出来之后,音色偏干,不够润,要在水中浸泡七日之上,方可除掉火燥气。

陶土的温厚质朴,埙音的幽远平和,听来绵绵不绝,没有激烈与高亢,有的是徐徐如风,宽广如大地。

至哉!埙之自然,以雅不潜,居中不偏。故质厚之德,圣人贵焉。於是挫烦淫,戒浮薄。徵甄人之事，业暴公之作。在钧成性，其由橐籥。随时自得于规矩，任素靡劳於丹腹。乃知瓦合，成亦天纵。既数有以通无，遂因无以有用。广缱连寸，长匪盈把。虚中而厚外，圆上而锐下。器是自周，声无旁假。为形也则小，取类也则大。感和平之气，积满於中。见理化之音，激扬於外。迩而不逼，远而不背。观其正五声，调六律，刚柔必中，清浊靡失。将金石以同功，岂笙竽而取匹？及夫和乐既翕，燕婉相亲。命蒙瞍鸠乐人，应仲氏之箎，自谐琴瑟；亲伊耆之鼓，无相夺伦。嗟乎！濮上更奏，桑间迭起，大希之声，见遗裹耳。则知行于时、入于俗，曾不知折杨之曲。物不贵，人不知，岂大雅守道之无为？夫高则不偶，绝则不和。是以桓子怠朝而文侯恐卧，岂虚然也！为政者建宗，立乐者存旨，化人成俗，何莫由此。知音必有孚以盈之，是以不徒忘味而已。

唐代郑希稷曾作这篇《埙赋》，以感慨浮躁的世风。礼乐崩坏之后，埙渐渐被世俗之音淹没，埙的传承已然岌岌可危。郑希稷在文中不吝笔墨地赞美陶埙，它本生于自然，高雅而不玄虚，居中正而不偏斜。是所谓质朴宽厚的品德，为圣人所珍视。它可以去掉尘世间的烦躁淫亵，戒除浮华浅薄。当陶泥在陶转轮上成形，只有泥土本色，没有任何粉饰，就像素面朝天不施朱粉的女子。

水、土、火的交融，成器与不成器，一切任由天意，它看似无用，以有通无，虚中厚外，上圆下锐，它的声音不需要借助他物，自成一类。人们以平和之气息去吹奏它，吹出以理化情之音，埙音若是在近前听，不会

埙

埙之自然，以雅不潜，居中不偏。故质厚之德，圣人贵焉。於是挫烦淫，戒浮薄。徵甄人之事，业暴公之作。在钧成性，其由橐籥。

埙之自然人雅不潜居中不偏故质厚之德聖人貴焉於是挫煩淫戒浮薄徵甄人之事業暴公之作

在鈞成性其由橐籥

感到咄咄逼人，埙音若是在远处听，也是很清晰。它正五声，调六律，刚柔相济，清浊分明。在雅乐中，它与金石，即钟磬地位相当，笙竽与它不可匹敌。它传递的是和平之声，如果让埙与篪合奏，就犹如琴瑟合鸣，让埙与伊耆氏的鼓合奏，那么相互不会抢夺半分音色。

《诗经·大雅·板》形容："天之牖民，如埙如篪，如璋如圭，如取如携。"意思是上天对万民的诱导教化，犹如埙篪一样相和。《诗经》云："伯氏吹埙，仲氏吹篪"，埙，土音刚而浊；篪，竹音柔而清，这两种乐器组合在一起，演奏效果最和谐，所以古人将埙篪之交比作兄弟和睦。

不知哪个朝代开始，埙谱零落。明代朱载堉在《乐律全书》中注明埙与篪、笛、箫、管、笙同谱，同时代的李之藻所撰《頖宫礼乐疏》和国子监专志《南雍志·大成乐章》中则辑录了埙篪谱，可见在明代之前没有专门的埙谱。

大音希声，这样的天籁却被人遗忘了。

至清代，直隶人吴浔源复制出殷代的梨形陶埙，并于光绪十四年编写了《棠湖埙谱》，绘有埙图，标明指法，阐述了吹奏方法，陶埙才有了专门的书籍。但是，这里面记载的曲目没有一个是真正的埙曲，均借自各方，有移自昆曲的《北寄生草》《新梁州序》《锁南枝》《懒画眉》《四边静》五首，移自梵呗的六小段诵经曲《普庵咒》，以及移自古琴的《相思曲》。

"过夏首而西浮兮，顾龙门而不见。心婵媛而伤怀兮，眇不知其所蹠。"深夜静，可听埙，若能见望远山，知崖壁绝处，有行人独立，哀而不绝向缺月传音。

鼓缶而歌

> 坎其击缶，宛丘之道，
> 无冬无夏，值其鹭翿。
> ——《诗经·陈风·宛丘》

缶自泥胎出，柔于水，坚于火，自从人们告别了游荡的渔猎生活，学会耕种，守着一方土地，搭屋建宅，结群而居，便有了大大小小的陶罐、钵、盆、瓮……用它们来盛酒、汲水、储蓄粮食。

人类早期的音乐发乎本能，从劳动号子变成民歌，从拊石击石变成石磬，原初的情感充满蒙稚之趣，就像那些彩陶或者素陶上的绳纹、波纹、点纹、图腾纹，那是人与自然最亲近的时候。

泥土的宽厚、温暖，人类信仰的简单纯朴，能通天通地的巫师哗啦啦摇着响器，敲响各式各样盆盆罐罐时，人们逢着欢庆丰收，拍着水瓮、打着酒缸引吭高歌时，鲜活的理想之花便绽开在洪荒大地上，未来不可知又充满新奇，万物有待悉心观察与统治征服，思维日益更新，像天空的飞鸟一样自由。

《礼记·礼器》载："五献之尊，门外缶，门内壶。君尊瓦甒，此以小为贵也。"瓦甒是盛酒器，装酒的缶由于容量大，放在室外，里面盛的酒分装到壶里，在室内使用。宴客时，壶由于小巧，方便呈于食案之上，显然壶的地位比缶要高贵。《左传·襄公九年》里有一种名为"绠缶"的备水器，它是系着绳子的瓦罐，平时储水，在突发火灾时消防用。

缶，它从来就不是一件乐器，它是敞口、中空、无盖、可盛装生活物资的泥土烧制容器之统称，古代文献中，击缶包括了鼓盆、拊甀、扣瓮等动作，盆、甀、瓮都是瓦器。

和大部分原始乐器不同，缶是随着人们日常生活需要诞生的，而被当作乐器使用，却是偶然随机。它自始至终保持着原初的本色，像随着春风不经意卷舒开放的花朵，秋风来临，将它的枝叶吹皱，生命到了天寒地冻时，便萎谢地平静淡然，似乎从来也没有过激荡的灿烂时刻。

关于击缶最婉丽的描绘在《诗经》里，《陈风·宛丘》描述了一场普通人对神巫的爱恋，那个男子望着宛丘山上起舞的巫女，觉得美好又无望。巫女要么手持着白鹭羽毛，击鼓在宛丘山中，要么有鸟羽装饰的华盖相伴，击缶在宛丘山道中，舞姿婀娜优美。

巫舞是有着分明季节的，但是在男子的眼里，却无冬无夏，因为他的情感已是倾覆难收。《汉书·地理志》里说到这场无望爱恋的发生地陈国的风俗，用了"妇人尊贵，好祭礼，用史巫"几个字，给这位不知名的巫女增加了一道华美的光，而《左传》杜注则说陈国的诗风"淫声放荡，无所畏忌"，又令这场轻歌妙舞有了自由无畏之风。

作为祭祀礼器的缶，空灵动人的巫女击缶画面，史载中实属罕见。大多数时候，男人乘酒兴鼓缶作乐，豪兴徜徉。

春秋时期，齐景公饮酒寻欢一连数天，兴致大发时解开衣裳，亲自鼓缶，还将晏婴找来一起狂欢，结果受到晏婴一番劝谏。齐景公不算昏君，只是生性豪放，他喜欢看女人穿男装，惹得全国效仿，他阻止这股风气的办法，竟然是让官吏一看见穿男装的女人就上前撕裂她们的衣服。还是晏婴说话了，首先让宫内的女人穿回女装，这股时尚之风很快就会过去。

现在说起这样的事情，可能会感到不合常理，甚至幼稚，但那个年代就是这样，人们没有今天那么多复杂的意识，文明正一点点形成达到全新的高度，艺术正一点点垒叠在历史中筑出后世难以逾越的城墙，人性的天真烂漫也是后人拼命掩藏的。

巫师击缶，诸侯击缶，缶似乎是所有乐器中得来最便利的，它本身是生活用具，到处都是，并不罕见。

《周易·离》："九三，日昃之离，不鼓缶而歌，则大耋之嗟，凶。"

这个卦爻辞讲的是一种生活哲学，即人如何能做到乐天命、顺时安。

夕阳西下、黄昏之时，便是日昃之离，仿若一个进入大耋之年的老人，垂垂老矣，时日无多，人生临到尽头，该怎么样去做呢？不如鼓缶而歌，以乐观心态快快活活奔向生命的终点。否则徒自嗟叹，自怨自艾，直至恹恹而终，这不是"大耋之嗟"的凶兆吗？

庄子死了妻子，鼓盆而歌，也是视死如生的意思，人都有大限，谁也躲不过最后寂灭的来临，是哭泣哀恸呢，还是安顺于当下，为这一时刻的生命存在而歌唱呢，这是个人选择的问题。

鼓缶而歌，平凡的陶器因着歌唱焕发出生动的光芒，死寂沉默变得热闹活泼，有了无限生趣，再普普通通的东西都有它独特的地方，专属它发挥的精彩段落，这应该才是作为日常用品的缶，变成乐器的真正意义吧。

《周礼》中有个职务是"凌人"，专司制冰、藏冰的事务，夏历十二月他要储存所需量三倍多的冰块，春天他开始检查冰鉴，将牲肉、酒、醴等存放在里面，用于宴客、祭祀和大丧时保存尸体。冰鉴其实是鉴和缶两部分组成，盛装食物饮料的是缶，外面套着鉴，在鉴和缶之间放置冰块。湖北曾侯乙墓出土的青铜冰鉴缶，便是由青铜鉴和青铜缶套合而成，鉴缶并不是乐器，是古人发明的冰箱。这里写出，以说明区别。

宋代马端临《文献通考·乐考》中将缶归为土音，他说："土音缶，立秋之音也。古者，盎谓之缶，则缶之为器，中虚而善容，外圆而善应，中声之所自出者也。"既说明了缶的材质是陶土，为立秋之音，这个器具中空有相当的容量，外腹圆鼓，拍击善应，声音自然而然从空腔发出。

《周礼》八音，土音只有埙，可能是人们并没有将缶真正当乐器看待，而东周礼乐崩坏，西周正统的雅乐被来自民间的抒情俗乐挑衅，钟、鼓、琴、瑟、笙、竽、箫等乐器发展飞速。到了春秋末期，诸侯倦于听治时，便在钟鼓之乐中获得养息；士大夫倦于听治时，在竽瑟之乐中获得养息。

那么农人呢，他们春耕夏耘，秋敛冬藏，在缶乐中获得养息。《墨子·三辩》中明确划分了三种不同阶级的人，娱乐方式也有区别，这时候缶便从上层阶级降至普通百姓，甚至在下层贫民之间流行。《淮南子·精神训》说得更加不客气："今夫穷鄙之社也，叩盆拊瓴，相和而歌，自以为乐矣"。

然而有趣的是，到了秦代，李斯在劝秦始皇收回驱逐客卿命令时曾说："夫击瓮、叩缶、弹筝、搏髀，而歌呜呜快耳者，真秦之声也。郑卫桑间，韶虞、武象者，异国之乐也。今弃击瓮而就郑卫，退弹筝而取韶虞，若是者何也？快意当前，适观而已矣。"

这番话的意思是秦国要容纳、接受来自异邦的不同声音，符合时代发展，他将击瓮、叩缶、弹筝、搏髀划为真秦之声。《说文解字》："缶，瓦器，所以盛酒浆，秦人鼓之以节歌。"历史将缶认为是"秦缶"，它仿佛是秦国独创的乐器。特别是到了秦昭王时代，秦、赵二国有一场面子之争，更是将缶划给了秦国。

"完璧归赵"事件之后，蔺相如被赵惠王封为贤大夫，秦、赵二国为了和好，要在西河外渑池举行宴会，宴会上，秦王借酒性，叫赵王"鼓瑟"，秦国的史官便记下赵王为秦王鼓瑟一事，这时候，蔺相如便提出请秦王为赵王"奏盆缶"，即击缶以相娱乐，秦王大怒，蔺相如随即宣称如果秦王不答应，五步之内，他将自刎，到时候一腔鲜血会溅在秦王身上，秦王只得从命"奏盆缶"，被赵国的史官记录在册。

秦臣接下来请赵王拿出十五座城池为秦王当寿礼，蔺相如则反过来请秦王拿出咸阳为赵王贺寿，赵国大将廉颇早已暗自布下重兵，秦军不敢轻举妄动，直到酒宴结束，秦国也没占上风，蔺相如回到赵国后即官拜上卿。

整个故事就像小孩子过家家，过不好了就互相斗气，当时兵临城下，箭在弦上的逼迫感，酒宴之中双方对弈时似乎又以开玩笑的姿态进行你死我活的较量，秦王不肯"奏盆缶"的原因，史家有两种争论：一是不愿在此失了威风；二则认为"奏盆缶"是下层平民所为，秦王认为赵国在污辱他。

2004年，无锡鸿山战国时代的越国贵族墓葬中，出土了三件一套的青瓷缶，每只各有三足，深腹盆状，它们和五百多件组合乐器共同出土，从年代、形制上看，它们应该是秦、赵两国"渑池宴会"上出现的那种缶，缶口直径40厘米，通高24.2厘米，内外均施青黄色釉，饰细蟠虺纹，有两个对称兽首状宽耳，另外的两侧，则各有一对蜥蜴，匍匐在口沿之上，蜥蜴的前肢巧妙地攀在沿上，而口则衔着缶沿。

青瓷缶的出土，从某种程度上否定了秦王不肯"奏盆缶"的第二种说法。这样的造型与工艺，必定是贵族所用，也就是说在战国，缶并非被上层贵族抛弃，相反地，它依然在贵族的乐器中占有一席之位。

明代朱载堉撰《律吕精义·缶》中进一步阐释了缶的位置，他认为《周礼》记载的乐器没有缶，《尔雅·释乐》也未提到它，它出现在《释器篇》中，是因为缶本来就不是乐器，而是天子、诸侯、士大夫们在手边没有钟磬时，暂时以缶代之。

越国贵族墓的缶，器形华美，相比较明代王圻《三才图会》中的古缶图，那个缶就粗糙了许多，图上是口阔低收的陶盆，也可看作陶碗，朴素至极。

❖ ❖ ❖

唐代永泰年间，出现了按音阶排列的编缶，八只一组，这是缶向水盏的演变，在碗、杯里盛水，不同水量，用竹筷能敲击出高低不同的音，甚至能敲出"黄钟一均声"的标准音调。

唐代段安节所撰的《乐府杂录》中提到，唐朝武宗年间，郭道源在担任凤翔府天兴寺丞之前，是太常寺一名调音律的官员，他擅长击瓯，率先以邢瓯、越瓯十二只，通过加、减水，以吃饭用的筷子随手击之，声音妙如方响，邢瓯和越瓯都是瓷器，胎骨紧密便会叩出金石之声。在此书中，段安节认为击瓯出于击缶。也就是缶中斟水，便是水瓯。

水瓯和水盏，是一回事，也有称缶琴、缶碗、铜盏。它们突破了缶的单调，件数为九只、十只、十二只一组不等，福建建瓯县南村，1982年出土了一组宋代铜瓯，便是十二只铜碗一组。击瓯的工具，铁筷、竹木筷子都可以，

缶

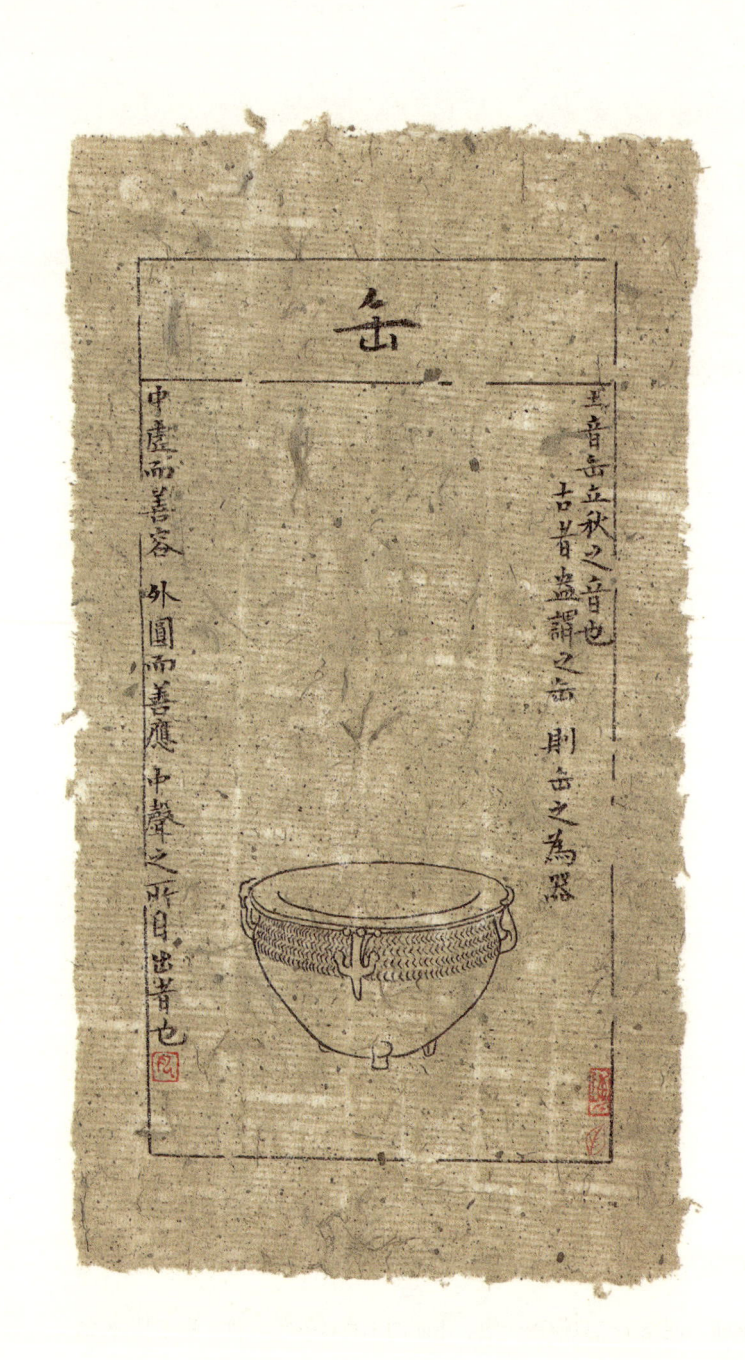

土音缶，立秋之音也。古者，盎谓之缶，则缶之为器，中虚而善容，外圆而善应，中声之所自出者也。

规律是水越多，音越低。

电影《古今大战秦俑情》里，巩俐扮演的冬儿，在雨中的檐廊下，以一对木筷敲着面前一桌子积了雨水的白瓷碗，碗中雨有的多些，有的少些，声音叮叮咚咚，清脆悦耳，不远处的树林中，蒙恬大将军就着动听的旋律踏着飞舞的落叶练剑。

白瓷工艺出现在东汉，隋唐才渐渐成熟，而成音列的水瓯在秦始皇的时代还没有出现，不知道编剧是不是读了唐代传奇小说《飞烟传》得来的灵感。

《飞烟传》里说，河南府功曹参军武公业有爱妾名曰步飞烟，她"善秦声，发文墨，尤工击瓯，其韵与丝竹合"。邻家天水赵府的公子某日无意间在南墙缝中窥见了步飞烟，惊为天人，便以薛涛笺为她写情诗，飞烟则以金凤笺相回，展开一段凄艳恋情，故事以飞烟被武公业鞭刑至死，艳魂香魄仍游荡在洛阳城为结局。飞烟逸事留传千年，虽然小说中描绘二人相恋总是纸上传情，但最引人遐想是她究竟怎么唱秦歌，如何以粉腕击水瓯，敲出能与丝竹相合的美妙音乐。

《全唐诗》中有首诗《李户曹小妓天得善击越器已成曲章》，倒是可以借来假想一下步飞烟，诗作者是方干，他亲眼领略了官家乐妓击水瓯的场面："越器敲来曲调成，腕头匀滑自轻清。随风摇曳有余韵，测水浅深多泛声。昼漏叮当相续滴，寒蝉计会一时鸣。若教进上梨园去，众乐无由更擅名。"

精细的瓷瓯盛着深深浅浅的清水，乐妓不费事便敲出了动人的曲调，她的手腕轻盈灵活，优美的姿态随风摇曳，乐曲在空中回荡，声音如珠玉叮当，断续时似漏滴，飞扬时又似蝉鸣。

时代发展，人们生活用具也愈加讲究，水瓯敲起来，比起古陶缶多了不少风雅之趣，件件耐人把玩的器具，精致光洁，以竹筷敲来，看着漫不经心的动作，透露着娇媚文雅，伴着乐曲再唱一阕字字珠玑的歌赋，品着美酒、时令小食，微风将案台上的淡淡花香送到鼻尖，可想是多么美好。

晚年的陆游病中饮下菊花酒，康复后执笔念出："举袖舞翩跹，击缶歌乌乌。秋晚遇佳日，一醉讵可无！"的诗句，时值秋深，缶歌伴着一醉方休的兴致，与他另一句："儿童共道先生醉，折得黄花插满头"有相似的喜悦。

唐代诗人皎然有《戛铜碗为龙吟歌》，僧人敲的是铜瓯，声音世上闻所未闻，"似出龙泉万丈底，乍怪声来近而远。未必全由戛者功，真生虚无非碗中。"宋代，民间瓦舍酒楼有击瓯表演，非常通俗又平民化。

清初张潮编撰《虞初新志》中却将它形容得几同金石之乐，"编竹为箫，编石成磬，方响不传，水盏可听。"自古最早的乐器是编管，即箫，接着编石为磬，方响在清代已经没落，而水盏作为编缶依然流行，但是无论编缶还是单个的缶，宫廷音乐中早已没有了它们的位置。

每个时代，都有不同的声音和想法，与张潮差不多同时代的朱彝尊却说："君子有酒，鄙人鼓缶，虽不见好，亦不见丑。"将鼓缶认为是鄙俗之事。

近代书画大师吴昌硕先生曾住在苏城内桂和坊，光绪八年，从好友金俯将那里得到一只东山古墓出土的陶缶，深灰色，圆腹小口，器形简朴。先生视之如宝，为答谢友人，特地赋诗一首："以缶为庐庐即缶，庐中岁月缶为寿。俯将持赠情独厚,时维壬午四月九。"不久将画室命名为"缶庐"。

他一生便与缶结下缘分,有过老缶、缶道人、缶老、缶翁等别号。从四十六岁至八十岁,先生陆续有《缶庐印存》《缶庐诗》《缶庐别存》《缶庐先生小传》《缶庐近墨》等诗文、绘画、书法及篆刻作品集梓行。

任伯年曾画过一幅《拓缶牡丹图》,缶中牡丹,朴陋与艳彩相映得趣。吴昌硕受任老这张图的启发,作了《鼎盛图》与《宝盘红玉生楼台》,以金石拓片的手法重现铜鼎、陶缶,并在鼎中栽种牡丹,红花与墨叶,活泼了画面。

光绪二十一年,任伯年逝世,吴昌硕书《哭任伯年先生》七律于这张图上。金俯将过世后,吴昌硕为他作传,对故交当年赠缶之情谊感激不忘:"俯将既殁,家唯四壁,所藏亦星散。余每拊缶,辄有人琴之感焉。"

往事历历如星辰,盈闪黯灭,升落恒常,陶缶瓦瓮敲起来,声音嗡嗡澎澎,可壮怀激烈,可敵达胸臆,有野趣,有禅趣,从诸侯、修士到农夫,一概适之;水盏瓷瓯敲起来,声音叮叮咚咚,有流风回雪之秀美,清扬婉转,妙丽多情,尤其适合闺阁仕女。

今天再细赏古人的缶,看见的是古陶的浑厚拙趣,古瓷的儒雅沉静,而古人眼里的鄙俗气,时间给它们增加了历史感和人文气,如同铜器上经久摩挲的厚重包浆。我们就这样看见了许多陌生,文明的转变,情感的疏离,茫漠幽渺。它们已经历了逝去,变成永恒,我们正处在繁华,奔向消亡。那年玉手,执箸轻击,慢吟浅唱,音声与花香,在回不来的时空里淡无了,又在怀想的空间里产生新的图像和新的意兴。

卷四

革鼓雷灵

革声隆大 冬至之音也 鼖鼓系焉

天子宴诸侯，展示雄伟霸业，起奏军鼓，使四方顺服。都城军营中，五更鼓鸣，一夜三鼚，为守夜防备。"戍鼓断人行，边秋一雁声。露从今夜白，月是故乡明。"月出月落，鼓声从宫城传至辽阔大地，摇晃了迢迢星河，也摇晃了文人的心。

[五代南唐]顾闳中（宋摹）《韩熙载夜宴图》局部，绢本设色，纵 28.7cm，横 335.5cm，现藏于故宫博物院。

［东晋］ 顾恺之（宋摹）《洛神赋图》局部，绢本设色，纵 27.1cm，横 572.8cm，现藏于辽宁省博物馆。

殷殷鸣鼍

> 於论钟鼓，於乐辟廱，鼍鼓逢逢，矇瞍奏公。
> ——《诗经·大雅·灵台》

古文明的孕育和发展离不开水系，农业社会，水资源是首要条件，《国语·晋语》："黄帝以姬水成，炎帝以姜水成。"又，《国语·周语》："昔伊洛竭而夏亡，河竭而商亡。"江、河、海是华夏民族生命的血脉，水沛则民丰，水竭则国衰。

史前战争也是水系之战，曾经三个强大部族：炎黄二帝的华夏部族、东夷部族、苗蛮部族。黄帝率领的华夏部族在涿鹿一带大战蚩尤为首的九黎部族，这场大战与水系息息相关。位处黄河中上游的黄帝曾派应龙筑土坝蓄水，以阻挡蚩尤族的进攻，蚩尤则召风伯、雨师，作狂风暴雨对抗，并连设三天雾阵。

黄帝得玄女族助力，取东海神兽夔的皮，制鼓八十面，以雷骨为鼓槌，驱驾受北斗星启示下发明的指南车，飞沙走石里，冲出漫天尘雾，直攻蚩尤军阵，热血激战中，夔鼓齐鸣，振奋士气，最后在冀州之野擒杀蚩尤，一部分蚩尤部族归华夏，另一部分西迁发展为苗族，此后，黄帝统一中原大地，结束蛮荒，开启文明时代。

夔，《山海经·大荒东经》中提到它，东海中有流波山，入海七千里。山上有神兽，样子如牛，没有牛的犄角，只有一足，身体是深苍色，闪着日月般的光芒，每逢出入水中，则必遇风雨，其声如雷，兽的名字叫作夔，黄帝得到它，取其皮做鼓，鼓槌则是取它的骨，敲起来，声闻五百里。《山海经·海内东经》中说雷泽之中有雷神，它的样子是人首龙身，"鼓其腹则雷"。

雷神便是夔，敲其腹部可发出雷音，在涿鹿大战中，黄帝以夔骨敲响夔皮制成的鼓，鼓声一震五百里，连震三千八百里，威慑天下。夔鼓即鼍鼓，生活在东海流波山的神兽夔，是水陆两栖的鳄鱼。

人们根据真实的动物，加上想象，造出夔的形象，商周青铜器上常见的夔龙纹，就像龙、蛇、鳄鱼、蜥蜴的混合体，与后来带须、角的龙形不同，它撑着一只大大的足，圆圆的眼睛，充满雄劲的力量。

龙本身涵盖了不同动物的特性，它和鳄、蜥蜴之间，有不可忽视的关联。古汉语中，鳄鱼和蜥蜴发音近似，蜥蜴，在陆地上的名叫山龙子或石龙子，在水里的叫泉龙子。《周易·乾卦》：潜龙毋用、或跃于渊。龙和鳄鱼择穴而居、登天潜渊的习性亦有共通之处。

东海流波山并非子虚乌有，陶渊明有诗云："泛览周王传，流观山海图。"《山海图》与《山海经》极可能是曾经同出的配套图经，后来图失传，经存世。《山海经·大荒东经》说："东海之外大壑，少昊之国，少昊孺帝颛顼，弃其琴瑟。"

东海一带，即东夷部族聚居的地方，在大汶口文化和龙山文化时期，黄河下游及临海地区，在夏朝之前，东夷以山东营县陵阳河一带为中心，通过迁徙发展到日照、临朐西朱封、曲阜等地。东海未必是真的汪洋大海，可能是东部宽阔的江河，被古人夸张成海。

颛顼为什么弃其琴瑟？少昊是东夷族的首领，曾抵抗黄帝东进，亲睦颛顼以联合力量，以琴瑟相娱，而身为黄帝后裔的颛顼自少年时代辅佐少昊，少昊年迈时，颛顼替他主政，黄帝死后，颛顼又顺理成章继承帝位，这样便引起了东夷族的不满，于是颛顼率黄帝部落联盟几经征讨，击溃少昊部族，故在东海之外大壑弃其琴瑟。颛顼取代少昊成为东夷族的首领，逼迫少昊部族的东夷人西迁，少昊最后葬在陕西云阳。

后来便发生了《吕氏春秋》中颛顼命乐官鱓始奏音乐的故事，颛顼丢弃琴瑟之后，听八方天风，命飞龙仿效，制成《承云》曲，以祭上帝，让鼍去演奏它，鼍听命后，仰面卧躺，用自己的尾巴当鼓槌敲击自己的腹部，发出声音，鼍在古汉语里与鼍同音，又称鼍龙，猪婆龙，它就是一只鳄鱼。

《世本》有"夷作鼓"。夷，是指东夷部族的夷人。1959年，在山东泰安大汶口文化遗址中确实发现了中国最原始的鼍鼓，两只宽肩陶壶，正前方散落着一堆鳄鱼骨板，鳄鱼皮蒙成的鼓面已朽烂，骨板便脱落在陶壶的前方，此地正是东夷部落群居之地。

我们接着看历史文献，《吕氏春秋》讲到尧称帝，命令乐官质作乐，质以山林溪谷的天然之音为歌，将兽皮蒙在缶上敲打，东汉训诂学家高诱注解到这里时，认为质和夔是同一个人。

传说看起来似乎天马行空，内部却有着紧密关系。黄帝用东海里的鳄鱼夔制鼓，颛顼时代，鳄鱼鼍敲着自己的腹部作乐，而颛顼和夔活动的东海一带，即史前东夷人聚居的地方，在大汶口文化和龙山文化时期，黄河下游及临海地区，以山东莒县陵阳河一带为中心，通过迁徙发展到日照、临朐西朱封、曲阜等地。

尧帝时代，夔以兽皮蒙在缶上当作鼓面，缶是陶瓦器，这样的鼓是土鼓，在新石器时代的诸多遗址中均有考古实物发现。最早蒙兽革的鼓，蒙的是鳄鱼皮，它们与今天的鼓形不同，基本上是壶或喇叭口的罐形，陶土类日用品的形状。先民临水而居，缶必然产生在鼍鼓之前，起先，受泥泽启发制成碗、钵、盆，击缶而歌，再是受鳄鱼启发蒙皮为鼓。

史前先民依赖自然环境，并在漫长的与环境较量的过程中，学会效仿它们，比如以鸟骨凿孔效仿鸟鸣，作为华夏先民最早创造的打击乐器之一鼍鼓，它的诞生之所以与雷神有关，鼍鼓能打出风雨雷电之势，也是先民观察天象和水象之后创造出来的成果。

鳄鱼在古代神兽崇拜中是雷神化身，它是唯一能发出声音的爬行动物，能在不同气候、心情下发出不同的鸣声，声音复杂，约有十数种。传说中的"鼓其腹则雷"也并非虚构，鳄鱼只有腹部的皮可以蒙鼓面，先民在捕获鳄鱼之后，拍其腹部，听到嘭嘭的闷响声，联想起雷声，这是极有可能的。

《诗经·大雅·灵台》："鼍鼓逢逢"，逢逢是象声词，古时江淮一带到了夜里，人们会听见水里传来的鳄鱼鸣叫，逢逢然如鼓，鸣声数量与更鼓声的数量相合，又称鼍更。唐代诗人张籍《白鼍鸣》诗云："六月人家井无水，夜闻鼍声人尽起。"便是对鳄鱼夜鸣声酷似夜半更鼓的生动形容，人们将这声音当作打更，闻声而起。

鼍皮有鳞彩，坚实耐用，蒙在陶壶土罐上，敲出嗡嗡嘭嘭的声音，雄浑如雷，没有传说那般玄妙，是人们实实在在从生活中悟出来的创造。

泰安大汶口文化发现最早的一只鼍鼓，被放置在大墓中，墓主身份极高。山西襄汾陶寺的大墓中，也发现了鼍鼓，陶寺遗址属于龙山文化，时间对应是夏代，鼍鼓和一件特磬放在一起。鼓框是木制，树干挖空呈上小下大的圆筒形，鼓身施彩绘，有云纹、回纹、弦纹和几何纹，鳄鱼骨板散落在鼓腔内，鳄鱼皮鼓面则腐烂不存。

双鸟鼍鼓

商代晚期传世品，传为圆明园旧藏，鼓身为横置圆筒形，两侧青铜模铸鼍皮鼓面，鼓边各有三圈模铸钉纹，一对雕铸枕形鸟儿相背而立，鼓身下方设四只小足，鼓腹饰原始人面，周边铺陈饕餮纹和云纹，现藏日本泉屋。

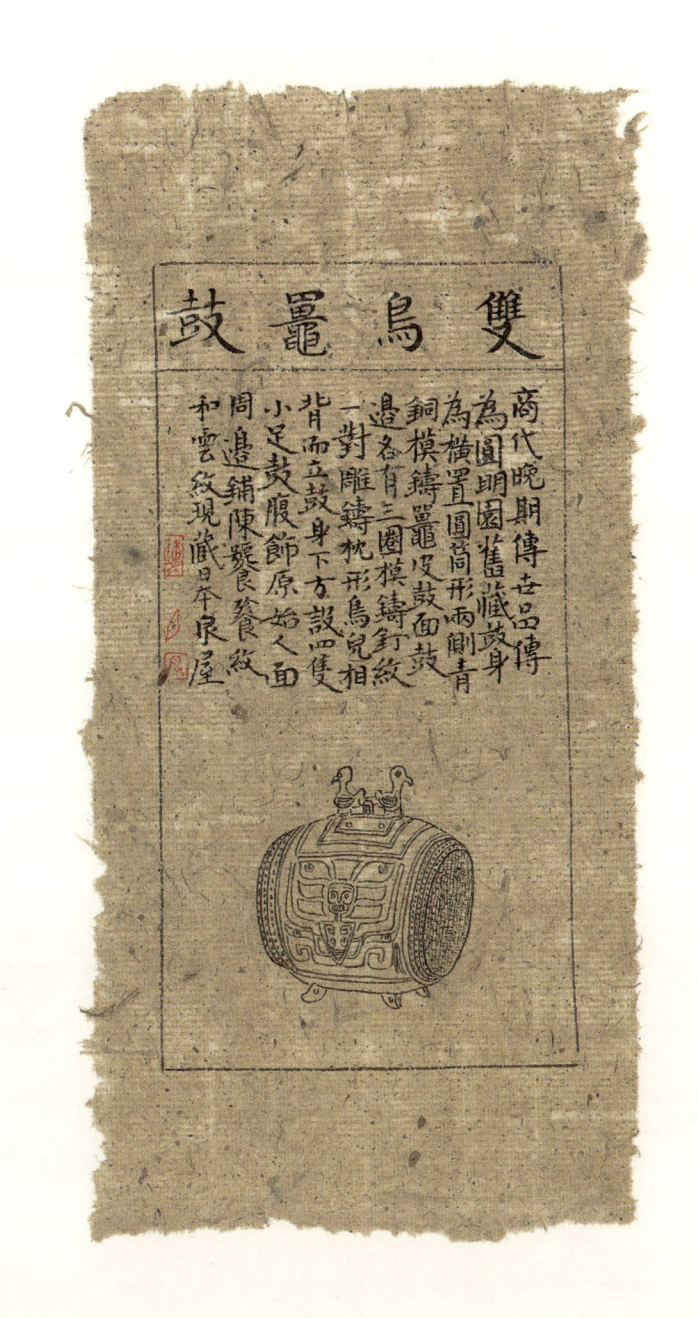

陶寺大墓中出土的龙盘上，彩绘蟠龙纹与鳄鱼形状非常接近，足以证明鳄鱼与龙图腾崇拜之间的亲缘关系，这样，鼍鼓成为特权阶级身份与地位的象征，只有部落首领及高等贵族才可拥有这一事实，便不难理解了。鼍鼓之所以声闻五百里，振荡四方，统治者需要它的声音使民众服从在他的神威之下，更说明了它是礼乐重器，而不止巫祭法器。

原始蛮荒时代，人的听觉比现在更加敏锐，想象力旺盛，物资并不缺乏，却有待一一开采，人对外部世界的好奇格外促使新事物的诞生。从雷声到鼍鼓，人们不是单纯地像制磬一样，将石块打磨成另一形状，以取得理想的音声，而是经过一系列精细的试验、揣摩，对物料的认知，质地特性的考量，不同属性物料的组合，思考过程与制作难度比"击石拊石"要漫长而复杂。

皮先是浸水，湿润时蒙在鼓框上，外沿会做一圈倒钩，将蒙皮挂住，再钉一圈或数圈乳钉以固定，经过干燥，鼓皮会绷得很紧，鼓腹中空，不是木便是陶，击奏出雷鸣之声。

鼍鼓的鼓皮也有巨蟒蛇皮，不知是不是鼍皮蜿蜒肌理的伸缩性给了人们启发，《周礼·考工记》云："凡冒鼓，必以启蛰之日，良鼓瑕如积环。"人们蒙鼓皮，往往选在惊蛰那一天，蒙皮之前先上漆，再鞔于鼓框，当皮革的伸缩性令其向四方均匀铺展时，皮面会出现积环状的漆痕。

帝尧时代，夔制乐为礼，"以致舞百兽"，目的是彰显帝王德政，教化万民。鼍鼓自初，便伴随着乐舞，是礼乐初始时的重要乐器，乐舞开始之前，往往是鼍鼓击奏序曲。如《大武》乐，乐舞表演之前先击鼓，《九韶》曲以九遍鼓拉开序幕，鼓音为序曲的表演程式一直传到后世，传了两千多年。

到了周代，定下"以乐舞教国子，舞云门大卷、大咸、大韶、大夏、大濩、大武"的制度，这里包括了从黄帝、尧、舜、禹、汤王到周武王的六代之乐。鼍鼓在乐舞中管控节奏，击振壮丽之音，训练贵族子弟的礼仪素养，位置无可替代。

鼍鼓作为正统之音，可壮人气魄。唐代皇甫松《醉乡日月·饮论》中说得非常巧妙："醉得意，宜艳唱，宜其和也；醉将离，宜鸣鼍，壮其神也。"如果因为得意而醉，这时候适宜艳唱，唱的是亲密融合，而如果在离别时饮醉，艳唱便不合适了，此时鸣起鼍鼓，壮起精神，道别时才坦坦荡荡，豪迈不悔。

铜鼓比鼍鼓出现得要晚，铜鼓的器形与现在的鼓非常接近。日本泉屋博物馆有一件商代晚期传世品，虽是青铜所铸，但根据器形，考古学界还是将之称为双鸟鼍鼓。此鼓相传为圆明园旧藏，鼓身是横置的圆筒形，两侧鼓面，为青铜模铸的鼍皮，将鳄鱼鳞纹铸得十分逼真。

鼓边各有三圈模铸钉纹，模仿鼍鼓蒙皮固定的鼓钉。可见新材料和新形态的事物被创造出来之后，人们不自觉地对旧物产生了依恋之情，希望通过模仿的形式，延续对旧物的情感。鼓上方饰有枕形雕铸的两只鸟，相背而立，鼓身的下方有四只小足。在鼓腹中间，有一原始人面，与人面下方铺陈的饕餮纹和周边环绕的云纹相比，它实在是简陋粗糙。

但是这个人面传递出的讯息是，人们已经由纯粹神兽图腾的崇拜时代走出来，认识到了自己的存在，拥有了在天地间立足的尊严。

这个睁着眼的人面，并没有特定的身份，不是某个特定人物的雕像，君王、贵族、战俘、殉葬奴隶，都不是，他是每一个生活在中原部族里的人，平凡的人。

悬若日月

> 夕阳楼外归心处,悬鼓西山观落晖。
> ——钱谦益《绛云楼上梁以诗代文之六》

鼓的制度,沿袭三代,有两种说法,一种是夏、商、周的次第顺序,说起初是夏朝的单面鼍鼓,为了平稳放置,有四足支架;到了商朝出现可以横悬架上,也可以凭足横置于地的两面足鼓兼悬鼓;再进入东周,有以木柱贯穿鼓腔,使之树立的建鼓、横悬于倒钩形架上的悬鼓,和平置地面的扁鼓。

另一种说法来自两汉文献,《礼记·明堂位》记载:"夏后氏足鼓,殷楹鼓,周悬鼓。"后世认为,周礼改革了殷礼,殷礼改革了夏礼,到了周代才有悬鼓,这是考古学界凭依出土实物得出的成果。

而较之冰冷的黄土,传说却是有温度的,哪怕传说纯粹只是后人的臆想。

上古时期,帝禹以五音听治,悬钟、鼓、磬、铎,置鼗,迎待天下四方高士,昭告曰:以道来指教的请击鼓,用义来教诲的请击钟,或是有事情相告的请振铎,如果有忧苦之事请击磬,有诉讼的请摇鼗。帝禹因此忙得寝食难安,五音变成了五条中央热线,日夜连通。

贤能之士如悬鼓待槌,民是自由的民,乐器的作用单纯到只是发声,又广大无际,九洲一统,这时,音不是音乐,是先夏氏族民主的觉。

悬在空中的鼓,如日如月,昭昭乾朗。

嵇康的"大道之隆"、"太平之业",或许也是如此吧。

若是五音之治,能够承天理物,天子坐堂倾听,人民欢畅直言,可达到万殊之声,合乎会通,总是好过将音乐里面人的情感欲望抽离,变成强使人民接受,以达到驯化目的的圣人之音。

帝禹的传说,可能从来就不存在。今人所见的悬鼓,最初并不是击之为道,而是击之娱神。

人恐惧死亡,不分贵贱,总是希望死后那段路,能走得好些,无论活的时候,处境是顺是逆,死了之后都想到更好的地方去。所以会有巫舞,借助音乐与神灵沟通。音乐是宇宙语言,鼓声大作,风雷交汇,感天动地,驱邪散瘴。

邸阳郡夫人墓里的虎座鸟架鼓，曾侯乙墓里的鹿角立鹤鼓，都是往生寄托。

凤鸟向天高歌，猛虎却匍匐脚下，髹黑漆的楠木鼓座，绘着艳丽的凤羽和虎斑纹，可见楚人用色鲜明大胆，大鼓以红绳系于凤冠上，气势昂扬。楚人崇凤，九头鸟是九首凤，顶高冠，曳长尾，天命的化身。

《离骚》中，屈原魂游天国，唱道："吾令凤鸟飞腾兮，继之以日夜；飘风屯其相离兮，帅云霓而来御。"凤鸟与巫舞、长发曼鬋、陆离华服的楚人风尚，交集呈现一个时代的光明理想。

虎座如臣子伏跪，取意凤虎相斗，巴国崇虎，被楚国灭掉之后，虎便失了势，虎座鸟架鼓是楚人的骄傲意满，它出土于荆州天星观2号墓，墓主邸阳郡夫人是善音律之人，在她生前，这座鼓是演奏乐器。

鹿角立鹤鼓，更是豪华，出土时，它被安置在主棺东侧。圆雕鹿角立鹤为青铜制，鹤首、颈、角饰错金涡云纹、三角云纹和圆圈纹，鹤背、腹、尾边和翅膀均嵌绿松石，双翅展开，灵动欲飞。翅根部由蟠龙相衔，鼓悬于鹤首之上，以鹿角穿挂铺首铜环，鹿鹤合体，如托护一轮圆月，是守护主人灵魂升天的灵媒。鼓革与鼓腔通身彩绘，黑漆底，施以朱色三角云雷纹和朱色菱纹，鹤嘴上翘作钩状，吻部右侧有七字铭文：曾侯乙作持用终。

出土的悬鼓都有残损，甚至鼓脱离鼓架，亦不知道主人的灵魂升于何处，当时击鼓的盛况，无法领略。每个细节都极尽工匠之所能，精致华美，

虎座鸟架鼓

荆州天星观邸阳郡夫人墓出土，髹黑漆楠木鼓座，绘艳丽的凤羽和虎斑纹，楚人崇凤，顶高冠，曳长尾，凤首仰视苍穹，《离骚》唱叹：「吾令凤鸟飞腾兮，继之以日夜，飘风屯其相离兮，帅云霓而来御。」巴人崇虎，被楚国所灭。

上乘的蒙皮，鼓音又该是如何地超群，我们现在只有隔着博物馆的玻璃，去遥远地想象。

流行的东西会过时，一旦成为风尚，便永远在那里。

佛寺里的钟鼓楼，悬钟悬鼓，晨钟报晓，暮鼓定更，提醒时光的流逝。听，又是一天结束了，再听，新一天来临了。

日月轮转，反复无常，永不休止。世间荣枯，如声如光，不可留存，兴时便尽兴去享受，息时便安静去怀念。鼓皮会烂朽，鼓框会损毁，文字会记述，总有痕迹留在世间。

帝禹的五音，即使没有存在过，却早已在传说中永生。

《观无量寿佛经》有云："落日欲没，状如悬鼓。" 明末文人钱谦益当年以重金造绛云楼，楼上梁有诗："夕阳楼外归心处，悬鼓西山观落晖。"之前，他在《牧斋和东坡诗》里写过类似的句子："西方西市原同观，悬鼓分明落日西。"可能受此经文所感。

晚年的钱谦益，结缡河东君柳如是，绛云楼里看美人对镜扫眉，朝夕相守，这座江南第一藏书楼，却在顺治七年初冬之夜，焚毁于一场莫名大火，此后人生，犹如落日沉海，霜雪覆地。

佛曰："既见日已，闭目开目，皆令明了。"世间种种，悬住空中，不过虚幻妄摄，悬鼓召灵的时代，不会再返，而鼓乐仍在。日沉水镜终有时，云散光收，曾经盛旺的文明意象与创造长存，和未来未知的东西循环相生。

革鼓雷灵

> 振振鹭,鹭于飞。鼓咽咽,
> 醉言归,于胥乐兮!
> ——《诗经·鲁颂·有駜》

天地神灵　踏乐而来

"鼓人,掌六鼓、四金之音声,以节声乐,以和军旅,以正田役。教为鼓而辨其声用,以雷鼓鼓神祀,以灵鼓鼓社祭,以路鼓鼓鬼享,以鼛鼓鼓军事,以鼖鼓鼓役事,以晋鼓鼓金奏。"(《周礼·地官司徒·鼓人》)周代"六鼓四金",六鼓是雷鼓、灵鼓、路鼓、鼛鼓、鼖鼓、晋鼓,四金是錞、镯、铙、铎。

雷鼓、灵鼓和路鼓，三鼓分别用来祭天神、地神和祖先即鬼神，这是古人至关重大的事。

人定不能胜天，只得按时祈求风调雨顺，保佑国土安定。农耕和蚕桑的社会，和人们崇玉一样，苍色的玉璧祭天、黄色的玉琮祭地，青珪、赤璋、白琥、玄璜祭东南西北四方神祇，鼓也依其形制、尺寸、数量严格分类，并与节气息息相关。

雷鼓有八面，灵鼓有六面，路鼓有四面，并非一只鼓有多个皮革蒙成的面，而是指数量，地神高不过天神，鬼神高不过地神，因此不同的礼祀，鼓排列的阵势是不同的。

画面展开，天圆地方，冬日至，天子在圆丘的祭坛上祭祀天神，乐师用十二律吕的夹钟定宫音的音高，以黄钟定角音的音高，以太簇定下徵音的音高，再以姑洗定下羽音的音高，八面雷鼓和雷鼗被敲响了，孤竹做的管被吹响了，琴瑟是用云和山上的木材所制，舞人随着音乐跳起《云门》舞，如果舞乐连续六遍，天神就会下得凡间，这时，向天神献玉璧，神圣的祭祀就完成了。

初唐诗人杨炯有赋："雷鼙八面，龙旗九斿。星戈耀日，霜戟含秋。"雷鼙，即雷鼓。有传说雷鼓的鼓框被画上龙的图纹，《礼记·乐》说"龙旗九斿，天子之旌也。"天子的龙旗取象于东宫龙星，当龙星中的角宿出现在地平线上，是国家要举行祭祀大典的时候，古人通过龙星来占卜问事，预测福祸吉凶。

杨炯的雷鼗龙旗，借上古神话场景描绘武则天在如意元年将盂兰盆分送佛寺的法会盛况，雷鼓八面齐齐作响，九面垂着玉珠的龙旗高高飘扬，就像游龙一般在风中飞舞，星光灿烂，日月同辉。天子仪仗列阵，青铜长戟似含霜，带着秋天的肃穆威严，整篇写得瑰丽至极。

奴隶社会的仪规由上古传说承袭，到了封建社会，宫廷颂孝典礼，乃至外来的佛教和本土的道教斋仪，形式上多是借用了奴隶社会留下来的文献传说，文人墨客又根据这些传说加以自己的想象，我们看到的诗赋才如此美妙灵动。

夏至日，天子在泽中的方丘上祭祀地神，敲响六面灵鼓和灵鼗，吹响孙竹做的管，琴瑟是用空桑山的木材而制，舞人随着音乐跳起《咸池》舞，如果舞乐表演八遍，地神就会显灵，这时，可向地神献玉琮。

隋代卢思道有《驾出圜丘》诗描述天子乘金根车，前驾六匹马，去郊外的圜丘进行年节祈谷仪式的情形，郊祀祭天，祈谷于上帝，但是"黄麾引朱节，灵鼓应华钟"。可以看出灵鼓在隋代祭祀中已不那么严格，它也被用于祭天的活动中，而且不是夏日，是在正月上辛之日。

宋代苏轼的《渚宫》，追忆郢都之南，楚成王与楚灵王临水而筑的百尺高台昔日的风貌，"楚王猎罢击灵鼓，猛士操舟张水嬉。"楚人好乐，爱歌舞，灵鼓不仅仅献给神灵，迎接楚王狩猎归来，以助其兴，烟波之上，水师练舟如同嬉戏，一派奢侈骄横，国力强盛至此，可叹盛极必衰。

"山林惟识天伦乐,廊庙空怀济世忧。"宗庙里的祖先,是人之鬼神,击响四面路鼓和路鼗,吹响阴竹制的管,琴瑟以龙门山的木材制成,歌人唱起《九德》,舞人跳起《九韶》,连续表演九遍,就可以向人之鬼神进献玉器了。

路鼓,祭祀三鼓中唯一传到后世,传到民间影响颇大的鼓。

路鼓守护宗祠,传说是尧帝为百姓立下敢谏之鼓。西周时,天子处理政事的宫室门外,设路鼓,穷苦百姓有冤屈或遇紧急事件来不及申告时,就去击响它。有御仆和御庶子等官职,轮班守视,听到响动立即向上传达,这是最早的"金殿鸣冤"。

至宋代,朝廷将理检司改名登闻院,专司击鼓上诉的案件,包龙图打坐在开封府,门前竖起登堂鼓,百姓可前陈曲直,吏不敢欺之,这项制度一直沿用至清末。

明代理学名臣丘浚对此评价说:"民无穷而不达,士无冤而不伸,此和气所以畅达,而天地以之而交,治道以之泰也欤。"有了鸣冤鼓,法律程序简单了,也不乏昏官武断的错案。

无论冬至日还是夏至日,祭天神、地神还是鬼神,所用的宫、角、徵、羽,五音之中独独没有商音,古人用五行对应五音,商从金,既坚又刚,而祭祀所需的音乐需要柔和,故弃商不用。

孤竹管、孙竹管、阴竹管,皆是按阴阳分不同音律的竹制排箫。云和山、空桑山、龙门山,有的在《山海经》中出现过,传说琴瑟良材从这三座山出,具体地方无从考证。

而雷鼗、灵鼗、路鼗,说起来很有意思,它们也是鼓,尺寸较小,有两面,分别配合雷鼓、灵鼓、路鼓手持着击打,鼓腰两侧拴细绳子各一,系两枚珠子,乐人手摇木柄,珠子就反复击打皮制鼓面。

你现在知道这是什么了吧?就是过去走街串巷小商贩用的货郎鼓,也是哄小孩的拨浪鼓,在敦煌壁画上,有乐伎演奏鼗鼓的图像,可见魏唐时期它仍然是官廷雅乐,被用来献神敬佛,后来不知怎么流落城乡,沦为俗物了。

雷霆之音 兴政诵贤

鼖鼓

鼖鼓、鼛鼓、晋鼓,为周代六鼓的三种军鼓,鼖鼓长八尺,鼓面直径四尺,鼓身中间有穹隆部分,它的周长比鼓面周长要大三分之一,《周礼》中将一般的大鼓称之为鼖,是相对而言,鼖鼓比鼛鼓小,比晋鼓大。

军以鼖为正,诸侯执鼖鼓,军将执晋鼓。鼖鼓的音色,葛洪形容它是"雷霆之音",古时制鼓,鼓面越大,鼓声越短促激越;鼓面越小,鼓声越舒缓悠长。

战场上,诸侯击鼓以振奋士气,也有"鼖鼓景钟催节奏,洪声考击彻青冥"(《梦粱录》),咸淳年间,宋度宗在上辛日行郊祀礼。前三日,大庆殿和太庙致斋,第三日,自太庙至郊台次侧青城行宫致斋。到了青城行宫,当夜星斗增辉,行宫前立起五丈盖天大旗。三更时,出端诚殿,去郊坛，更换祭祀礼服，一路扬撒瑞脑香末。然后，与钟楼大小相似的景钟和鼖鼓被敲奏起来，声音响彻云霄，宫架乐作，登三层郊坛，从祀诸神位共有七百六十七座，繁冗的礼仪完成之后，皇上回殿，百官班退。

《尚书·周书·顾命》说周成王驾崩，周康王于先王庙受顾命之戒并举行即位典礼，其中继承的国宝有："胤之舞衣，大贝、鼖鼓在西房。"前代之国胤的舞者之衣，大贝，一说砗磲，上古的宝器，出自江淮之浦，加上鼖鼓，皆商周时期天子传宝之重器，在周康王被传的宝器中还有河图。

也有将鼖鼓置于楼台之上，杭州镇海楼，在明成化年间，曾有巨钟鼖鼓，左右悬架，东置铜壶漏刻，西祀金鼓神祇，镇的是钱塘大潮。明代大学士商辂说这是度越前规，不过前人的规矩在朝代更迭中，变得难以确证。

1915年3月，徐世昌主持民国政府礼制馆完成《关合祀典礼》，对京师关庙祭礼的乐悬陈设参照清代武成庙和岳庙的规制，其中有一条：祭祀之前，鼚鼓三严仪节所用鼓，用鼖鼓，而不用建鼓，以"备守三鼚"之礼。

鼚鼓三严的仪节其实没有准确答案，如果是一夜三击，备守三鼚，那用鼖鼓也是经不起推敲的，在上古仪制中，鼖鼓和馨鼓不是一回事。民国时的祭祀用鼓，权当作彼时当朝人的情怀寄托吧，我们也画不出这些鼓的准确模样。

馨鼓

《镜花缘》中，司玉簇花仙子"梦中人"孟兰芝设宴凝翠馆，摆下十二席，百位才女递签桶，行酒令，桶中有令签四五十枝，上写天文、地理、鸟兽、虫鱼、果木、花卉类别，注叠韵或双声，才女们立即就腹中诗书，飞起各类高大名词来。

席间，司牡丹花仙子"女中魁"阴若花建议，既然大家都掉书袋，那念出来的名词不能太过生涩，最好是明白显豁、雅俗易赏，古书里关于一个词的别名甚多，如果冷不丁冒出来一个需要解释的，完全是浪费了唇舌，耽误了饮酒功夫。

于是大家报的词越来越通俗，玉芝掣了一列女名叠韵，很快交给下家归桶，不想被司含笑花仙子"蕙兰风"董青钿插科打诨，只记得叠韵，不记得类别了。玉芝开始瞎蒙，从天文、地理蒙到官名，输了三十杯也没蒙对，玉芝不罢休，道："好在不过二十几门，我就吃一坛，也不怕飞上天去！我用音乐：鼖鼓、箫韶，文具：金简、玉砚；戏具：高竿、呼卢……"

这里出现了今人难识的乐器：鼖鼓。古人双声叠韵，"双声"，一个双音节词中两个字的第一个字反切相同，鼖鼓念 gāo gǔ；叠韵，双音节词中两个字的第二个字切音相同，箫韶的 āo 正是。

周代六鼓之中，鼖鼓尺寸最大，直到今天也没有什么鼓能大得过它。《周礼·地官·鼓人》记载："以鼖鼓鼓役事。"它是军鼓，传递军事信号使用。同时《冬官·考工记》曰："皋为鼓，长寻有四尺，鼓四尺，倨句磬折"，皋是鼖的借字，寻，长度单位，一寻相当于八尺，八尺再加四尺，鼓长为一丈二，倨句磬折，鼓的腰腹部是有弧度的，就像磬石弯曲。

如此大气磅礴的鼓，壮士敲击，声音旷远雄浑，军人们将它抬到战场上，气势恢宏，擂起来响动震天，馨鼓一击，战事开始，兵未发而势先起，敌人闻声胆惊，风云为之涌动，待双方拼杀出结果，胜的一方再击馨鼓，是强者夺江山，威武百川之音。

天子宴诸侯，展示雄伟霸业，起奏馨鼓，使四方顺服。西汉刘向在《淮南子·主术训》中怀念尧、舜、禹、汤王、文王等上古帝王的德政时说："当此之时，馨鼓而食，奏《雍》而彻。"馨鼓而食，在汉代叫食举乐，即燕乐的一种，以乐侑食。

那时候的君王，宴四方诸侯或群臣时，食前先击响馨鼓，宴席尾声，要演奏《雍》曲，客人离席时，庄严的音乐仍在殿阁内盘旋，他们祭灶神，处事时不用巫祝通鬼神，鬼神丝毫不敢作祟，山川之神从不为祸作乱，这是最可贵的德政，但他们依然战战兢兢，一天比一天谨慎小心。

梁朝，馨鼓又称"下馨"，兼为一国守夜而用，五更鼓鸣，也有一夜三馨之说。"戍鼓断人行，边秋一雁声。露从今夜白，月是故乡明。"杜甫《月夜忆舍弟》，月出月落，鼓声从宫城传至辽阔大地，摇晃了迢迢星河，也摇晃了诗人的心。

"曲港跳鱼，圆荷泻露，寂寞无人见。纨如三鼓，铿然一叶，黯黯梦云惊断。"（苏轼《永遇乐》）明月霜白之时，晓风微凉似水，鱼儿跃跃在弯弯花港，露珠从圆圆的荷叶上潸然滴落，无人望见这个寂寞的孤客，此时，三更鼓声响起，鼓声仿佛倏忽坠掉落的树叶，惊断了黯然的梦儿，诗人不由感叹，在高高的楼台上遥望夜空，鼓声似廓宇发出的长长浩叹，旧欢新怨，古今万事皆成空。

至于鼖鼓的音量究竟有多大，《诗经·大雅》里有个画面：古公亶父从豳迁徙到岐下，同姜女结婚，在岐下筑室定居，大修宗庙时，工地上发出的各路声音不止嘈杂，简直是乱哄哄的巨响，用了四组象声词："捄之陾陾，度之薨薨，筑之登登，削屡冯冯"，嚓嚓嚓铲土的声音、轰轰轰填土的声音、登登登捣土的声音、乒乒乒削土的声音。然后呢，"百堵皆兴，鼖鼓弗胜"，百堵之墙同时兴工劳作，众声群起，盖过了鼖鼓声。

鼓战事，祭祖先，宴诸侯，鼖鼓号令，震慑民众，统治者奉之，而穷苦百姓怨之。

唐代文人柳宗元是位不得志的政治改革家，他向来反对神权，倡导人本之道，在《零陵三亭记》里，他阐释何为大康于民，就是"门不施胥吏之席，耳不闻鼖鼓之召"。

老百姓缴完赋税，并不是愁眉苦脸，而是高高兴兴地走回来，乡里父老迎接道贺，家门口看不到官府衙吏办事的席位，两耳听不到朝廷召集民众的鼓声。

和柳宗元一样关切民生的还有明末清初文人唐孙华，他的诗作中常常悲叹民生疾苦，《开河行》中"千锹万锸听鼖鼓，三丈河身八尺土"之句饱含反讽意味，声势浩大的河防工程中，如牛马悲惨的是日夜苦役的底层人民，鼖鼓声紧紧催逼，人民血汗流淌如河。

清嘉庆五年，惠州知府、名儒伊秉绶以"国家尊崇正学"，斥五千两白金重修自宋淳祐四年始、明末衰败的丰湖书院，聘名士宋湘为山长，宋湘有撰书对联一副：关心一郡衣冠在诸公馨鼓三年敢言劳苦，回首十弓榛莽见多士琴书四壁得忘由来。

这里以馨鼓对仗琴书，古时书院和寺院一样有钟鼓楼，书院的鼓叫课鼓，寺院的鼓叫法鼓，馨鼓三年意指伊秉绶主持书院之英明严正，琴书意指门生文士之风雅研习，故知馨鼓演化到后世，也作为儒家兴政诵贤、正规明礼的雅器而被重用。

晋鼓

《洛神赋图》中有个画面，衣袂飘飘的冯夷公子在河面上击鼓，他身姿柔美，双手执槌，在一次击打后，收合待发势瞬间，公子凝望前方，鼓槌停落空中，饰宝珠的华盖，楹柱顶端立着亭亭仙鹤，五彩丝带飘若柳枝，河面微波静舒，宓妃静立水上，进止难期，若往若还，远山淡抹似黛云，空漠中有淡淡哀愁。

屏翳收风天清明，随着冯夷的击鼓声，女娲歌声清越，文鱼腾跃，玉鸾鸣啼，偕宓妃消逝于烟波。若非曹植的《洛神赋》，和顾恺之为之绘制的长篇图卷，恐怕后人难以领略鼓竟还有这样一种优美，冯公子与宓妃"翩若惊鸿，宛若游龙"的体态，以及错落有致的装饰令雄劲威风的鼓变得玲珑万千。

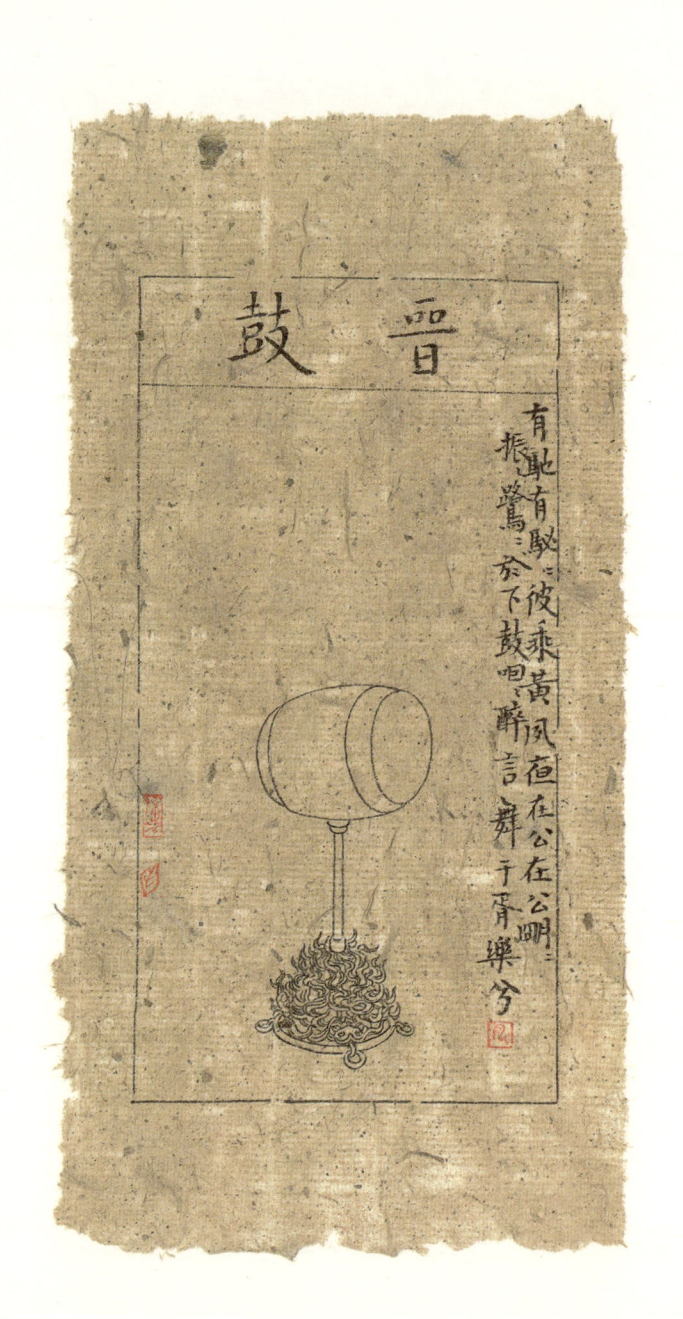

晋鼓

有驰有驱,驭彼乘黄。夙夜在公,在公明明。振振鹭,鹭于下。鼓咽咽,醉言舞。于胥乐兮!

这面鼓是晋鼓，又名建鼓，建：楹而树之。鼓身长而圆，以木柱贯穿而承载之，喻如树般挺立。它还有个更好听的名字：羽葆鼓，羽葆即华盖，以翟尾连缀为饰，丝帛制成的流苏随风飘扬。

宋代陈旸《乐书》记载："四角金龙，垂流苏羽葆，唐羽葆之制，悬于架上，其架饰以五彩流苏植羽也，盖饶鼓、羽葆鼓皆饰以丹青，形制颇类楹鼓，今太常鼓吹后部用之。"羽葆之制非唐代始兴，公元339年东晋名臣王导下葬时，成帝赐"九游辒辌车、黄屋左纛、前后羽葆鼓吹"，可见顾恺之所绘的晋鼓，是当时仪仗重器，且画家亲眼见过，非全凭空想。

晋鼓长六尺六寸，前身是夏朝足鼓、商朝楹鼓以及周朝悬鼓，它们的共同点是在支架上做文章，足鼓有四足支撑，楹鼓以立柱穿过鼓腔，柱底设座，悬鼓前面文章有细述。古时军队作战，"载常建鼓，挟经秉枹"（《国语·吴语》），战车上插着日月旗，装载着建鼓，将军挟着兵书，手持鼓槌。以晋鼓鼓金奏，指挥进退，军将击鼓，士兵听不同鼓点指示，迅速转移列兵方向，变幻阵法。

晋鼓在祭祀活动中，并不设有专门的鼓师，通常在敲击钟、镈等青铜乐器时，击晋鼓以配合，因此敲击晋鼓的人是镈师。镈师的作用很大，在举行飨礼、食礼和宾射礼时，当军队打了胜仗凯旋时，凡用到晋鼓，都是镈师出场，以及军营和王宫每夜三次的守夜警鼓，也由镈师负责敲击。逢王室大丧，镈师还要将所掌管、且用于随葬的乐器，奉送到墓地。

1978年春，湖北随县曾侯乙墓出土一件晋鼓，距今约两千四百余年，是目前所知年代最早的晋鼓，青铜底座，上面盘踞着数十条不同走势的雕龙，并镶嵌绿松石，琵琶桶形枫杨木的鼓框，髹朱漆，出土时，木柱已折断，圆柱的中段仍在鼓腔内，鼓皮革面有四排方竹钉，上下相错与鼓框固定，革面已朽化成灰，一对髹黑漆木鼓槌仍在。

其他礼祀乐器一样，晋鼓不可避免地出现龙图腾。鹭鸶却独为晋鼓所有，自铜鼓时代起，出现鹭鸶图纹的雕饰，古语"鹭为鼓精"，可能因为鼓声和鹭鸣一样悠扬远播。

楚威王时期，有朱鹭合沓飞翔而来，伴随音乐起舞。"振振鹭，鹭于飞。鼓咽咽，醉言归，于胥乐兮！"（《诗经·鲁颂·有駜》）昔日鲁僖公宴饮群臣，至尾声，舞者持白鹭羽毛散去，祥鹭飞上青天，饮宴者带着醉意，踏着鼓声乘兴归返。

汉朝初期，有《朱鹭曲》，为汉乐府郊祀歌《铙歌十八曲》的首曲，以鼓乐和吹奏乐演绎。

朱鹭，鱼以乌。路訾邪鹭何食？食茄下。不之食，不以吐，将以问诛者。

鹭鸟以鱼为食，在荷茎下捕鱼。它究竟是吃了鱼，还是将鱼吐了出来，倘若只是一首描述捕鱼景象的诗，反倒简单了，但它有可能含蓄地表达进谏者两难的心境，是吐露实情，还是咽下冤屈？

人们将晋鼓的鼓柱上饰以红色翔鹭，立于朝堂，功能与路鼓相仿。盖因周礼衰落之后，以此追怀往昔风流。

仙乐风飘何处

骊宫高处入青云,仙乐风飘处处闻。
缓歌曼舞凝丝竹,尽日君王看不足。
渔阳鼙鼓动地来,惊破霓裳羽衣曲。

——［唐］白居易《长恨歌》

汉代舞伎,着纤薄罗衣,抛展数尺长袖,身姿轻盈地踏鼓为节,她的神思似乎飘游于杳冥之处,山之巍峨,水之汤汤,尽在挺拔优美的妙态中展现。她仪容绰约,迅捷身轻,气若浮云,时而翩翩似飞,时而漫漫如行,她在鼓间来去自如,灵活的双足,随着伴乐,轻快踏出鼓点。

领舞者高妙,群舞者多姿。众舞伎次序出现在鼓上时,则宛若一列神仙,她们容颜似芙蓉,明眸皓齿,清妍秀丽,舞姿变幻奇谲,随着音乐节奏渐渐加速。她们在鼓上飞腾跳跃,舞阵忽散忽聚,张弛之间,动作有游龙之势,广袖在空中舒卷,如素洁云霓。一曲将终时,她们缓缓收敛舞容,向观者含笑拜谢,再渐次退回。

这是汉代盛行的《盘鼓舞》,关于它的描写,最华美篇章当属傅毅的《舞赋》,他将两千多年前雍容华宴的场景,舞伎罗衣从风的舞姿,轻扬高逸的远神,尽情铺张在珠玑字词间。盘鼓舞,列大盘与大鼓于地面,《舞赋》里的表演,仅列鼓阵,没有盘,美就美在舞伎踏鼓起舞时,"鼓震动而不乱,足相续而不并。"

秦汉时,人们受道家思想的影响,幻想羽化飞升,渴望得长生不老之方,舞伎飞旋在盘鼓间,如仙子遨游仙界。鼓为日月,盘为星辰,在宗教遐想中象征天体。盘鼓组合数目通常是七盘二鼓或一鼓,故又称《七盘舞》,与北斗七星应合。屈原《九歌·东君》云,"驾龙辀兮乘雷",日神乘坐雷车,鼓在古老祭祀、通神活动中,是雷神的化身,属春分之音,惊蛰时分,声振大地,万物则结束休眠,催动而出。

《诗经·小雅·伐木》:"坎坎鼓我,蹲蹲舞我。"古人以鼓伴舞,踏鼓起舞,拍鼓而舞,汉朝,鼓与舞来到了一个诗意浪漫的时代,华袿飞髾、扬袖折腰、纵蹑鼓上的舞者形象在汉代帛画、文赋、画像砖上永远定格。

日月星云、庄园府第、神人神兽、墓主升仙……画像砖上的画面,人间与仙界、现实与幻想、写实与抽象融为一体,线条飘逸灵动,汉人从道家自然观中萌发的美学观，为后来魏晋玄学铺下基石。魏晋时期，人们崇老庄，谈玄理，疏经学，极大程度上追求精神自由，流行服丹药、五服散，木屐宽袍博带，虚灵的山水诗，逍遥超脱于世外的理想人性，活泼独立的自我表现，自汉代孕养而来。

而汉代文化与楚文化则有近缘血脉关系，"四面楚歌"之后便是秦亡汉兴，楚军归汉，楚汉浪漫主义接替了秦代理性主义。《楚辞》中的宏阔奔放、空灵绝类在汉艺术中有着淋漓尽致的表达，没有屈原的《九歌》，便没有东汉曹植的《洛神赋》与后来东晋顾恺之的《洛神赋图》。

南北朝时，西域天竺、龟兹和西凉地区音乐传入，也带来了佛乐和各种鼓，都昙鼓、答腊鼓、鸡娄鼓、毛员鼓、齐鼓、羯鼓……

羯鼓来自北方少数民族地区，羯人源于小月氏，曾经附属匈奴。羯鼓流传在龟兹、高昌、天竺等地，魏晋南北朝时进入中原。唐玄宗喜胡乐，亦是出色的音乐家，因羯鼓音声宏大有穿透力，极适合表现节奏感，尊其为"八音之领袖"。

羯鼓大小如腰鼓，圆柱形，以山桑木制成，鼓有左右两面，鼓身通常有彩绘，横放在木雕牙床上，演奏时，双手各持一杖击奏。唐明皇打起羯鼓，宰相宋璟曰"头如青山峰，手如白雨点"，从这句描述推测，羯鼓也可以上下放置，这样飞快地击打起来，手起手落，迅捷如疾雨，而头却稳若山峰，不会左右顾之。

另有一传说也证明了这一点，唐明皇侄子李琎，小名花奴，天生模样俊俏，他喜欢戴极平滑的丝绸制成的砑绢帽，某日，唐明皇一时兴起，摘了朵红槿花放在花奴的砑绢帽上，帽子太滑，花根本放不住，但是花奴在这样的情况下，居然用羯鼓打了一曲《舞山香》，直至曲终，花仍稳稳当当在帽子上，整个演奏过程，花奴的头纹丝不动，故说他当时打的羯鼓是上下放置，而非横卧。

某个春雨初歇时，高力士为皇帝取来羯鼓，他当即击奏一曲《春光好》，神思自得，再看柳杏，瞬时抽发芽苞，羯鼓便有了"催花鼓"一说。宫廷乐师李龟年是歌唱家，同时也擅羯鼓，说自己打废了五十根鼓杖，唐明皇听后不以为然，说他已打废了三竖柜的鼓杖。鼓杖为檀木、花楸木或狗骨木制成，质地紧密坚硬，能打废三竖柜，可见唐玄宗对羯鼓的痴迷程度非同一般，打起来怎能不出神入化。

开元年间，唐玄宗登三乡驿游玩，远望女儿山，忽然产生神游月宫、聆听仙乐的幻觉。游山归来，他将幻听得来的仙乐记为曲谱，记了一半，为道教音乐《霓裳羽衣》。曲成后，唐玄宗让擅舞的杨玉环担任领舞，而他自己，则亲自击奏羯鼓，以制节拍。伴随着杨玉环流风回雪之态，翔云飞鹤之势，成为那个时期最隆重盛大的曲目。曲子的首演，定在天宝四年八月，从道观还俗的杨玉环在凤凰园被册立为贵妃的当日庆典上，可见唐玄宗对此曲的珍爱，对玉环的情深之切。

后来，西凉府都督杨敬述向他进献了佛国印度的《婆罗门曲》，唐玄宗将这支曲子编入《霓裳羽衣》中。天宝十三载，唐玄宗在太清宫朝拜的这

羯鼓

杜佑撰《通典》云：「羯鼓，正如漆桶，两头俱击，以出羯中，故号曰羯鼓，亦谓之两杖鼓。」

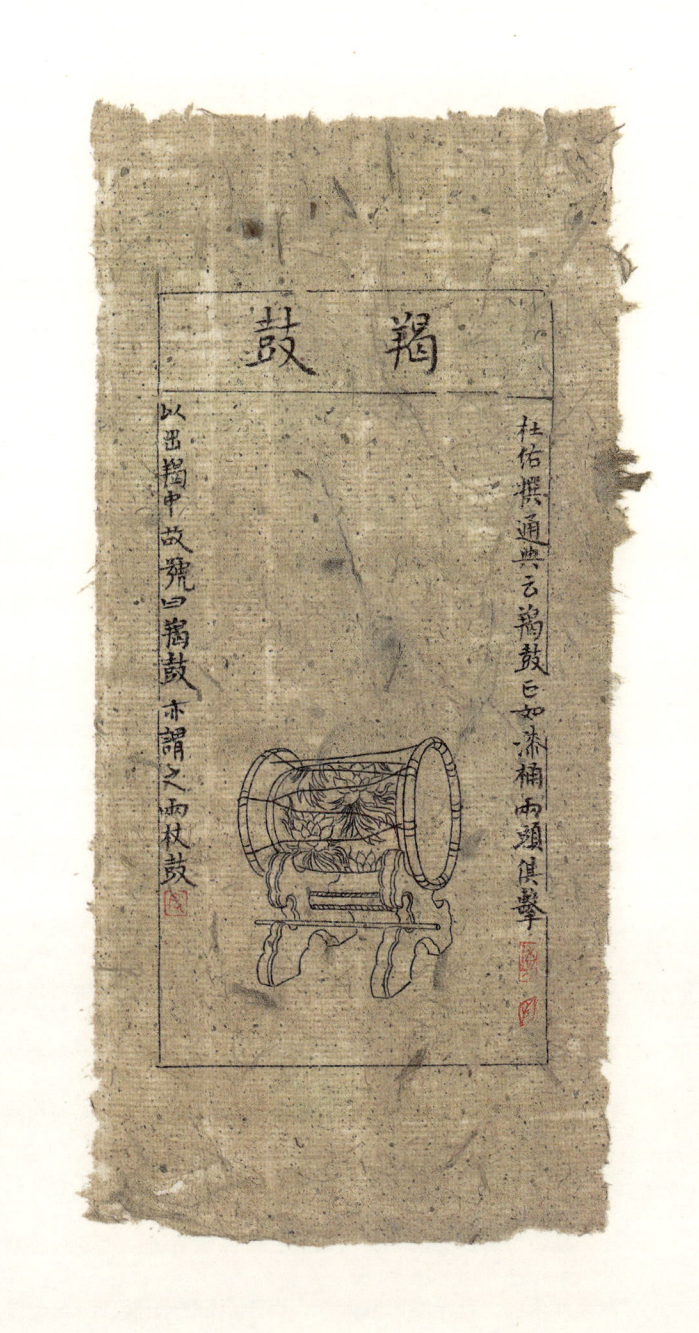

一天，诏宣佛教乐曲《婆罗门曲》正式纳入道教音乐《霓裳羽衣》，汇编成新的《霓裳羽衣曲》，更是下诏将"道调法曲与胡部新声合作"，道乐与佛乐、中原音乐与西域音乐的融合，可见唐玄宗时期对乐舞文化的开放态度。

此时，唐宫雅乐已是萎靡不振，俗乐中融入胡乐新曲成为主流，燕乐在欢快高雅的同时，充满着青春的鲜活气息。唐玄宗是燕乐繁荣最关键的人物，他在宫廷内设教坊、梨园，宫女数百，皆梨园弟子，住宜春北苑，唐玄宗亲自教授法曲，凡有误，必纠正之，谓之"皇帝梨园弟子"。

《霓裳羽衣曲》是唐代燕乐中的"大曲"，即载歌载舞的多段套曲，而"大曲"中的"法曲"又是高雅的种类，"霓裳羽衣曲"属于"法曲"中的上品。白居易曾经在元和年间，陪侍唐宪宗在宫内宴乐上观赏过这支法曲的表演，舞者衣着艳丽，虹裳霞帔，钿璎累累，戴步摇佩珊瑚，如云似梦。

他将整部曲章完整地以诗词记录，给后世留下珍贵文本，若是我们愿意假想当年玉环妙舞的仙姿，可以凭借这篇《霓裳羽衣序》，其中"繁音急节十二遍，跳珠撼玉何铿铮？翔鸾舞了却收翅，唳鹤曲终长引声。"宋人周密在《齐东野语》里考证此曲共三十六段，白居易描述的十二遍，应为此曲最后一部分。形式是无歌的长段舞蹈，音乐节奏紧密跌宕，舞者跳动时，身上的琳琅珠玉互相碰撞出铿铮声响，曲终在激烈高潮时，如翔鸾收翅，歌声唳鹤，长引一声结尾。

杨妃好舞，玄宗热衷击羯鼓，李商隐有诗："龙池赐酒敞云屏，羯鼓声高众乐停。夜半宴归宫漏永，薛王沉醉寿王醒。"杨妃曾是唐玄宗之子寿王的爱妃，生生给唐玄宗抢了来，薛王是唐玄宗的侄儿，兴庆宫龙池畔宫宴结束，曲终人散时，薛王心中无忧，毫无顾虑喝得酩酊大醉，而寿王却是痛苦难眠。

天宝十四年，安禄山和史思明驻军渔阳郡，骑兵敲响进攻的鼙鼓，安史之乱爆发，唐玄宗携杨玉环逃离长安，往蜀地奔命。至马嵬坡，军将在败阵中，怒杀杨国忠，胁迫唐明皇诛杀爱妃以除红颜祸端，端正军威，于是西门外三门佛殿的柱梁上不得不挂起三尺白绫，从此世间再无轻歌软舞的杨玉环。

而实际上，灭掉杨氏兄妹，再逼唐明皇退位是太子李亨背后主谋，由宦官高力士、龙虎大将军陈玄礼出面执行，杨玉环冤死马嵬坡之后，唐玄宗的时代便迅速落幕了。白居易《长恨歌》中"渔阳鼙鼓动地来，惊破霓裳羽衣曲"，一句诗透彻地道出这种哀痛与悲恨。

后来戏曲，受《长恨歌》启发，为这对生死夫妻写续篇，玉环香消玉殒后，唐玄宗在月宫中与其相见，似又轮回至当初女儿山上魂游月宫，闻仙乐，作《霓裳羽衣曲》的时候，回望当年，他对身为寿王妃的儿媳妇杨玉环已经产生爱恋，至后来人鬼情深未了，在月宫相会，道家人神共通、人死后升仙的观念又流露出来。

开元、天宝年间的唐宫乐舞谱在安史之乱中散佚，《霓裳羽衣曲》这部集唐朝歌舞之大成的法曲从此零落四方，南唐后主李煜曾经得到残谱，昭惠后周娥皇与乐师曹生便按谱寻声，重新补缀成曲，但和原曲已然不同。后来金陵城破，李煜下令将其焚毁。

直至南宋，姜白石发现"商调霓裳曲"的乐谱十八阕，将其收录在《白石道人歌曲》中，才勉强令后世窥见模糊片断，歌词残存部分，白居易曾在诗中说过"散序六阕"，故不知姜白石的《霓裳中序》两阕是不是原词，他称这些散谱"音书闲雅，不似今曲"，唐风与宋风，已然两境。

《霓裳中序》里有"况纨扇渐疏，罗衣初索，流光过隙。叹杏梁、双燕如客。人何在，一帘淡月，仿佛照颜色"，这几句却是照映出世情沧桑，读来悲凉无奈。

那与唐玄宗一起歌唱，打羯鼓的李龟年，在乱离宫变后，如离枝秋叶，飘零至江南，可怜落得"头白江南一尊酒，无人知是李龟年"的寂寞晚境。

南唐已老

> 尝闻画鼓动欢情,及送离人恨鼓声。
> 两杖一挥行缆解,暮天空使别魂惊。
> ——[唐]李郢《画鼓》

无论中书舍人韩熙载在一千多年前的那场夜宴上,表现出来的荒颓不羁是真性流露,还是仅仅为了演一出红粉靡靡的戏,给画院待诏顾闳中、周文矩提供绘画素材,令南唐后主李煜相信他非出仕良材。那些留在素绢上的绮艳清欢,早已让往昔的急鼓繁花,抵御了似水光阴,至今日,依然敲动心灵。

南唐已老，鼓声犹在。

后人说顾闳中和周文矩受王命悄悄而来，不过，在这样的深宅大院里，偷窥主人私宴的可能性是没有的，只有作为受邀者，阔步登堂入室，近距离观察，才会摹写于心，于画卷中极尽细微地描绘人物与器具。

画师的视线始终在夜宴主人身上，所以一袭天青色窄袖长袍的王屋山，在观舞一节中，只是淡淡背影，但仍见舞姿的灵秀曼妙。韩熙载一生喜乐爱伎，在她随兴跳起《绿腰》舞时，脱去灰黑罩袍，只着黄褐长衫，挽起袖子，手持双槌，亲自为爱伎击鼓，一面通红彩绘大鼓，鼓面倾向主人。王屋山双袖舒放自如，随着鼓点声落，她摆动腰肢，莲花似的小脚轻轻踏着节拍，新科状元郎粲，名利场中新贵，是夜着红袍赴宴，眉宇间难掩意气风发。

门生舒雅为王屋山打起响板，紫薇郎朱铣和教坊副使李家明在主人左右拍手应和，宠伎秦弱兰在王屋山左前方拍手助兴，可见王屋山的舞蹈，完全是众人起兴后的率意而为，并非正式演出。

畅乐和风，宾客陶醉，有一个人却平静地像要淡出画卷，德明和尚，他的落沙色僧衣逸然出尘，恭敬的叉手礼与周围人反差甚大，或许是姗姗来迟，来时正逢舞乐大作而略显唐突，遂向主人作揖致礼，又或许是出家人严守戒律，不听歌观舞，自觉不适，便交手低颔，兀自求静。他应该是席中，最懂得主人心思的人。

"中原常虎视于此，一旦真主出，江南弃甲不暇，吾不能为千古笑柄。"

绝不仕出，韩熙载曾向他倾诉过现实忧苦，南唐江山摇摇欲坠，李煜天性柔弱，不谙政务，偏偏生在一朝气数将尽之时。昔日太子李璟称帝时，朝中奸佞小人弄权，韩熙载身为忠直良臣，进谏不纳，结果一战险成亡国奴，如今的天子，更是无力回天，天子既然终日隐寂在浮屠塔下，研究佛理，以期片刻安宁，他身为臣子，为何不夜夜尽欢，享受这为数不多的逍遥自在呢。

自古兴亡谁做主，落花流水春去也，天上人间。韩熙载蹙眉不展的神情，被他槌杖下通红的彩绘大鼓反衬得更加凝肃沉重，顾闳中将这一切都真实地勾画在素绢上。

王屋山与韩熙载的片断表演，只有鼓和拍板，细究唐朝燕乐，王屋山的《绿腰》舞入列大曲之册，综合声乐、舞蹈和器乐，它又名《六幺》，是动作舒缓的"软舞"。

"琵琶先抹六幺头"，起始处，以琵琶引舞，为何却变成鼓了呢？并非韩府没有琵琶，在整幅画卷的开始，如果我们现在看到的摹本是全本的话，一开始便是李家明嫡妹、乐伎李姬的琵琶弹奏，众人围听，其乐融融的场景，故知这场载酒载乐的夜宴，是多么的散漫随意。

韩熙载所击之鼓，一说是羯鼓，一说是堂鼓。羯鼓虽说可上下放置，但从汉唐绘画、画像砖看来，羯鼓大小及形状与韩熙载所击之鼓相差甚远，如前蜀开国皇帝王建墓石棺外，须弥座东座第七块和西座第十块的画像砖所雕乐伎击羯鼓，小如腰鼓，大如鸡娄鼓，皆横置于牙床上，乐伎持短杖

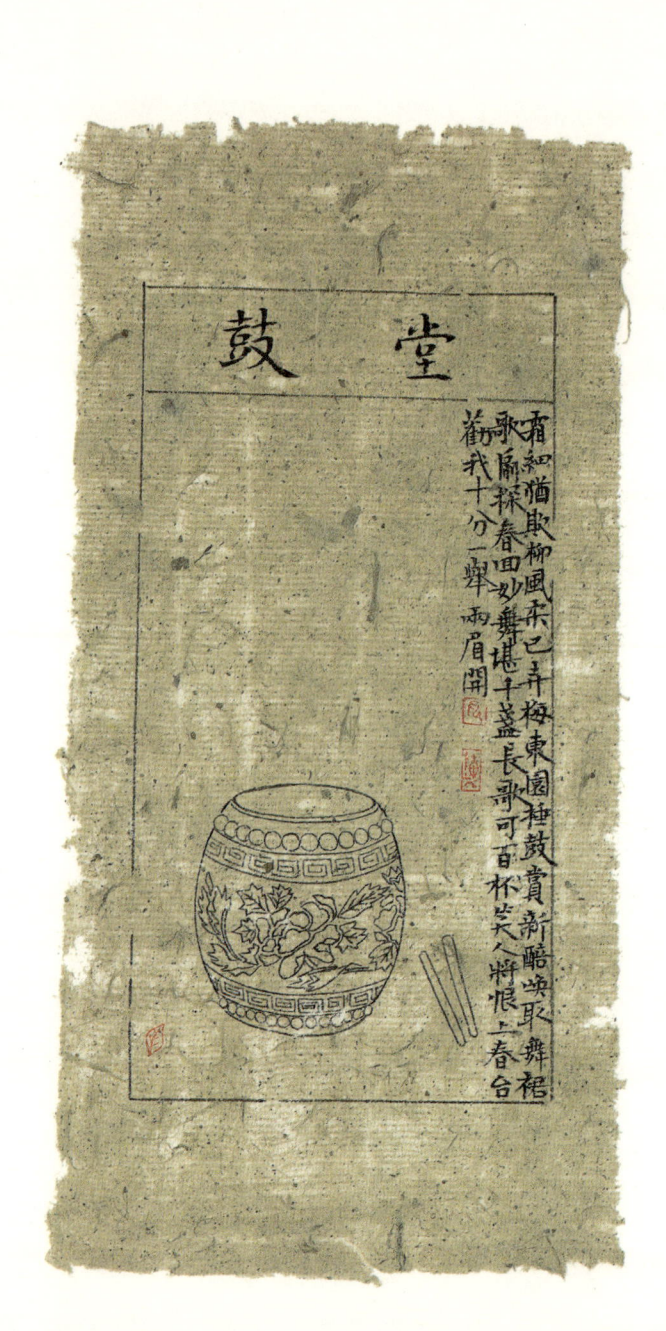

堂鼓

霜细犹欺柳,风柔已弄梅。东园捶鼓赏新醅。唤取舞裙歌扇,探春回。

妙舞堪千盏,长歌可百杯。笑人将恨上春台。劝我十分一举,两眉开。

敲奏，样子玲珑优美。

堂鼓又称南唐鼓、缸鼓、大鼓，至清代谓之杖鼓，古时祭祀及战鼓演变而来，"玉律调钟，金镎节鼓"，也用于衙堂和守备，观画卷中的形状，腹鼓如瓦缸，鼓面蒙牛皮，上下内收，立时半人高，有雄威风度，通身髹朱漆，饰祥瑞图纹，可斜倾，双槌敲击，特别是鼓的底部与雕花鼓座相连，看不出鼓有两面。

韩府蓄乐伎众多，韩熙载又熟通音律，各类乐器，信手把玩，都不差乐府能手，且高门大户，堂鼓是常备之物。

歌舞是假象，遣怀是真意。

如有家伎对门生好感，半夜私会，韩公是绝不阻拦的，天真任性，任其本性，他曾经千金散尽，仍使月俸散给众伎，以致一贫如洗，堂堂大老爷，换乞丐破烂衫，让门生舒雅击响拍板，自己奏起独弦琴，反主为仆，在一个个家伎门前讨钱，后来实在贫荒，又遭遇弹劾，贬官更迁，不得不遣散众伎，李煜惜才，留他安置，他迅速将众伎召回，继续浑天浑地，以歌舞遣怀。

南唐老矣，风雨跌宕，不过短短四十年不到的光阴。当年韩熙载护佐的徐知浩废吴帝杨溥，更名李昪，于金陵建都，东宫陪了七年太子，直到李璟嗣位。韩熙载看出文人理政，有立政绩之勇，无治朝纲之谋，只与新帝谈歌赋，慎在朝堂论政道。

只有一次，后周进逼淮南，李璟用人不善，危在眼眉，韩熙载直言劝谏，可惜庸帝无明，失掉淮南十四州，迁都洪州，李璟也曾黯然发问："风里落花谁是主？"在郁闷中客死异乡。至李煜，更是无能，韩熙载心中了然，无论真主在何方，何时出，人活一世，若无显功，也图个清名，他不能成为千古笑柄。李煜几番欲立他为相，但最多官迁至中书侍郎、光政殿学士承旨，理由是弥自纵逸。李煜没有看出，韩熙载的逍遥，是参破世局之后的无奈飘摇，韩熙载没有看到李煜离世的惨状，他在李煜投北宋，去唐号之际魂断金陵。

南唐三主，除了徐知诰，后面二位均是清谈雅士，如果不是帝王身，生在动荡时代，或许命会长久些，但天赐其命，必埋伏笔。

"梦里不知身是客，一晌贪欢。独自莫凭栏，无限江山，别时容易见时难。流水落花春去也，天上人间。"滥觞诗情，唯流注于亡国天子笔端。

现在再看韩熙载击鼓的神情，似悲秋，寂寞彻骨，德明和尚默默行起的叉手礼，是为韩公的忧怀祈静，又为即将覆灭的南唐而悼。

世间浮华，皆虚妄，人欲不息，纷争无止。

回望大唐初兴，贞观始治。秦王李世民从晋阳起兵，随父亲李渊灭掉隋朝，到待势而发，杀破玄武门，坐上江山位，少年天子意气，天下无人匹敌。那时候的鼓音，如激风厉喝，怒涛拍岸，雷雷战鼓，敲起来凛然震天，是《秦王破阵乐》，贞观元年，唐太宗李世民命魏徵等撰词，吕才编曲，为唐初军歌。又过七年将其编演成《破阵舞》，一百二十八位乐工披甲执戟，战阵重现，"自破阵舞以下，皆播大鼓，杂以龟兹之乐，声振百里，动荡山谷。"(《旧唐书·音乐志》)彼时,唐高祖李渊被软禁在西内苑大安宫。

到李唐变南唐,《破阵乐》偃旗息鼓,《绿腰》舞槌落尘埃,三百余年诸般变幻,百川终归海,荣辱何须哀。

在李姬奏琵琶那个桥断,韩熙载坐在床席上倾听,陪侍他的家伎秦弱兰立在一侧,身后,有一架被冷落的扁鼓。

秦弱兰擅歌,架上的扁鼓和檀板,自古不分家,后人有合称为"板鼓"。扁鼓状若圆饼,单面覆皮,立架简单,除了画屏背后若隐若现的被褥,它是整幅画卷中最不起眼的器物。

今天的说唱书鼓,假若从扁鼓而来,东周时已有出土实物,名称无可考证,隋唐"九部乐"、"十部乐"里的节鼓,也被后世一些学者认为是控制节奏的架上扁鼓,但没有翔实依据说明它们之间的具体关系。在浩瀚的历史文献中,这件乐器罕有记录。

有的扁鼓,侧边缀圆环装饰,既可悬挂,又可以拿在手上当手鼓。

倒愿意看到这样的画面,"画鼓拖环锦臂攘,小娥双换舞衣裳。"唐代清河公子张祜赴周员外夜宴,席上观《双柘枝舞》,两个姿色撩人的舞伎,玉臂双双如翅振举,手里的彩绘扁鼓铜环叮当。她们身披红衫,有幼细金丝如雾般缠绕,而绣着银丝花蔓的紫衣带在空中飘飞,一舞终时,转动手腕轻拍圆鼓,向风雅不群的公子低腰拜去。

《柘枝舞》,节奏快,在唐朝燕乐中归为"健舞",不似《绿腰》这样的"软舞"跳起来舒柔。一人舞叫单柘枝,二人舞为双柘枝,一对佳丽,

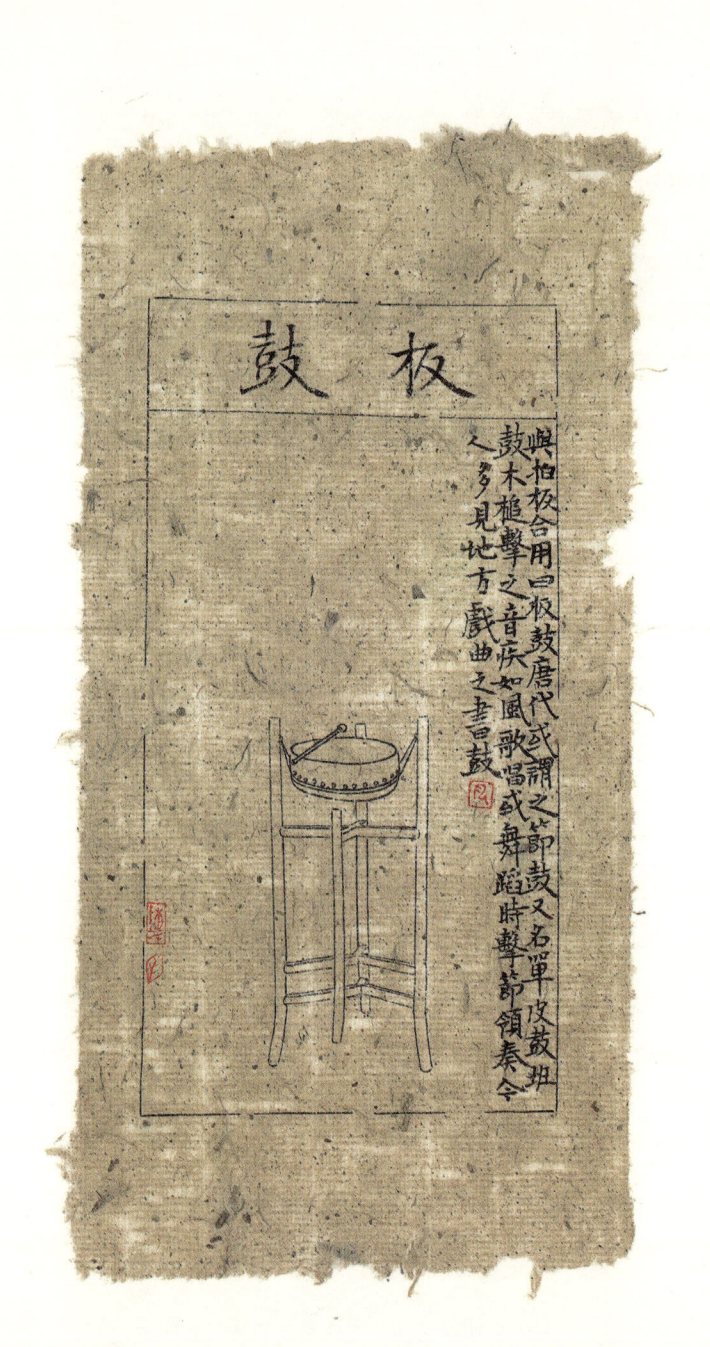

板鼓

与拍板合用，曰板鼓，唐代或谓之节鼓，又名单皮鼓、班鼓、木槌击之，音疾如风，歌唱或舞蹈时击节领奏，今人多见地方戏曲之书鼓。

> 板鼓
>
> 與拍板合用曰板鼓唐代或謂之節鼓又名單皮鼓班鼓木槌擊之音疾如風歌唱或舞蹈時擊節領奏今人多見地方戲曲之書鼓

动作分毫不差，如同照镜子。

刘禹锡曾赞叹："垂带覆纤腰，安钿当妩眉。翘袖中繁鼓，倾眸溯华榱。"舞伎盛妆，又是贴花钿，又是系垂带，又是抛水袖，手里击拍着繁密鼓点，眼中波光流转，盈如月华。

清河公子张祜和韩熙载同样是醉心声色诗酒的性情中人，不同之处在于，韩公是有心息隐，张公子是才高不群，在盛年郁郁而终。

就犹如秦弱兰身后的架上鼓，遗空绝响，无人相和。

卷五
丝弦清波

凤翅 仙人肩 弦眼

丝声纤微 夏至之音也 莫尚于琴瑟

诗人以文字为琴瑟赋兴,加深了幻妙色彩,琴家以丝弦为笔,摹写自然之音,如诗人观水,水波或散漫或奇崛,澹荡中有波谲,是心的观照。有心人如柳宗元,夜半听见渔翁桨橹声,似荡出神趣,「烟销日出不见人,欸乃一声山水绿。」

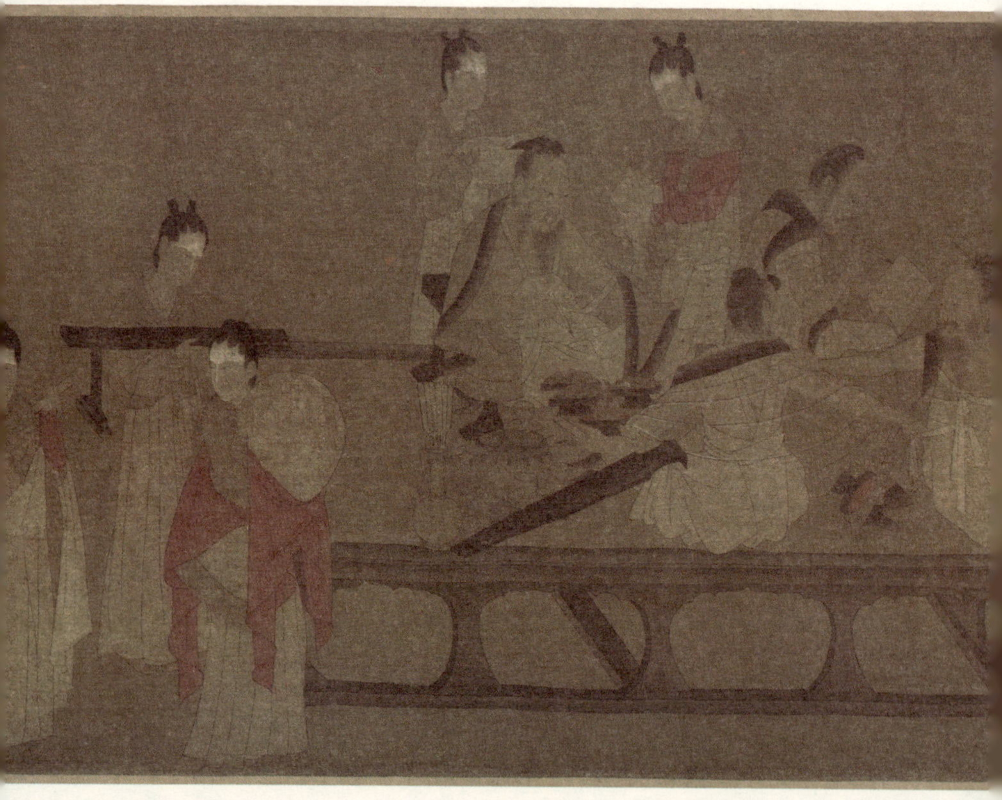

［唐］阎立本《北齐校书图卷》（宋摹本，局部），绢本设色，纵80cm，横240cm，现藏于美国波士顿美术馆。

悲歌击筑

> 击筑饮美酒,剑歌易水湄。经过燕太子,结托并州儿。少年负壮气,奋烈自有时。因击鲁勾践,争博勿相欺。
>
> ——[唐]李白《少年行》

公元前 227 年春天,或许是中国历史上最悲凉的春天。

易水寒冷,壮士欲行。水岸边,一位白袍人跽坐在尚未返青的荒草上,一手握着筑的弦柄,另一只手,执竹尺在空中稍停,接着划拨出千古悲音,划动了萧萧的易水之波,划开了历史的壮烈长卷。

击筑人名叫高渐离,壮士荆轲最好的朋友,他们相识六年,人们后来议论他们之间的交情时,会说荆轲曾经在人生消沉的那些年,犯上酗酒的毛病,只与高渐离和狗肉铺的屠夫来往。他们饮烈酒,啖狗肉,谈论剑术,兴致高昂时,高渐离便击起他的筑,荆轲则以破哑的酒嗓随着音乐唱起歌来。歌声或愉悦或哀恸,他们欢笑,他们哭泣,这是两个不得志的人,天涯知己,江湖相识,相怜又相惜。

荆轲是卫国人,并不是一介武夫,而是饱览群书、精于剑术的上士,他的国家已经覆灭在秦王的铁骑下,实际上,在亡国之前,他就已然"不合时宜",卫元君并不采纳他的治国之策;他也曾游走榆次和邯郸,与人论剑,却逢不着知音,屡受揶揄。他浪迹四海,没有成就,从未站在人生的峰顶上打望天高地厚,他的生命在不甘黯淡中苟活延喘。

高渐离,他的身边似乎只有他的筑,他的师傅是谁?家人何在?这是一个谜。只知道,他是一个孤傲的燕国人,身怀击筑的绝艺,从来不屑为达官击奏,倒宁愿独坐街市,独自弹奏,聊混穷饭。

燕国处士田光点燃了荆轲的生命之光,他对荆轲说起太子丹的心愿:刺杀秦王。而无论成败与否,身为剑客的荆轲必将葬身于禁卫森严,连一根鸟羽都难以飘出的咸阳宫。荆轲烈酒入喉,田光看见了他眼中升腾的火焰,抽剑自刎。

荆轲并未立即出发,他认为时机还并没有成熟。直到秦国大将王翦攻破赵国都城,兵逼燕国,太子丹催促"秦兵一旦渡过易水,燕国就危险了。"荆轲说,他在等一个人的人头:樊於期。

樊於期曾是秦王手下的战将，因兵败赵将李牧逃生燕国，而秦王一怒之下将樊家一门老少杀绝，活在燕国的樊於期对生存一事，早已无所期待。他心里清楚，太子丹的收留并不是恩，而是审时度势，杀掉他是早晚的事。秦王嬴政的灭门之仇，他自知此生不知何时，有何机会能够复仇，而荆轲的行刺计划，给了樊於期无限希望。于是他二话不说，自绝人寰，用性命给这盘赌局增加一份筹码。

人之宿命终局，在于人心里供奉的圣物，荆轲供奉的是剑士豪情，田光和樊於期供奉的是家国气节，高渐离供奉的是人世间难得的情义。

荆轲临行那天，送行的人皆着白衣，这里有太子丹及其门客，还有奉太子丹之命伴随荆轲同行的燕国大将秦开之孙、年仅十三岁的勇猛少年秦舞阳。此时荆轲的心理有些微妙变化，太子丹始终在催促他早些上路，而他却因等待一个人，延迟了动身的时间。

他在等谁？已成千古之谜。

猜测是宋如意，他心中副手的真正人选，彼时宋如意正在老家，料理身后未了之事，家中老小，需要妥善安置，此去再无归期。

太子丹等不及宋如意回蓟城，匆匆指派秦舞阳，这样分析，便解释了荆轲被迫动身时，内心已经与太子丹决裂的原因。况且，按荆轲对人的判断，他不会愿意与一个稚气未脱的少年共同实施如此危重的计划，风险实在是太大了。

高渐离洞悉这一切。

他踞坐在易水边，击起他的筑，神魂相投，五弦筑奏出变徵之音，他是如何做到的？无人能够验知，筑到了今天，已失传千年。

人生几易春秋，壮士心志不改。荆轲在如风似波的筑音中，迎风高唱"风萧萧兮易水寒，壮士一去兮不复还。"送行人无不垂泪涕泣。

他的刺秦，到此已经不为燕国，不为太子丹，为的是他曾对田光做出的承诺，为一个剑客的尊严和人格，人终会一死，剑客只能死在激烈顽强的战斗中，绝不是安逸的床榻上。

咸阳有什么？酷吏、政治家、阴谋家、盖世枭雄、天下最美的美人，咸阳有人们不敢提起的暴戾之君。似乎一提起，屠刀与腥血便会由阴云密布的天空直袭而下。

此时，秦王嬴政正在咸阳宫，望着一张地图，描绘的是他理想中的六合之土，它只缺一小块便完整了。

那一小块正是燕国。

荆轲带着樊於期的人头和一张秦王朝思暮想的燕国咽喉之地——督亢的地图，在那个水面刚刚解冻的春天，踏着高渐离的筑音，离开燕国，走进咸阳宫。

他怀里是一把天下无双的徐夫人剑，冰一般阴寒的剑刃浸过剧毒药水。在进入大殿时，秦舞阳俊俏的脸上忽然露出掩饰不住的惊惧神情，出卖了他们。

秦王不言不语，沉着地欣赏着面前的表演。

你知道他们的结局，图穷匕见，壮士悲亡。

六年后，秦王的地图终于完整无缺。

这是司马迁写在《史记》里的故事，它的名字叫《刺客列传》。字数不多，却让荆轲、田光、樊於期、秦舞阳等壮士生动地活在历史中，更加生动的是高渐离和他的筑，正是他在二千二百多年前的一场演奏，给这个刺秦的故事染上不朽的光辉。

筑，曾经是春秋时期流行在齐、卫、赵、秦、燕等国的弦乐器，《史记·苏秦列传》中，战国纵横家苏秦来到齐国，替齐宣王分析形势时说："临淄甚富而实，其民无不吹竽、鼓瑟、击筑、弹琴、斗鸡、走犬、六博、蹴鞠者。"

苏秦是东周雒阳人，鬼谷子先生弟子，他曾经奔走六国，游说各诸侯联合力量对抗秦国。他见齐宣王的年代早于公元前318年，也就是六国合纵攻秦之时，在有限的历史材料中，我们也找不到比这更早的关于筑的文献。

高渐离的那张筑，真身究竟是何模样？孔子一定见到过，他也一定会将它编入《乐经》，历史无情，六国灭，不久是《乐经》亡。

直到1993年，才从长沙望城坡古坟垸一座西汉早期墓葬中破土而出，之前只有1973年在长沙马王堆汉墓以及广西贵县罗泊湾汉墓中出土过两件明器，并非演奏真器。

望城坡古坟垸西汉大墓的主人是长沙王后渔阳，陪葬品有瑟、筑共三件，说明她生前十分钟爱弦乐。筑的器形，与汉代应劭所描述的"状似琴而大"及刘熙在《释名·释乐器》中描述的"如筝，细颈"极为相似。

筑

西汉五弦筑，出土于长沙望城坡古坟垸一号汉墓，现藏于长沙简牍博物馆，主人为长沙王后渔阳。此筑由整木剜制，通身素面黑漆，中空大头细颈，尾端呈半圆形，略翘起，插立蘑菇状弦枘一枚，首尾各有一条岳山，首岳五个弦孔。

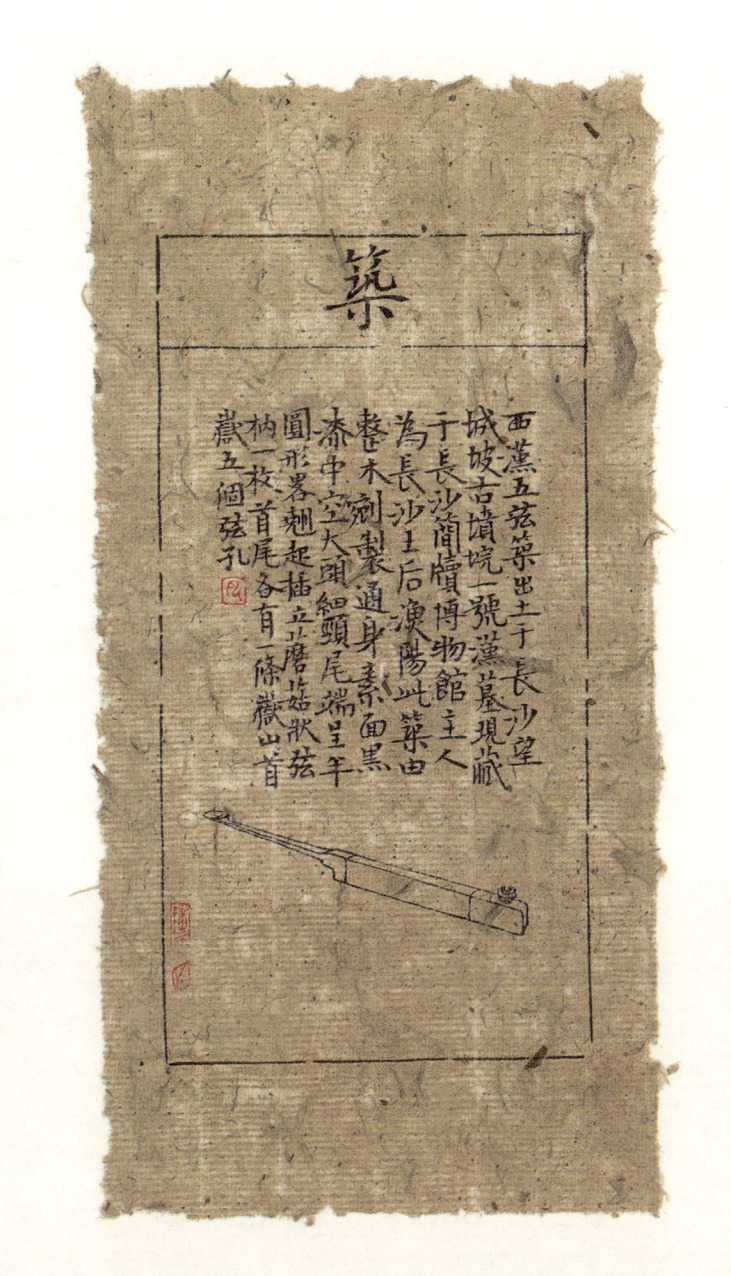

筑为木质，有长方体状的中空音箱，细长的实心手握柄即"颈部"，尾部呈半圆形，略翘起，首尾各有一条岳山，岳山一侧有五个弦孔，说明它是五弦筑，通身素面黑漆，五弦即徵、羽、宫、商、角。

历史留给我们的不仅有珍贵实物，也有图像。1972年在长沙马王堆西汉早期墓葬中出土的彩绘漆棺上，绘着一位似狼似龙又似鹿的怪力乱神，它有一根弯弯的长尾巴，正坐在飞云之上手持竹尺逍遥击筑的画面。假若有魔力药水将绘制它的画师复活，请他以不凡的想象绘制《大闹天宫》，想必效果会更胜一筹。

马王堆三号汉墓出土的筑是件明器，随葬的清单遣册上有"筑一，击者一人"字样，筑虽然有丝弦，但依此可知，当年高渐离演奏它的动作是"击之"非"弹之"，亦不是"鼓之"，《史记正义》有释文曰："筑似琴而大，头圆，五弦，击之，不鼓。"

这给击筑的动作留下不可解的谜团，至今也没有准确的答案，我愿意猜测它是以竹尺划拨，音声浊重铿锵，低沉悠远。南京博物院藏有一件出土于连云港西汉墓葬的漆食奁，墓主名叫"侍其繇"，这件漆器上彩绘有一幅击筑图，通过画面，可知高渐离当年演奏的风流气度，演奏者端坐地面，左手握住细长的手柄，使其微微离地，右手执尺向弦而去，他的旁边有两位男子，一位阔袖起舞，一位跽坐在稍远的地方，静静聆听。

遥想高渐离击筑时，荆轲以歌声相和，也会情不自禁起身，随着乐音起舞吧，他的舞应是更洒脱飘逸的剑舞，有江湖豪侠之气。

据《刺客列传》里说，荆轲牺牲之后，秦王立诏王翦加速了伐燕的进程，燕王为求自保，斩决太子丹，将他的头颅献给秦王，最终也难逃灭亡的命运。

秦王几乎杀尽荆轲及太子丹同党，高渐离不得不隐姓埋名在宋子城，他成了一名卑微的酒保。他所在的酒家，常有宾客在堂上击筑，只要他听见，便彷徨不肯离开。

他的耳朵听不得劣声，终于会忍不住评论，倘若他始终保持沉默，那么他的历史也将被改写，他便是一个不起眼的酒保，一个不折不扣的庸人。

可他是高渐离，悲筑之魂。

他的言论让人感到他并非凡庸之辈，有人挑衅，有人怀疑，在这样的情况下，他有了登堂入室的表演机会，但他并没有立即开始。而是回到房中，换上从前体面的衣服，从匣子里取出久藏的筑，以一个真正音乐家的姿态重新出现在众人面前。

他的筑音，令座上客无不流泪，就像多年前的春天，他在易水边为荆轲送行时，在场的人也都情不自禁地悲恸而泣。

他的声名被宾客传诵，传到了秦王的耳朵里，有人悄悄告诉秦王："他是高渐离呀，是荆轲的同党。"

秦王不动声色，派人熏瞎了他的双眼，"从此以后，你可以用心去击筑了。"并非秦王有多么仁慈，而是秦王实在愿听他击筑，况且一个盲人，在密不透风的禁宫内，能对他有什么威胁？

高渐离的技艺果然越来越高妙，他离死亡也越来越近。

不知道谁提供他铅块，或帮助他熔化了铅块，徐徐注入中空的筑体之中，筑变得沉重坚实。他终于等到一次秦王走近的机会，用全身力气奋而举筑，向秦王砸去。

盲人对方向和距离的判断是不准的，可能他心里也清楚，但他一定要行动。

不屈服，不甘休，不忍辱。他拼尽生命，为死去的荆轲，和葬身秦王刀剑下那些不安宁的冤魂，为他不可以在阶前偷生，在人间苟活。

为了士的尊严，人与筑共亡。

筑的悲，凄绝的美，壮士的挽歌，因为高渐离的最后一击，成激越绝响。司马迁说"秦王终身不复近诸侯之人"，民间流传关于高渐离的故事中，有传说秦王此后不再听筑声，甚至销毁世上所有筑。

事实是，秦王没有让筑消失。秦朝的气脉延续到秦二世便断送在刘邦手上。

公元前196年冬，已稳坐大汉江山十二年的刘邦平定了淮南王黥布的叛乱，凯旋回到故土沛县，在沛宫中摆起酒宴，款待故人父老，酒酣之时，他击筑起兴，并召集一百二十人唱起雄威的《大风歌》。

"大风起兮云飞扬，威加海内兮归故乡，安得猛士兮守四方！"筑的刚烈随着众声合唱成为刘邦生命最后的绝响。

英雄盖世，亦有终限之时。

黥布的叛军虽然被杀得片甲不留，但一枝暗矢带着死亡气息悄悄地击中了刘邦，他在击筑高歌之时已然意识到生命已经到了危境。

一曲歌罢的刘邦，乘兴起舞，却不禁潸然泪下，"游子悲故乡，吾虽建都关中，即使有朝死了，魂魄也会回到日思夜想的安乐故土。"这是他对家乡父老的最后留言，流露出大限将临，自知天命的悲痛，并即宣布沛县百姓世世代代不必纳税服役。

不到一年光景，刘邦伤重不治，驾崩于长乐宫。

这座华丽的宫殿是汉高祖七年，刘邦从洛阳迁都长安，命当世名匠以秦都兴宫乐为基础修建的，秦朝遗老叔孙通在这里效先秦之法，为大汉王朝重立礼仪，也是在这里，刘邦与他的宠妃戚夫人常常击筑为乐。

东汉开国皇帝刘秀也热衷击筑，甚至将筑带到沙场上，在真定会战时，击筑鼓舞士气。汉末至魏晋南北朝，战乱频仍，筑音一直未亡，且从五弦发展至十三弦。

《旧唐书·音乐志》中仍可查阅到筑的条目："筑，如筝，细颈，以竹击之，如击琴。" 筑与筝同源，同为竹字头的弦乐器，筝却流传至今。或是因为筑的演奏并不方便，窄小的音箱在音量上也不及筝。

隋唐燕乐九部乐、十部乐中，筑仅为汉乐清商使用，当时与筑同列燕乐弦乐器的已经有：琴、瑟、三弦琴、筝、箜篌、琵琶、五弦、击琴等。胡人乐器的进入对汉家乐器开始造成冲击，乐师们又在筑的基础上衍生出近似的轧筝、文枕琴、挫琴等新奇拉弦乐器，筑渐渐受到冷落。

南宋时，陆游有首《秋波媚》提到它，"秋到边城，角声哀，烽火照高台。悲歌击筑,凭高酹酒,此兴悠哉。多情谁似南山月,特地暮云开。灞桥烟柳,曲州池馆,应待人来。"

宋以后,再无关于筑的记载。

泠泠七弦上，静听松风寒

> 池晚莲芳谢，窗秋竹意深。
> 更无人作伴，唯对一张琴。
> ——［唐］白居易《池窗》

上古传说纷纭，一说伏羲削梧制琴，依凤鸟身形，故琴有额、颈、肩、腰、尾、足、弦眼、凤眼、冠角、龙龈等部位，对应山泽，有岳山、龙池、凤沼、承露。为的是教化人民修身理性，返归天真。另一说，朱襄士炎帝造琴，是时阳气蓄积，万物散解，果实不成，炎帝制五弦琴，以来阴气，以定群生。又说，舜制五弦琴，以歌南风，乐师夔始制乐以赏诸侯。更有说，神农氏继伏羲治天下以后，上观法于天，下观法于地，制桐为琴，绳丝为弦，以协和天下人性。

起初，琴弦为纯蚕丝制成，有名贵冰蚕，长约七寸，有角有鳞，作茧时，将身子藏在霜雪里，吐出五彩冰蚕丝，用它捻成琴弦，光润如珠，触感清凉，音色素净，人们尊为"冰弦"。丝弦乐器，商周之前，只有琴瑟。

琴的良材，《周礼》中说以云和山、空桑山、龙门山的木材斫造，《山海经》里的地方，不知究竟在何方。

嵇康不信传说，认为琴木出自深山峻岭，那里沐日月之光，青壁苍岩，神渊灵秀，隐士来到这里，见崇山巍峨旷远，有了慷慨不归之心，索性栖居于此，寄情山林流水，追怀轩辕遗音，因此假物托心，在此取木制琴，音调相合，应山风、溪涧、鸟鸣等声响，白云繁花舒展的婆娑，弹起琴来，心闲手敏，超然自得。

嵇康说着琴的时候，自己仿佛也成了其中一位隐士，但他最后叹息，识音者稀，一双善理琴的美手难遇，珍品雅琴之乐的知己难逢，世上若有，至人也。

伯牙善琴，子期善听，听出高山崔嵬，流水潺湲，子期死，伯牙摔断琴。

故人舍我归黄壤，流水高山深相知。伯牙琴道，在蓬莱山悟得，当年成连先生留他一人在东海，伯牙但见海水汩没，山林窅冥，孤鸟悲啼，忽然感生天地间的悲凉，明白了情不可借他人之手移给自己，由自然而来，在震撼中体验，悉心观照出美的音形，转换成琴音，是极度私人化的过程。

人在极度寂寞的自观中，发现了无法言说的情，情移生出妙绝之音，音被抒发出来，有了知者赏听，人便不寂寞，知音已逝，音在自己的思想间，心间，从此万古寂空，琴可以绝。

朱子认为最可贵的琴音是空弦散音，可以忽略泛音和按音。理论是：宇宙间有先天地万物之理，理是精神，是无形的道，产生气，气是物质，人和物有了理，便有了性和情，那么依上而下论，理为尊，气为辅，性情居次。好的音乐是在胸中无事，平和之气中产生的，自无形的天道中来，因此圣人之音，是散音，最低的空弦音，"全律之首"，七徽是"散声之二"，它们的音色悠远深沉，浑厚宽平，象征天音，而七徽上高八度的音，他称为人音，低一等。

弹奏圣人之音的琴是什么样，商代之前，没有实物可考。

东汉蔡邕所撰的《琴操》中讲述了琴的形制和含义，琴有五弦，内合五行：金、木、水、火、土；外合五音：宫为君，商为臣，角为民，徵为事，羽为物；琴长三尺六寸六分，象征三百六十日；琴宽六寸，象征六合；前广后狭，尊卑之分；上圆下方，法天法地；大弦是君，宽和而温，小弦为臣，清廉而不乱。

周文王长子伯邑考，琴艺高妙，文王被纣王囚禁羑里，伯邑考奔往，为纣王驾车做人质以期救父，妲己贪慕，以学琴为名接近被拒，由爱生恨，去纣王面前诬陷他，伯邑考被制成肉羹，迫文王食之。文王吊亡子，加弦一根，为文弦；待武王伐纣时，又加弦一根，为武弦，合称文武七弦琴。

至今考古发现最早的琴，是曾侯乙墓的十弦琴、五弦器和荆门郭店村一号墓的七弦琴。

十弦琴为木胎，尾部狭薄，首部宽厚，髹黑漆，琴面与底板分开制作，组成一个半箱体的音箱，一个雁足，琴面呈圆鼓形，没有徽点，散放着四个琴轸，十弦可能是为了高音区取按音而增加的。

五弦器，实际上不能称之为琴，更有可能是均钟，它有五个弦孔，平直狭长，髹黑漆底，并通身彩绘，鸟纹、龙纹、蛇纹以及人形纹，画面为两副，夏后启上天得乐的故事，以及黄帝命伶伦闻凤鸟鸣制定十二音律的故事，它是一个为编钟调音的音高标准器。

荆门郭店村一号墓，与曾侯乙墓年代相近，约在公元前四百多年。这里出土的七弦琴接近琴的形状，无琴徽，但有琴徽功用的标记，琴面平整，可按弦取音，和曾侯乙墓十弦琴一样，功能虽然不完备，取空弦音即散音没有问题，取按音、泛音则勉勉强强。

先暂时把琴的演奏功能放在一边，十弦琴和七弦琴，或许符合朱子的理论。琴发展到朱子身处的南宋，古音听不见了，他只有夜抚仲尼琴，沐幽兰香，遥远地追想。

春秋弹琴高手，有卫国乐师师涓，曾随卫灵公去晋国，路宿濮水之畔，卫灵公半夜听闻陌生的琴音，问左右侍从，都摇头不知晓，卫灵公差人唤师涓来听，师涓端坐席上，听写下来，又请求在此地再住一晚，好练习此曲。到了第三日，他们一行人来到晋国，晋平公在施惠台摆下酒宴，卫灵公便要求师涓演奏新曲，晋国乐师师旷说："此乃亡国之音。"他听出这是当年乐师师延为殷纣王所作，武王伐纣时，师延奔命至濮水之滨，绝望投水自尽。师

十弦琴

湖北随县战国曾侯乙墓出土，琴身由整木雕成，首部宽厚，尾部狭薄，鼓形，面板与尾板分开而制，音箱近长方体，雁足一枚，无徽点，底板浅槽内散放琴轸四枚，首端岳山有弦孔，可知曾张施十弦，或有律器之功能。

旷欲阻止演奏，但晋平公爱听，师涓只得接着奏完。晋平公听入了迷，它有着不可言说的浓浓哀愁，连让师旷表演《清商》《清徵》《清角》三曲，一曲哀过一曲。师旷不得已，奏时发生了异相，有玄鹤结群而来，舒翼而舞，成列鸣叫，玄云伴随风雨而起，宫里的帷幕顷刻成碎片，盛食物的俎豆忽然爆裂，檐廊上的瓦纷纷坠落，众人惊散，之后，晋国大旱三年，晋平公身患癃病。

师涓弹的琴曲，后世认为是靡靡之音，但它并非民间俗乐流传进宫廷，如果没有武王伐纣，殷商灭亡，这支神秘的曲子或许不会流落桑间濮上，到了卫灵公的耳朵里成为新乐，也不会被冠以亡国之音的恶名两千多年。礼乐崩坏之后，有些故事不可信，玄鹤舒翼而舞之类是韩非子的夸张说法，目的是提出警戒，诸侯国不依周礼，各自制造俗乐以代雅乐，能使玄鹤列阵而鸣的音乐，必然不是听了之后能平静，不带任何感情色彩的雅乐，师旷也说了，是哀音，哀中带着萎靡，消磨意志，卫道士们当然会很不安，产生恐慌甚至畏惧的心理。

伯牙当年独自面对苍阔东海，心生苦寂忧愁弹出的《水仙操》，或许也带着这种哀。它和雅乐、颂乐是对抗的，一个是情，一个是理。

师旷虽然是晋国最好的乐师，对于乐声，有诠释各种琴音的高超技艺，但他没有站在审美的立场，而是站在礼教的那一边。晋平公为琴音入迷，要听得更详彻，将琴音中的哀声听透，已然遵循了人性，琴音中人的情感至上，恰是后来朱子反对的，也是朱子尊崇的孔仲尼反对的。

嵇康一生放达，他的音乐观，和朱子不同，可惜与师延不同时代。嵇康认为音乐天成，但和声无象，除却人的性情，音乐本无哀乐，是人已有的情感注入音乐，诱导听者，平和者听出怡养愉悦，凄绝者听出愀怆伤心，琴音可以"感荡心志，发泄幽情"（《琴赋》）。

他是制琴、调琴、奏琴、谱曲的高手，所作的《长清》《短清》《长侧》《短侧》，被称为"嵇氏四弄"，和蔡邕的"蔡氏五弄"合称"九弄"，隋炀帝时代开科考，取进士须要会弹奏"九弄"。

一生阅曲无数，如他自己所言："余少好音声，长而习之，以为物有盛衰而此无变。滋味有厌，而此不倦"。不过每当他谈论起琴谱来，排首位的是《广陵散》。

《广陵散》的故事发生在战国中期，聂政为了报父仇，十年习琴，以接近韩王，终于得机会在宫廷里演奏，趁韩王听琴入神时，聂政从琴腹中抽出利刀，将韩王刺死。此曲作者不详，汉末傅玄的《琴赋》中有记载，又名《广陵止息》，是嵇康钟爱及拿手的曲目，以致招来许多人前来求教，但他概不传授。

嵇康是曹操的嫡孙女婿，不弹琴的时候，喜欢在洛阳城外的大树下打铁。向秀来与他一起打过铁，钟会也来过，他不与来客交谈，钟会心存芥蒂地走开了。吏部尚书郎山涛想辞官，欲推荐嵇康去，结果收到一封绝交书。他就是这样的人，生逢皇权更迭，司马氏扫清曹魏，虽然一心求安宁，性格又激烈率直，人事不许，总有错综复杂的关系牵扯着，最后，死于一桩与他无干系的桃花案。

友人吕安，有妻子徐氏年轻貌美，哥哥吕巽起了色心，将其奸之，事发后，吕安竟被吕巽以不孝罪告了官，惨遭流放，嵇康为吕安做证辩诬，司马昭审案，钟会挑拨，嵇康便成了不孝者的同党，与吕安一并被判死刑。

临刑前，三千名太学生在刑场外请愿，他面对人群，叹一声："《广陵散》于今绝矣。"最后拨弦告别，生命止息。

此曲绝于世，朱子想必不会惋惜，他说过："以某观之，其声最不和平，有臣凌君之意。"

隋代，宫廷曲谱中发现《广陵散》，唐代流落民间，宋代又回入宫廷。到了明代，朱权将它收录入《神奇秘谱》，从公元262年嵇康死，至公元1425年，《广陵散》跌宕世间一千多年，是否原曲，不知了。近代，管平湖先生根据《神奇秘谱》重新整理，打谱，可当新曲听，嵇康那一曲，已成绝响。

《神奇秘谱》里还有一首琴曲，记谱年代在武则天时期，作者轶名，相传这支曲子是梁代琴家丘明传授的《碣石调幽兰》，在日本东京国立博物馆，至今保存着一份并不完整的中国唐代《碣石调幽兰》琴谱，以小楷抄写，前面有句"碣石调幽兰序，一名倚兰"，后人认为是用来表现孔子伤怀不遇的悲愁。它是现存最早的原始文字琴谱。这种以文字为记谱方式是战国时齐国琴家雍门子周所创。

孔子晚年周游列国不被重用，自卫国返归鲁国的途中，见幽兰独自生长在隐幽的山谷中，不禁感叹昔日王者香，而今与杂草同生，贤者不得其所，与鄙夫为伍，人至老漂泊一身，高远的志洁却不会轻易湮灭，孔子睹幽兰生悲悯，即兴作了一曲《猗兰操》。

《猗兰操》原曲不存，会稽人丘明先生在梁朝末年，隐居九嶷山，常常对着山谷弹奏《碣石调幽兰》，悲怀之曲，没有哀怨，慢悠悠地弹拨，释放了压抑情绪，音声疏而朗阔，渐行渐远，至安宁的无人之境。

韩愈仿旧体诗，有《琴操十首·猗兰操》："兰之猗猗，扬扬其香。不采而佩，于兰何伤。今天之旋，其曷为然。我行四方，以日以年。雪霜贸贸，荠麦之茂。子如不伤，我不尔觐。荠麦之茂，荠麦之有。君子之伤，君子之守。"

读时，《诗经》遗风飘出纸面，与丘明的曲子一样，哀而不伤。

唐宪宗时期，天竺国有位颖和尚来到长安，怀抱八尺大轸长琴，李贺见之赞叹：峰阳山上的老树才能出此琴材，桐孙之木绝不够用。

韩愈也去听过颖和尚弹琴，听得神魂颠倒。起初，琴音柔婉如儿女私语，恩恩怨怨诉不尽缠绵，忽然琴弦一划，琴音轩昂，仿佛勇士慷慨赴沙场，接着，沙场硝烟散尽，浮云飘荡，柳絮漫飞，天长水远，百鸟喧啾，凤凰独立枝头，仰天清吟，这些场景转换全在瞬息之间，听者的心跟着琴音，一会如落进千丈冰渊，一会如飞上百尺梧桐，冰寒炭热，不堪承受，韩愈发现自己泪满衣襟，再也不能再听下去，推手止住了颖和尚的弹奏。

僧人琴艺，高妙者不罕见。李白在宣城，听蜀僧弹绿绮琴，手一挥，听见了万壑松涛，似流水洗涤心中尘污，一曲奏毕，余响渐远，如秋霜时节的寺钟，抬头望向山间，不觉天色已暮，秋云又暗了几重。

诗人以文字为琴音赋兴，加深了幻妙色彩，即便文采华章，辞藻漫溢，也不能写尽曲中的意境。琴家以弦代笔，摹写自然之音，如诗人观水，水波或散漫或奇崛，澹荡中有波谲，是心的观照。有心人如柳宗元，夜半听见渔翁桨橹声，似荡出神趣，"烟销日出不见人，欸乃一声山水绿。"

欸乃，摇橹声，水随着船行，波动似乐声，船夫号子也是欸乃，见唐人元结《新乐府·欸乃》："谁能听欸乃，欸乃感人情。不恨湘波深，不怨湘水清。所嗟岂敢道，空羡江月明。"

明代，云岚山人汪芝擅音律之学，付三十年心血，编辑《西麓堂琴统》，收录一百七十首琴谱，有《欸乃》曲，又名《渔翁》《北渔翁》。汪芝题解说昔日光韬名隐的高士，渔樵山水间自怡，此曲有"云冷山空，江寒月白之兴。"

同时代黄献编辑《梧冈琴谱》，有《渔歌》，注着："一名《山水绿》，岁庚戌，九月。"由此可见此曲由柳宗元《欸乃》诗而来。曲作者轶名，有传说是河东先生，不可考，清代《天闻阁琴谱》记载为《欸乃》，听管平湖先生根据它进行打谱的演奏，一丝一忽，一节一句，桨橹转折，轻行水上，游风吹过湖波，水声叮咚幽鸣，有空灵廓落的况味，不溢不骄。

唐天宝年间，翰林院的琴待诏薛易简留下一篇《琴诀》：

琴之为乐，可以观风教，可以摄心魄，可以辨喜怒，可以悦情思，可以静神虑，可以壮胆勇，可以绝尘俗，可以格鬼神，此琴之善者也。

鼓琴之士，志静气正，则听者易分，心乱神浊，则听者难辨矣。

常人但见用指轻利、取声温润、音韵不绝、句度流美，但赏为能。

殊不知志士弹之，声韵皆有所主也。

山林野逸，隐士静修，任空花自落，萧散容与。琴还可以悦情思，挑春心。男欢女爱，喜怒醉醒，手指拨弄，点通心机窍。

当年李白听蜀僧弹的绿绮琴，琴名从司马相如而来，相如的这张绿绮，与齐桓公的号钟，楚庄王的绕梁，蔡邕的焦尾并列四大名琴，琴早不存，却给后世男女留下琴挑定终身的伎俩。

此琴是司马相如用一篇《如玉赋》与梁王换来的，琴身隐约泛着幽绿，似藤萝缠树，相如贫困，在临邛富户卓王孙家，琴挑卓女文君，赋出《凤求凰》："凤兮凤兮归故乡，遨游四海求其凰。时未遇兮无所将，何悟今兮升斯堂！有艳淑女在闺房，室迩人遐毒我肠。何缘交颈为鸳鸯，胡颉颃兮共翱翔……"

富户酒宴上百人，听的多半是叮咚声响，文君年十七，望门新寡，未过门夫已亡，听出了相如借绿绮琴拂出的情意，被琴音与唱赋撩动了春心，当夜离家，偕相如私奔，谁知到了相如家一看，家徒四壁，无以为业，于是夫妻二人回当垆开酒铺，以济生活。

穷文人总得有些精神魅力，尤其对文君这样有艺术才华的富家女免不了致命诱惑。文君闺阁幽怨，正需要一个知情懂趣的人，相如有才有志，何不借文君家世上位，虽然岳父大人先是极力反对，断绝经济，不过文人还有一个本领，就是爱演，文君当垆卖酒，相如跑堂，岳父大人看不过去了，赠家仆百人，铜钱百万，使二人风雅日子重新过起来。

唐琴

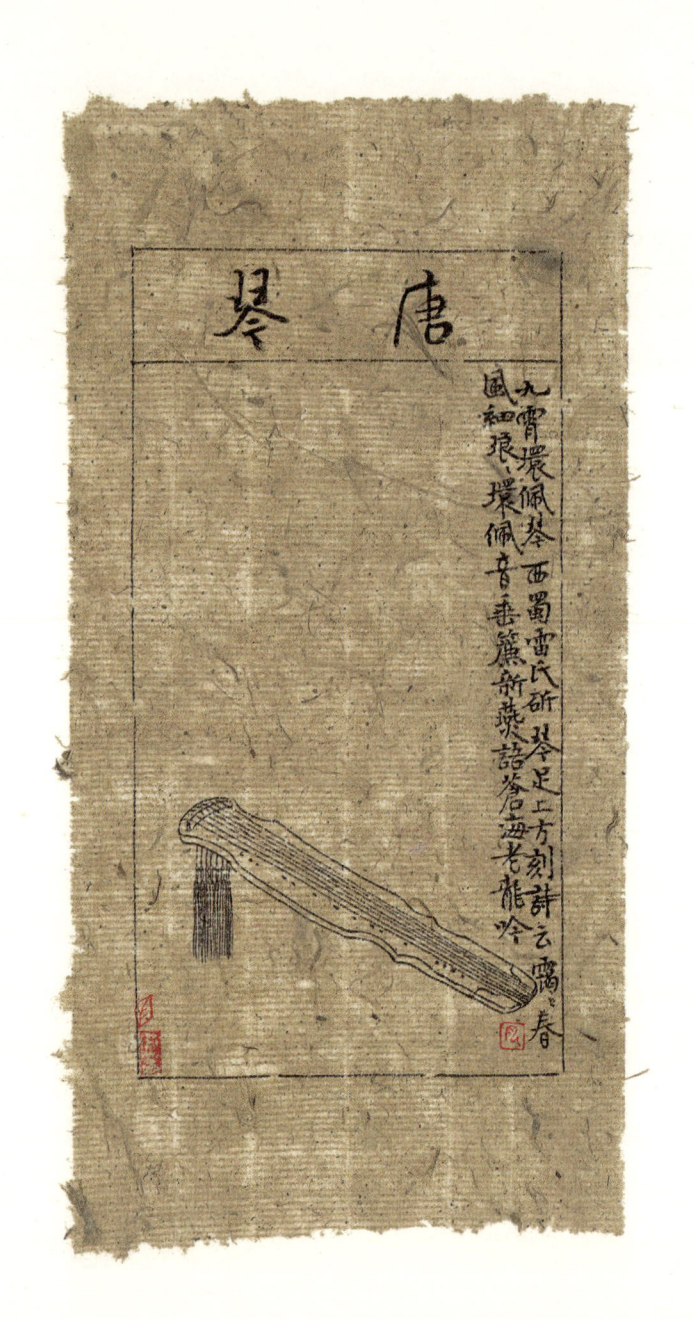

九霄环佩琴,西蜀雷氏斫,琴足上方刻诗云:"霭霭春风细,琅琅环佩音。垂帘新燕语,沧海老龙吟。"

后来呢，相如因赋得官，人到知天命之年，难免见异思迁，这样促使卓文君在凄怨中写出："愿得一人心，白首不相离。"的传世名句，又附《诀别书》云："朱弦断，明镜缺，朝露晞，芳时歇，白头吟，伤离别，努力加餐勿念妾，锦水汤汤，与君长诀！"

卓文君清淡，司马相如风流，两个分分合合，一起终老林泉，天有善意。

"有美人兮，见之不忘。一日不见兮，思之如狂。凤飞翱翔兮，四海求凰。无奈佳人兮，不在东墙。将琴代语兮，聊写衷肠。"《西厢记》里，红娘给张生支招，要他学司马相如，在墙角东弹琴唱吟给莺莺听，琴声如疏竹潇潇、流水溶溶，莺莺深受感动："他那里思不穷，我这里意已通，娇莺雏凤失雌雄。他曲未终，我意转浓，怎奈伯劳飞燕各西东，尽在不言中。"

《玉簪记》里潘必正对陈妙常弹无妻曲《雉朝飞》，妙常以《广寒游》暗诉孤冷，琴音来去，勾挑心弦，潘必正道别时说："今朝两下轻离别，一夜相思枕上看。"陈妙常芳心已许，却不愿表露，只说："潘相公，花荫深处，仔细行走。"一语双关，警他不要四处挑情。

冷寂道观，枕上听钟磬，粉墙花影，月下诉相思，本是相违，不过戏剧艺术，禁忌中结欢，影影绰绰中，似去似来间，有荫翳美感。

爱情是相求与相许之间的游戏，求之不得，寤寐思服，佳人许之，聊慰思慕不得的彷徨，若不能携手与飞，灵魂即刻沦亡。

林间石上，云无心相与逐，琴挑起人间风烟，声入心通时，美至临绝处，丝弦不停不舍，万千当下成过往，抬头看，明月仍在松间照。

既见君子,并坐鼓瑟

> 善鼓云和瑟,常闻帝子灵。冯夷空自舞,楚客不堪听。
> 苦调凄金石,清音入杳冥。苍梧来怨慕,白芷动芳馨。
> 流水传潇浦,悲风过洞庭。曲终人不见,江上数峰青。
>
> ——[唐]钱起《省试湘灵鼓瑟》

李商隐诗云:"锦瑟无端五十弦,一弦一柱思华年。"诗人在知天命之年,托锦瑟繁弦回首荏苒年华,浮生若梦,不知不觉的岁岁年年,在指间挥拨而过。

锦瑟,瑟身绘纹如锦,五十弦瑟,世间无人见过,它活在传说里,久而久之,成了文人性灵世界中凝重而幽古的依托。一弦一音里纳藏着山水参差，人事如烟波跌宕，于苍茫天地间，起伏不定。

瑟早于琴，关于瑟最初的记忆，和琴一样，皆与上古帝王、乐臣有关，瑟被赋予替神祇传达天地之音的使命，以"通神明之德，类万物之情"，为庙堂之上的雅颂之乐。有神农造五弦瑟之说，太昊帝庖牺氏也就是伏羲造瑟说，也有朱襄氏之臣士达造五弦瑟用来求雨一说，还有帝喾之子晏龙造瑟说。

上古最优美的传说发生在遥远的青城天谷，有一位灵秀神女，名叫素女，她是历史上第一位弹奏瑟的女乐师。神话故事总是在漫长的历史中，经过不同时代人们的想象，慢慢塑造成型。根据《山海经·海内经》的描述，在西南黑水之间，都广之野，城方三百里，后稷埋葬于此，在那里，素女且瑟且歌，以音乐使天地祥和，百兽相群爱处，百谷自然生长，鸾鸟和凤鸟自歌自舞，有灵华之草，冬夏不死。

东汉末年的学者宋衷注《世本》："庖牺作五十弦，黄帝使素女鼓瑟，哀不自胜，乃破为二十五弦……"对故事进行了少许完善，与《山海经》相连，后稷是黄帝的嫡孙，或许他生前听过素女鼓瑟，当他死后，黄帝命素女长居广都郊野，为后稷的亡魂抚弦，余音响绝天地之间。五十弦的瑟音，弹起来音声壮阔悲凉，黄帝将其破为二十五弦之后，便清净许多。

素女另一身份是黄帝时代的方术之女，见东汉高诱注《淮南子》，此时素女是指导黄帝房中术的性学女老师，原本房中术属于方技的一种，后为道家所用，道家的《素女经》便是黄帝与素女的性学科教问答。那么依据这些,"黄帝使素女鼓瑟,哀不自胜"又被后人理解为黄帝被素女弹得心旌摇荡,不能自控,只得将瑟的弦数减半,才抑制住如波的心潮。

古瑟的考古实物,自春秋中期至西汉,均不见五十弦,更没有传说中的三十六弦、四十五弦瑟。真实的瑟,弦数在十八至二十六之间,雅瑟二十三根弦,颂瑟二十五根弦,颂瑟为天子祭祀,专用于郊庙的通神之乐,雅瑟为天子及贵族文人的堂上之乐。先秦之后,出现了漫长的断层,直至明清再次出现,已经脱离古制。

记载先秦各项礼制的《仪礼》一书中有大射礼的乐队排列图,堂上贵族席位只设弹瑟与歌唱的乐人,建鼓、笙磬、钟等均在堂下。明代朱载堉《律吕精义》中有过详述:"若工四人,则二人弹瑟,用瑟二张。若工六人,则四人弹瑟,用瑟四张。瑟先,谓弹瑟者在前行,歌诗者二人随入也。"通常是二张瑟配二位歌者,或四张瑟配两位歌者,入堂时,弹瑟者在前,歌者在后。

弹瑟的乐人基本是盲瞽,他们虽然眼睛看不见,但听觉敏锐,技艺高超,能触弦于极精微之处。古人以左为尊,盲瞽持瑟入场时,以左肩担瑟,左手四指伸入瑟底部的孔穴中,弦向内,右手则被专门的引路人搀扶着,往往从西阶入堂,坐下时,将瑟交予引路人,自己则朝北跽坐,引路人面向东方,将瑟递给他之后退立于堂下。

瑟身较琴宽长,弹奏时,横置在跽坐的乐人膝部,乐人或是盘腿,瑟平置在地面上,也有另一种方法是瑟首端横置腿上,瑟尾着地。

《史记·乐书》云："清庙之瑟，朱弦而疏越。壹倡而三叹，有遗音者也。"可见瑟虽然弦数多，但音色清明，一唱三叹，余韵隽永。有瑟的地方，必有歌咏，瑟歌是先秦重要的礼乐形式。

瑟歌唱什么，《诗经》里的一些篇章最是普遍：《鹿鸣》《关雎》《四牡》《皇华》《棠棣》《有台》《伐木》《嘉鱼》《鱼丽》《采繁》……孔子理想的弦歌之美、礼乐教化，表现在鼓瑟唱《诗》中。昔日，鲁哀公派孺悲前来向孔子习礼，孔子不愿见，便以病推托，传命的人刚出门，孔子便取瑟而歌，使之闻之，孔子虽不言不语，也不照面，但他以且瑟且歌的方式告诉了孺悲，何为礼乐正音。

"窈窕淑女，琴瑟友之""琴瑟在御，莫不静好""既见君子，并坐鼓瑟"。《诗经》中提到瑟，常与琴并列，琴瑟中既有臣子对天子的庄敬肃雅，也有男女之间的浪漫抒怀。从这句"椅桐梓漆，爰伐琴瑟"，我们得知当卫文公于楚丘之地筑造宫室时，人们便以桐木与梓木斫琴瑟，以髹漆彩绘饰之，如此隆重，与卫文公的身份相匹配。

琴瑟同源，罗振玉先生从"樂"字的字形看，丝弦张于木上，认为甲骨文之前便有弦乐器，更准一些的推论是它们出现在缫丝技术之后。周代八音中的弦乐仅指琴瑟，它们代表上层阶级审美趣味。

《礼记·曲礼》："君无故玉不去身，大夫无故不彻县，士无故不彻琴瑟。"县：乐悬。这里出现了士文化。从商代至春秋，士不是皇亲国戚，但属于贵族阶层，如卿大夫家臣，有出相入将的能力，他们精通六艺：礼、乐、射、御、书、数。

孔子是士的代表人物，不仅拥有丰富的知识与治国之道，又懂艺术，通音律，孔门高徒曾子曰："士不可以不弘毅，任重而道远。"士大夫之族，包括了官员和高级知识分子，他们参政议政，与家国兴衰息息相关。春秋末年，礼乐崩坏，一部分上层贵族和一部分拥有广博知识的庶人加入了士族阶层。

士文化中的礼乐文化，体现在琴瑟之中。远离政治的知识分子逢乱世选择归隐山林，是为隐士，隐士斫琴，以观天地。东汉之后，琴在宫廷雅乐与士林阶层中发展，无论在朝还是在野，它是高洁的雅赏之音，瑟却一直留在雅乐中直至消亡，文人诗词中的瑟，多半是以瑟咏怀，未见得真的抚瑟而歌，故汉代之后瑟的实物，远不及琴。

春秋时期，琴瑟在中原的诸侯国流传地十分广泛。瑟的考古实物，比琴要多，因多出于楚地，湖北、湖南、河南南部地区，故有楚瑟之称，这与南方气候和地下水位高有关，楚墓的饱水状态和密封性好。中原地区的气候与土壤湿度不适宜古木的保存，琴瑟在这一带，便没有先秦实物。

当我们静观古瑟时，发现它从外形传达的气息上感受，似乎是两个极端，简饰的素瑟如古琴，安静中透出庄敬；当楚人以上天入地的想象为瑟绘上繁丽如锦的图纹时，瑟便如披上狂烈、浪漫的锦衣，绚美迷人，像一首激扬的颂歌。

楚国木材丰富，故楚器中木器与漆器见长，装饰偏向纤细明丽、灵动飞逸，锦瑟便是楚人为我们留下的灿烂瑰宝。目前我们所能看见的楚瑟，最精美的一件是1984年于湖北当阳河溶区曹家岗五号楚墓出土的锦瑟。

据墓中的铜器铭文，瑟的主人是春秋时期楚国大夫申包胥，制瑟年代约在公元前510～501年。瑟由一块整木斫成，长度为二百一十厘米，宽三十八厘米，通身髹朱色漆，施以黑漆彩绘，在从首至尾，面板、两侧，均布满了饕餮纹、蟠螭纹、龙纹、凤纹、鸟纹和禽纹，兼以几何纹、勾连雷纹为饰。其中龙凤为异首连体，也有二龙相交及四龙首尾相接而成的二方连续纹样。并且在瑟尾，以浮雕形式雕出龙兽和饕餮纹，三只黑漆瑟枘雕成禽喙状。虽然装饰元素繁多，但整体布局工整合理，描绘甚至精细到动物的眉目。瑟有二十六弦孔，尾部有尾岳三条，首部有首岳一条，及外岳、中岳有十条，中、内岳共八条。

距今两千五百多年的锦瑟，虽是听不到音声了，绘制瑟身的工艺美术师，我们也不知道他的名字，不知道他当年是如何以瑟身为画布，如何经营位置、转移摹写，勾画他心目中的流丽炫目的美。他不似今天的艺术家，可以一边听着音乐一边工作。在他的时代，他只是一个默默劳作的匠人，但是他绘出了楚文化光彩夺目的盛景。

楚人艺术与《楚辞》的章句风格相同，在屈原笔下，楚瑟是活泼热烈的气象。《九歌·东皇太一》："蕙肴蒸兮兰藉，奠桂酒兮椒浆；扬枹兮拊鼓，疏缓节兮安歌，陈竽瑟兮浩倡。"《九歌·东君》："緪瑟兮交鼓，箫钟兮瑶簴。鸣篪兮吹竽，思灵保兮贤姱。翾飞兮翠曾，展诗兮会舞。"《招魂》："二八齐容，起郑舞些。衽若交竿，抚案下些。竽瑟狂会，搷鸣鼓些。"

眼前似乎出现了锦绣画面，瑶席上摆着蕙草蒸的肉食，兰草为饰，在桂酒和椒酒的馥郁芬芳里，人们扬起手中的鼓槌，唱着四海升平的歌曲，竽瑟合奏，热烈欢快。无论祭祀天神东皇还是日神，或是往来阴阳之间以通鬼神、招魂灵的礼乐重器，盛大的祭祀乐阵以钟、鼓、竽、瑟、篪等乐器组合。楚人巧工丝织物及刺绣，所以舞人的服饰一件件绮绣生彩，飞舞时华美飘逸。

祭祀活动将嗅觉、味觉、听觉、视觉等各方面的美学做到极致，楚人的锦瑟便是在这样的气氛中弹出优美音响。1956年出于河南信阳长台关一号墓的锦瑟，通身髹黑漆为底，首尾两端和壁板上绘着贵族狩猎、燕乐、巫舞等盛大活动的场面，人物有手持法器的巫师，宴饮中吹竽、鼓瑟、抚琴、鸣鼓、歌唱的乐人，如神似仙，再现了屈原《楚辞》中的描述。

《九章·远游》为我们描绘了屈原想象中的仙游："张《咸池》奏《承云》兮，二女御《九韶》歌。使湘灵鼓瑟兮，令海若舞冯夷。""湘灵鼓瑟"传说发生在楚地湘水之上，她们最初只是屈原笔下的两位湘水之神，在这个神话故事中，演奏的上古乐曲《咸池》是黄帝之乐、《承云》是颛顼之乐，湘灵以瑟相合，她们所唱的瑟歌为《九韶》舜帝之乐，在美妙的音乐中，河伯冯夷出现在海波之上，踏浪而舞。

不过，故事发展到秦汉之后，湘神被人们认为是娥皇、女英。

中唐时期的诗人鲍溶在《湘妃烈女操》中曰："有虞夫人哭虞后，淑女何事又伤离。竹上泪迹生不尽，寄哀云和五十丝。"云和五十丝是传说中的五十弦云和瑟，有虞夫人便是湘妃，她们听说了舜帝的死讯，恸哭不止，泪珠滴洒在竹上，又将无边无尽的哀痛寄托在云和瑟里。

本来在屈原的《楚辞》中，湘灵鼓瑟的场景并不悲凉，但是后来的人们偏偏将两位湘妃的悲剧与瑟相连，一是更富有戏剧性，二是因为瑟的声音不似筝清亮激越，而是清素旷远，像深流的静水。

天宝十年，音乐家钱起应进士时作了一首《省试湘灵鼓瑟》诗："善鼓云和瑟，常闻帝子灵。冯夷空自舞，楚客不堪听。苦调凄金石，清音入杳冥。苍梧来怨慕，白芷动芳馨。流水传潇浦，悲风过洞庭。曲终人不见，江上数峰青。"

诗中道出了瑟音的"清"和"悲"，流水汩汩，悲风萧萧，抚瑟动响，冯夷在山水中独自空舞，世界静穆寂冷，江水辽远，层叠山峦被烟云淡隐，唯见峰青，这时候的瑟音，像素绢广袖，长长地飘入杳冥，浮空清影，怅婉无穷。

另一件楚瑟上，有些许湘神的意象，它是1978年在湖北随县曾侯乙墓出土的锦瑟，年代在战国早期。虽然瑟身彩绘并未绘出具体的仙人形象，但是从它身上的波澜云纹、飞舞凤鸟和云状的瑟枘，仿佛看见了平静的江海，六只凤鸟从首岳内仿佛展翼飞出，在内、外侧板上，如江海两岸，凤鸟依依成行，二十五弦虽然朽化无踪，却给予我们留下更多的想象空间。

瑟全长接近一百六十八厘米，宽四十余厘米，瑟体同样是整木雕成，先施黑漆再髹朱漆,再施以彩绘,经过地下两千多年埋葬,现在大致看上去,瑟整体为朱红色,瑟首、面板中部周边和侧面依稀可辨出相互勾连的云纹、几何纹、菱纹和异形龙纹,飞凤在其间生灵,楚人崇凤,这张瑟上表现得很明显。

湘灵膝上平置的瑟,该是这个样子吧,弦动如风动,如果湘灵迎风拨动她的朱弦,缓缓吟出瑟歌,"令海若舞冯夷",她弹出的曲波如江海波涛,屈原的想象,倒也不是完全望海凭空。

四个瑟枘,形状如蘑菇云头,雕饰涡纹,安装在密布龙、蛇、花瓣和饕餮等纹样的浮雕瑟尾,仿佛在仙山间腾空而起。瑟枘并非装饰,它的作用是调节弦的松紧,弦紧则音高,弦松则音低,这是古人研究出来的原始方法。

瑟枘与丝弦之间,以华美的罗绮带相连,见马王堆一号汉墓出土的西汉瑟,二十五根瑟弦从首岳的弦孔入,张至尾岳弦孔出,绕过瑟尾,最后以绛色罗绮带紧紧拴在尾端的四个瑟枘上。

罗绮带拴绑紧实,仿佛古人用心地以双手仔细系扎一件珍物,时光并没有黯淡它的光泽,调好弦音的同时,一缠一缚中,注入微温细腻的情感。丝织物成为古乐器的一部分,也只有在瑟身上才看得见。

1983年,广州象岗西汉南越王赵眜墓出土了瑟枘和瑟钥,均为青铜鎏金。瑟由于墓曾经浸水不存在了,仅凭这两样配件,便可知南越王生前对礼乐之器——瑟有多钟爱。瑟枘共十二件,三套,雕铸成博山状,山峰间有熊、虎出没，青铜瑟钥的柄部为镂空雕，样子与钥匙无异，它是用来转动瑟枘以调弦的机械构件，下端有一个内方孔，对应瑟枘的方头，类似改锥与螺钉的关系，在其他地区关于瑟的考古中，没有发现过瑟钥，或许这是南越音乐中独有的调音发明吧。

古人有锦瑟，还有宝瑟，宝瑟即瑟身饰以宝石美玉，世人未见过真身，只有玉瑟枘。西汉时期的江都王刘非，薨于武帝元朔二年，公元前127年，他的墓于2009年在江苏盱眙被发掘，形若地宫，葬得极其奢华隆重，随葬二十五弦瑟所配的瑟枘有青铜鎏金，也有玉质，均为精巧华美的透雕四脚螭龙纹，形若田间蜥蜴，面目清晰生动。

瑟枘是瑟的生死桥，如果楚瑟漆绘是奇丽的艺术，那么瑟枘本身也是件艺术品，木雕、青铜雕、玉雕，它不仅是一件件精巧的榫卯构件，禽喙、云山、龙凤、神兽，古人图腾崇拜在瑟枘方寸之地巧妙展现。瑟枘数量在春秋至战国时二个至五个不等，西汉时基本是四个，它是区分琴、筝最明显的部件。

可惜，从东汉到明清没有瑟的实物出土，我们仅靠一些画像砖、壁画来寻找瑟的踪迹，东汉之后，瑟没有了瑟枘，调弦方式改变了，内岳、中岳、外岳也随着瑟枘一起消失，演变成一条尾岳。

如今去博物馆，观赏瑟枘，的的确是"曲终人不见，江上数峰青"。

秦始皇焚书之后，汉代又是一个历经战乱流离的时期，先秦仪礼及各项仪制被破坏，特别是从东汉末年至隋唐，民族大融合带来龟兹、高丽、

瑟

《周礼·乐器图》载："雅瑟二十三弦，颂瑟二十五弦，饰以宝玉者，曰宝瑟，绘文如锦者，曰锦瑟。"瑟身整木斫造为上品，设瑟柎，西汉瑟常见四枚，榫卯构件，状若蘑菇云头，雕饰涡纹，用以调弦，瑟柎是瑟的生死桥，东汉之后，瑟柎消失，内岳、中岳、外岳随之演变成一条尾岳，瑟形如筝，渐渐衰退。

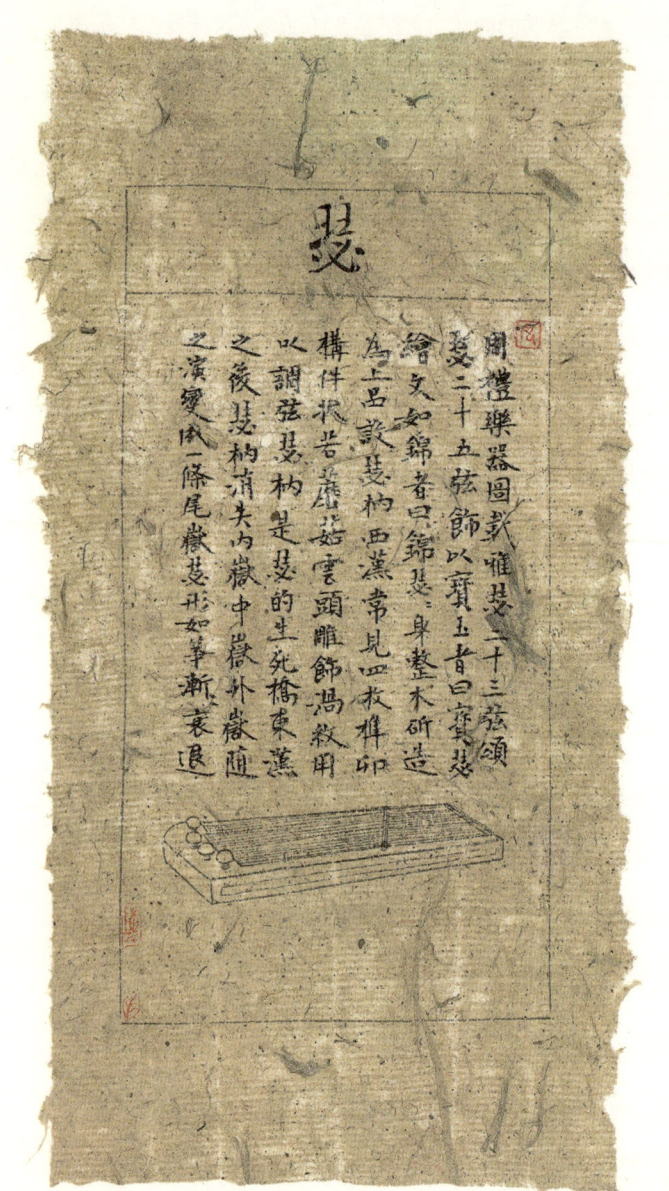

安国、疏勒等少数民族音乐及胡乐,从帝王后妃到民间的音乐审美随着流行而发生改变,复古派学者在朝堂上痛呼"夷狄乱华",一乱就乱了千年。

瑟作为雅乐一直存在宫廷里,但是往后的朝代,雅乐越来越成为空洞的摆设,脱离了最初产生时的意义,瑟刚出现时,上古先民生活简单,丝竹和金石一样,打破了生活的沉寂,天子以礼乐治国,礼的仪式感,令人产生崇敬,乐声的清肃,令人产生敬畏。八音源始,如果说巫是原始宗教,那雅乐便由华夏先民最早的宗教之乐而来。

后世帝王一想到重设雅乐,便效仿前朝,前朝本身已经弄不清雅乐正声究竟为何,而统治者本身也是外来音乐的爱好者,雅乐的存在意义仅仅是证明国之权威,于是一代代偏离。演奏起来,听者觉空洞乏味,新的乐曲又层出不穷,不停地告诉世人,时代变化了,你们须得跟得上变化。

隋唐时,瑟仅在清商乐中列席,宋代雅乐的排阵上,十六名歌工与二十六架瑟依然列在席的前排,往后是一弦、三弦、五弦、七弦、九弦琴,巢笙、匏笙、箫、竽……它们被钟磬包围着。陈旸《乐书》中提到瑟,种类名目繁多,有大瑟、小瑟、中瑟、雅瑟、次小瑟、素瑟等九种,雅乐在宋代,有过一段畸形发展,瑟、琴、笙,均派生过奇奇怪怪的新品种,但又很快被历史洗掉了。

宋徽宗曾命国子监学生学习雅乐中的文舞和武舞,他们都是七品以上官员的子弟,但是国子生不愿与乐工一同表演,那时的宫廷乐工并不懂雅乐。他们不似先秦时的盲瞽,不仅研究、表演,还设有学府,教习贵族子弟礼乐，学校就是乐师的宗庙，名为"瞽宗"，成大器者为宗师，被尊为"神瞽"。

宋代演奏雅乐的乐工，大部分生活在民间，宫廷将要举行典仪时被临时召集起来，平时，他们是农民或小商人。

宋末元初豫章人熊朋来编撰《瑟谱》，说"鼓瑟比之琴，弦繁而法简"，意思是虽然瑟的弦数繁多，弹法却比琴简单，《瑟谱》中没有提到瑟柲。

之后，明宪宗孙、衡恭王第四子朱厚烷编撰过《瑟谱》，与熊朋来的那本内容接近。明代的瑟，有了瑟架，乐人不再是跽坐或盘坐弹奏，而是垂足而坐，这个很大的转变和家具以及人们坐的方式改变有关，人们管它叫"后世瑟"。

没有了瑟柲的瑟，可以理解为另一种筝。

明代朱载堉在《律吕精义》中说太常寺造瑟，"只照筝样最妙……长短高低，比筝加半倍可也；首尾广狭，比筝加一倍可也。上弦设柱，亦与筝同，但音调不同耳。"

朱载堉亦说嘉靖年间太常寺典簿李文察上疏，曰今天奏乐者"以琴瑟为虚器，虽设而不能鼓，虽鼓而少得正音。"原因是琴瑟久存内务府库房，只有逢祭祀典礼时才取出来用，弦大多腐烂，瑟柱往往是将要演奏时才安装，弹奏者已然不求音正，只求能发出声，否则会遭罪名。

明代已然如此，往后更是颓然。

人们很容易被热闹的东西打动，是善忘又很会找理由的动物。我们今天说燕乐、教坊、梨园,好像在说非常风雅又非常高雅的事,他们出现时,亦被复古派学者认为是"郑卫淫声"。当初,方响替代了编钟、云锣替代了编磬,现在说方响、云锣,前者知见甚罕,后者不知其曾经的"雅"。再当初,人们弃琴瑟,转向弹筝,便把筝从头到尾歌颂夸赞,以拔高其层次。

瑟的没落,总是归罪为瑟体太大,瑟的弦太多,瑟的意象高远,琴也有,琴瑟可以不合鸣,只存一个,琴筝亦可合奏,筝因其通俗,层次不求高雅,可以深入民间,那么瑟便处在尴尬境地。

瑟只能弹散音。古琴中,泛音法天,散音法地,按音法人。散音浑厚广阔如大地,老子云"大音希声,大象无形",司空图说"使味之者无极,闻之者动心",那种"象外之象"的意境,你能想象吗?

宝柱秦筝弹向晚

> 紫袖红弦明月中，自弹自感暗低容。
> 弦凝指咽声停处，别有深情一万重。
> ——[唐]白居易《夜筝》

晏几道说："犹有两行闲泪、宝筝前。"他身着旧罗衣，依稀闻见故人香，宋人的筝，已有五色丝线缠弦，嵌宝镶螺钿，筝歌慢吟出文人的痴心与耽迷，弹筝人以银甲调拨十三弦，勾、托、劈、挑、抹、剔……，对月当风，奏出一片相思。

这般风雅，在筝的历史初端，是没有的。

古人习惯将筝称为秦筝，最初关于它的记载，见汉代司马迁的《史记·李斯列传》，李斯在《谏逐客书》中说："夫击瓮叩缶，弹筝搏髀，而歌呼呜呜快耳者，真秦之声也。郑、卫桑间，《韶虞》《武》《象》者，异国之乐也。"

"真秦之声"充满平民气息，人们敲击瓦罐，弹筝为乐，"搏髀"即拍腿为节拍，都是非常随意的动作，与之相和的歌唱呢，也都是粗放豪迈、奔放畅快的街巷俚歌。细心的人在这里会有疑问，陶器时代人们便开始击瓮叩缶，自原始社会就有了拍腿歌唱，为什么在如此简陋的组合中，会混进一个制作精细的筝呢？

筝是竹字头，和筑是一家，东汉许慎的《说文解字》曰："筝，五弦筑身乐也。从竹，争声。"虽说今天看它和高雅的琴、瑟接近，但最初时它们并不同源。筑以竹尺击之，原始的筝，可能是竹制器身，也就是一根圆竹筒剖开，绷弦弹奏，弦甚至只是竹皮划开，只是竹器易朽，没有实物存世。据史料记载，筝开始是五根弦，后来发展到十二、十三根甚至十四五根。

李斯上书的时间大约是公元前 237 年，他所说的"真秦之声"，没有指明筝源自秦。古有"蒙恬造筝"一说，但是一件件考古实物早已证明，蒙恬之前，筝已经存在许久。如江西贵溪仙水岩的崖墓十三弦筝和江苏吴县长桥的十二弦筝，可知春秋晚期至战国的古代越人和古代吴人已经以筝为乐，它们从地理上与秦地相距甚远，从时间上也比《谏逐客书》要早。

可以这样认为，筝从南方来到秦国之后，融入当地风俗，独树一帜地成了一种音乐风格代表。"真秦之声"在市井之中遍地流行,后来所有关于"秦筝"的文学描述中,几与"荒凉""悲怆"同义。它既不同于被形容为"靡靡之音"的郑卫桑间之声,也不与庄重大雅的《韶虞》等乐舞相提并论。

虽然筝、筑一家,它们均是一弦一音,有柱码,但战国纵横家苏秦游说齐宣王,在描述齐国风俗时提到鼓瑟、击筑、弹琴,没有提到筝。筝与琴、瑟,从字形上看并不是姻亲。传说筝演变自瑟,有兄弟分家时将瑟劈作两半的故事,也有类似二女分瑟为琴的说法,均是无稽之谈。整部《诗经》里,有"窈窕淑女,琴瑟友之",没有关于筝的只字片语。

一是可能筝出现得比琴、瑟、筑要晚;二是筝在苏秦游说合纵攻秦的时候,可能尚未流传至东部齐鲁一带。秦国在吞并六国之前,早期主要疆域在关中,从今日甘肃天水到陕西华县一带,那里的地方音乐悲苦高亢,苍凉雄浑,真秦之声,即西北之音。

经过两千多年发展,秦筝已经分出南北派,更细的划分有客家、潮州、山东、河南、浙江五个流派,而西北秦地,只有榆林地区的民间音乐中用到筝。1957年,曹正为西安音乐学院周延甲教授提出的"秦筝归秦"题词,诸多秦地筝人响应,周延甲教授从迷胡、秦腔、碗碗腔等戏曲素材中创编筝曲,以还原秦筝原本的风貌。

汉代是筝在中国乐器中地位改变的分水岭,政治家桓宽在《盐铁论》中提到"古者土鼓蕢枹,击木拊石,以尽其欢。及其后,卿大夫有管磬,士有琴瑟。往者，民间酒会，各以党俗，弹筝鼓缶而已。无要妙之音，变羽之转，今富者仲鼓五乐，歌儿数曹……"

说的很明确，先秦的卿大夫有管、磬，士有琴、瑟，它们属于八音的范畴，等级分明。筝在民间酒会中和击缶为伍，是"下里巴人"之物，到了桓宽的时代，富人家也开始拥有士族天子的音乐。

既然礼乐制度被破坏，金石之音没落，人们对雅致精微的丝弦乐器产生了更多需求，一方面"唯琴工犹传楚汉旧声"，琴和琴曲有长足发展；另一方面，作为新兴的弦乐器，筝的蓬勃生机也随之到来。

高堂之上曾经唯有琴瑟，汉朝往后，风向就转变了。西汉刘向处于汉室由盛至衰时，作《九叹》借追思屈原抒发愤懑，其中《愍命》有句感慨世风日下，"破伯牙之号钟兮，挟人筝而弹纬。"号钟是一张琴，伯牙弹过，后来传到齐桓公手里，它代表被汉王室荒弃的典雅音乐，粗俗的筝却成为堂上音，这是当时音乐"复古派"所反对的。

筝的形制小于瑟而大于琴，其弦数少于瑟而多于琴。琴、瑟之曲，筝同样可以弹出，筝有弦柱，便于调音，比起一手持柄，一手持竹尺击奏的筑，它的指弹法要灵活得多。

东汉刘熙在《释名》中说："筝，施弦高急，筝筝然也。"筝既有铮铮锽锽、慷慨磊落的壮士之气，又有不疾不徐、迟速合度的君子之风，丝弦的缠绵柔美、空灵悠远，它同样具备，当它的种种好处被发现之后，从帝王贵族，到文人墨客，它迅速在上流社会群体中传播开来。与此同时，琴的姿态便更高了，古瑟则渐渐消隐在雅乐之中直至消失。

秦汉文赋，唐宋诗词，秦筝的悲苦，在文人华美的辞藻、夸张的想象中，摆脱了西北的"土"味，带入更深刻的家国悲愁，加之被董仲舒神圣化了的先秦儒家思想，筝也被赋予如孔子眼中《韶》乐般的至善至美。

中国的文人很有趣，他们天真，富有理想，又不吝笔墨为他们想要抬高地位的对象勾绘粉饰。汉魏六朝有八篇著名的《筝赋》，作者阵容强大，他们分别是东汉文学家侯瑾、三国建安七子之一阮瑀、西晋司隶校尉、思想家傅玄、东晋车骑长史贾彬、东晋秦筝演奏家陈窈、东晋画家顾恺之、南朝梁简文帝萧纲、南朝梁陈文字训诂学家顾野王。

这八篇《筝赋》里，可见当时筝的制作工艺非常精细考究，选材上乘，贵为天子的萧纲在文中不仅细述了佳人采掇应季春桑，以蚕丝制弦和设柱的时间各有天时，使用的木材是生长在孔子家乡、制作优等琴瑟所用的"泗滨之梓"，更说制筝的匠人是上古时舜的乐官夔和土木匠造祖师公输班，筝音是雅俗兼施，演奏曲目已包括六代乐舞，即商周时期的雅乐，能"谐云门与四变，杂六列与咸池"，从各个方面显示出筝的尊贵。

傅玄的《筝赋》结合了"天人合一"思想，给筝的形制赋予天、地、宇宙的自然法则，彼时秦朝早已灭亡，他认为筝是仁智之器，不可能是亡国之臣蒙恬所制，在文中还挖苦了一番。"今会观其器，上崇似天，下平似地，中空准六合，弦柱拟十二月，设之列四象在，鼓之列五音发。体合法度，节究哀乐，斯乃仁智之器，岂蒙恬亡国之臣所能关思运巧哉？"当时的筝流行十二弦,他将之比作一年中的十二月,筝的箱面呈半圆形,是为天,箱底为平面,是为地,正好应合天圆地方,中空的共鸣箱代表六合宇宙,筝还包括四象方位、五音对应五行。阮瑀的《筝赋》曰:"柱高三寸,三才具也",即三寸的弦柱对应天、地、人三才,同时他认为六尺的长度代表六律之数。

侯瑾写到筝的优势,可雅可俗,"雅曲既阔,郑卫仍倚,新声顺变,妙弄优游"。筝的演奏技巧和音色则丰富多变,"于是急弦促柱,变调改曲;卑杀纤妙,微声繁缛。散清商而流转兮,若将绝而复续;纷旷荡以繁奏,邈遗世而绝俗"。

顾恺之以画家之笔描写筝:"其器也,则端方修直,天隆地平,华文素质,烂蔚波成,君子嘉其斌丽,知音伟其含清,罄虚中以扬德,正律度而仪形,良工加妙,轻缛璘彬。玄漆缄响,庆云被身。"他的筝不仅有合乎天地法则的形制,卓越严谨的工艺,清亮优美的音色,值得夸赞的还有它华丽的装饰,筝身施以素雅的黑漆底色,上面绘着灿烂的祥瑞云彩。

顾野王在他的《琴赋》中提到了《别鹤》《采莲》《纨扇》《升天》四支筝曲,"既留心于别鹤,亦含情于采莲。始掩抑于纨扇,时怡畅于升天。"李白在《春日行》一诗中便作了引用:"佳人当窗弄白日,弦将手语弹鸣筝。春风吹落君王耳,此曲当是《升天行》。"

汉乐府相和歌对筝的发展起到了推进作用,它是中国汉代在北方民间音乐的基础上,吸收先秦楚声等传统音乐形成的音乐形式,用于朝会、祀神、宴饮、娱乐的场合以及民间风俗活动。它的来源有三，一是周房中曲之遗声，二是楚声，三是由采诗官从"街陌谣讴"中收集的民间之声。

筝和笙、笛、节鼓、琴、瑟、琵琶等七种乐器共同组成汉乐府相和歌的伴奏阵容，相和歌往下发展便是相和大曲，《陌上桑》便是其中杰作。它又名《艳歌罗敷行》，相传为邯郸女子秦罗敷所作。

"罗敷善采桑，采桑城南；青丝为笼系、桂枝为笼钩。行者见罗敷，下担捋髭须，少年见罗敷，脱帽著帩头。耕者忘其犁，锄者忘其锄。来归相怨怒，但坐观罗敷。"罗敷的美貌远近闻名，她在城南的陌上采桑时，没有人不被她的美态倾倒。某个明朗春日，她被登台赏景的赵王看见，赵王便遣人来邀请她高台共饮，她却不急不缓，以纤纤玉指调理丝弦，为赵王弹筝一曲，娓娓道来自己的出身并炫耀她出色的丈夫。

"罗敷自有夫，东方千余骑，夫婿居上头。何用识夫婿？白马从骊驹。青丝系马尾，黄金络马头，腰间鹿卢剑，可直千万余。十五府小吏，二十朝大夫，三十侍中郎，四十专城居。为人洁白皙，鬑鬑颇有须。盈盈公府步，冉冉府中趋。座中数千人，皆言夫婿殊。"就这样，罗敷为自己解了围，赵王也并没有做出过分的事，既然她的夫君那么出色，那么相识仅止于一席歌酒。

故事充满喜剧色彩，秦罗敷的美丽、机智和坚贞为她赢得赞誉，她的故事一直在世上流传，被演绎成各种版本，其中也不乏殉情的悲剧。秦罗敷不一定是真实存在的人物，但这首《陌上桑》作为汉乐府中以筝为主的相和大曲，代表了乐器组合与表演的新形式。

　　魏文帝曹丕热爱弹筝，他创作了不少相和歌辞，有一首《短歌行·瞻仰》，被公认的"声制最美"，因歌辞是伤悼曹操而作，而不得入宴乐。他演奏此曲时，亲自抚筝和歌，歌人受宠若惊说"贵官弹筝"。

　　到了隋唐时，十三弦桐木筝盛行，能工巧匠开始用各种贵金属和珍宝装饰筝，有镶金银的金筝和银筝，也有嵌螺钿、宝石、玳瑁的宝筝，以及玉石雕成的玉筝。唐人常建有诗云："明月照人苦，开帘弹玉筝。"而尹鹗的诗句："宝柱秦筝弹向晚，弦促雁，更思量。""宝柱"指的是玉制雁柱。

　　过去的十二弦筝仅用于雅乐，十三弦筝则用于燕乐和俗乐。弹筝人为了不损坏指甲，以及保证筝音的完美，使用特制的义甲。清商乐所用十二弦筝所配义甲为七寸鹿骨爪，是南北朝筝人陆大喜的发明。

　　十三弦筝所用的义甲则是金属制，称为"银甲"，也有竹片、玳瑁等材质，但都不及"银甲"耐用牢固。李商隐在《无题》诗中写过一位少女"十二学弹筝，银甲不曾卸"。随着她渐渐成长，依然待字闺中，也体会到了望不到头的落寞和忧伤。"十四藏六亲，悬知犹未嫁。十五泣春风，背面秋千下。"

　　不禁让人想起宋人萧元之的一句："玉筝弹未了，倚柱人空老。"

　　筝弦多种多样，有五色丝缠的弦，染成朱红色或翠绿色的朱弦、翠弦，还有鹍鸡的筋制成的弦，又称鹍弦。武则天时代的诗人郑愔赴上官婉儿的宅第做客，夜宴之后奉诗云："鸾歌随风吹，鹤舞向鹍弦。"

缠银甲的纤纤玉指在弦上回旋，熏炉里升腾袅袅香雾，当筝的历史出现筝妓，便如沾染了浓得化不开的红粉色。

卢纶听著名筝妓姚美人演奏，写下一首《宴席赋得姚美人拍筝歌》，"出帘仍有钿筝随，见罢翻令恨识迟。微收皓腕缠红袖，深遏朱弦低翠眉。忽然高张应繁节，玉指回旋若飞雪。凤箫韶管寂不喧，绣幕纱窗俨秋月。"她的筝是镶螺钿的"钿筝"，张以朱弦，拨弦时，指法娴熟有如飞雪，向来被捧得高高在上的凤箫韶管，都不敢抢夺筝的风头。

李远描写筝妓伍卿，用了此时无声胜有声的手法，他并没有写她是多么美丽动人，玉指和玉腕多么灵活，掌握了多么玄奥的弹奏技巧，二十八个字，前三行皆为留白，"轻轻没后更无筝，玉腕红纱到伍卿。座客满筵都不语，一行哀雁十三声。"诗人的眼仿若镜头，给了玉腕红纱一个特写，寂静的空间，寂静的筝，和寂静的人，他把精绝留在最后，一行悲雁从弦上飞起，十三弦筝鸣出旷世的余韵。

民间有不少女子从小习筝，最著名的是八岁就会弹筝的郑女，在诗人顾况的描写中，她的筝音如同"春风吹落天上声"。唐玄宗时，从平民中选出秀美又有才艺的女子进入宫廷教坊，学习琵琶、三弦、箜篌和筝，优秀者被称为"搊弹家"。

扬州美人薛琼琼是当时的第一筝手。天宝十三年清明节，皇帝诏宫妓郊游踏青时，她被书生崔怀宝看上，崔生想来想去，只有托教坊供奉官杨

筝

始于春秋，盛于汉魏。东晋顾恺之筝赋云：「其器也，则端方修直，天隆地平，华文素质，烂蔚波成，君子嘉其斌丽，知音伟其含清，磬虚中以扬德，正律度而仪形，良工加妙，轻缛瑰彬。玄漆缄响，庆云被身。」

羔帮忙牵线，杨羔因与杨贵妃同姓，人称羔舅，是个十分仗义的性情中人，他对崔生说："你作首小词，就能与她见面。"崔生便写下满腹相思，赤裸裸地调情又略显淘气，"平生无所愿，愿作乐中筝。得近玉人纤手子，砑罗裙上放娇声，便死也为荣。"羔舅果然帮他促成好事，但薛琼琼身为教坊官妓，只能悄悄与他私订终身。不久，崔生调任荆南一带的司录参军，偕同薛琼琼私奔，宫中少了第一筝手，本不安宁，薛琼琼也很快被崔生的同僚发现，两人受到告发后，被押回洛阳，最后还是杨贵妃求了情，使唐玄宗开了圣恩，赐婚二人，终成眷属。

"搊弹家"的结局也并不都是美好的，温飞卿写过一位安史之乱后流落异乡的筝手，"天宝年中事玉皇，曾将新曲教宁王。钿蝉金雁皆零落，一曲《伊州》泪万行。"他曾为玄宗演奏过，也曾教新曲给同样钟爱音乐的宁王李宪，钿筝上的黄金雁柱纷纷掉落，便是形容晚境凄凉，每次他在民间奏起宫中大曲《伊州》时，回想往事都止不住泣泪。

白居易是筝痴，而且他崇尚流行，琴在他眼中是过时的古声，不合时宜，是羌笛与秦筝的出现，造成了琴的冷场。有一首《废琴》诗这样写："丝桐合为琴，中有太古声。古声淡无味，不称今人情。玉徽光彩灭，朱弦尘土生。废弃来已久，遗音尚泠泠。不辞为君弹，纵弹人不听。何物使之然？羌笛与秦筝。"

他的好友牛僧孺曾为他购了一张宝筝，白居易千盼万盼，筝迟迟未到手，在等待的过程中，他作了十多篇诗作，其中有一首《偶于维扬牛相公处觅得筝，筝未到先寄诗来，走笔戏答》，诗云："楚匠饶巧思，秦筝多好音。如能惠一面，何啻直双金？玉柱调须品，朱弦染要深。会教魔女弄，不动是禅心！"《魔女弄》是当时的一首筝曲，牛僧孺也曾将筝比作"魔物"，在给白居易寄筝之前，他先寄了一首诗："但愁封寄去，魔物或惊禅。"另有一句"仍与酒资同至"，足见两人交情。

可是筝仍然未到，白居易等得心头发慌，"何时得见十三弦，待取无云有月天。愿得金波明似镜，镜中照出月中仙。"（《戏答思黯》）最后筝总算是盼来了，酒钱果然也随着筝一起来了，白居易难掩激动，挥笔写下长诗《奉酬淮南牛相公思黯见寄二十四韵》，洋洋洒洒四十八句，诗的第一句就夸赞牛僧孺是"济世贤"，接着记述了两人多年的交情，分处异地的思念，最后落笔在收到筝的狂喜，以及对两人再次见面，共话旧情的期盼，"远讯惊魔物，深情寄酒钱，霜纨一百疋，玉柱十三弦。楚醴来尊里，秦声送耳边。何时红烛下，相对一陶然。"

古老的五弦筝直到五代末期还有，太平兴国年间，吴越王钱俶向北宋皇帝赵匡义进贡，他所献的贡品有四张五弦筝和四把七宝胡琴。

吴越王纳土归宋，五代结束，一个新王朝开始。太平兴国三年，北宋建立了隶属禁卫军骑军名下的乐队引龙直，成员是军队中选拔出来有音乐才能的兵士，淳化四年改名为钧容直，天子出行时，他们便随同奏乐，演奏的曲目和教坊差不多，其中专设筝色。

欧阳修在他年轻时，曾听过一位钧容老筝手弹曲，远超当时水平，老筝手说弹的是前朝教坊旧声，二十年来令欧阳修犹记不忘，某天忽然在李留后家再度听见，他感慨良多，"不听哀筝二十年，忽逢纤指弄鸣弦。绵蛮巧啭花间舌，呜咽交流冰下泉。尝谓此声今已绝，问渠从小自谁传？尊前笑我闻弹罢，白发萧然涕泫然。"

那巧啭花间舌的技巧和玄妙之音仍在，两两互望，听筝人老，弹筝人更老。

筝到了宋元，变得风姿绰约。如果说先秦的筝带着纯朴的乡土气，像狂野的孩子，汉魏六朝时的筝便被送进了宫廷学馆，接受儒家礼仪的熏陶，有了体面的身份，经过了汉代高雅的洗礼，经过了隋唐富丽堂皇的盛景，筝焕发新贵的光彩。

那么宋代的筝，俨然家喻户晓，人人青睐的明星，当它再回到市井生活时，早已洗脱了当初的泥土味，宋代的词人赋予筝和筝妓灵动又缠绵的万种风情。

晏几道用筝曲表达离别伤情，有《鹧鸪天》："花易落，月难圆。只应花月似欢缘。秦筝算有心情在，试写离声入旧弦。"筝码移动，便改变了筝调，于是筝弦移柱，也是爱人变心的比喻。王沂孙《如梦令》："妾似春蚕抽缕，君似筝弦移柱。"

赵长卿笔下的秦筝诉说儿女情长："露华清。天气爽、新秋已觉凉生。朱户小窗，坐来低按秦筝。几多妖艳，都总是、白雪馀声。那更、玉肌肤韵胜，体段轻盈。照人双眼偏明，况周郎、自来多病多情。把酒为伊，再三著意须听。销魂无语，一任侧耳与心倾。是我不卿卿，更有谁可卿卿。"这首《夏云峰》里，露华、新秋、朱户、周郎、把酒、销魂，俗词连篇，最后用了一个《世说新语》里的典故，这篇俗词一下子灵活起来。

"是我不卿卿，更有谁可卿卿。"《世说新语》里说，王安丰的妻子常常用卿字称呼他，安丰觉得不合礼节，听起来不敬，谁知妻子却娇嗔地说："亲啊，卿就是爱啊，我不用卿称呼你，那还有谁会卿卿？"

夜半私语时，轻按筝弦，绵绵爱语低吟，美人玉腕，弹拨的都是销魂声，任他侧耳听。露华清，天气爽，朱户小窗，谁家都有，它们并不稀罕，只有爱人的筝语，是唯我独享的，只有她弹出来的情意，我不愿与人分享。

筝妓在诗词中留下她们的故事，虽然只有短短数句，南宋诗人刘过写过一位名叫徐楚楚的女子，"黄鹤楼前识楚卿，彩云重叠拥婷婷。席间谈笑觉风生，标格胜如张好好。情怀浓似薛琼琼，半帘花月听弹筝。"

他们在黄鹤楼前相识，她出现的时候，身披锦绣霓裳，被花团锦簇的人们包围，诗人与她应是有过短短的交集，称赞她有晚唐湖州名妓张好好的容颜，教坊筝手薛琼琼的情怀，他们交谈甚欢，并没有过分的亲昵，她弹筝时，与他有半帘之距，花月为伴，她在那厢弹筝，他在这厢听。

如果不是杜牧，后人哪里会知道张好好，如果不是崔生，今天我们也不会谈论薛琼琼，如果没有刘过这首《浣溪沙·赠妓徐楚楚》，里面有这些个比方，那么徐楚楚恐怕也淹没在历史人潮中了。

筝是俗乐中的雅乐，唐人有数十篇筝诗，宋人有近二百篇筝词。筝伎留下姓名的只有徐楚楚、彩云、小莲、柳华淑这几位，她们有太多往事，我们无从得知。

日本的筝，既有自己的和风雅韵，又保存着汉唐遗风。遣唐史将十三弦筝引进日本，正仓院至今保存着一张唐代桐木制十三弦筝。日本筝谱集《仁智要录》保存了唐宋筝曲和筝歌，它的名字则借鉴了傅玄《筝赋》中的"仁智之器"。

唐昭宗时期，中国弹筝博士皇孟学率一支六十二人的乐队东渡扶桑，在彦山西谷的八龙寺传授筝乐，宇多天皇命内教坊乐人石川色子前去学习，筝在日本邦乐开始流传，并担任雅乐的角色。

后世的筝家如盲人音乐家宫城道雄又将它与三味线、尺八组合，如《春之海》是筝与尺八的合奏，最后两种乐器的一问一答形式，表达了对生命的深情寄望；《落叶之舞》则是传统筝、三味线和十七弦筝的三重奏；《唐砧》是三味线和筝的合奏。他的衣钵传人宫城喜代子演奏了不少他创作的筝曲，同样也是日本国宝级的筝家。

艺伎中也不乏弄筝之人。1908年冬12月中旬，苏曼殊曾寄寓东京小石川，与艺伎百助枫子交好，百助擅弹筝，曼殊为其作《静女弹筝图》，制成明信片赠友人，配以题跋："无量春愁无量恨，一时都向指间鸣。我已袈裟全湿透，那堪重听割鸡筝。……"割为弹拨动词，鸡筝典出明人徐兴公《笔精》"鹍弦曰'鸡筝'"，便是鹍鸡的筋制成的弦。

照片上百助的发型，近似我国汉唐时期的"同心髻"，头顶挽起的发髻上系有浅色发巾，另有一条格子发巾随垂发飘下。曼殊曾在写给百助的《为调筝人绘像二首》诗下有注释："汉元帝时有同心髻，顶发相缠，束以绛罗。今日本尚有此风。"

元明，筝有十四、十五弦，元代顾瑛《玉山璞稿·欸歌二首》云："锦筝弹尽鸳鸯曲，都在秋风十四弦。"朱载堉著《明郑世子瑟谱》记载："今筝十四弦或十五弦，呼为宫筝。"不过当时流传最广的还是十三弦筝。清末，筝有十六弦，现在的筝通常是二十一弦。

筝的古谱，日本平安时代的藤原师长于1171年编撰的《仁智要录》，收录了我国唐代的十三弦筝曲。"仁智"二字，可追溯到西晋时期，傅玄在《筝赋》中将筝比作"仁智之器"。在我国民间，筝曲的传承，主要是口授心传，或是民间艺人未经正式刻印的传谱，清代始见工尺谱记录的筝谱，它们不是独立成书，而是被收录在《弦索备考》中，共计十三首筝曲，有《将军令》《阳关三叠》《月儿高》《十六板》《普庵咒》《海青》《合欢令》等。今天弹筝的人很多，各路剧院演出、私人雅集也兴盛，人们弹筝，如果不为生计，多半是为了追怀，追求某种与古人接近的情怀。

与琴相比，筝更通俗，虽然它在地位提升的道路上，曾经往琴的格调靠拢，但终是它有了自己的位置，它不自恃清高，也不流俗浮夸。琴以清为上，古人云"清者，音之主宰"，虽然明代徐上瀛在《溪山琴况》中说"弹琴不清，不如弹筝"，琴和筝本身就是两种不同的历史背景和审美趣味。

好在，我们时逢现代，琴的高古，筝也有了。

箜篌引

> 微雨沾衣令人愁,有一迁客登高楼,不言不寐弹箜篌。
> ——[唐]王昌龄《箜篌引》

姚秦三藏法师鸠摩罗什译《大树紧那罗王所问经》里,大树紧那罗王率无量紧那罗众、无量乾闼婆众、无量天众、无量摩睺罗伽在如来面前,作八万四千伎乐,这位乐神与歌神之王弹奏着琉璃琴,以净妙歌善和众乐时,三千大千世界皆被琴音声及妙歌声震慑,音声隐蔽欲界诸天一切音乐,于是,一切声闻大众,听得如醉如痴,情不自持,一一离座起舞。

佛经里所言"琉璃琴",即是箜篌。在古老的石窟壁画里,常见两种:竖箜篌和弓形箜篌。佛教净土世界里众宝国土妙音无数,箜篌形姿最美,它如同系弦的弯月,在虚空而来的飞天伎乐手里,更显曲体婀娜,帛带飘逸,一千多年前的画师们以生花妙笔将它们玲珑雅致的造型绘在幽深的画洞中,便为我们记下些许斑斓又虚空的梦境。

箜篌之美,犹如永醉不醒的幻梦,至今人们意兴昂然地追寻,不过似那句"今宵酒醒何处?"知道来时路,回首已是千年身,音容模糊。

佛经里,大树紧那罗王一边弹奏一边唱诵佛偈:"以音声说令众闻,是声同等如法界,诸世界同无世界,说事犹如虚空相……"乐神以无上乐音与唱颂说法,此时,天冠菩萨问他,你的音声从何而来?

乐神答曰,非口非手。

美妙的感受其实来自虚空啊,闻时已幻灭!音声本无住处,无所坏,无有起,无有灭,是清净,是无垢,是心性,生诸相,则在正位。

由此想来,我们考辨了许多器物的来龙去脉,究竟是为何?

美的事物,一旦存在,是不必去辨析的。

只需感受,可痴癫,可疯魔,可想象,慢慢地,心中生起博爱、善真,以及月华般的光明,花火绽放的冲动。爱它们曾经存在过,曾经辉煌过,爱它们后来不知所踪,或退位于后进者,或寂灭于寂灭中,凡物必有终限,在终限过后,成就永恒之美,便无须辨析。

谁也记不住庄严净土中诸菩萨的名号,菩萨们不会在乎这些,每天我们眼前所见,便是他们的诸般化身,引着我们越过重重障碍,追寻美的真谛。

龙树菩萨在《大智度论·卷九十九》中,有类似的说法:"善男子,譬如箜篌声,出时无来处灭时无去处,众缘和合故生。"

一切音声,如生死之性,皆是幻梦,无所从来,无所从去。接着,便以箜篌的构造进一步开示:"有槽,有颈,有皮,有弦,有柱,有棍,有人以手鼓之。众缘和合而有是声,是声亦不从槽出,不从颈出,不从皮出,不从弦出,不从棍出,亦不从人手出。众缘和合尔乃有声,是因缘离时亦无去处。"

缘起则生,缘灭则灭。

❖ ❖ ❖

今天新疆克孜尔等地区的古龟兹王国石窟壁画中,有龙树菩萨提到的这类箜篌,一般我们叫弓形箜篌。石窟开凿时间大约在公元4世纪,壁画上的箜篌,音箱为椭圆形皮囊状,有细而弯曲的弓形琴杆,琴弦的弦数从两弦至十一弦不等。

1996年,新疆且末县出土了两件弓形箜篌实物,琴体由完整的梧桐木掏挖而成,音箱上的皮囊已不存,红柳木的琴杆仍在,杆首有三道系弦痕迹。从箜篌被发现时的放置状态,可猜测它们的主人,可能是一对母子,母亲头戴黑褐色的羽毛冠饰,应是地位尊贵,她们生活的时代,在公元前

且末箜篌

早期弓形箜篌，出土于新疆且末县，年代约公元前三四世纪，琴身以整桐木掏挖而成，音箱蒙覆皮囊不存，有红柳木琴杆，杆首三道系弦痕迹。根据克孜尔地区的古龟兹王国石窟壁画，此类箜篌弹奏时一臂夹持肋下，倾斜抱持。

且末箜篌

早期弓形箜篌出土于新疆且末縣年代約西元前三四世紀琴身以整桐木掏挖而成音箱蒙覆皮囊不存有紅柳木琴杆，首三道系弦痕跡歸據克孜爾地區壁畫此類箜篌彈奏時一臂夾持肋下傾斜抱持

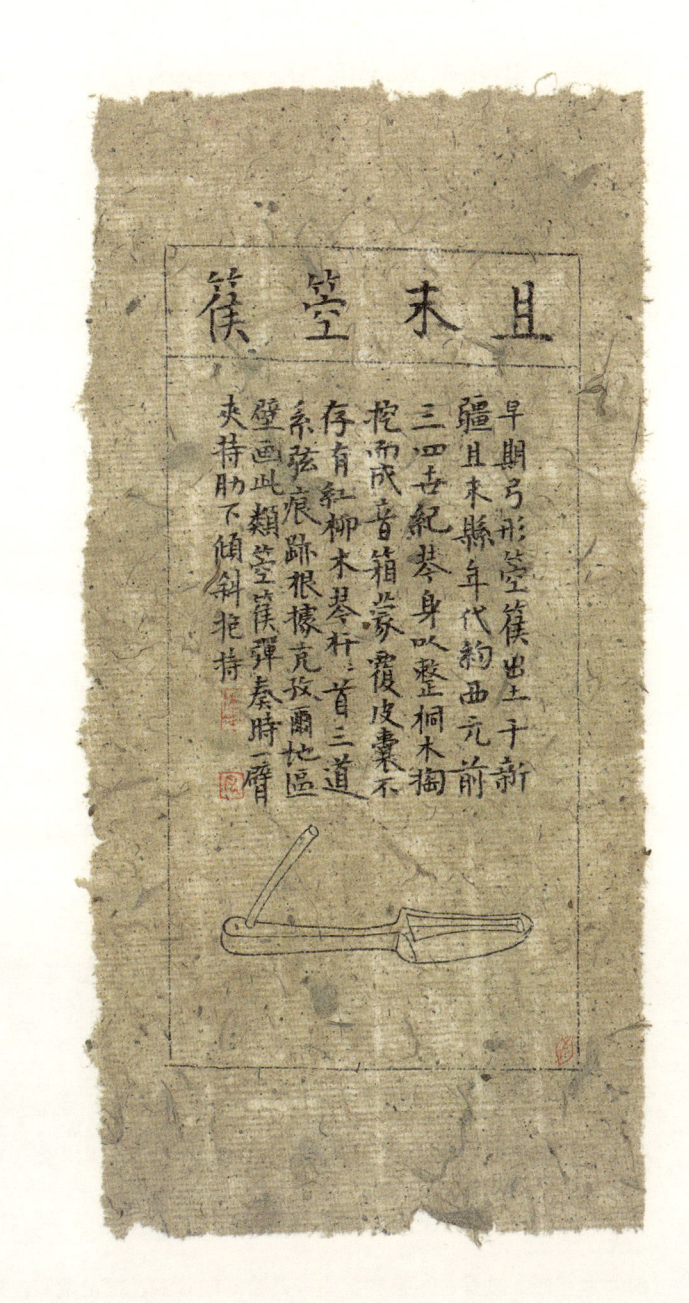

三四世纪。墓葬中共有十九具尸骨,唯有这对母子,分别抱着心爱的箜篌入土为安。

她曾经在生前,教孩子弹奏欢乐的曲子罢。弓形箜篌的弹奏方式很特别,并非直竖而弹,它是一臂夹持在肋下,一手扶握细细的颈端,倾斜抱持,有点像抱孩子。假如时光倒流,画面鲜活,母亲弹奏箜篌的姿态,和充满爱与欢乐的乐声与歌声,不正是龙树菩萨所言的"因缘和合而生"吗?

在《大树紧那罗王所问经》里大树紧那罗王教化了热爱音乐的乾闼婆和摩睺罗伽,乾闼婆善奏箜篌,乐于闻香,同时又是香神。在舍卫国的南边,有五百乾闼婆以音乐和香气供养佛陀。印度语中,乾闼婆的名字如音乐和香气一样,象征变幻无常,示现一切空性。

古龟兹国的画洞中,各样乾闼婆演乐图均见这位乐神手持弯月般的凤首箜篌,踏云乘风,传播佛音,仪态曼妙。天宫内众飞天伎乐列列雁行,身边的托盘散花者,供奉璎珞者,与乾闼婆的形象一样美好,各自在缤纷灿烂的佛国里旖旎生姿。

关于凤首箜篌,最早文字记载见北魏崔鸿撰《十六国春秋》,张重华割据凉州时,随天竺向前凉进贡的乐器和十二名乐工而来。隋、唐《天竺乐》,凤首箜篌均有列席。

《撰集百缘经》曾记述乾闼婆手持玄秘的一弦琉璃琴,便奏出了数千万种婉妙音声。这样的箜篌,在敦煌莫高窟的唐代壁画中可寻觅到妙影。画师为它饰上凤首,不绘琴弦或者只绘一根弦,音箱呈梨形,琴颈细长弯

凤首箜篌

前身是维那琴,音箱呈梨形,琴颈细长弯曲,项上置有弦轸,凤首造型写实,似弯颈的琵琶。

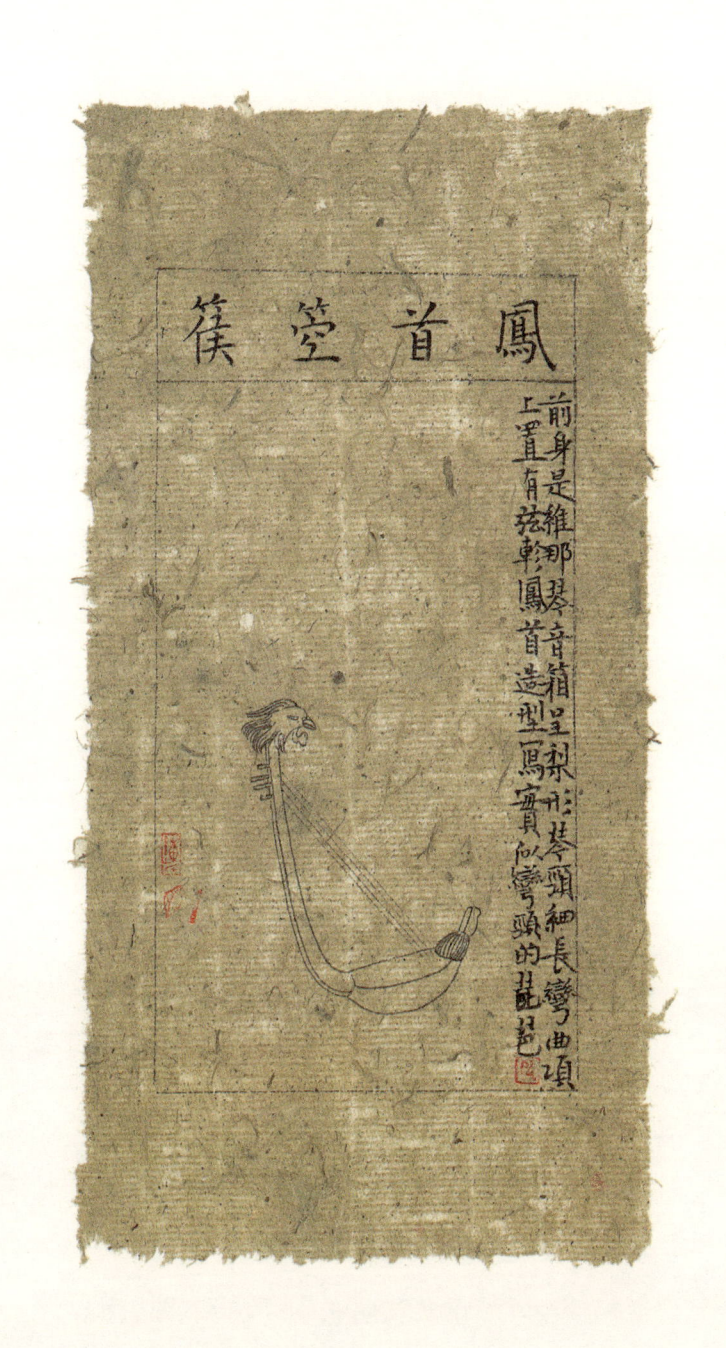

凤首箜篌

前身是维那琴,音箱呈梨形,琴头细长弯曲,项上置有弦轸,凤首造型写实,似弯头的琵琶

曲,项上置有弦轸,凤首造型写实,似弯颈的琵琶,又称弯琴。

画师的艺术想象到了现实中,一弦多音的箜篌则无法实现。

这类凤首箜篌的前身是维那琴,它原本是没有凤首的,来到中国之后,经乐人增饰凤首而渐渐成形,所以我们在古龟兹国的佛教壁画便看不见凤首,甘肃榆林和莫高窟的壁画中才有。它盛于唐代,衰于宋元。

宋代,莫高窟327窟壁画上有一件弯琴类凤首箜篌,飞天伎乐一手持琴颈,一手撩弄琴弦,凤首造型十分写实,凤喙向内,凤头上的丹冠如云,琴面板绘有类似琵琶的捍拨,且开有音孔。另一种是古龟兹国的佛教壁画中常见的弯月般的弓形琴身,如且末箜篌,音箱覆有皮囊,古波斯的哈卜琴是它的前身。无论何种凤首箜篌,它和竖箜篌一样,往前能一直追溯到古埃及、美索不达米亚文明。

有的凤首箜篌设琴轸,有的则不设,弦数也不定。它们中有的为古代乐师研制、真实存在、可以弹奏的,有的则完全是画师的想象。

到了元代,凤首箜篌随着箜篌的势衰渐渐消失,莫高窟465窟是藏传密宗画洞,窟顶的菩萨伎乐图中,佛伎捧持小巧玲珑的弓形凤首箜篌,有如怀抱一只优美的天鹅,箜篌张有四弦,这是所有佛教壁画中最后关于凤首箜篌的存在。

奇特的是,清乾隆五十三年,缅甸献国乐,其中有一件乐器名曰"总稿机",弯弓琴身绘金莲花纹,琴箱蒙皮,红色丝绳系十三弦,除了弦数增多,其他地方与佛教壁画中的弓形凤首箜篌极为相似。

❖ ❖ ❖

明代，仇英、杜堇仕女画中有弹箜篌的场景，箜篌形似"半边木梳"，有的装上了凤首，它们并不能被称为凤首箜篌，而是装饰了凤首的竖箜篌。

竖箜篌，形制从新疆的古龟兹壁画到敦煌壁画，从古人画卷到考古实物，结构基本一样，它有一个略似弯弓的音槽，也可称共鸣箱、音箱，有腹板、连山和横梁（弦杆），脚柱根据弹奏姿势设置有无，弹奏时竖抱于怀，双手一起拨弦，俗称擘箜篌。

东汉的汉灵帝爱穿胡服，连胡人的家具、音乐、饮食一概热衷，就像今人疯狂追崇欧洲风格一样。胡乐中包括胡空篌，唐代改称竖箜篌。之后，竖箜篌传到龟兹，融入当地审美，那么它从天竺传入中原，必定也会融入华夏民族的传统，比如雕饰、漆绘、色彩，甚至音箱的胖窄。

古龟兹国的竖箜篌，音槽上端，也就是弓首的形状尖锐，下端则宽大些，到了敦煌莫高窟壁画里，竖箜篌的弓首由尖变成圆，上下宽度几乎相同，略直的音箱与下方横梁夹角呈九十度或是锐角，弦数也不尽相同，多的二十三弦，少的七八弦。

《大树紧那罗王所问经》中，天冠菩萨问大树紧那罗王，如是妙偈从何而出？乐神答道，从诸众生音声中出。天冠菩萨又问，诸众生音声从何而出？乐神答，一切音声从虚空出。

公元 8 世纪左右的新疆库木吐喇石窟壁画，有"不鼓自鸣乐器图"，

竖箜篌

唐制箜篌，音槽嵌螺钿，略似弯弓，弓首圆弧形，缀流苏，乐伎竖抱于怀，双手拨弦，姿态优美，俗称擘箜篌。

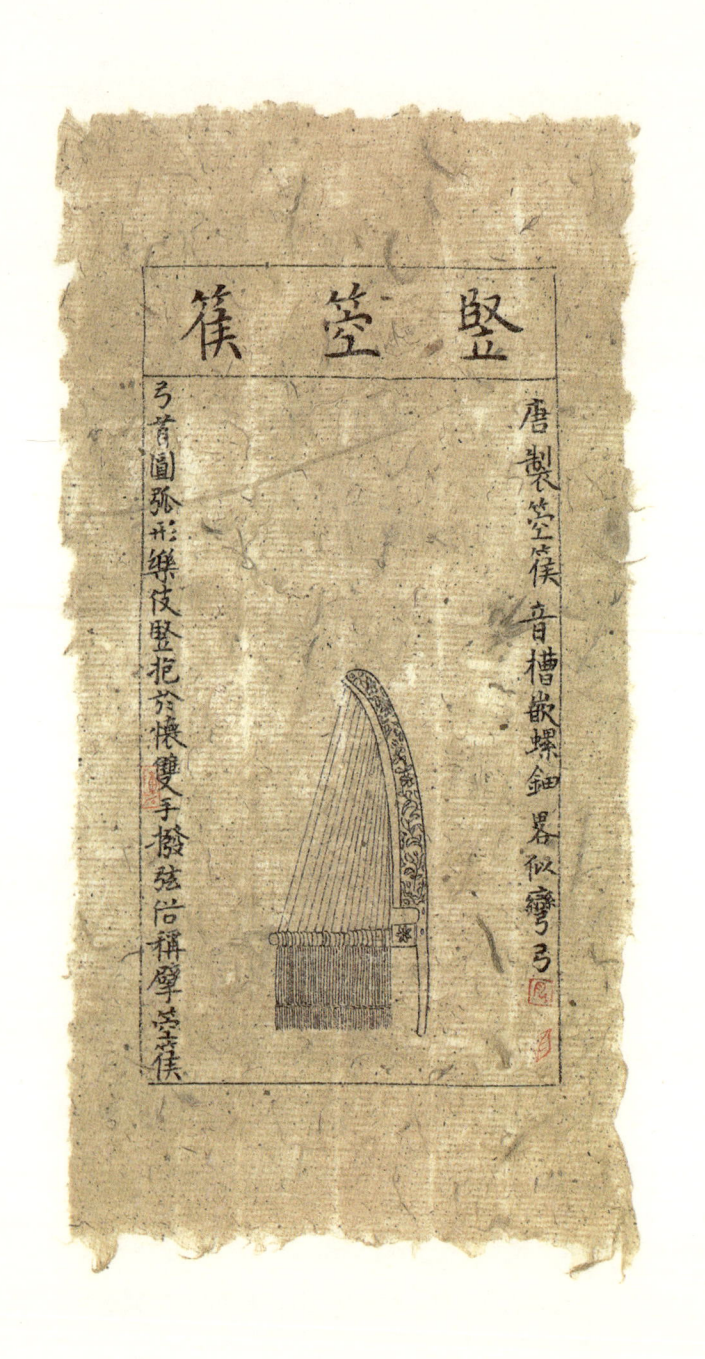

绘出了空性的这层境界。壁画里，诸乐器如竖箜篌、曲项琵琶、筚篥、排箫、笙等，均系饰长长的丝帛，飞悬空中，无乐伎演奏，乐器自己便会发出妙音。

唐代莫高窟172窟的"不鼓自鸣乐器图"，竖箜篌的横梁系弦处还有一排飘动的流苏，弓首已演化为圆弧形。

从莫高窟中所绘各样经变图、诸多文物发现、文献资料、历代绘画艺术作品，以及隋唐至宋代宫廷燕乐使用程度上看，竖箜篌是古箜篌中流传最广泛，受欢迎程度最高的。特别是它在唐代备受推崇，隋唐西凉乐、高丽乐、龟兹乐、疏勒乐均有竖箜篌。

唐太宗李世民的燕德妃，为长孙皇后之下四妃之一，与武则天是远亲，则天为高宗皇后时，生母病逝，已是越国太妃的燕德妃不顾病体前去洛阳奔丧，不料半路病发薨逝，得以厚葬。她的墓宫在昭陵，墓室壁画有乐舞图和十二屏画，是当时宫内生活盛景的还原。其中一名手持竖箜篌的乐伎着半袖襦裙，鬟形髻上饰有嵌珠玑、金底座的花叶，她一边演奏一边缓步行走，竖箜篌玲珑雅致，十根弦，弦柱下有流苏装饰，音槽绘四朵牡丹，有盛唐时代的雍容、闲逸之气。

唐代宫廷，不乏出类拔萃的箜篌圣手，但声名赫赫唯有唐宪宗时期的梨园弟子李凭，他当过三年供奉，又称李供奉。元和年间，诗人李贺任职长官，听过李凭的精湛演奏，以一篇《李凭箜篌引》令这位宫廷乐师名垂千古，以至后人提到箜篌，谁都会念一句"昆山玉碎凤凰叫，芙蓉泣露香兰笑"。

玉碎的清脆纷离、凤鸣的流丽高致、芙蓉的幽婉低缓、香兰的悦然舒展，箜篌音声之美，在此全然展现。"十二门前融冷光，二十三丝动紫皇。"则告诉我们，李凭当时弹的是二十三弦的竖箜篌，长安东、南、西、北共十二门，夜静更深，月光幽冷，李凭拨动丝弦，冷光消融，天神为之动容。

诗人想象，便如为佛教绘制壁画的画师一样，可上天，可入地，辞藻华丽，堪比天宫幻境，引人入梦，不愿清醒。"女娲炼石补天处，石破天惊逗秋雨。"佛宫几重天，画师便能画出几重，神话再玄妙，都可以引来为李凭指尖流出的箜篌曲作一番番惊艳注解，高音直冲云天，可将女娲所炼五色石击碎，高音转向低音，犹如碎石纷纷而下，化作绵绵秋雨，润泽大地。

"梦入神山教神妪，老鱼跳波瘦蛟舞。吴质不眠倚桂树，露脚斜飞湿寒兔。"听李凭弹奏的听众，有神山上的仙灵，深渊中的老鱼、瘦蛟，有桂花树前的吴刚，广寒宫里的玉兔，诗人想表达的是，听者是仙道神灵，弹奏者也绝非凡界庸人，只有上界的音声，才能感荡天地，震撼众灵的神魄。

佛教乐舞将箜篌升华到至上的境界，弹奏它的人，也应如妙音仙子一般有着非凡气质，若非李凭这样的专才，仅是爱好来说，多为妙龄女子，因它弹姿优美，娇媚可人。

唐代道佛盛兴，诗人施肩吾为女道士郑玉华作诗，"明镜湖中休采莲，却师阿母学神仙。朱丝误落青囊里，犹是箜篌第几弦。"文人与道姑之间的往来，多生艳话，道姑用来盛放道书卜具的青囊，误落了箜篌的朱丝，略有挑逗的意味。

卢仝的《楼上女儿曲》，描述了落花时节，一位画楼上的女子以箜篌弹奏相思的凄婉。"谁家女儿楼上头，指麾婢子挂帘钩。林花缭乱心之愁，卷却罗袖弹箜篌。箜篌历乱五六弦，罗袖掩面啼向天。相思弦断情不断，落花纷纷心欲穿。"

世间悲怨常常有，听见的人，领会了曲中真意，生出怜惜之心，而弹曲的人，寄望的却是远方，那个既听不到，也无心聆听的人。

"我有娇靥待君笑，我有娇娥待君扫。莺花烂漫君不来，及至君来花已老。"落单女子的娇嗔，心酸又无奈。黛玉识得这样的无奈，更识得花老之后的悲凉，花开易见，落难寻，因此肩担花锄出绣闺，葬花于香冢，"一朝春尽红颜老，花落人亡两不知"。可是黛玉未曾听过箜篌声，曹雪芹的时代，箜篌老了，老在宫廷雅乐里，闺阁画楼，鲜有人识得它的娇颜。

宋代，教坊大曲和法曲部有箜篌，未见凤首箜篌、竖箜篌之类的区分，但在《东京梦华录》里对宋徽宗宴会上所用的箜篌描述来看，可知是竖箜篌，它高三尺许、形如半边木梳、墨漆镂花金妆画及张二十五弦。政和年间，高丽王请求赐大晟乐和燕乐时，宋徽宗曾将四架镂金箜篌赐予高丽王。

靖康三年，北宋政权瓦解，教坊解散，南宋绍兴时期，乐工组织分属十三部之后，不见箜篌。箜篌在宫廷中，被用于朝贺、仪仗、卤簿大驾和宴飨，一直留存到清王朝终尾。

吴三桂降清后，吴梅村作《圆圆曲》，"许将戚里箜篌伎，等取将军油壁车。"若年轻时的姑苏名妓陈圆圆果真是诗人所言的"箜篌妓",那么她或许是历史上最后一位弹箜篌的绝代佳人。

明万历年间刻本《琵琶记》插图里,有一乐伎的背影,她静静地站在画面左下角,手持饰凤首的竖箜篌,单手弹奏时,脸却望向别处,似另有心思。

❖ ❖ ❖

古来中国也有箜篌,似瑟如筝,故又被称为卧箜篌或箜篌瑟。

商纣王时代的著名乐师师延,以箜篌创作"靡靡之音",在周武王伐纣时,师延向东奔命于桑间濮水之上,在绝处投水自尽。他留下的曲子,后来被卫灵公的乐师师涓偶然习得,彼时师涓与卫灵公夜宿水边,听得半夜有人弹奏此曲,师涓便记住了旋律,献艺于晋平公,晋国乐师旷在他演奏的中道欲制止,曰此为亡国之音。不过师涓依然完成了演奏,晋国灭亡之后,此曲又传入郑卫两国,故又名郑卫之音,被视为淫乱人心的不祥之声。

《释名》《世本》中都记载了这个故事,不过在《王子年拾遗记》中,故事被描绘得更加细致。夏朝末年,师延投奔商纣王,被关押在阴宫之中,师延为了活命,给狱卒弹奏雅乐,狱卒却说消受不了淳古远乐,师延只得改弹迷魂淫魄之曲,得以幸免炮烙之刑,却难逃抱着乐器与商朝一起覆灭的命运。

师延是中国上古传说中的乐神，传说哪怕一根弦的琴，他都能奏得使天神下凡，玄鹤群舞。他的曲子，可淳古可迷魂，弹就弹到极致，是乐神的天职。

司马迁在《史记》里将师延制靡靡之音的乐器写成琴，箜篌的来历则是另一个故事：汉武帝灭南越，李延年献乐，公卿们展开了天子郊祀该不该用乐的讨论，讨论结果是参照昔日太帝破五十弦瑟变二十五弦瑟的做法，制二十五弦及箜篌瑟。

后来的学者根据《史记》，便有了卧箜篌源自南越国的猜测。《汉书》里有几乎相同的记载，只是箜篌写作"空侯"，曾经，筑的起源也有一种讨论与南方百越族有关。"空侯"上的竹字头，多半也与竹制琴身有紧密关联。

唐人杜佑《通典》与《旧唐书》都有相似的一句话："箜篌，汉武帝使乐人侯调所造，以祠太一。或云侯辉所作，其声坎坎应节，谓之坎侯，声讹为箜篌。或谓师延靡靡乐，非也。"和司马迁一样，也否定了师延制箜篌说，只是没有李延年什么事。

《通典》中还有一句："旧说一依琴制，今按其形似瑟而小，用拨弹之，如琵琶也。"

宋代《太平寰宇记》中提到"箜篌国"，说是师延制箜篌的所在地，为河南道开封府中牟县东南二十华里处，师延取悦的国君并非商纣王而变成了卫灵公，这样便失去了信服力。古来史家多撰伪，史家也会以讹传讹。

当我们翻阅宋人陈旸《乐书》时，发现他对箜篌的解释，综合了不同版本的历史文献，客观来讲，是搞折中主义。

他说："刘熙《释名》曰：箜篌，师延所作，靡靡之乐，盖空国之侯所存也。后出桑间濮上，师涓为晋平公鼓焉，郑分其地而有之，因命淫乐，为郑卫焉。或谓汉武帝使乐人侯辉作坎侯，盖取其声坎坎，以应乐节，后世声讹为箜篌尔。二说盖皆有所受之也。"

他所配的图，是一张弓形箜篌卧放，显然陈旸没有弄清卧箜篌的形制。五代以后，民间没有它，宫廷雅乐仅辽代的文献中有过记载，便再无音讯。

1980年，一件三国后期青瓷卧箜篌乐俑在湖北鄂州七里界四号砖墓出土，印证了史书中的描述：弹奏者呈跽坐姿势，卧箜篌呈长方体，器身应是共鸣箱，横置膝上，尾端着地，有六条弦柱，如琵琶的品，他左手执拨片，似乎边演奏边歌唱，表情甚是投入。

在魏晋时期的一些墓砖壁画中，也有弹拨卧箜篌的乐师形象出现，虽然卧箜篌一直未见出土实物，或许因为材质为竹木易朽，但至少我们可以确信，它的确是存在过的。

正因为西域传来的箜篌是竖弹，而当时中国本土的箜篌还没有消失，在共存的一段时期里，人们以卧箜篌、竖箜篌将它们区分。

因此，汉乐府诗中的《箜篌引》和《孔雀东南飞》中的"十三能织素，十四学裁衣，十五弹箜篌"，都应是卧箜篌。《箜篌引》的故事发生在朝鲜，倘若是从中国传去的，它与朝鲜的玄琴接近，这又是另一番对器乐溯源的讨论了。

正如佛经讲述的世界，古箜篌拥有千变万化的胜景，究其真形，形态无常，失传的乐器，消失的乐音，曾经诸相变幻，最后由繁盛至淡无，归于无相，也应了佛理。

这首汉乐府诗《箜篌引》，故事固然悲凉，我更愿意从文学作品的角度去赏读。

《古今注》："《箜篌引》，朝鲜津卒霍里子高妻丽玉所作也。子高晨起刺船而濯，有一白首狂夫，被发提壶，乱流而渡。其妻随呼止之，不及，遂堕河死。于是援箜篌而鼓之，作'《公无渡河》'之歌，声甚凄怆，曲终自投河而死。霍里子高还，以其声语妻丽玉。玉伤之，乃引箜篌而写其声，闻者莫不堕泪饮泣焉。丽玉以其声传邻女丽容，名曰《箜篌引》焉。"

白发狂夫决然赴死，其妻阻拦未果，悲歌一曲之后，随夫而去，这一切被津卒看在眼里，告诉了妻子丽玉，丽玉引狂人妻的悲号，作出新曲，并传教邻家女丽容。狂人妻的《公无渡河》歌只有十六字："公无渡河，公竟渡河。公坠河死，当奈公何？"

故事中的乐器是卧箜篌，便有了士和琴瑟的气息，卓然不群，众人醉，唯我独醒。

狂人妻悲呼"公无渡河"，你不要渡河啊，明知死路一条，"渡河"

在这里有了深层次的意味：去清静、干净的彼岸。

可是狂人坚决地与现实的浑浊世界决裂，狂人妻失去了丈夫，望天再呼"公竟渡河"，你真的离去啊。狂人不会回头，朝着心中的方向前行，此时，死亡已不是死亡，而是理想的新生。

狂人妻哀叹"公坠河死"，死是事实，看似是命运翻出了底牌，其实是不向命运妥协的态度，是高洁的心志、坚守的信念使之洗却尘世污垢，以生命为代价，换得一身洁净。

她悟到了，"当奈公何？"又能把你如何？命运不能把你如何，作为妻子的我，也不能改变你的意志，作为一个士，他虽死犹荣，那么天地之间，便见证了士的尊严。

这一句发问，也是问自己，她最后以身殉夫，陪他共赴理想彼岸。此生此世，一生一世，生生世世不离不舍。

人生若是苦难之旅，行路者的哀歌，这样的画面里，一定是"坎坎应节"之声的卧箜篌，如悲筑，如秦筝，刚毅、激荡、壮烈。

这不是西域传来的优美竖琴类箜篌可以表现的。

停杯且听琵琶语

> 莺踏花飞,乱红铺地无人扫,
> 杜鹃来了,叶底青梅小。
> 倦拨琵琶,总是相思调,凭谁表,
> 暗伤怀抱,门掩青春老。
> ——[宋]佚名《中吕调·点绛唇》

公元383年,前秦苻坚大将吕光曾攻灭龟兹,掳获译经师鸠摩罗什,凯旋的军队并未回到中原,而是在凉州停留下来,吕光割据河西,建立后凉政权。此时有一支约两万骑的骆驼队跟着吕光大军来到凉州,载着珠宝美伎,这是龟兹音乐歌舞第一次传入。鸠摩罗什则以汉文译出佛经,使佛典成为人人可吟诵的优美音律。

乐僔和尚已经在三危山与鸣沙山的峭壁上凿挖佛洞,他因受黄昏时千里金沙所感,想要将投映到山崖上的灿烂金光化为佛光,便开启了漫长的筑窟造像工程。公元 401 年,沮渠蒙逊建立北凉政权,从张掖迁都姑臧,"龟兹乐"经吕光、沮渠蒙逊,已融入汉声,演变为"秦汉伎"。沮渠蒙逊也投身乐僔和尚未了的事业,在敦煌兴建石窟群,莫高窟第 272 窟,为"北凉三窟"之一,窟中天顶四面坡上,绘着敦煌壁画历史上第一尊天宫琵琶乐伎。

此窟主室为长方形,覆斗窟顶下方四面坡一共绘有二十余身天宫乐伎,她们袒露上身,着软纱长裙翩飞空中,或歌舞,或奏乐,表现着《妙法莲华经》所言的妙音供养。四面坡的西面正中,一位快乐的乐伎横抱着琵琶,沉浸在美妙的佛乐中。

龟兹琵琶是五弦直项,这幅壁画上的琵琶,是四弦曲项,它的祖先是古波斯乌德琴,早在汉代便已经由天山南麓的于阗传入中原。琵琶之名,据弹奏时前后拨弄的手形,早先谓之"枇杷",右手向前弹出曰"枇",向后弹进曰"杷"。后来在八音中归丝弦类,字形靠近琴、瑟等张弦乐器,演化为"琵琶"二字。它们由于从西域而来,音箱是水滴形,中国本土的秦琵琶衍化的阮咸、月琴等乐器,形似满月。

彼时,吕光已病故,后凉奄奄一息,他带回的那支龟兹乐队已星散四去。直至北魏平定中原后,约是公元 431 年,太武帝拓跋焘得到沮渠蒙逊的伎乐,"秦汉乐"再次经过改编,成"西凉乐"。北魏时期的敦煌壁画中,始出现由龟兹传入的五弦直颈琵琶。

中原地区，西域乐人早已成批涌入，北齐文宣帝高洋的宫廷中，有琵琶圣手曹妙达、安未弱、安马驹等。曹氏家族的故事尤为跌宕，曹妙达的姓氏与汉族无关，而是出身西域古国曹国之缘故，据传其祖先曹婆罗门弹得一手得龟兹真传的好琵琶，再往下传给妙达之父僧奴，至妙达已是三代，可算世代相续。妙达绝艺受到北齐文宣帝高洋的重视，因此成为宫廷乐官。

北齐后主高纬的时代，他曾身着胡服，为天子弹曲，缥缈游丝般的音乐，就像来去无形的花，妙达竟弹出乐音与金兽炉吐出的烟香交织袅绕之佳境。天子大悦，当时颁封赐赏，成就一出"乐官封王侯"的传奇。

妙达的妹妹也是琵琶高手，不仅能弹，还会度曲，被高纬封为昭仪，得到一座专为她修建的奢殿"隆基堂"，夜夜仙音绕梁。可惜后宫险境，终因受妒被诬害。妙达一直活到隋初，同样是琵琶弦上的清音，同是胞出，有人弹出杀身祸，有人弹得上青云。

且不慌唏嘘，高纬之子高恒，不满百日便被封为太子，长大后也是位琵琶高手，自编《无愁》曲，自弹自唱，被世人称为"无愁天子"。可他一懂事便知天下风雨，身在宫阙如居危楼，忧愁不绝。

父子两代帝王，治国无能，终日沉溺歌舞，骄纵奢淫，直至命断北周武帝宇文邕手中。

就在这对父子被处死，北齐灭亡之前，北周武帝的宫中已经拥有了当时天下最顶尖的琵琶宗师、龟兹音乐家苏祗婆。这是公元 568 年，宇文邕与强大的突厥联姻，娶突厥木杆可汗之女阿史娜氏，浩浩荡荡的和亲使团中有一支由龟兹、疏勒、安国、康国等西域诸乐组成的乐团。迢迢三万里，苏祇婆便是随着这次通婚来到长安。

从此武帝宇文邕的殿廷，响起珠落玉盘的琵琶声。苏祇婆不仅精弹琵琶，更熟通音律，他将五旦七声的音乐理论传入中原，被音乐家郑译发展，影响了隋唐宫廷的燕乐二十八调和雅乐八十四调。

五胡十六国烟消云散，隋唐盛景，恰似青春恍惚难再现。

天授元年，则天女皇在登基大典当晚，举行宫宴庆贺。她年幼的孙子孙女们组成娃娃歌舞剧团，在那场宫宴上尽展其才，一个个宛若朝露，清新宜人，承沐着祖母温暖慈祥的恩光。

先登场的是五岁的卫王李范，他头戴假面、手执兵器演出《兰陵王》，虽然小小年纪，却十分稳重地念出开场白："卫王入场，咒愿神圣神皇万岁，孙子成行。"接着是六岁的楚王李隆基，男扮女装演出《长命女》；十二岁的宋王李成器，演出的剧目是《安公子》。娃娃剧团中最年幼的是代国公主李华，当时她只有四岁，与姐姐寿昌公主对舞于西凉殿上。他们均是唐睿宗李旦的子女，随着长大，幽深莫测的命运向他们一个个翻开无情底牌。

可这场充满天真童趣的宫宴，被史官记录在代国公主李华的墓碑上，让后人知道，唐宫夜宴不只有腥风血雨，曾经有过那样其乐融融的天伦之乐。

李华，字华婉，她或许是唐宫中最多才多艺的公主。碑文说她箜篌、笛、琴、搊琵琶、七弦、阮咸……随手便合，有若天与，仿佛天生天晓，学无不通。唐人有关琵琶名曲《郁轮袍》的传说，撰才子王维为招引李华所奏。李华钟爱琵琶，在她风华正茂时，王维为了仕途通达，托已被封为岐王的李范，得以在公主殿上演奏一曲《郁轮袍》，得其赏识，举荐主考官，才在殿试中名列首位，从此在长安城声名鹊起。

故事不管真假，此曲早已失传。宋代陆游诗云："梨园旧谱郁轮袍"，清代孔尚任也有"恨不早为君弟子，白头才听郁轮袍"。说明它确实是唐宫梨园旧曲。晚清钱泳在《履园丛话·艺林》里提到琵琶演奏家杨廷果精弹古曲，其中便有《郁轮袍》，可惜杨廷果去世后，"无有传其学者"。

近代有与之同名的琵琶大套武曲，平湖派、汪昱庭派称《郁轮袍》，浦东派沈浩初《养正轩琵琶谱》则称《霸王卸甲》。版本不同，段落数不同，讲述的是西楚霸王的壮烈往事，细细听赏，琵琶拨出鼓角甲声，战败后别姬的哀叹，帐下佳人泪，尽落丝弦中。

再回到盛唐的长安城。贞元年间，某日，天旱祈雨，号称琵琶第一圣手的康昆仑在东市的彩楼上以羽调弹《绿腰》曲。西市彩楼上，出现一位女郎，她偏偏要以枫香调弹奏此曲，弹得"声如雷，其妙入神"，康昆仑听罢自叹不如，忙伏首拜师，待女郎换了装再看，竟是庄严寺和尚段善本。

段善本是当世著名乐僧，座下门徒众多，世传技艺杰出的不止康昆仑，还有元稹笔下能弹《霓裳羽衣》《凉州》《六幺》《雨霖铃》等名曲的李管儿。元稹与李管儿是忘年交，段善本与康昆仑在长安斗艺那年，元稹才六岁。

元稹《琵琶歌》中描写："猿鸣雪岫来三峡，鹤唳晴空闻九霄。逡巡弹得六幺彻，霜刀破竹无残节。"《六幺》即《绿腰》，段善本当年在西市彩楼上弹的曲子。"管儿不作供奉儿，抛在东都双鬓丝。"李管儿拒绝在朝廷供职，一直追随他的师父学艺，宁可流落民间，一任岁月无情鬓染霜。

元稹有不少诗句为后世做音乐研究提供了材料和线索。元和十三年，元稹在通州任司马，回望半个世纪之前的风风雨雨，写下玄宗时代连昌宫的兴衰，望仙楼上楼下遍目珠翠，玄宗登楼望月，杨玉环陪伴在侧，凭栏而立，寒食节后，宫中乐音再起，"夜半月高弦索鸣，贺老琵琶定场屋。"这是"弦索"一词首次出现。贺老是梨园三百弟子中以琵琶闻名的贺怀智，备受玄宗嘉许，杨玉环也擅琵琶，还亲自教习，贺怀智常与玄宗、玉环、李龟年一起奏乐，他的琵琶，往往是宫廷小型音乐会的压场表演。

贺怀智用的是琵琶弦是鹍鸡筋制成，段善本的弦则在鹍鸡筋外以羊皮缠绕，贺怀智曾经试着用他的钢拨拨过段善本的皮弦，竟发不出声，可见段善本的功力在贺怀智之上。所谓"天地之间，物各有主"，唯有主人通晓物的本性，驾驭得了，段善本终生不仕，出家为僧，自有梅雪傲骨，不染俗念，精神境界的崇高使他达到艺术的顶峰。

宋代，欧阳修写过杜彬与琵琶曲《玉连锁》，"尘中醉客谁最贤，杜彬琵琶皮作弦。自从彬死世莫传，玉连锁声入黄泉。"（《赠沈博士歌》）文中可见，杜彬的琵琶弦也承续了段善本的传统。

琵琶拨子，除了贺怀智的钢拨，大多数是木制。手法出众的还有曹纲与裴兴奴，一位善右手运拨，一位则善左手拢捻。曾有一位琵琶手名叫重莲，向曹纲讨教弹奏手法，他于是一边演奏，一边向重莲示范，白居易作诗调侃"谁能截得曹纲手，插向重莲衣袖中？"可见曹纲水平太高，重莲一时半会不能完全领悟，恨不能剁手换一双。

白居易曾在枫叶荻花之秋的浔阳江头，无意间听见船中传来琵琶声，从弹奏技巧与所弹乐曲，断定这是位出自京师的琵琶高手，便以酒宴相邀，言谈中得知她原是长安教坊旧妓，十三岁琵琶得成，曾师从曹善才和穆善才，善才是教坊中的音乐教习职位，从五品，同时代的曹善才，从历史角度考证，应是曹纲的父亲。

这二位在元稹的《琵琶歌》中提到过，诗篇的末尾，元稹感叹李管儿年事已高，问当世琵琶后继者还有谁，"管儿管儿忧尔衰。尔衰之后继者谁，继之无乃在铁山。铁山已近曹穆间，性灵甚好功犹浅。"诗中说得很明白，曹善才和穆善才的灵气有余，功力不足，如果接继李管儿在琵琶界的地位，还需勤奋努力。

彼时段善本已经作古，管儿也步入残年，曹纲可能尚年幼，白居易在江畔遇见的商人妇，正是当年长安城教坊的名伎裴兴奴，她与曹纲算同门，水平不相上下。

她用拨子弹出难言心事，诉说半生悲怨。琵琶指法拢、捻、抹、挑，她的手法灵活多变，在轻重缓急间，出神入化，"轻拢慢捻抹复挑，初为霓裳后六幺。大弦嘈嘈如急雨，小弦切切如私语。嘈嘈切切错杂弹，大珠

小珠落玉盘。"（《琵琶行》）

她的演奏曾受过曹善才的夸赞，她的名字也曾位列教坊第一部。不仅仅是才华，青春与美貌令她拥有过无限风光。无奈战祸连连，遭遇亲人生离死别，岁月蹉跎，她年老色衰，门前寥落，渐渐过时，不得已嫁作商人妇，以谋后半生安定。

江州司马听了，想到自己的人生苦闷，几重起伏跌宕，孤苦飘零，哭之泪如散珠，不觉打湿青衫，琵琶女拨弦如拨心。司马说："别有幽愁暗恨生，此时无声胜有声。银瓶乍破水浆迸，铁骑突出刀枪鸣，曲终收拨当心划，四弦一声如裂帛。"

晚唐《宫乐图》中的一位弹琵琶仕女，琴首朝下，如低眉佳人，白居易遇见的琵琶女，应该也是这样的弹姿。五代顾闳中的《韩熙载夜宴图》卷一"悉听琵琶"中的抱法便有所改变，画卷中，教坊副史李家明的妹妹横抱琵琶，琴首已经向上抬起。宋明两代，琵琶渐渐由斜抱演化为竖抱，今日唯有南音琵琶尚保留唐人的横弹姿势。

指弹法，在太宗贞观年间已出现，称"搊琵琶"。最早使用这种方法的是疏勒音乐家裴神符，当时他演奏的是五弦琵琶。

反弹琵琶，敦煌壁画飞天伎乐最优美、且不可思议的形象，她的天衣如花，在空中飘动，面容安详专注，微微露出笑意，似乎在仙宫佛曲中获得无上享受。飞天乐伎载歌载舞，飞旋中忽然将琵琶横转上肩，在脑后从容稳健地盲弹起来，不同寻常的姿态，凌绝于凡尘，纯粹的逆向思维，玄奇高妙。

乐伎不使拨子，似乎漫不经心以手弹弄，反弹并非演奏姿势，而是歌舞动作。也许出于画师的想象，也许曾出现在宫廷乐舞中。

宋代以后，琵琶从横抱渐渐转向竖抱。或许随着抱姿不同，人们开始逐渐废拨用指。

五弦琵琶，唐时称为五弦。日本正仓院保存着唯一传世的紫檀唐五弦，修细直颈，品相俱全，流畅水滴琴身，通身以嵌螺钿工艺饰有花鸟、蝴蝶、草叶、云彩，珠光熠熠，甚至琴侧与琴轴，也密布嵌螺钿花朵，可谓绚烂至极。花心与花叶，皆描以金线，镶嵌红色琥珀，面板中部的捍拨亦是玳瑁制成，镶着一幅生动活泼的西域风情画，一匹骆驼听见乐声，忍不住回头望着背上正快乐弹琵琶的胡人，骆驼的憨态，活灵活现。

正仓院也保存着四弦曲项唐琵琶，有紫檀与枫木两种，琴身均有嵌螺钿花鸟纹饰，其中一紫檀琵琶上有独特出现的迦陵频伽，佛教传说中传播妙音的仙鸟。漆绘工艺的捍拨图案，精彩纷呈，各式各样，有绘制狩猎宴饮图、山水人物等。枫木琵琶背面染以苏芳，色似紫檀，捍拨上绘着一只白象载着四位胡人鼓乐的场景。一件件精工细作，足显当时工匠的杰出技艺。

捍拨有贴金工艺的，称金捍拨，张籍《宫词》诗云："黄金捍拨紫檀槽，弦索初张调更高。"这件琵琶的捍拨以贵重的黄金制成，音箱即音槽为紫檀木制，新弦初装，音调不稳定，略高一些是正常的现象。唐琵琶的制造集木器、金器、玉石器、漆器等复杂工艺于一身，加上张弦调音，一件珍

五弦

美人为我弹五弦,尘埃忽静心悄然。古刀幽磬初相触,千珠贯断落寒玉。中曲又不喧,徘徊夜长月当轩。如伴风流萦艳雪,更逐落花飘御园。

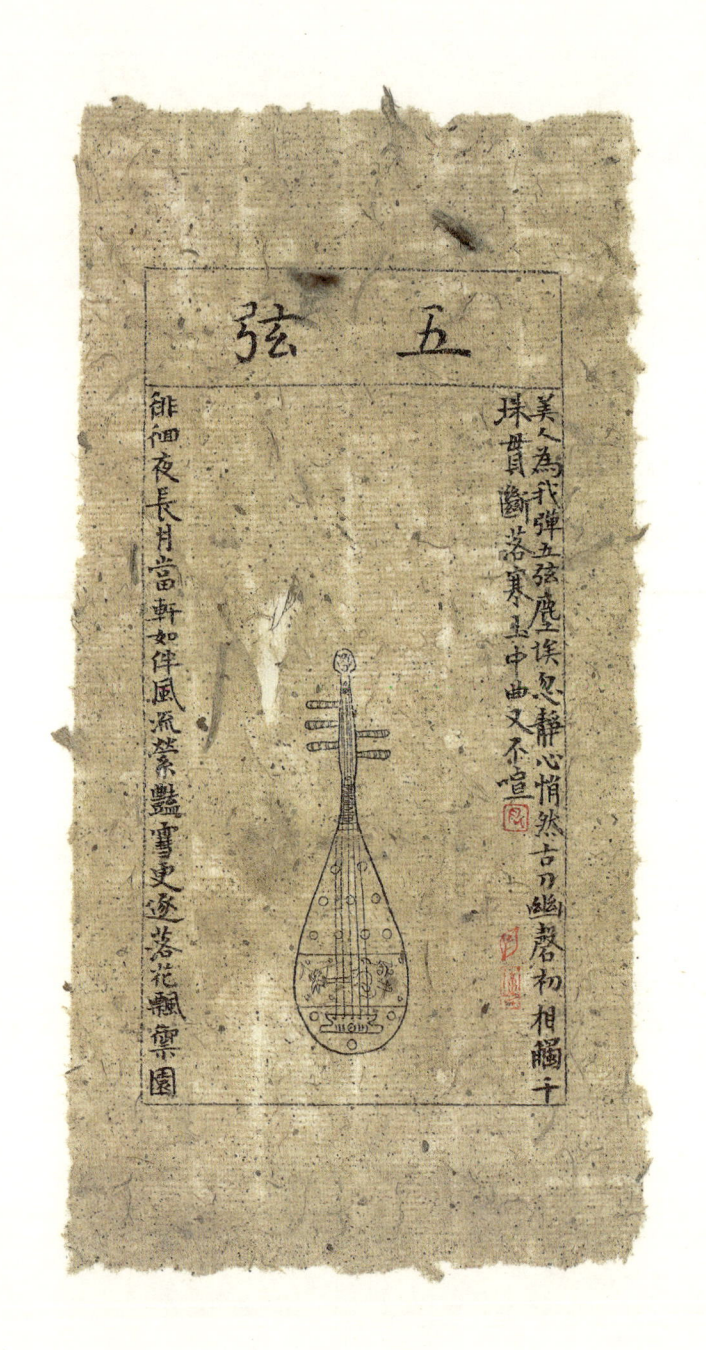

罕琵琶精品，非皇家不得见。

捍拨可视作一门古老艺术，历史短暂，灵光一现，即刻消逝，明清琵琶面板上已无捍拨，琵琶的水滴琴身变得修长，颈部也变长，曲项弯度变得平缓，由九十度转变为四十五度。

琵琶袋是斑斓织锦，正仓院有一件缥地大唐华文锦琵琶袋，缥地：淡青色地。以九色丝线织出盘绕交缠的莲花、忍冬花，依琵琶形状逐一开片剪裁缝合，帖服优美。

有一个玄奇的特例是三弦琵琶。它被发现在新疆和田达玛沟的唐寺遗址中，此地古语名"达摩沟"，意为佛法汇聚之处，和田是古老的于阗王朝中心，佛教东传第一站即在此。这把形制罕见的三弦琵琶，弦已经消失，弦痕仍在，水滴形木身、直项，小巧玲珑，而任何史料与图像中，均未见三弦琵琶的踪影。

它的存在，没有来由，不知去向，是一个解不开的谜团，和身披赭红袈裟、端坐莲花台的无头佛像、残损的千手千眼观音壁画一样沉默在时光中，等待考古学家的进一步探索发现。

宋代教坊，已不见五弦琵琶，四弦的形制则一直保持到现代。宋人曾觌《踏莎行》有："凤翼双双，金泥细细。四弦斜抱拢纤指。"今天我们所说琵琶的品位和相位，在宋代之前多为有相无品，如正仓院那件唐五弦有品有相的少，宋代才慢慢完善，但数目不定。经历代发展，四相九品、四相十品、十二品、十三品……民国之后品相渐增，直至今天的六相二十四品、二十六品。

欧阳修的《蕙香囊·鹊桥仙》，词意俱美。"身作琵琶，调全宫羽，佳人自然用意。宝檀槽在雪胸前，倚香脐、横枕琼臂。组带金钩，背垂红绶，纤指转弦韵细。愿伊只恁拨梁州，且多时、得在怀里。"

词人说的是依琵琶形制成的香囊，不过这不妨碍我们理解宋琵琶的美感。据词中描写，琵琶仍是使拨子弹奏。宋代始有琵琶背面系着红丝绶带，有点像今天的吉他带，琵琶横弹时，由于是坐姿，故不需要它，斜抱及竖抱，佳人开始站立演奏，就产生了背系丝带的方法，分散了重量，便不觉得木制琴身的沉重。明代有佳人竖抱琵琶，系带为红绦的彩塑。

至于斜抱，苏轼有句"酥胸斜抱天边月，玉手轻弹水面冰"，读来亦是生动。另有"小莲初上琵琶弦，弹破碧云天"，说的都是满腹情思的琵琶妓，以手搊弹，叮叮咚咚，弹碎心湖寒冰，弹得碧落云开。

琵琶词咏，晏几道的"记得小蘋初见，两重心字罗衣。琵琶弦上说相思。当时明月在，曾照彩云归。"妙境无人可及。词人在《小山词》自序中说，当初有两位旧友，沈廉叔与陈君宠，家中分别养四位色艺双全的歌女，名为莲、鸿、蘋、云，词人每写成新篇，便分与她们吟唱，不过世事无常，君宠重病卧床，几同废人，廉叔谢世，人寰两隔，歌女们也尽已解散，不知流落何方。

从词中看，与他交好的是擅弹琵琶的小蘋，但时过境迁，"去年春恨却来时，落花人独立，微雨燕双飞。"想起曾经的欢乐缠绵，昨梦前尘，一场虚空罢了。

《小山词》中有另一首《清平乐》，"千花百草。送得春归了。拾蕊人稀红渐少，叶底杏青梅小。小琼闲抱琵琶，雪香微透轻纱。正好一枝娇艳，当筵独站韶华。"有位不知名的人，将南宋词人何子初的《点绛唇》书写在一件八角瓷枕的枕面上，他写的时候，故意改动了一些细节，仿借晏几道的点滴词句，这样便越过何子初，意境上又胜了晏几道。

莺踏花飞，乱红铺地无人扫，杜鹃来了，叶底青梅小。倦拨琵琶，总是相思调，凭谁表，暗伤怀抱，门掩青春老。

年代估计是金元，出自鹤壁窑，白底黑花，枕侧描绘着被微风吹动的草叶，不知谁的玉颈枕过它，不知它悄悄听过谁的心事。

"叶底青梅小"与"门掩青春老"，形成对比，初春的娇羞与春尽的落寞，痴盼的希望与落空的守望，酸涩的感伤一点点流露，这便好过了晏几道的原词。

晏几道"小琼闲抱琵琶，雪香微透轻纱"，落了俗美人的套路。无名氏的"倦拨琵琶，总是相思调"，空弦慢挑，有留白之余韵。

宋词中也有清代之后流传至今的琵琶曲痕迹，但年月磨砺，有的已失去真容，或失传不见，有的则经过一代代琵琶名家之手，修编完善。苏轼在宋叔达家听琵琶，听到一支新曲，从旧曲《玉连锁》中翻来，但是他说旧曲中，至爱仍是《郁轮袍》。

《塞上曲》，在平湖派李芳园的《南北派十三套大曲琵琶新谱》中，它是由《思春》《昭君怨》《泣颜回》《傍妆台》《诉怨》等五支小曲组成。晚清陈牧夫擅弹《昭君怨》，他的曲谱在华秋苹编《琵琶谱》中有收录。

自汉代起，以昭君出塞为题材的琴曲、筝曲、箫曲、琵琶曲数不胜数，宋人张先在画船上听双人琵琶演奏，说："尽汉妃一曲，江空月静。"他另有诗云："听尽昭君幽怨，莫重弹。"

宋徽宗时代，建中靖国元年，晁补之赴左丞相韩师朴家宴，听琵琶妓弹《昭君怨》，"绣屏深、丽人乍出，坐中雷雨起鹍弦。花暖间关，冰凝幽咽，宝钗摇动坠金钿。未弹了、昭君遗怨，四坐已凄然。"

明代吴俨听郑伶弹琵琶，有感而诗，"子夜猿啼残月白，上林莺老落红花。江头商妇愁无限，塞外明妃恨不同。" 诗中也提到了昭君主题。而"上林莺老落红花"一句，典出唐人顾况某日在上阳宫外的御沟偶拾一片红叶，不知哪位久居深阙的宫娥在红叶上题写了一首幽怨诗的故事。郑伶当晚弹奏的或许并非《昭君怨》，而是传世琵琶曲《汉宫秋月》，此曲既有对昭君的同情，又有宫人终年不得自由，向秋月寄托愁郁的幽怀。

琵琶有大、小套曲，以篇幅长段区分；有文曲、武曲，如宋词婉约派与豪放派之区别，文曲缓慢、意境深远，武曲激烈、豪迈奔放。

用乐曲描景自然画意的套曲《月儿高》，是文曲中的经典。始见明代嘉靖年间的琵琶手抄本《高和江东》。由散起、〔桂枝香〕〔解三酲〕

〔玉胞肚〕〔金络索〕〔画眉序〕〔红绣鞋〕等曲牌组成。在1918年华秋苹《琵琶谱》中，它的曲名体现了月亮由初升至西沉的诗意变幻，海岛冰轮、海峤蹒跚、银蟾吐彩、素娥旖旎、浩魄当空、琼楼一片、银河横渡、玉宇千层、蟾光炯炯、玉兔西沉，共十二段，意境华美。

皎洁明月从海上缓缓升起，月光漫洒海面，仙音飘飘似仙子在空中腾跃起舞，忽而蹒跚慢吟，忽而扬裙跃飞，旋律营造出的意象建筑出天宫琼楼玉宇，一层层铺叠，直至月光缓沉，海波荡漾，余音渐静。

武曲经典有以写实手法创作的《十面埋伏》。明代王猷定编撰《四照堂集·汤琵琶传》，讲述了明代邳州人汤应曾的故事，他的技艺高超，人称汤琵琶。周藩王曾召他入殿演奏，先赐嵌碧玉色象牙透雕的琵琶与宫中锦衣，再开始演奏。汤琵琶擅长许多曲目，平生最得意是《楚汉》曲，即传世曲《十面埋伏》，仿佛两军决战的场面重现，琵琶弦拟出金声、鼓声、剑声、弩声和人马声，凄怨时楚歌声，项王悲歌慷慨声，还有别姬时的追骑声、乌江边自刎声等等，听者从激奋，到惊恐，至涕泪，毫不自觉，就被琵琶声深深带入情景之中。

另有一首武曲，与蒙古统治背景有关，它是元代诞生的经典《海青拿天鹅》，同样用的是写实手法，展现了蒙古人狩猎行乐的生活场景。海青又名海东青，传说飞得最快的神鹰，是东北少数民族领袖心中的神俊，元代统治者保持了狩猎生活的习惯，尤其热衷用海东青在空中捕捉天鹅。这支曲子表现的则是捕猎的过程，明朝琵琶名家张雄擅弹此曲，当他在五间门面开阔的大厅中弹奏时，人们觉得满厅飞舞着天鹅。

中原文人眼中的飞鸟，不似蒙古人那样骁勇，因此编入琵琶曲的，是《雁落平沙》，曲子优美舒畅，描绘了雁儿飞舞时的清悦愉快。宋人江开有首《清平乐》："一学得琵琶依约熟，贪按《雁沙》新曲。曲终满院春闲，清颦移上眉山。心事怕人猜破，折花背插云鬟。"

它是一首文曲，据词中所言，产生于宋代，近世传曲，最先见于华秋苹《琵琶谱》，收录的是清代北派琵琶演奏家王君锡版本，《平沙落雁》一名稍微有些差别。

明清琵琶演奏家，除了汤琵琶、张雄、王君锡，还有别号"琵琶绝"的李近楼，他一生坎坷，漂泊无定，胸中积闷，都付与一把琵琶。他也是拟声高手，能使琵琶拟鼓、炮、喊和琴、筝、笛等各样乐声，甚至二三人交谈，他也能拟出对话声。他弹佛曲《鱼山梵呗》，便有"冷然孤僧云水"之感，清代琵琶套曲《普庵咒》其中有一段便是此曲。他故于万历十六年，琵琶技艺没有传人。

琵琶历史悠远，曲谱存世极少。1900年，敦煌莫高窟藏经洞里发现一份后唐明宗长兴四年的曲谱，称为《敦煌琵琶谱》，手工抄写在《仁王护国经变文》的背面，共二十五首琵琶曲，以燕乐半字谱记写。三种笔迹看来，非出自同一人之手。

日本正仓院有一份手抄《天平琵琶谱》，年代在唐玄宗天宝六年，一首黄钟调《番假崇》佛曲被抄在记录纳受账的写经料纸背面，仅剩有一页，

曲项琵琶

别有幽愁暗恨生,此时无声胜有声。银瓶乍破水浆迸,铁骑突出刀枪鸣。曲终收拨当心划,四弦一声如裂帛。

内容不全。有些抄谱人，不一定是专业乐师，或是业余爱好者，纯为了兴趣而为。可能也像我们过去，在随手可拾、用过的作业纸背面抄记流行歌那样吧。

这支《番假崇》，有芝祐靖的版本，可以找来听。最好是空厅人稀，清茶一杯，淡香虚无，听着便仿若脱身世外，佛寺静寂，香灯微明，弦如远钟，一声一声皆是法音，不紧不慢在殿中回荡，传递着修佛人的虔正，所有不安宁，都在丝弦拨动中，缓缓寂灭了。

世间万业，承续必有谱，后人打谱，无论如何也复制不了前人，音高音低、节奏控制，差乎毫厘，谬之千里。一首曲谱，不同人打出来，必然是千般模样，曲子从指尖流出，带着他独特的气息，他的学养、性情、洞察力，都决定着他打出来的古曲将以何种面貌示人，他即使古曲复活，同时又在创造新曲。

宋代沈括在《梦溪笔谈》里，提到一件往事。当年，他在金陵丞相家中偶得唐代贺怀智所编《琵琶谱》一册，研究后发出感慨：从怀智的调格，足见唐人乐学之精深，与当世全然不同，唐代乐曲中尚存雅乐之律的遗法，而宋代的燕乐，古声多亡，新声多丧失法度，乐工自己不能言解乐律中的要义，如何得乐声的清和。

唐代雅乐已名存实亡，宋代更是无迹可循。自古以来，反对雅乐的人，多半是享受不了它的平淡，日子久了，雅乐便成庸寡，世人眼中的腐朽。它没有新声多变，挑逗煽动，但不代表它没有情感。

净、清、正、和，此四字应是雅乐初立时的思想，育人心，如培育秀正禾苗，俗乐是动听，却不能使人抛却妄念，是精神消耗，不是养。

遣唐使所抄琵琶谱，也有零星保存，如抄于唐文宗开成三年的《开成琵琶谱》，是日本遣唐使藤原贞敏师从扬州名师廉承武之后抄录的曲谱，内收二十七种调弦法及四十一首曲。藤原贞敏回国时，得廉承武相赠的曲谱和名为"玄象""青山"的琵琶两把，传说正仓院的枫木染苏芳螺钿琵琶正是"玄象"，另一把不知所踪。

薄薄纸张，记载的何止数首曲子，它们记载的是烟云往事，曾经那些个时代的心泪与笑容。时代匆匆地来，又飞快掠过，我们望着前人遥远，时代也会扔下我们，追去别处。

日本阳明文库藏有一份来自近卫家所传的长卷古谱《五弦谱》，并非唐人原谱，是日本人抄于公元842年，收录五弦琵琶的调曲总共二十八首。其中七首《王昭君》《秦王破阵乐》《饮酒乐》《圣明乐》《崇明乐》《夜半乐》《三台》存世，其他不传。根据《夜半乐》曲后面一行补记"丑年闰十一月廿九日石大娘"，可证实为唐人所传，石大娘是成德节度使王武俊家的一名乐工，丑年是公元773年。

清代嘉庆年间才出现第一部正式刊行的琵琶谱，时是1818年，华秋苹编《琵琶谱》，谱列大曲六套，其中《海青拿天鹅》名为《海青拿鹤》，意境有了些变化，另五首大曲是《将军令》《十面埋伏》《霸王卸甲》《月儿高》《普庵咒》，又列南北两派传谱的琵琶小曲六十二首，南派是浙派陈牧夫,北派是直隶王君,以工尺谱记写。

之后,以地域为界定的诸多流派当家人,陆续编订琵琶谱,如平湖派李芳园的《南北派十三套大曲琵琶新谱》、浦东派沈浩初的《养正轩琵琶谱》、崇明派沈肇洲的《瀛州古调》、汪派汪昱庭的《琵琶谱》。一本曲谱,打开如丰盛宝匣,前人付诸心力,为后人留下可传世的琳琅珍宝。

古来多少琵琶曲,传至今天,经典也就那么些,看似失落在谱子上,实际也失落在心法上。曲谱传给善学之人,如禅宗传法,传的是心法,领会了真义,自然不会失却。

曲谱似一线命脉,是个大概轨迹,绝非机械、程式化的复读。须得用心去善养,沿着轨迹,在丝弦上,弹拨自己的心路,传递自己的心法。曲子将历史不愿泯灭的痕迹留传,交予读懂了它的知己,再带着那个人的痕迹,找寻下一个人。

所谓不朽,山高水长,知音命轮续转,生生不息,得深养千年。

来听纱窗摘阮声

> 绛腊攒花夜气闻，尊前更著许多情。
> 却将江上风涛平，来听纱窗摘阮声。
> ——[宋]刘过《听阮》

世间传奇事事，往往有一个苦悲因子。

孟姜女哭长城，后世多少人玩味，幸好不是真事，哀怨苦仇，第一个传事的人是伟大小说家，一点浓郁佐料，引来扎推的听众。现在要说的事，没有那么苦，但，有一点点悲。

孟姜女没哭倒长城时，秦末年，百姓不堪筑长城之劳役，想出一个娱乐办法，就是将鼗鼓装上弦，鼗鼓是兽皮蒙的双面，人们给它加了弦，装上手柄，变成弹拨乐器"弦鼗"，又叫秦琵琶，秦汉子。

汉武帝要打匈奴，必联合西域乌孙王室，通婚是最直接有效的方法，于是汉武帝在元封六年，将第二代江都王刘建之女细君嫁给乌孙国王昆弥，以结兄弟之谊，共同对付匈奴。细君公主告别故土时，汉武帝"赐乘舆服御物，为备官属侍御数百人，赠送其盛。"这里有一盛，就是在公主远嫁乌孙国的漫漫路途中，需要解闷的东西——秦琵琶。古时人们出行，带着鼓、埙、笛等乐器，骑在马上演奏，称之为马上乐，汉武帝让乐师改进了弦鼗，借鉴琴、筝、筑、卧箜篌等弦拨乐器，将鼓的部分制成满月形，后人谓之汉琵琶。

演奏时，马上竖抱，如揽月入怀，满天风沙的远嫁路上，慰藉思乡之情，弹奏起来，姿势是优美的，情绪是悲凉的。细君公主来到乌孙王国没多久，便抑郁而亡，汉武帝又将解忧公主送去和亲，同样是汉琵琶相伴，解忧公主一去五十载，历嫁三任乌孙王，七十岁时，她请求大汉朝廷："愿得归骸骨，葬汉地。"

西晋，陈留尉氏人阮咸，阮籍的侄儿，此人精通音律，喜欢饮酒作乐。竹林七贤中，山涛、王戎在音乐方面没有特殊的才能，是着意官场的明哲保身之人，刘伶嗜酒，比阮咸讲究些，阮咸什么酒都不拘束，猪喝过的酒瓮，他照样把头伸进去喝。向秀和嵇康走得近些，没事一起打打铁，阮籍叔侄和嵇康就更近了，在音乐上，三人都属于一代宗师，擅长鼓琴，嵇康有《琴赋》，阮籍有《乐论》，阮咸弹琵琶，弹着弹着，就把琵琶改变了样子。

西域来的琵琶，音箱是水滴型，细君、解忧二位公主的汉琵琶，音箱是满月形。很难说阮咸是参考哪一种改的，材料和琵琶相同，琴有头、颈、身、弦轴、山口、缚弦、琴弦，琴弦和琴身是金属的，铜琵琶，快拨起来音色铮铮铿铿，缓柔处如朝露清洌，用它弹一曲《三峡流泉》，飞涛叠浪，在翠山碧嶂中起落迂回。

西晋傅玄说它的形制："观其器，中虚外实，天地象也；盘圆柄直，阴阳叙也；柱十有二，配律吕也；四弦，法四时也。"可知阮咸遵循了传统法则，上古之道，音箱中空外实，象征天地，圆形音箱，直柄，为阴阳相合，十二柱对应十二律吕，四根弦，对应人间四季。

由于服用"五石散"，嵇康的皮肤变薄了，比之前敏感，因此只能穿宽大的衣服，着木屐，在苍郁竹林里和阮咸以琴论道，彼时清风入林，丝音金声相扣相合，俯仰之间，神游太古。

琴阮二弄，唐人蔡逸撰《阮咸谱》有记载。明代杜堇的《宫中图》，摹自南唐周文矩的作品，画面描绘阮咸与琴合奏的场景，嵇康与阮咸的风度不存，长卷铺开，满是丰肌高髻的贵族妇人在慵懒地行乐，她们身后的烟树山水，不是天然风景，是深宫中，屏风隔挡处，墙壁上的重彩壁画。

阮咸琵琶，魏晋时不分你我，直到唐代。唐开元年间，蜀人蒯朗在古墓中发现一铜器，身正圆，似琵琶，太常少卿元行冲认为："此阮咸所作器也。"彼时距离阮咸去世有四百多年，相传阮咸入土为安时，确实有他改制的铜琵琶相随。

这把铜琵琶是不是阮咸所有，无从得知，历时多年，铜身已布满青色锈迹，元行冲当即命乐师重新复制一把，用木料换掉铜料，琴颈和琴身是椴木或杨木，面背板为桐木，指板为红木，弦轴为红木、黄杨、黄檀木和紫檀木，声音取其清亮古雅。

自此，阮咸改制的铜琵琶，乐家称之为阮咸，这是唯一以人名命名的中国乐器，宋代以降，简称阮。

盛唐，宫廷音乐清商乐、西凉乐里，都有阮咸的位置。在敦煌220窟北魏时代的壁画上，有飞天乐伎弹花边阮的情景，梅花形的音箱，曲项。唐故武氏夫人，武延寿之女，武则天侄女，19岁时奉旨嫁吐谷浑王子慕容羲皓和亲，唐开元二十四年，她病逝时年仅33岁，埋骨凉州，随葬品里有一把阮咸，镶嵌37朵骨质梅花，朵朵凌霜傲骨，清雅秀美。

可以想象，她这样无从选择自己命运的女子，和当年的大汉公主一样，身处苍凉之地，面对不熟识的人事风物，唯有手边一把唐阮，拨弄起来，仿佛看见了长安的朱栏牡丹，终南山的彩幄翠帱，明月升起时，在曲江波光中澹荡的，是不忍流逝的年少韶光。她的墓志铭上有一句话："夫人死后，琴瑟怆断，馆舍悲凉，红闺阒其遂空，翠玉惨其无色。"除了阮咸，她应该还有琴瑟相伴，在思乡的寂寞中度过风华正茂的时光。

日本奈良东大寺正仓院保存着一把完整的唐代紫檀镶螺钿阮咸，长约三尺，四弦，十四柱，满月形的音箱，面板中央有暗绿地圆形捍拨，上面

阮

秦末弦鼗遗制,原称秦琵琶,或谓汉室公主和亲远嫁而制,满月音箱,如抱月入怀,经西晋阮咸之手改制,铜料琴身,盘圆柄直,四弦十二柱。其物始见唐开元年间,元行冲称其为阮咸,以木料代铜,始称阮咸。宋代以降,简称阮。古人摘阮,南宋刘过有佳句"却将江上风涛平,来听纱窗摘阮声"。

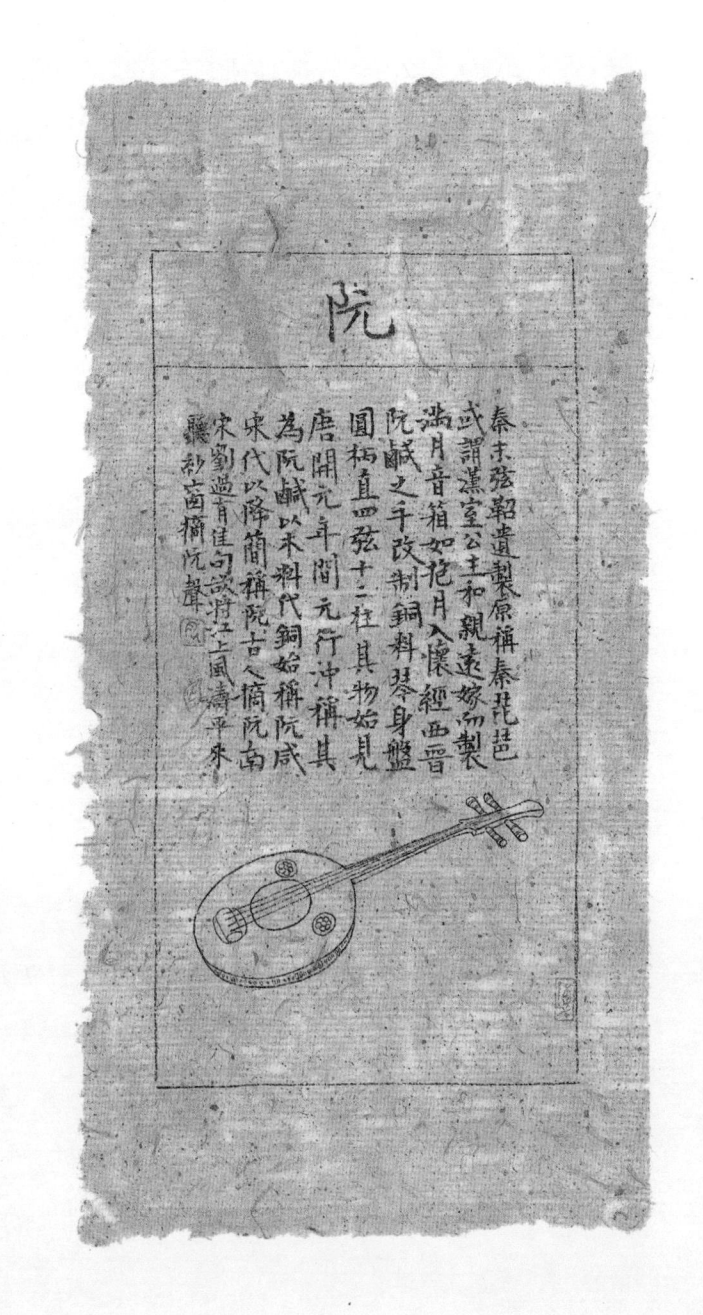

以蜜陀僧彩绘四位仕女坐在一株盛开的花树下，中间两位衣裙鲜艳，右边红衣仕女在弹阮，捍拨左右，有两个对称圆音孔，琴头、琴轴和琴杆皆以螺钿、玳瑁、琥珀等名贵材质镶嵌花的图案，有含苞待放，有五瓣盛开，背面镶嵌着一双鹦鹉，口衔珠蔓花枝，盛唐雍容之姿。

白居易形容阮咸："掩抑复凄清，非琴不是筝。还弹乐府曲，别占阮家名。古调何人识，初闻满座惊。落盘珠历历，摇珮玉琤琤。似劝杯中物，如含林下情。时移音律改，岂是昔时声。"宋代张镃也说："不似琵琶不似琴，四弦陶写晋人心。指尖历历泉鸣涧，腹上锵锵玉振金。"

阮咸的声音，以琴的方式弹，听起来就像琴，以筝的方式弹，听起来就像筝，以琵琶的方式弹，听起来就像琵琶，它没有琵琶的艳气，没有琴的凄清幽怨，在似与不似之间，自有独特的气息。

古人将阮的演奏，称为"摘阮"，北宋黄庭坚有《听宋宗儒摘阮歌》，南宋刘过有"却将江上风涛平，来听纱窗摘阮声。"夜静更深，红烛攒泪成花，微香在空中弥漫，诗人独坐尊前，小轩窗，纱帘隐约，似乎听见了江风吹起波涛，波涛又复归平静，原来是美人在窗边摘阮，声声落进诗人的心里。

美人摘阮，李师师是一位，听者燕青，这个桥段可见《水浒传》第八十一回。摘是一个演奏动作，小小动词，灵活了画面。管平湖先生曾整理过琴用指法，撰成《古指法考》一书，其中"右手名指向外出弦曰摘"，也许有相似关联吧。阮咸早已作古，阮谱已失传千年，古人究竟是如何弹奏阮的，只能靠后人猜想了。

宋太宗赵匡义，热衷琴阮。在公元995年，他心血来潮将七弦琴增至九弦，谱了二十卷《九弦谱》，又将四弦阮增至五弦，称为"五弦阮"，还兴致勃勃地改编旧调，创作了一百四十八首阮咸新曲。五弦阮并没有沿用到后世，到今天，阮还是四弦的。

宋代官家藏书里，有李昌文的《阮咸弄谱》《阮咸谱》，可惜后来均失传了。到了宋徽宗赵佶时代，弹阮的人没有太宗时候多，弹得精的更是少之又少，北宋张邦基在《墨庄漫录》中记述过两位弹阮高手，一位是醴泉观道士王庆之，另一位叫安敏修，此二人论技，连宋徽宗都很重视。他们在京师有过精彩的表演，王庆之的演奏以古曲为多，风格古雅，优逸从容，安敏修喜欢创新，移宫徵以变奏，避开压抑的怨声，多取明朗的兴声。两人的风格一旧一新，都身怀绝艺。可惜后来社会动荡，庆之下落不明，敏修被俘虏押往北方，不多时据说又逃回南方，没有后闻了。

南宋时，已是太皇的宋高宗赵构与太后等一行人去宠妃刘婉容的奉华堂，听她摘阮，一曲弹毕，刘婉容对太后说她新教了二位名曰琼华、绿华的年幼婢女，她们不仅会琴阮，还会下棋、写字、绘画、背诵古文。然后刘婉容吩咐二人来献艺，又拿出了自己创作的阮谱三十支新曲，以博众欢。

阮咸在宋代，以赵匡义起兴，后来君王纷纷效仿，以至阮咸从制作、弹奏到曲谱，都有长足发展，后宫从贵妃到侍人，不乏摘阮好手。宋灭亡后，雅物众多，有四把阮咸，为宋室珍藏绝宝，世称"宋朝四美"，它们分别名为：天、地、玄、黄。在元朝金章宗泰和年间，被秘藏于宫廷之中，待诏孙安仁的姐姐由于擅长抚琴摘阮,因此得以入宫侍奉皇帝,金章宗见她技艺超群,以"地"字号阮咸赐予。安仁知道后,数次央求姐姐转赠予他,依元代宫廷旧制,宫中侍人不得与亲戚通讯往来,安仁不顾律规,姐姐也拗不过弟弟要闹,便悄悄托人寄往,安仁最终如愿以偿。

这件绝世至宝后来被耶律楚材收藏,是机缘慧因。楚材为一代名臣,辅佐过成吉思汗,金国灭亡后,窝阔台汗的皇妃脱烈哥那擅自夺权摄政,统治蒙元,楚材因弹劾脱烈哥那宠信而遭排挤,郁郁而终,脱烈哥那并不信任他,在他死后,派人去府上搜查,以为他生前囤积的天下赋税可丰润国库,谁想只有琴阮十余件,书画、金石、遗作数千卷,"地"字号宋阮,世间再无音讯。

明代,朱权有《琴阮启蒙》,为入门指南,没有流传下来,唐、宋时期的《阮咸谱》《擘阮指法》《琴阮二弄谱》《阮咸调弄》《阮咸弄谱》等近百卷阮谱,全部失传。今天我们听到的阮咸,多是后人新编,或借用古琴曲。

"我有江南一丘壑,安得与君醉其中,曲肱听君写松风。"黄山谷先生在宋公子玄妙的摘阮声中欲醉欲醒,于今,是一场欲仙欲往的梦。

胡琴旧事

> 深夜中,每于小市街头闻胡琴之声甚凄,循声视之,则一人且曳且行,目不旁瞬,或数十百武犹不停,或至一巷尾而小作徘徊。
>
> ——张慧剑《辰子说林》

关于二胡,我更愿意称它的旧名——胡琴,虽然这样有些老套,刻板。当你听到阿炳当年的珍贵录音,无锡音乐理论家曹安和用带着乡音的女声简略报幕:"下面请他拉胡琴——《寒春风曲》"的时候,强烈冰寒的琴音,如一阵刺骨春风迎面刮来时,这就是胡琴的感觉,带着人世的凉薄,经年的风霜。

胡琴，前身是唐代的奚琴，宋代的嵇琴，由北方古民族奚族人所造，这是一直生来被烙上苦难印记的民族。殷商时期，奚族人多为奴隶和祭殉，唐代这支民族兴盛起来，与中原汉族往来频繁，奚琴在这时传入。但是奚族政治力量微小，几次被攻打，融合，后被金人所灭。

奚琴，有着奚族人"以寒水解之而饮"的苍凉。它起先是以竹片拉动琴弦，我们今天见到的雪白马尾胡琴，始于宋，普及于元代，宋人沈括有"马尾胡琴随汉东，曲声犹自怨单于。"马尾较之竹片，音色更柔润。二胡一名，有说是清末出现四根弦的胡琴，以示区别。20世纪50年代，王少卿将二胡改良变成京戏文场三大件的京二胡，各种地方戏曲，也自有它们的胡琴，椰胡、板胡、粤胡……这里不作深究。

作为古乐的胡琴，纵览历史，并没有什么出色的东西可讲，一千多年来，它沉沉浮浮，人们不太注意它，毕竟没有独奏，地位又始终在民间的底层，就像遇风的秋天，树叶半黄不黄，一直在枝头摇摇欲坠。

胡琴的音声，在空中像一条起伏不定的无形线，它并没有弹拨乐器，如琵琶、阮那般琳琅珠玑的华美，大珠小珠的清脆。它就像人在歌唱，歌声带着哭腔。两根弦，一内一外，就这么在马尾琴弓上来回拉扯，琴弓是竹片制成，琴筒正面蒙着蛇皮，传递出北方游牧民族的野性，背面开着音窗，不知是谁的创作，它的造型像江南小河道边上普通民居的漏窗。

胡琴到了民国，它的传奇才真正开始。

江南丝竹中，胡琴派的用处大，江南丝竹被道教保存且继承，是不争的事实。出生在无锡东亭小四房村的阿炳，大名华彦钧。他的启蒙师父、生父华清和，是当年雷尊殿道观的道长，正一派响当当的铁手琵琶，明面上的师徒，实际是一对父子。

阿炳的生母吴氏，是道观里的帮佣，丈夫姓秦，可惜早逝，她与华清和有了私情之后，生活的黑暗一幕幕拉开。那时候的寡妇，活一辈子为了一尊贞节牌坊，寡妇想要二嫁，对方又是个道士，族人当然不会饶恕她。"一和山房"，名字甚是文雅，不过是雷尊殿旁边一处简陋的民房，阿炳在那里出生。不久，吴氏被族人逼回秦家，过了四年，她终于不堪欺凌辱骂，抑郁自尽。

阿炳被送进雷尊殿，他的生父，就这样成了他的师父，言传身教十多年，练笛子时，对着冬天的风口；练琴时，用雪团搓热冻僵的手指，就这样训练出精通笛、琵琶、胡琴的正一派小天师华彦钧。直到二十一岁，华清和去世，阿炳才知晓身世。

然后一夜之间，他接下父亲衣钵，成为雷尊殿的道长，他看见了命运的荒唐。表面他穿着法衣，在香烟缭绕的神殿上当着威风的天师，真相是，他是一个违逆道规来到世间的私生子。他生来不是神仙，不过肉身凡胎一尊，既来之，则戏之，人间的趣味，顺便也游历一番，他开始挥霍少年光阴，纵情淫欲，沉迷鸦片，直至染上梅毒，双眼先后盲瞎。

他的族兄华伯阳在此时设下骗局，香火钱，一家一半，反正你也看不见，那么每天的账目，少报一半，分给你的，便只是四分之一，慢慢地，他在道观的权力被剥夺,他流落街头,命若蝼蚁,成了一个彻头彻尾的瞎眼艺人。

人们见他瞎,便当此人已经报废,隔三岔五竟还能看见,拿脚踢一踢他:"你怎么还没死啊?"他才不会轻易死呢,虽然他不是什么长寿之相,不过烂骨头一把,腐朽到最后,居然在泥污里生出花来。

过去,没有什么文化基础的善男信女,要让他们最快速知道经卷的要义,讲经不一定能起作用,在民间,道佛两派都有俗讲的传统,佛家有宝卷,道家有道情。抛却正式的书面语,使用当地方言,大白话深入浅出的讲经方式,连说带唱,效果会更直接。

这个方式被阿炳用来"说新闻",他站在凳子上,打着响板,绘声绘色,抑扬顿挫中,就把最新最奇特的事件通过一场场生动的说唱表演,以他独特的视角,解说给老百姓听,骂恶霸,骂汉奸,是当年无锡城中街头一景。

他的艺术,平凡朴素,不在高高的庙堂上,不在给予人们多么美好的憧憬,浪漫的遐想,而是直白地倾吐个人的悲欢。他的胡琴,没有任何刻意装饰,情绪从心底里生出来,落进绝望中,再缓缓迂回渐升,悠悠的旋律,不知怎么地就扣住了人们的心弦。

它动听,却不是煽情,有些微的喜悦,却不是甜蜜。让人听得出对明天的向往,却不是理想主义者梦幻般地吟咏,而是对这荒唐人世的看透。那副断腿黑玻璃眼镜下隐藏的瞎眼,其实是一双洞穿世事的冷眼。镜片背后枯槁的脸,玩世不恭的神情,是长年被鸦片、病痛侵蚀的结果。

阿炳手里的胡琴,传说是一把红木质,不过久经风霜,沧桑破旧,弦较普通胡琴略粗壮，拉起来更费力气，他手上的茧子和伤痕便是多年磨砺的嘉奖。胡琴的弦断了，就接起来，从外面能看到打的结，琴的把位很高，拉起来声音高亢响亮，和他耿直的性格相符。他的性格不仅耿直，而且激烈，他在街上拉琴卖艺，不是乞讨，人们给他钱，他不道谢，钱无论多少，他不喜不怒。

人们喜欢包装，把他包装成神，似乎是苦难造就的悲剧之神。他知道自己只是一个坏毛病诸多的凡人，最不好的毛病，抽鸦片。这毛病他的妻子董催弟也有。董催弟原先是个寡妇，阿炳眼瞎之后，不知族里人怎么就开明了，也不管寡妇守清，让董催弟去他家照顾生活，这段相濡以沫的婚姻才这么来的。两人卖艺挣钱，挣了就一起吃茶，抽鸦片，烟瘾发作又没有钱的时候，烟筒里的鸦片灰都被吃得一干二净，本来日子马马虎虎能过得下去，不过一抽上，破口袋就见底。

他的琴艺巅峰，在20世纪40年代，而真正被郑重对待，却是1950年，没有人能预见，那是他生命临了的最后三个月。

那时，杨荫浏、曹安和、储师竹教授一行人当年提着一架威伯斯特钢丝录音机去无锡采集民间道教音乐，大家在古林寺音乐院学生黎松涛的建议下找到阿炳。那时的他，几乎病入膏肓，弃琴也有两年，他用临时借来的乐器，在街上练了三天，录制了三首胡琴曲与三首琵琶曲，那并不是他最好的水平。

不久，无锡牙医协会成立大会上，他得到人生第一次正式登台的机会，他被人们包围着,在麦克风面前,弹了琵琶,又不顾体力不支,最后一次拉起胡琴。那天晚上人特别多,屋里站不下,连外面的窗户上都挤满了人。他听见人们连声不断的欢呼,就脱下帽子向人们点头致意。

当年十二月,距离演出不过两个半月,他在一贫如洗的家里,病重吐血而亡。二十九天后,那每日牵着他走的妻子,也撒手人寰。

那个时代的无锡人,熟悉他们上街的模样,他背着琵琶,胸前挂着笛子、笙,胡琴是边走边拉,无论刮风下雨,还是白雪飘飘,他拉琴时,她的手就搭在他的肩上,如果他不拉琴,他的手则搭在她的肩上,他们从来不是一前一后,而是并肩而行。

这就是一个民间艺人的一生,像阿炳这样的民间艺人,历朝历代都有,大多数技艺同样高超之人,抱着琴,病死老死,消失在茫茫尘烟里。倘若没有黎松涛无意间在教室外随手拉了一段他教的无名小曲,用来活动冬天被冻僵的手指,阿炳最终也就默默地死去了,他的艺术随着生命终了,不留一丝痕迹。

命运之神偏偏不叫他这样孤绝离世,正是这小曲的旋律格外不同,令黎松涛的胡琴老师储师竹从教室里走出来问询,当黎松涛说起曾随阿炳习琴学曲时,勾起了杨荫浏对这位同乡的回忆,才引出后来的录音事件。

他一生拉过数百支琴曲,真正令他名扬世界的,只有黎松涛学会的这首"瞎拉拉"的《依心曲》,杨教授去为他录音时,觉得应当有个正式的曲名,两下商议,叫《二泉映月》,仿佛高雅了起来,却没有了《依心曲》

胡琴

唐代奚琴遗制,琴杆细长,无指板,上设弦轴,琴筒蒙蛇皮或蟒皮,弦多张两根,以马尾弓毛擦弦。

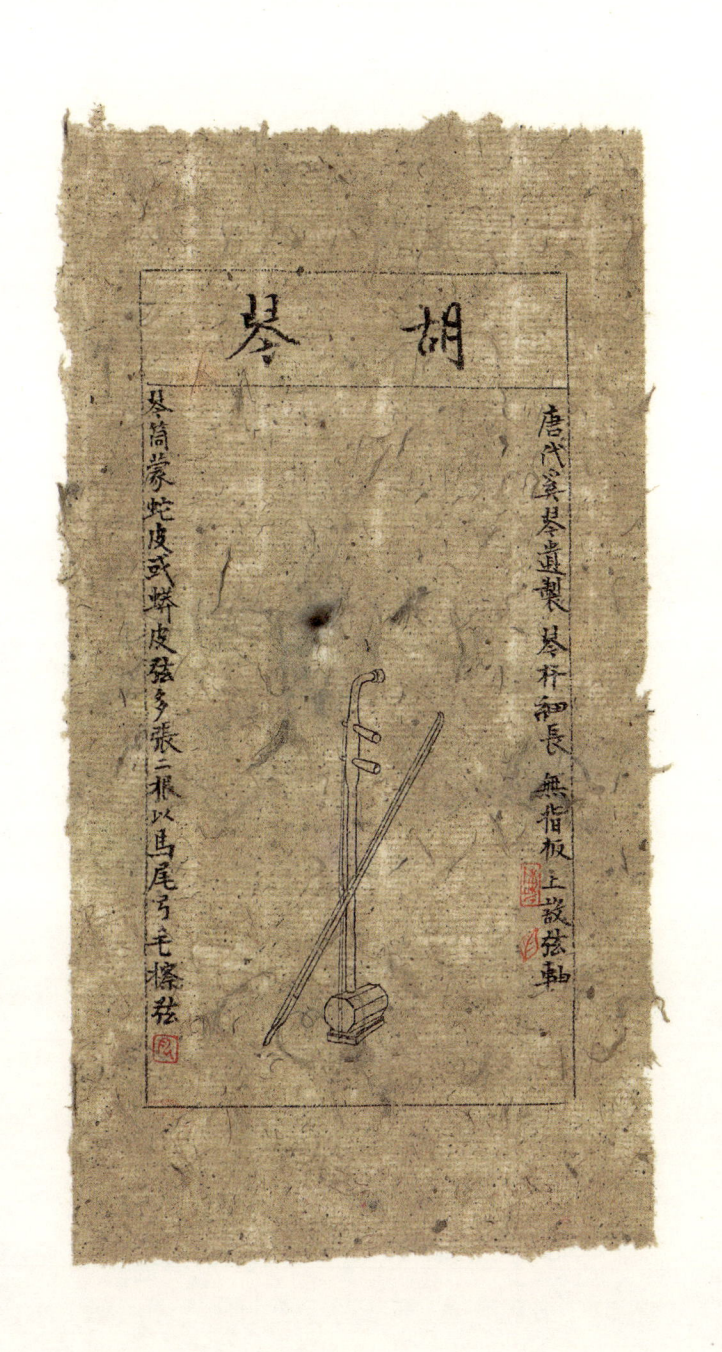

的原来意思。

咿咿呀呀的胡琴,拉的是夜深人静时一位孤独者无处倾诉的心声,是我自前行,我自解忧的生命独白,他不在乎别人怎么评价这支曲子,也不靠它博取什么喝彩,他愿意这样表达,就这样表达了。曲子如低沉的心事,萦绕盘旋,迂回往复,轻妙变幻,一悲三叹,又在低处缓缓抬起头,仰视天空,化成天风,再重回人间,抚触着天涯游子的薄衫。住在他家附近的人们,听惯他拉琴,无形中管这曲子叫关门音乐,每晚临睡前,他以此曲收尾,一天便结束了,关起门来休息。

他的《寒春风曲》,充满地地道道的民间烟火味,略有钝感的拉弦,像极了初春逼人的刺骨寒风,略过结冰的湖面,划裂了湖面上的薄冰,又像是掺糅了百般人生滋味酿成的一盅浑浊醪酒,入喉微苦,后味回甘。

《听松》,他根据南宋金兀术战败给岳飞的民间故事创作,这个故事并不真实,金兀术溃逃至惠泉山下,躺在听松石上心惊胆寒地倾听宋军的兵马声,此曲又可理解为《听宋》。

当时录音时,还有一支《三六》,也就是他最拿手的《梅花三弄》,因为钢丝不够了,还要录其他的音乐,无奈中只得抹去,此曲是江南丝竹大套曲,与杨荫浏教授合奏,他操胡琴,杨教授配合琵琶,录音未存,是近代音乐史一损失。

之后的人们,说阿炳的曲子带有道教正一派的庄严,他代表贫苦人民的心声,实际上他的音乐思想,完全在世俗生活中养成,而且完全自我。

同一把胡琴，交给不同的人，就像同一支歌，经不同人的嗓子，表现出来的乐曲气息全然不同。胡琴的一般作用，不过是街头乞讨，百姓自娱，要么就是为卖唱的歌者找个调子，它的声音随人去，因此能拟人声。男女对白，哭笑叹息，也能拟动物声，鸡鸣狗吠，鸟儿啼唱，这些技巧，阿炳手到擒来，但他却从不以此为炫耀，他说这些不能算作音乐，不过是些凑趣儿的东西。

他在拉琴时，就是一个纯粹独立的灵魂，不依附任何力量，不代表任何人，不存在任何阶级性，他的琴声有自己的呼吸，有自己的哽咽，叹息，喜悦，是他借助胡琴这件乐器，创造了一个想象中完整的新我。

瞎子阿炳成为了人民艺术家阿炳，他戴着黑色檐帽，黑玻璃眼镜，穿着旧长衫的枯瘦形象应和了新社会的需要，他个人的悲怆，变成了人民的，他被渐渐地文学化，符号化。阿炳的胡琴，似泉涧清流，冷月潇潇的文人气息，是后来者重新演绎出来的。原始的录音里，我们听见的《二泉映月》，是悲寒，凄怆，不甘命绝，又了无所谓。

当年，小泽征尔听到姜建华《二泉映乐》的独奏流下眼泪，就在头一天，他带领一支交响乐团，把它当作一支旋律优美，意境浪漫的曲子来指挥。翌日，姜建华的独奏则还原了阿炳原作中的一些个人化情绪。小泽征尔的眼泪，或许缘于二十四小时之内，两种截然不同的演奏产生的反差，或许缘于不小心误读所导致的愧疚，他将眼泪流给一个风格鲜明的民间艺术家，而非包装过的人民艺术家。

阿炳的艺术，最终成为世界级的艺术，要感谢一个人——刘天华。虽然在阿炳录音的时候，刘天华已经去世十八年，这位年轻的音乐家一生只活过三十七个春秋。早在1922年，刘天华便在国立北平大学创立了音乐传习所，将胡琴这件民间艺人卖唱的工具，作为国乐被正式带入大学课堂，中国的音乐教育，他是青梅早探的先行者。

黎松涛当年进修的古林寺音乐院，前身是上海国立音乐院，1947年迁址南京，院长吴伯超在古林佛学院当家人詹融通居士的助力下，购得西康路古林寺旁三百多亩山地建造校舍，他邀请杨荫浏、曹安和、储师竹等名师来南京任教。

吴伯超和储师竹，中学时代起就跟随刘天华学习胡琴和琵琶，之后他们在国立北平大学音乐传习所继续深造，储师竹，是刘天华的首传弟子，当年参加阿炳录音的曹安和也是刘天华的学生。可以说，这一切看似巧合的机缘，都归功于刘天华之前为中国音乐教育铺下的道路。没有吴伯超，黎松涛和杨荫浏、储师竹在南京的师生缘分就渺茫了；没有储师竹，黎松涛当年在教室外拉的曲子便不会被发现，一行人提着钢丝录音机为阿炳录音的事件也不会发生了。

他们商量去无锡录音的时间是1949年，当时由于没有设备等到次年夏天才成行。同是这一年，吴伯超乘坐太平轮去台湾，本是打算为国立音乐院寻找新址，不幸遇难海上。

有时候命运，真的不经思量。

❖ ❖ ❖

刘天华一生创作的胡琴独奏曲子不过十首，琵琶曲三首，但全部被保存流传下来。由于他受过小号、长笛、小提琴、钢琴等西洋乐器的训练，他才有西化的视角，把胡琴当作中国式小提琴来拉，借鉴了小提琴的定弦方式，像小提琴那样增加了把位，扩展了胡琴演奏的可能性。

《病中吟》是刘天华的处女作，初稿于1915年，那年他二十岁，正在人生彷徨的阶段。父亲在春季刚刚病故，前途一片黯淡，胡琴被知识分子轻视，他自己积郁成疾，这支曲子的旋律，在人生何所适的忧闷中形成，并非病痛中的呻吟，而是夜行人在没有灯光照耀下的迷茫，一个理想主义者在黑暗中的独白。

曲子于1918年定稿，这时，他在常州中学教书，开始创作《月夜》和《空山鸟语》，两支曲子都有"此时相望不相闻，愿逐月华流照君"的静美。江南丝竹小调的气息，被赋予更多曼妙装饰，胡琴似小提琴，呈现出前所未有的纤丽空灵之美，轻扬舒缓。就像一个寂寥的少年旅人，在江南某个不起眼村落的小院里，夜晚独对幽静的山谷，明月微凉似水，在松间朗照，泉涧不知年月地流淌，偶有鸟儿低飞，在空中发出清脆的歌唱，他在无限幽渺静穆中，忘却世俗的尘嚣，从心底生出淡淡地憧憬和欢喜。

他的兄长刘半农有首回忆儿时的诗，意境相对应，"凉爽的席，松软的草，铺成张小小的床；棚角里碎碎屑屑的，透进些银白的月亮光。一片唧唧的秋虫声，一片甜蜜蜜的新稻香——这美妙的浪，把我的幼年的梦托着翻着……直翻到天上的天上！……回来停在草叶上，看那晶晶的露珠，何等的轻！何等的亮！"

生活是座险峻高山，命运使他饱尝个中悲苦。1926年，幼女不幸夭折，时局混乱，国家处在风雨飘摇之中，学校连月薪都发不出，女儿的丧葬费不知从何而来，此时的他，拉出如泣如诉的《苦闷之讴》，一行行乐曲间，弥漫着生命的无力感。

《悲歌》，又名《处世难》，当文人的理想被现实打击，他任教的几所学校音乐系被迫停办，研究西洋音乐的学者们对中国民间音乐表现出鄙视，如周作人会说："吹吹打打几个月便学得会的音乐，还要成立系吗？"他几乎是单枪匹马地找寻国乐的方向。这支曲子有些西方意识流的味道，自由松散的结构，没有前奏、引子，直接进入主旋律，情绪跌宕，起起落落，表达着知识分子报国无门的悲愁。

学校罢课，他被迫赋闲在家，失业断炊，百无聊赖中，手里一把胡琴，苦闷中拉出清风明月般悠扬的《闲居吟》。

当他感受到现世安稳，岁月静好，便有了《良宵》。《良宵》又名《除夕小唱》，诞生在1928年的除夕之夜，那时，国乐改进社已经成立，十二天前，他主编的《音乐杂志》第一期正式刊行。是夜，家里煮着饺子，热气蒸腾，雾化了窗户上的玻璃，他被学生包围着，满屋其乐融融，心理的满足，平定，他随手拉起胡琴，自然而然流淌出这首闲适欢乐的即兴短曲。

《光明行》，是刘天华的最后一首胡琴曲，大约创作于 1930 年。这首曲子格局宏大，完全没有胡琴惯有的低回泣怨，近似西洋音乐的旋律，开篇如同进行曲振奋人心，充满对未来光明灿烂的愿景。而曲名又用了古乐府中歌行的体裁，如《东门行》《长歌行》《相逢行》……可感觉出他给胡琴带来另一番中西调和的景象。

刘天华是西洋乐的底子，因此他所创造的琴曲，多少有些西洋乐曲的味道。那种一咏三叹的隽美，仿佛琴弦拉着拉着，随着音符跳荡出闪烁的星光，逸出云河的华彩，许多五四运动前后中国新式文人的作品，包括新白话文写的小诗，都有这样新派知识分子的气息。

三弦五味

> 一声娇燕绿杨枝,满眼寻芳事。塔影雷峰水边寺,夕阳时,画船无数围花市。三弦玉指,双钩草字,题赠粉团儿。
>
> ——〔元〕张可久《小桃红·湖上和刘时中》

元代诗人张可久有位关系甚密的红粉知己,名曰杨玉娥,绰号"粉团儿",想必是肤细白嫩、面带桃花、语音甜糯,她是西湖边表演诸宫调的艺人。

他的《小山词》里有首越调《小桃红·湖上和刘时中》,"一声娇燕绿杨枝,满眼寻芳事。塔影雷峰水边寺,夕阳时,画船无数围花市。三弦玉指,双钩草字,题赠粉团儿。"

春上三枝的西湖边,处处娇莺啼鸣,南山岸边,画舫接踵而行,杨玉娥便是画舫中脂粉佳丽之一。只见她在一片芳菲中,玉指弹动三根弦,音声逸出。双钩草字,唐时出现的书法一种,这里或是形容杨玉娥的指法,如书家以双钩指法运笔,写出若游丝萦绕,孤烟不绝的字,也可理解为张可久被她的才貌所动,以双钩草字作书,赠予这位佳人。

杨玉娥表演的诸宫调,盛于宋金,诸,意为若干、集合。是集合唐代以来各种宫调、多曲连缀而成的说唱形式,它的伴奏有琵琶、筝、三弦、鼓、板、笛、水盏等多种组合,有时只是鼓和板,有时只有水盏,有时是弦索组合。

张可久另有一首中吕调《红绣鞋·湖上》,写的散漫不经,艳粉俗事,及时行乐,人生似是而非,有如迷梦。

"无是无非心事,不寒不暖花时,装点西湖似西施。控青丝玉面马。歌金缕粉团儿,信人生行乐耳。"粉团儿唱的是《金缕》曲,此时,改三弦粗放之声为婉丽之音的北曲家张野塘还未出生,适合小曲、杂剧的小三弦也不存在。可就是这位妙丽女郎粉团儿,她无限美好的雅致情调,在诗人的渲染下,间接地传递给了三弦。

西湖一梦,粉团儿玉指勾连了扑朔迷离的历史,青丝玉面马踏着翠堤,随湖波远去了。她那厢泅入波光艳影的三弦声,是叮叮咚咚,还是铮铮淙淙,烟尘尽已消散。

风尘味,是三弦留在历史书页中的第一抹樱红朱唇印。

说三弦始于秦朝的弦鼗,我对此始终怀疑,从唐代《教坊记》始出现"三弦"，漫长的历史年代里，这件乐器似乎一直隐隐约约存在，又好像不存在。元代宫廷宴乐首次出现三弦，它与琵琶、火不思、筝、箜篌等列席弹弦乐器，雅乐的弹弦类则是复古产物一弦、三弦、五弦、七弦、九弦的琴。

它要么是蒙古人的创造，五代时有渤海琴、明代有弹奏渤海乐的锨琴，耶律阿保机灭掉渤海国之后，一部分渤海族人融入蒙古族，其他人融入高句丽、汉族、女真族，三弦与渤海琴之间的联系，便靠近了，观其形制，也确实与莫林胡尔、忽雷有些渊源，不过也仅仅是我粗浅的猜测。

元代，它忽如江海决堤，怒涌而出，中原大地血管般密布的千万条街巷，到处都是三弦艺人。

接着，吴侬软语，弦子轻拨，咿咿呀呀的"水磨腔"在太仓南码头的水岸边，如嫦娥抛出的一条摇曳水袖，凌空出世。

原先，昆山一带，临空水阁、木桥镂窗里，传出的是海盐、余姚、弋阳等乡调。离昆山三十里的文人顾坚善古赋，精南曲，自他开始，有了昆山腔。盲瞽乐师魏良辅，居住太仓南码头，彼时是明嘉靖年间，这里正是南戏北曲汇集之地，他结识了过云适和张野塘等乐人。前者是南曲度曲家，后者工三弦，精通北方弦索调，这是明初中州蕃王府乐工融合北方民歌及边区音乐创造出来的曲调，以三弦或琵琶伴奏。

张野塘为南曲融入弦索调，并改制了北方的三弦，使共鸣箱变小，略圆，音色纤细温婉起来，配合细腻缠绵的水磨腔，粒粒似玉珠的轻巧弹拨，便收住了许多豪放，增添了简朴文雅的书卷气。

魏良辅得益广智，创出字正腔圆、清柔婉折、转音若丝的"水磨腔"；他又将拍子放慢，使气氛清冷，曰"冷板曲"。从此，昆曲从太仓南码头传遍江浙，渐渐北传，由民间进入了京师的上层社会。

清代汇编掌故逸文的集子《清稗类钞》记载了乾隆、嘉庆年间，士大夫热衷音乐的现象，他们多精于三弦、笙、笛、鼓、板，技艺娴熟异常。嘉庆己巳，即1809年，学者钱梅溪在京时，见识到中书舍人盛甫山的三弦，礼部官员程香谷的鼓板，席子远、陈石士两位编修官的大、小唱，钱梅溪认为应是昆曲。

大唱是昆曲，后来发展成昆曲的清唱，以笙、笛、鼓、板、三弦为场面。小唱，来自民间俚曲。清代《扬州画舫录》中有描写，以琵琶、三弦、月琴、檀板为场面，三弦文雅的时候，接近琴、筝；月琴文雅的时候，接近琵琶、阮，其韵相合。

歌船载着小唱艺人，听众则坐在另一条座船上，歌船在前，座船在后。歌船逆行，座船顺行，如此，听者与表演者便在水上相会。两岸灯烛照着绿柳，水上斑斓一片，月光盈盈，丝弦悦耳，伴随歌女清亮的吟唱，间有数声檀板，叩荡着醉意绵绵的夜。

有一回，在泉州听南音，妙龄歌者执五叶檀板，端坐戏台中间，清悠悠地唱着："自君去，心不松，那畏阮一身为君切成病，沉重，阮今写有一封书信，一封书信，遣人传送，送去度阮知心有情人，教伊返来，教伊早返来，免阮只处瞑目空等望，孤栖人废寝忘餐，几返飞过雁声悲惨……"

不知与清代昆山腔、弋阳腔融入南音时的小唱似是不似。歌者左侧是横弹琵琶，右侧为洞箫，外侧是琴头雕着兽面的三弦，音色沉缓清和，十分耐听，对面是二弦，它们一齐渲染着痴男怨女的忧愁。

张野塘之后，江浙一带的三弦演奏家，杰出的有苏州范崑白及他的学生、嘉定派的陆君旸。陆君旸早先学北曲，后弃北从南，曾经为董解元的《西厢记》谱曲，编过《三弦谱》，明朝灭亡时，清军入吴，曲谱不幸失传在乱世中。清世祖听说他的声名，一纸御书召见他，他在殿上弹了一曲《龙虎风云会》，得到圣上赏金。从此，豪门贵族争相邀请他，清廷也欲授予他太常一职，不过他并不看重，七十岁时，他还能弹三弦吹笛子，声音可穿云裂石。晚年的陆君旸在上海过生活，教习三弦，门徒众多，出类拔萃者是世家子弟张均渌，他将毕生技艺尽授予均渌，并作《传弦序》一篇。

北方有蒋鸣岐，明代沈榜《宛署杂记》中罗列过京师艺人绝技之"八绝"，其中"三弦绝"便是蒋鸣岐，他也是个奇人，口才与文才俱佳，不仅精通古玩书画，还会赝作，达到以假乱真的程度，他能使三弦发出筝、笛的音声，三弦绝艺可与当时声名大振的"琵琶绝"李近楼争高下。

可惜传奇年代，没有录音，也没有传谱，我们听不到张野塘、陆君旸、蒋鸣岐这些三弦宗师的弹奏，甚至连他们曾弹过的曲目都记载寥寥。但这样精通戏曲、文史书画的乐人，手里一把三弦，伴着清悠婉转的唱腔，如筝似笛的倾诉，说明他们追求一种舒缓、明丽的清雅味。

这一味清雅，淡化了胭脂水粉的风尘气息，却仍在烟火飘荡的尘世之中。

❖ ❖ ❖

昆曲最盛时是康乾盛世，乾隆八十寿辰，徽班进京，带来了源于西北梆子腔的西皮腔，和源于江西、经湖北、安徽的二黄腔结合成的皮黄，京剧开始在京城扎下根来。

道光年间，昆曲开始衰退，此时京剧文场三大件：月琴、三弦、京胡的组合有了雏形，余姚文人叶调元旅居汉口时所著的《汉皋竹枝词》中记载："月琴弦子与胡琴，三样合成绝妙音，暗笑巧随歌舞变，十分悲切十分淫。"说的是湖北汉剧的伴奏阵容。月琴、胡琴的历史，虽然与三弦一样早，但他们在各自发展了很长时间之后，才联合到一起，他们之间有一种天生微妙的契合。

它们的音色自然、亲切，柔缓处幽情万千，高亢起来，激越明快，配合唱念做打，剧情与剧中人物心情跌宕起伏，喜悲变化，灵活跨越，容易铺垫出彩。

明末清初戏剧家李渔在《笠翁偶集》中表达了一个观点，丝弦类乐器除了琴，还有琵琶、弦索、提琴三种，适宜女子学，琵琶妙是妙，不过当时已不时兴了，善弹的人少。弦索由于小巧纤长，和女郎的纤体相当衬搭，最合适不过，提琴呢，比弦索还要小巧，音色又清，度曲者不可缺少它。

李渔不仅熟谙音律，也熟谙女性风姿。他这里提的弦索，应是三弦，细长的柄，盈盈一握，玲珑饱满的蟒蛇皮音箱，使义甲弹起来，灵巧曼妙，把着琴杆的手，随着弹奏上下滑动，有若游龙，又带出一股淡淡的江湖英气，讲究的人会在琴的下端拴一流苏穗儿,更添雅致。提琴表演起来有点像女先生,柔美度欠缺了些。

与李渔同时代的沈远,为元代王实甫《西厢记》的唱词配了一部曲谱,以三弦伴奏,名为《北西厢弦索谱》。以书的形式刊行,共计二十一套剧曲,四种三弦的定弦方法,以箫根据不同的宫调定音,是非常专业的三弦谱。"秀才是文章魁首,小姐是仕女班头。一个通彻三教九流,一个晓尽描鸾刺绣……"张生与崔莺莺,在三弦的铺垫下,展开曲折动人的爱情故事。

另一套存世弦索调曲谱是清代汤斯质、顾峻德二人传谱的《太古传宗》,集元、明时期的曲调,现存版本均为琵琶谱。

以胡琴、琵琶、三弦、筝四种乐器合奏的乐谱《弦索十三套》,出自清代满族古文人荣斋编集的《弦索备考》,曲调是当时的古曲,所授均是指法,而非谱册。出身清恭王府的爱新觉罗·毓峘精于三弦,他将恭王府里的《弦索十三套》整理了六套曲子传谱。

优美如《合欢令》,原是筝曲,以三弦弹来,飘散着淡淡忧伤,没头绪,像一阵莫名的南来风,吹动夏天的纱帘,人向窗外看,一场空。

《合欢令》工尺谱注有:"句读不可拘泥,揆贵乎偷气得法为妙。"道出了打谱的秘诀,句读断节奏,一念翻山,一念越水,无论三弦,还是筝,懂得如何运用空白,气息存无,断连之中回旋出崭新的生存空间,曲子便得新生,如国画中的留白,便是偷气得法。

毓峘的曾祖父是道光皇帝六子奕䜣,伯父是画家溥儒,会弹南弦子,

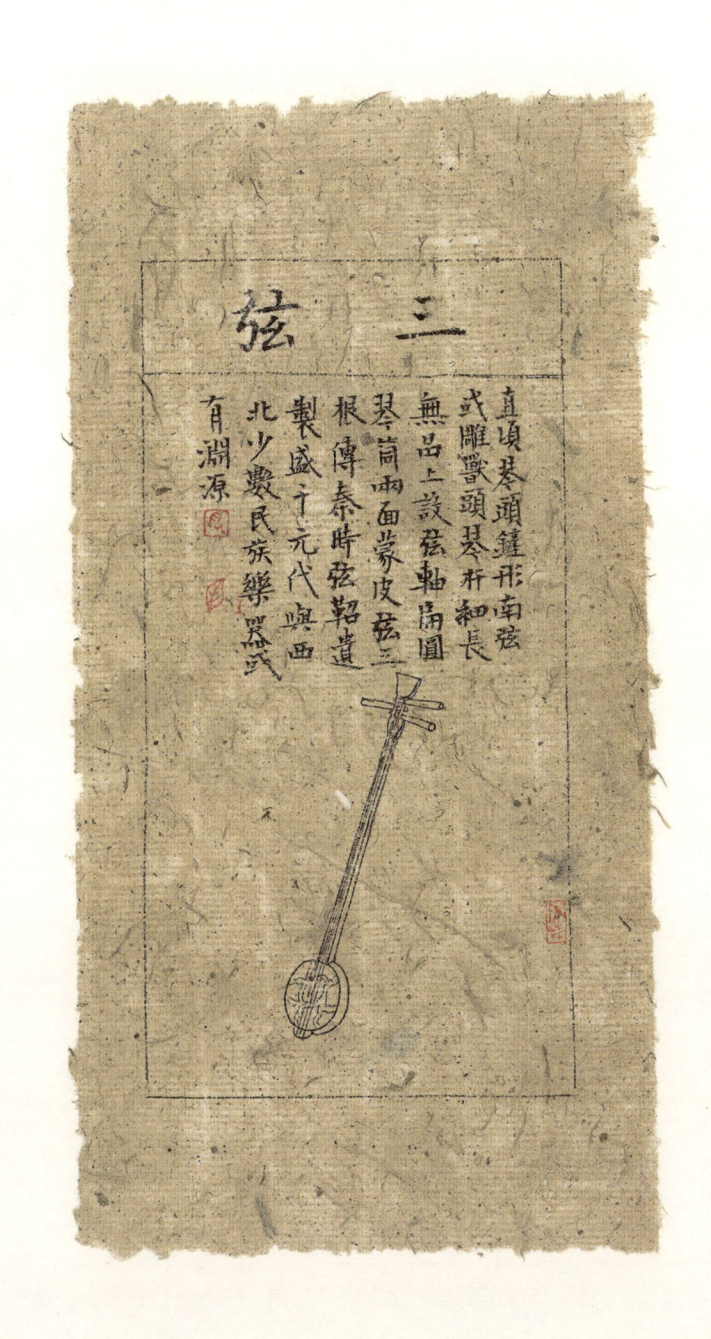

三弦

直项，琴头铲形，南弦或雕兽头，琴杆细长，无品，上设弦轴，扁圆琴筒，两面蒙皮，弦三根，传秦时弦鼗遗制，盛于元代，与西北少数民族乐器或有渊源。

就是张野塘改革的小三弦。毓峘的三弦技艺得益于侧福晋的太监罗得福和门先儿张松山。过去民间的三弦艺人，常是盲瞽，俗称"先儿"，就是先生儿，其中技艺好的，富贵人家会请，类同清客、门客，便叫"门先儿"，身份高出不少。

《红楼梦》里，贾府有女门先儿，书中叫女先儿，见第五十四回：

一时上汤后，又接献元宵来。贾母便命将戏暂歇歇："小孩子们可怜见的，也给他们些滚汤滚菜的吃了再唱。"又命将各色果子元宵等物拿些与他们吃去。一时歇了戏，便有婆子带了两个门下常走的女先儿进来，放两张机子在那一边命他坐了，将弦子琵琶递过去。贾母便问李薛听何书，他二人都回说："不拘什么都好。"贾母便问："近来可有添些什么新书？"那两个女先儿回说道："倒有一段新书，是残唐五代的故事。"贾母问是何名，女先儿道："叫作《凤求鸾》。"

那晚，女先儿为贾母表演的是弹词，多用弹弦乐器，琵琶、三弦二件，弹词的唱本内容多是古今小说、才子佳人，要么一人弹唱，这里是两人配合，一人三弦，一人琵琶，轮流说唱。宋代这种伎艺叫"陶真"。

❖ ❖ ❖

弹词流行于南方，北方则是鼓词、三弦书，还有各地的琴书，它们给三弦带来民间的烟火味，从乡间的阡陌袅袅升起。

明末清初始有三弦书，早先在南阳一带，从弋阳腔而来，民国时让位给河南坠子。古人讲究三、地、人三才，与易经学说有关，三弦书艺人奉天皇、地皇、人皇为祖师，举办三皇会，如此便给乐器赋予了超自然力量，法天地规则。

鼓词，有清中期流行于冀中一带、以鼓板和小三弦伴奏的木板大鼓，清末河北高阳县马三峰改北方小三弦为大三弦、将木板改成铁片的西河大鼓，清末发源于山东、以梨花简、三弦、四胡、板鼓为伴奏的梨花大鼓，还有清末民初的满族子弟在北京创制、以鼓、板、三弦、四胡为伴奏的梅花大鼓，以及上世纪初、京津两地艺人结合创造的京韵大鼓，它的伴奏和梅花大鼓差不多。

鼓词多半发源于北方农村，梨花简是用犁铧的破铁片改制的，农人在田间地头，劳作间隙随手拾起两块破铁片对敲，就放声歌唱起来。说鼓词的艺人，土生土长的当地人，用乡下土调，融合民歌、小调、各路唱腔甚至叫卖腔，听众三教九流，发展到城市就有达官贵人捧场，在乡下就是父老乡亲，码头上便围集南来北往的羁旅人。鼓书说出来全是口语、方言，通俗易懂，朴素中带着老百姓的智慧。

琴弦在皮面振动，发出低沉又刚劲的音声，洪亮处带着顽强，音色浑浊，振振有力，像山野间的大叶子茶，浓浓地沏来一壶，醇酽甘洌。

这时候，板鼓敲起来，四胡吱呀吱呀拉起来，说的是前朝旧梦、英雄侠义、胭粉故事，道的是悲欢离合、世态炎凉。有雅有俗，连说带唱，嬉笑怒骂，纵横上下三千年。民间艺术，创造者并非圣人，艺术家是平凡百姓，创造大众之声，弹的人总是尘满面，鬓如霜。

三弦弹出炽烈的江湖味，人们在铮铮琴音中历经千古沧桑，在笑声和哭声中，就着茶水点心，晃晃悠悠打发着辰光。

三弦艺人在茶馆里、街巷中，在百姓中间，甚至一把三弦弹算着八字命盘，他们的行当从河南三弦书来，有行艺的本事，也有卜卦算命的技术。他们清一色盲人，算命瞎子，规矩是传男不传女，弹算的艺术，又称盲词、瞎子腔。

他们不靠三弦手艺吃饭，三弦只是帮腔，曲谱借用三弦书、大鼓书和本地土调。没有人会为了欣赏一支乐曲去算命，人们要听的是八字中究竟有没有天赋的荣华富贵，平安喜乐，好的前程和姻缘，这比一切动人的曲子更加动人。

全凭一张嘴，以口艺糊口。人在江湖中，三弦弹起，便展开了一个世界，世界辽阔或狭小，依各人命运。好命坏命，人生起伏，富祸贵贱，前生今世，尽在一曲之中。

说命理的人，自己的命运想必也是明白了的。

❖　❖　❖

史铁生的短篇小说《命若琴弦》，讲述了说书艺人的故事，开头是这样描写：

莽莽苍苍的群山之中走着两个瞎子，一老一少，一前一后，两顶发了黑的黑帽起伏攒动，匆匆忙忙，像是随着一条不安静的河水在漂流。无所谓从哪儿来，也无所谓到哪儿去，每人带一把三弦琴，说书为生。

瞎眼的爷爷将三弦传给瞎眼孙子，骗他说弹断一千二百根弦才能得到治眼病的药方，爷爷的师傅一生弹断八百根，临终仍是瞎子，把药方塞到爷爷的琴槽里，说没弹够，一千才够数。哪有治眼病的药，藏在琴槽里不过一张白纸，爷爷靠这谎，支撑了五十年说书生涯，最后一根弦断，才明白宿命轮回，命在弦上，两头绷紧，才有活路。白纸即药方，替苦命人藏着生命微薄的期盼，药方留给孙子，弦不可故意拉断，必须在磨砺中一根根自然弹断，一千二百根，弹到头，花费的光景，又是一个说书人的一辈子。

三弦弹起，尽是饱历困苦的风霜味。清苦的出身，残障的身体，不安的世道，可人总要活着，要活得坚定顽强。三弦技艺，吃饭的本领，带着它翻山越岭地走天下，感受世界的真实与虚无。哪怕是天地昏昏莽莽，不知道明日在何处栖身，冬天总会远去，春天仍会回来，落花成泥，来年又在枝头妍。

我们常常在说书人的故事中欢笑，却忘了那笑声从人类最卑微的痛苦中来。

卷六

万木云深

木声无余 立夏之音也 枳敬系焉

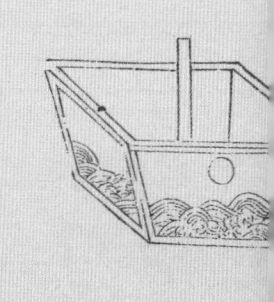

云天深处,有木葳蕤,叩其声,既清又明,有净洁之风。

木音,合止柷敔,为皇室礼乐重器,见证一朝又一朝的荣枯;;画堂檀板,为风雅歌伴;;林间木叶,吹开半崖山花;;寒寺木鱼,敲启净念慧智。

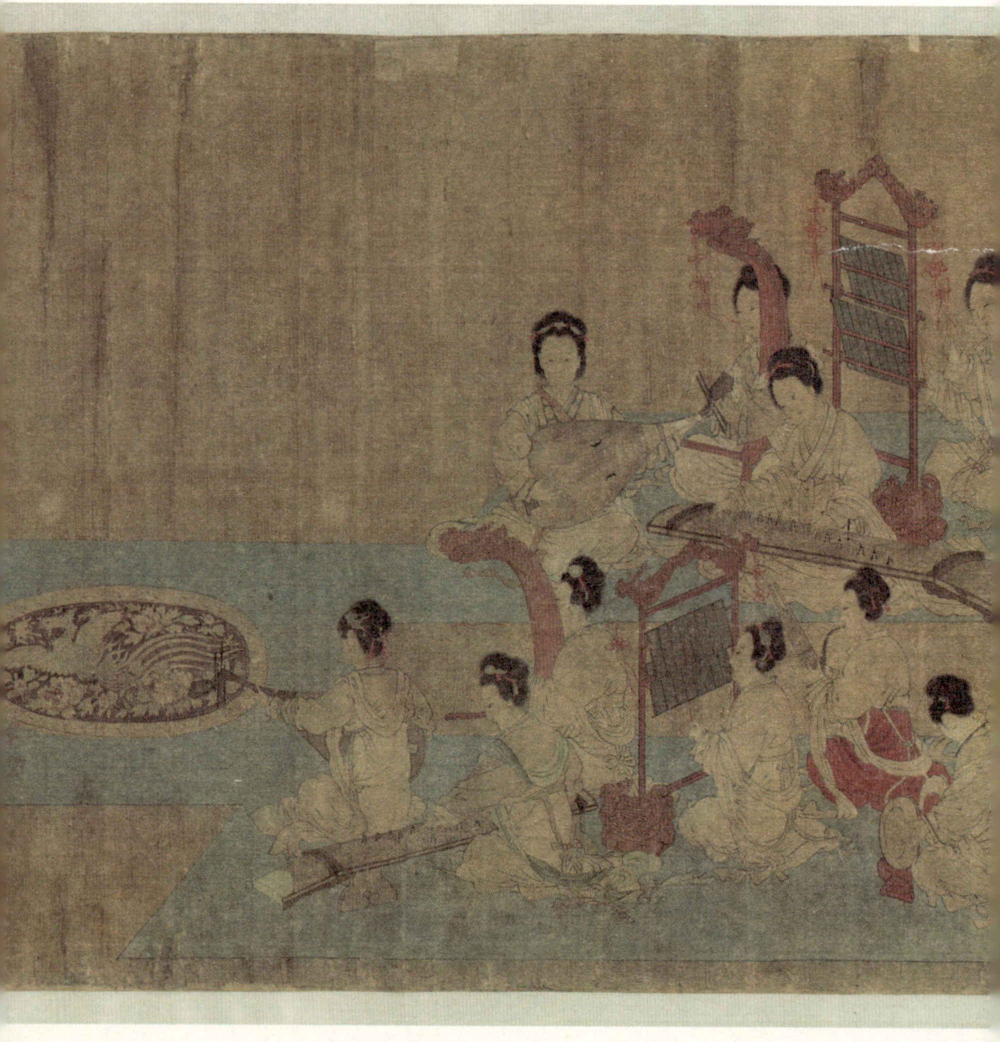

［五代］周文矩《合乐图》（传）（局部），绢本设色，纵 41.9cm，横 184cm，现藏于美国芝加哥艺术学院。

合止柷敔

> 柷敔希声，以谐金石之和。
> ——［晋］陆机《演连珠》

八月萑苇，蒹葭长成，天祐元年夏末秋初，唐昭宗李晔第九个儿子李祚将满十三岁，初显少年人的模样，他的名字和同父异母的兄弟一样，为"礻"字部，祈祷福祉裕祥，不过，这个祚字还暗含了祚止的意思，李晔当初应该是没有想到。

八月十一日夜，宣武节度使朱全忠的心腹蒋玄晖在烧毁长安城，劫持李晔至洛阳之后，谋反心切，与左龙武统军朱友恭、右龙武统军氏叔琮一起，闯入昭宗皇帝就寝的椒殿院，杀死起身斥责的河东夫人裴贞一和护驾的昭仪李渐荣，终结了昭宗皇宗的性命，面对跪地叩头，面色如土的积善皇后何氏，叛贼收起了滴血的刀剑，因为她的儿子辉王李祚有用。

　　次日，天刚破晓，蒋玄晖已经拟好天子的假诏书，辉王祚端良长实，帝所钟爱，立为皇太子，更名柷，监军国事。而以皇太后之名拟的假诏书则用"祸生女职之徒，事起宫奚之辈"的说法将昭宗的死因草草交代。

　　李祚从此变成李柷，非出莫名。柷，是古时宗庙祭祀音乐中宣告礼乐初始的乐器，与之相应的还有敔，为礼乐结束时所用。《南齐书》记载古时大雩礼，即祭祀能云降雨的大雩帝时，天子在南郊的祭坛，祭太微宫五精帝，以及当朝先帝，盛大的音乐从鼗鼙到柷敔，仪威浩荡。而其他种类的雩礼，如因干旱而求雩，仅用巫舞而已，并不涉及礼乐重器。

　　西晋时，《演连珠》将柷敔声称为"希声"，大音希声，虽然它们的声音不像丝竹管弦那样柔和清丽，严格来说，它们只是一对非常形式化的发声工具，声音极其单调，没有起伏，只有强弱，并不能称之为真正的乐器，但它们自上古至清代，始终在八音中独居木音之位，唯皇室所用。

　　九皇子的名字一改，大唐历史更新，新帝必定有承九庙、安万邦之才，接继高帝、太宗皇宗时之德。可怜不经事少年，父亲尸骨未寒时，便在灵柩前即位，成为傀儡。而裴夫人和李昭仪的死讯，则是在李柷登基后以"持刃谋逆，惧罪投井而死，宜追削为悖逆庶人"的形式公布天下的，她们成了弑君的凶手，死无葬身之处。

李柷那些"礻"字部名字的兄弟，裕、祤、禊、禋、祎、祕、祺、禛、祥，在次年二月初九的夜里，被蒋玄晖设局在九曲池的酒宴上，惨遭勒杀，抛尸池中。这不是普通的谋杀，而是一场惨绝人寰的屠杀，九曲血池倒映着如钩冷月，如锋刃，挑断了李唐的气脉。

李柷只活到十七岁，他的母亲积善皇后，在天祐二年十二月，朱温斩杀蒋玄晖及一帮替他卖命的心腹之后，以私通朝廷重臣，以期光复的罪名处死。

柷，对孤苦伶仃的少年天子而言，是人生苦难的开始，从此他一步一步迈向死亡。生而为人，总是有使命在身，他的使命，便是为李唐江山画上休止符。

无权选择生，无力设计死，天赐我命，天赋我运，命运的好坏，似轮盘上的指针，随机又暗藏玄机。

四年不到的天子生涯，没有得到一点为人的尊严，失去双亲与手足的悲痛，加之阴寒彻骨的恐惧，一个未行冠弱之礼的少年，究竟如何度过那些暗无天日的漫漫时光，在锁闭的所谓殿阁中低声泣诉对末世的绝望，也只有天知道了。

天祐四年，无亲无靠的李柷禅位给朱温，唐朝正式灭亡，国都改在开封，后梁时代开始。一年后，李柷在山东被迫饮下一杯含鸩毒的酒，他孤苦孱弱的短暂一生，戛止了，在生命将尽时，抑或会有一丝解脱，他禁闭的灵魂终于获得释放，去另投一个自由身。

朱温以天子之礼将他葬在济阴定陶县温陵，到最后，连尸首都不能与家人埋在一处，真是沉沙埋骨，不由人挑拣地方。他的谥号是哀，哀皇帝。直到后唐灭后梁，明宗李嗣源重修温陵，有意称他为昭宣光烈孝皇帝，庙号"景宗"，但中书上奏，认为他年纪尚轻，不够称宗的资格，只存了谥号传世。

就在李柷刚刚即位之时，中书一纸上奏，说太常寺的柷敔犯了新帝的御名，于是，"柷敔"改成"肇敔"，多么荒唐的冷笑话。柷敔二字，在中国汉字中唯这对乐器所用，除此，再没有旁意，合止柷敔，上古时代，夏朝有"戛击"之说，指的便是柷敔，一个朝代的兴废，如一篇乐章之起始，柷为始，敔为终，"戛然而止"自此而来，不正是李唐天下的终结之音吗？

昔日风起陇西，大唐基业由李渊之祖父李虎创下的基业而来，李虎、李昞、李渊三代承天运，太祖、高祖、太宗三世庙号，尽显赫赫神威，覆灭时，哀皇帝三个字气息奄奄，安史之乱时，唐朝已经显出衰势，到后面的宣宗、懿宗、僖宗，荒淫奢侈之习，渐染已深，昭宗纵有治国之才，面对被前面数代人败光的家底，实在无力回天，他的存在，不过是令濒死的唐朝回光返照，续命数年，至李柷，戛然而止，一个哀字收尾。

李柷更名之时节，季夏终了，孟秋伊始，柷敔，五行为木，立夏之音，古人认为它们的敲击是既清又明，有净洁之风。这是相对后梁而言，朱温得到李柷，皇帝宝座便近在咫尺，前方已扫清任何障碍。

自从李柷变成李柷，究竟他有没有去过太常寺，史书无记载。那是掌管皇家礼乐的重地,在那里,他能够看着"肇敔"的隆重出场,只是有那么一回沾边,他想给遇难的母亲以皇太后封号,拟在太常寺举行册典,但是被搁浅了。

柷敔的造型,用来形容李唐末世,颇为形象。

柷,看似敦实,其实是长宽皆二尺四寸、深一尺八寸、上大下小的方斗状,正面留一个圆形出音孔,演奏时,乐人以一柄长木椎敲击木桶左右内壁,空腔内会有闷雷般的隐约回声从桶中传出,它通常被放置在宗庙乐阵之东;敔,状若伏地之虎,表情虎视眈眈,背上有类似鬣须的木片,二十七个整齐排列,又叫龃龉,演奏时,乐人以一柄竹制籈在龃龉上横刮,籈,就是劈成细茎的竹条捆成一把,竹条刮木片,刮三次,乐章终止,它通常被放置在宗庙乐阵之西。

木类敲击乐器传至今天,还有响板、木鱼、梆子,但是,响板既为雅乐所用,又为俗乐所用;木鱼始出现时,是佛教梵吹的伴奏乐器;梆子更是明末清初流行的民间乐器。

柷敔专属于雅乐,以简洁木声,谐庄严金石之和。也正因为它们只为帝王家所有,才能见证一朝又一朝的荣枯。历史的吊诡,世态的无常,起始,渐兴,荣盛,衰临,凋落,成住坏空,生住异灭。

南宋《武林旧事》里面有一段记述了咸淳三年,度宗赵禥册封皇后全玖的过程,发生在都城临安。第一日,将翰林学士锁在学士院里起草册封诏书,给润笔金二百两官银。第二日,百官宣布诏书,皇后全氏请辞三次,百官不允,这是表演,固定程序。第三日,大典正式开始。

大清早,文武百官聚集于大庆殿外,执事官被引入立,赵禥皇帝头戴通天冠、着绛纱袍、玉带靴在殿内发册,侍中在东阶宣制"册妃全氏,立为皇后,命公等持节展礼"。接着,参政帅将传令符节授予太傅,太傅再将符节授掌节者,决中令将皇后册书呈递给太傅,侍中又传宝物给太保,这样,符节导引着太傅和太保,从文德殿东偏门出,直至受册的穆清殿。

一番奏令传节,麾旗仪仗之后,柷随之敲响了,宫廷乐师们开始演奏《乾安乐》,赵禥皇帝在乐声中乘御驾降临,入东房,待安坐好,乐师又用竹籈刮出敔声,音乐止。全皇后已在穆清殿后西阁内换上深青色、绣着翟鸟的袆衣,头戴九龙四凤冠,于《坤安乐》的伴随中,缓缓步入殿庭,接受册封。

册封仪式极其繁琐,特别是全皇后被宣册之后,奏乐众多,《宣安》《承安》《和安》《惠安》《咸安》……柷敔只是在赵禥皇帝入穆清殿后,全皇后入殿之前,被使用一次,可见它在仪规谨严的宫廷大典中之尊贵程度。

再盛大尊贵的典礼,也终究如过眼烟云。宋度宗在七年后驾崩,全皇后四岁的儿子赵显即位,她成了皇太后。奈何江河日下,忽必烈攻入临安城,太皇太后谢道清眼见朝臣们纷纷弃城丢印,自知国家难保,不愿百姓遭受兵火洗劫,宁称臣,不迎战,以老迈多病之身,抱着年幼的少帝在临安城外向元军跪迎投降。

元军占据临安后,将全太后、少帝等南宋皇族及随侍押解至元大都,忽必烈眼见前朝宫女一个个自尽而亡,想不通为何全太后仍顽强地活着,无

柷

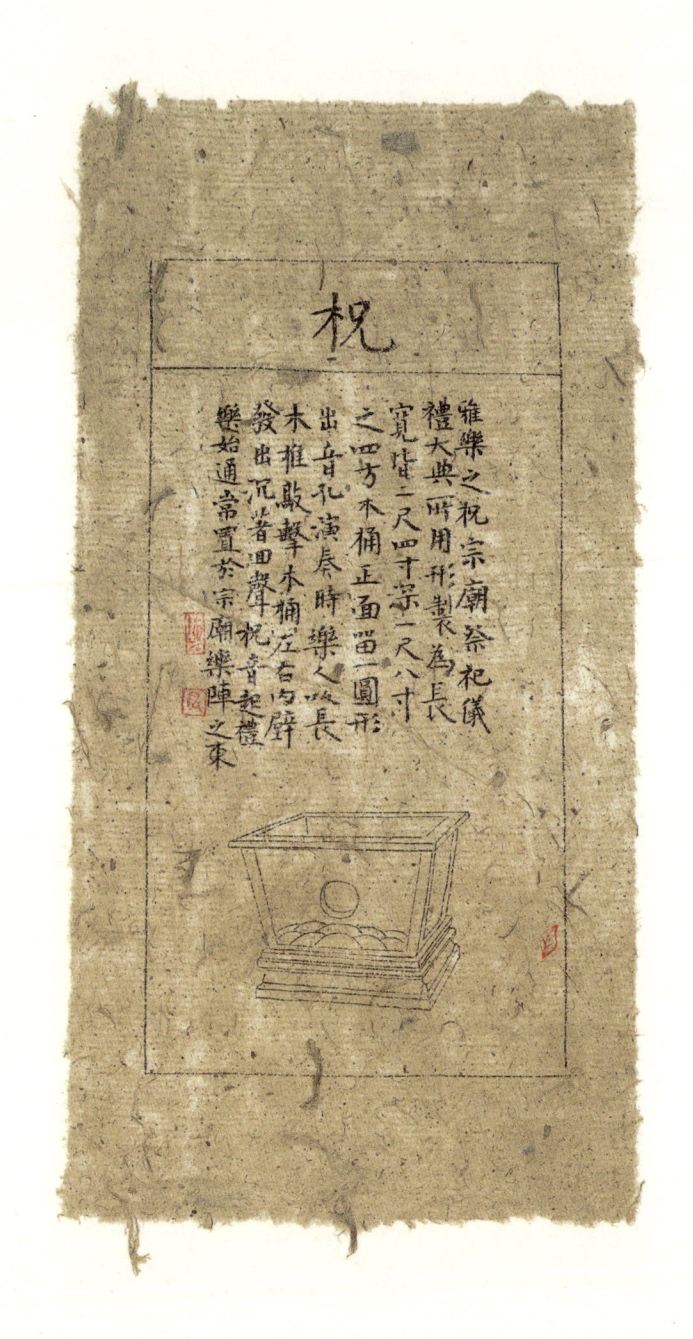

雅乐之柷，宗庙祭祀仪礼大典所用，形制为长宽皆二尺四寸，深一尺八寸，正面留一圆形出音孔，演奏时，乐人以长木椎敲击木桶左右内壁，发出沉着回声，柷音起，礼乐始，通常置于宗庙乐阵之东。

敔

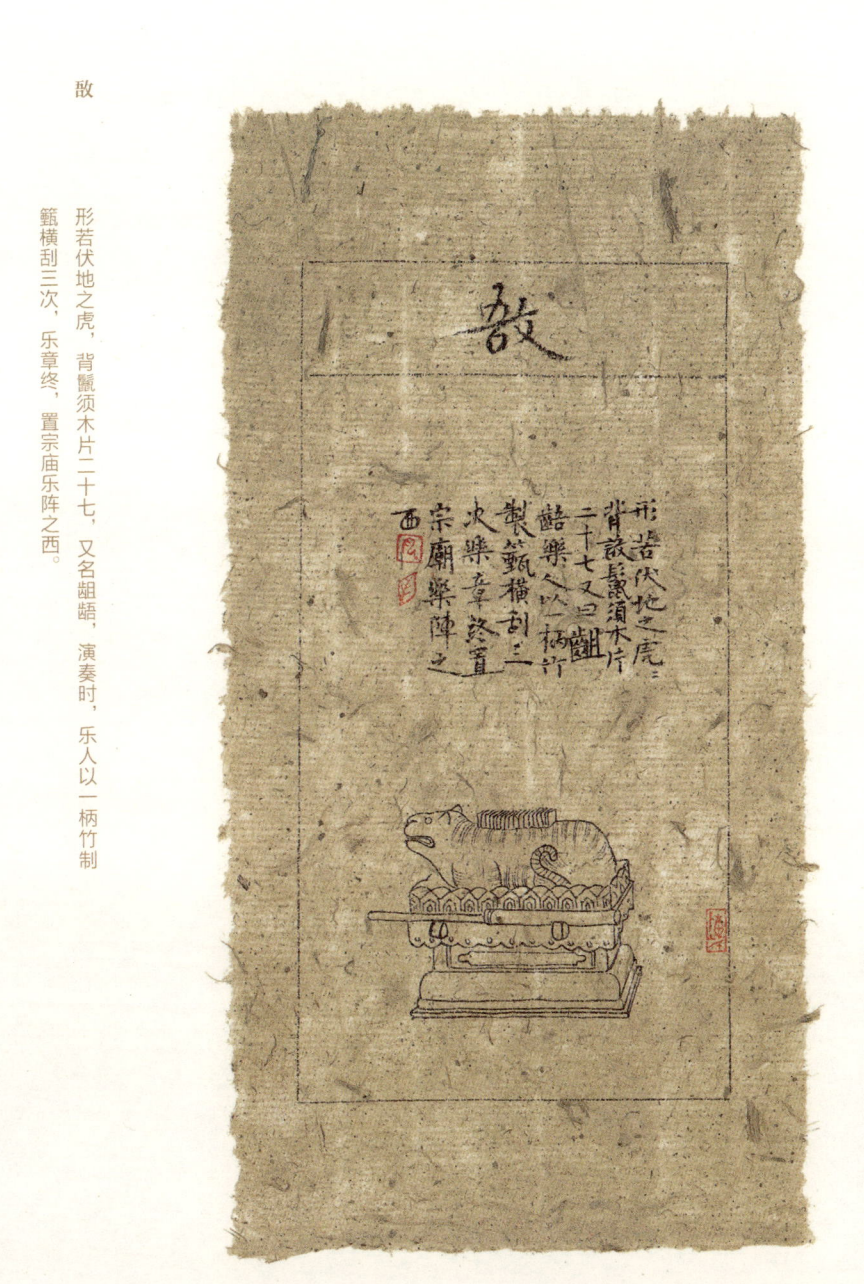

形若伏地之虎，背鬣须木片二十七，又名楬𢿛，演奏时，乐人以一柄竹制籈横刮三次，乐章终，置宗庙乐阵之西。

半点为国殉节之意，即使最极端的恐吓加羞辱都不能让她放弃生命。

是失节吗？不，是一个母亲的本能，儿子尚在人世，她不能轻易赴死。

忽必烈决定将少帝赵显送往吐蕃的萨迦寺出家，南宋彻底烟消云散，世上已无宋帝，只有砺行苦修的合尊法师。万般无奈中，千门关闭时，佛陀为他留了一扇明窗，或许是当初全太后的执着求生，在无形中助他修习了忍辱法门，不念过往，不期明天。可即便如此，命运的黑洞依然如牢链般紧紧笼套着他。

全太后在赵显出家之际，于元大都正度寺出家为尼。忆昔穆清殿上，麾节传册宝，祝敔引乾坤，皇后升座，三代膺爵，怎知无限风光，恍若水月镜花。北风凄清人萧瑟，古寺残灯伴余生，一个不甘湮灭的生命，不知何年何月，悄然寂没于梵音之中。

画堂檀板秋拍碎

> 昨日探春消息,湖上绿波平。无奈绕堤芳草,还向旧痕生。有酒且醉瑶觥。更何妨,檀板新声。谁教杨柳千丝,就中牵系人情。
> ——［宋］晏殊《相思儿令》

先秦时代,已有歌者以一副好嗓子谋生路。秦国的秦青,有弟子薛谭,以为自己学到了老师的全部技能,意欲告辞回乡,秦青送行至乡野之地,打着节拍,唱起悲歌表达别离之情,歌声似乎止息了天上的行云,摇晃了林间的树木。薛谭自知相差甚远,请求继续随师学艺,不再返乡。孔子擅歌,伴之琴、瑟、磬;乐工师乙,曾教授过歌唱技巧,他认为转折休止应如树枝折断，如枯木静寂，曲折连续，应如河波无痕，如丝线串珠……韩国女歌手韩娥向东方游历，流落齐国，无食无宿，便在雍门一带唱起来，唱至哀绝时使人哭泣，唱至欢乐时使人起舞，韩娥离开后，歌声绕梁三日而不绝。

歌手们唱的皆是民间歌谣，至汉武帝时期，成立了乐府，其中部分人管理礼乐和军乐等，部分人管理俗乐，即到民间学习、收集音乐，根据采集成果编写歌辞和曲调。乐府还编配乐器，进行演唱和演奏，擅音律的李延年以一曲"北方有佳人，绝世而独立，一顾倾人城，再顾倾人国……"将妹妹献给武帝，成为李夫人，换得一时荣宠。

秦青的清唱歌曲，或许是徒手拍节，关于先秦时代有无"执节而歌"，没有记载。李延年统管乐府八九百乐工，所使伴乐，无可考证。"相和，汉旧歌也，丝竹相合，执节者歌。"（《晋书·乐志》）到了魏明帝曹叡的相和歌辞的时代，一个名叫宋识的乐工擅长击节。或可认为是拍板出现之始端，有了这件节拍器，歌者演唱就更加方便了。

轻巧的数片长方形木板，多以檀木制作，故又称檀板，也有红木、花梨等材质，用丝绳串起，一手掌握一手拍击，配上杂裾垂髾服，样子很是清雅。

原本十七曲的相和歌，在宋识、朱生、列和的改编下，复合成十三曲，渐渐地到了唐代，李贺、李白、宋之问、刘希夷等诗杰的名作也被编入乐府诗集。歌手轻轻拍着檀板，悠悠地唱着《江南曲》："艳唱潮初落，江花露未晞。春洲惊翡翠，朱服弄芳菲。画舫烟中浅，青阳日际微。锦帆冲浪湿，罗袖拂行衣。含情罢所采，相叹惜流晖。"

即便没有丝竹，歌手唱咏之时，场面也不会单调。春潮初落时，江花含露待放，美人临水浅唱，画舫在淡淡江烟上缓行，朱色裙裳与芳菲共妍，而岸上春草，似翡翠碧绿欲滴，偶尔一两声檀板，拍起了岸边的鸪鹈。

唐玄宗时，乐工李龟年歌技与乐器俱佳，安史之乱后他流落江南，传说在牡丹花开时，他睹物思长安，拍着檀板，以歌诉忧苦，但无人知晓这个落魄老头竟是一代宫廷名伶。宋末元初文人戴表元追忆前朝便借此往事："牡丹红豆艳春天，檀板朱丝锦色笺。头白江南一尊酒，无人知是李龟年。"

李龟年的檀板演奏，没有与他同时代的梨园乐工黄旛绰水平高，唐代段安节撰《乐府杂录》记载，拍板没有专门的乐谱，唐玄宗命黄旛绰造谱，黄乐工只在纸上画了两只耳朵，玄宗问何故，黄乐工答道："但有耳道，则无失节奏也。"他的意思是，真正的音乐不拘于纸上的曲谱，节拍的急缓，音声的高低，不一定有定式。

敦煌莫高窟第220窟《药师经变》壁画，为唐贞观十六年所绘，呈现祥和欢乐场景。中间平台上燃灯女点亮树灯，舞伎扬臂挥巾，西侧有乐工十五位，东侧有乐工十三位，她们仪态端庄，穿着裙腰高束的长裙，踞坐于华丽的方毯上，手中的乐器有鼓、锣、笙、筚篥、答腊鼓、尺八等，有一位乐伎打着三叶拍板。

乐伎在礼佛音乐中用檀板，有西北外族传入中原一说，也有说法是北魏宫廷乐伎在主人去世后，奉命入寺修道，将宫廷音乐带入寺院，散乐百戏，丰富了佛教音乐。梵音的清悠寂远，间以檀板数声，想来也是动听的。

画堂、画舫、江岸、清樽、醒醉……这些词总是与檀板相依相生。有清歌的地方，便有檀板，有知己的地方，便有美酒，有诗赋的地方，便有画楼，有画楼的地方，便有山水，有山水的地方，便有画舫，或月下涧泉，或静汨江水，总离不开朝露暮雨，锦笺丹青。

"画堂檀板秋拍碎，一引有时联十觥。"杜牧这句诗，将檀板写到了天末远风的意境。昔日敬亭山下，一溪寒水，翠竹筼绿，诗人正值英年，画堂之中，檀板引歌，动情时，似将秋声拍碎，趁意兴盎然，连饮十杯。多年后，诗人自宣州赴京，故地重游，逢江湖旧交，回忆当年情景，索性一醉六十日，"江湖酒伴如相问，终老烟波不计程"。碧云天外，且歌且狂，春去秋来，多少人事两易，都在诗酒与檀板的拍声中淡远了。

唐人朱湾，偏爱檀板，"赴节心长在，从绳道可观。须知片木用，莫作散材看。空为歌偏苦，仍愁和即难。既能亲掌握，愿得接同欢。"(《咏檀板》)古人依绳墨取直，绳子上涂墨粉，绳子一拉，手指一弹，就有了标准直线，建筑如此，制衣如此，檀板的绳道喻义正直，有气节。

唐宋时，檀板有大小板之分，大板九片木，小板六片木，如手肘一般的长阔。《旧唐书·音乐志》载："檀板，长阔如手，厚寸余，以韦连之，击以代抃。"没有绳子串联时，它们就是一片片的散材，歌者清唱着心中的苦，将忧愁轻轻吟诉，而谁是知音呢，请接过檀板吧，听着这歌声，打着节拍应和，就是难得的同欢了。

五代十国，前蜀开国皇帝王建酷爱音乐，死后他的棺放置在石砌的须

檀板

赴节心长在,从绳道可观。须知片木用,莫作散材看。空为歌偏苦,仍愁和即难。既能亲掌握,愿得接同欢。

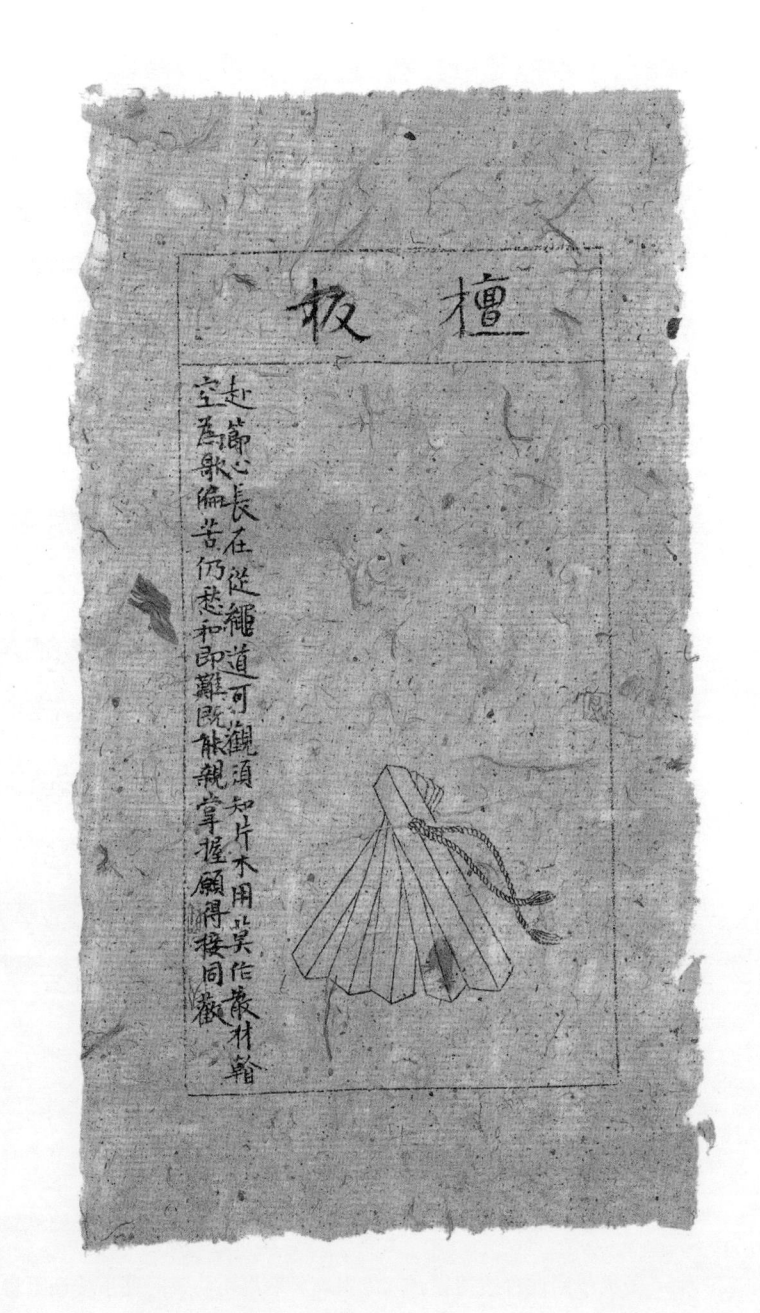

弥座上，须弥座腰部一周，有二十四位乐伎手执各样乐器，其中便有一位正在敲击六叶拍板，优美的坐姿，飘若卷云的裙带，仿似仙乐将出。

"妾本钱塘江上住，花落花开，不管流年度。燕子衔将春色去，纱窗几阵黄梅雨。斜插犀梳云半吐，檀板轻敲，唱彻黄金缕。梦里彩云无觅处，夜凉明月生南浦。"宋人司马槱，元祐年间，苏轼举荐入第五等进士，后去杭州为官，梦见钱塘苏小小，便有了这诗。

苏小小什么样，谁知道。宋人梦中所见，衣着穿戴沿唐宋制。"犀梳斜觯鬓云边"，唐人有诗这样描述美人，司马先生的"斜插犀梳云半吐"恐怕由此衍出。檀板轻敲，唱的是《黄金缕》，宋人词牌。唐朝也有"黄金缕"，但它是一种通身玉珠或金珠，以金线缝制的襦裙。苏小小所在的南齐，不要说没有这样的襦裙，即便是有，一个非官非贵的歌女，也是穿不起的。

唯有檀板，或许她在歌唱时，顺手按拍过，淡妆薄衫，檀板一开，木香似有似无，雅室静幽。梦断行云无觅处，夜凉明月生南浦。残春的黄梅雨，时聚时散的云，明月千愁，映在一泓江水中，她独居的小窗，推开便是西湖，西泠桥畔，由北里山腰望去，望不见南浦。只有热衷于青楼红粉的庸客，才会留恋笙箫喧杂的南山。

不过，倘若这里的南浦作离别解，"送君南浦，伤如之何"（江淹《别赋》），是可以的，离别的江面，月儿分外清冷孤明。司马槱卒于钱塘，任期之内，与苏小小应是没有什么关系，人各有天命，后人总是喜欢强扯。

檀板一向适合婉约词，风流中有哀怨离伤。昔时苏东坡在玉堂，有幕士善歌，问他："我词比柳词何如？"幕士很会说话："柳郎中词，只合十七八女郎，执红牙板，歌'杨柳岸，晓风残月'。学士词，须关西大汉、铜琵琶、铁绰板，唱'大江东去'。"苏东坡满意得几近绝倒。

红牙板，红色檀木制的拍板。铁绰板，铁制的拍板，敲起来哐当哐当，豪放的汉子嗓门一开，加上狂放的辞章，和柳永当然不是一个意境。

晏殊认为柳词艳俗，是文人相轻，自己也作过类似词句，《相思儿令》："无奈绕堤芳草，还向旧痕生。有酒且醉瑶觥，更何妨、檀板新声。谁教杨柳千丝，就中牵系人情。"檀板歌莺诉惆怅，霓裳瑶觥醉伤情，新愁旧恨，杨柳千丝如细发，理还乱。

宋代，多了曲艺唱赚、杂剧和南戏，檀板在民间的流传更加普遍，且越来越通俗。吴自牧在《梦粱录》中有对妓乐的描述，拍番鼓儿、敲水盏、打起锣，三五个乐人使它们唱小词，一两个女童为客人跳舞助兴，要么花街柳巷，要么茶楼酒肆，犒钱不多，谓之"荒鼓板"。

宋末元初陈元靓编《事林广记》有诗云："笛韵浑如丹凤叫，板声有若静鞭鸣。几回月下吹新曲，引得嫦娥侧耳听"，檀板和竹笛之间的默契协奏，笛声悠远如山中凤啼，檀板静敲，破空了月夜，这样有艺术水平的演奏，是为当时风行的蹴鞠运动助兴。

元代宫廷燕乐的教坊大乐有檀板在列，元杂剧里也少不了它的伴奏，官家，妓家，家家都有檀板。直至明清，中和韶乐、清乐、番部合奏等宫廷宴乐中均有檀板。清代的檀板已减至三叶，穿以红色绸带，两叶发声，一叶击节，乐工一手持檀板，一手执鼓槌，板与鼓相应。王世襄先生的俪松居曾收藏一副清代三叶檀板，以浮雕阴刻两种刀法精刻缠枝莲纹，为乾隆时期风格。

从前歌女与客人在厅堂饮酒唱筹，客人会点唱，懒记性的歌女会"作弊"，将时下流行歌词以小笔写在檀板上，以备万一被点到不熟悉的歌时随时偷看。

文人之间，赠送檀板是件雅事，有的会刻上诗画。昆曲名家俞粟庐，俞振飞之父，于光绪甲辰年（1904年），收到篆刻名家王大炘一副小叶紫檀拍板，上面以行书刻黄庭坚诗："烟波跌宕红尘外，风月纵横玉笛中"，随性奏刀，字瘦而野，有天然之神趣。

骆玉笙先生的檀板，在唱鼓书一行统称书板，与单皮鼓不分家，檀板衬弦歌，三弦，四胡，由沧州、河间一带传入京津，演变成京韵大鼓，另外一番人间滋味。说书的远祖，最早可追溯到荀子《成相篇》，以"相"击节拍进行说唱的诗篇。"相"，又名"舂牍"，竹筒模样，长的约七尺；短的一二尺，演奏时两手捧着舂米一样舂击地面。

年代远了，书板由檀板而来稍微近一些，瑶族、高山族、阿美等部族地区有竹捣筒，样子很像，一筒一音，轮换捣杵，不作击节用。

如果还想寻找一点古檀板的旧味，去泉州，南音的板有五叶，乐人以中原古音唱奏，莫去想唐宋遗韵，门外落花随水逝，海变桑田，一切尽已不同。

山风向木鱼

> 云根禅客居，皆说旧无庐。
> 松日明金像，山风向木鱼。
>
> ——［唐］司空图《上陌梯寺怀旧僧二首》

华夏民族对鱼的崇拜，源自远古渔猎时代，公元四五千年前的西安半坡村遗址出土的陶盆，上面绘有生动的黑色人面鱼纹，鱼既是先民维持生命的食物，又因其腹中多子，繁殖旺盛被母系氏族视为生殖崇拜对象。

商代和西周墓葬里的鱼形玉器和祭祀相关，多为直条长鱼和拱背弯曲的璜形，以及鱼腹部宽阔的扁圆形，鱼眼总是被刻成大大的圆眼；春秋时代的玉佩和青铜盘上,已出现鱼龙混合的形状。

相传汉楚王戊太子死后,随身入殓有一对玉鱼,唐高宗在营建大明宫、宣政殿时,戊太子曾经多次显形,说他葬在这里,乞求将他"改葬高敞美地,并望勿夺其身佩玉鱼"(见唐代《广异记》)。

西汉,董仲舒任江都国相,制定了春、夏、秋、冬一年四时求雨的雩礼程序,《春秋繁露》记载"春旱,祭之以生鱼八""秋暴,祭之以桐木鱼九",春季,长江一带的鱼正是最鲜嫩的时候,祭品为八条生鱼。

《礼记》和《吕氏春秋》里也提到孟春月,鱼时不时跃出冰面,獭喜爱食肥美的鲜鱼,往往铺陈许多未吃完的在岸上,远远看像鱼祭,称为"獭祭鱼";入秋之后,鱼肉老柴,便改为九条桐木雕成的鱼。并"设土龙以招雨,其意是云龙相致"《周易·乾》。"同声相应,同气相求。水流湿,火就燥。云从龙,风从虎。"龙出水,云雨致,龙和鱼一样,自水而出,以类求之。

20世纪80年代末,四川金堂县杨柳乡出土了汉代石棺,从石棺上雕着悬鱼图案的画像砖来看,汉代时在民间,便已有了鸣击悬鱼的风俗,蜀地是道教发源地,不过画像砖上所表现的场景与道教不一定有关联,或许这只悬鱼,只是民间的祭祀法器。

南朝宋时代,刘敬叔撰志怪小说《异苑》里面出现了木鱼。这是一个离奇故事,道士蒋道支在水边遇见一浮木,将之刻为中空鱼形,并藏符于鱼腹,时时带在身上。过了二十年,某日木鱼连同道符一齐不翼而飞,木鱼在半夜托梦给蒋道士,自称去湘水边游玩,路过湘君庙被湘妃留下,蒋道士去湘江边,果然看见一条刚被渔夫打捞上来的鲤鱼,腹中正有此符,而不久后,有人去湘君庙,发现湘妃像侧边,正有那只木鱼。

这只木鱼是道士用来敲击诵经用的乐器,还只是一只鱼形摆件,便不得知了。

唐僖宗中和年间,长安太清宫道士杜光庭将秦汉以来历代帝王崇道的事迹编撰为《历代崇道记》,其中收录了一则悬鱼为磬的故事:唐开元年间,衢州建观地下被挖出来一条三尺长鱼,此鱼材质似铁又似青石,呈紫碧色,光泽莹润,且呈现着世间罕有的非凡雕工,叩鱼身,得响亮声音。

唐玄宗李隆基命人将它宣示给百官,却无人能够说出它的名称和来历。李隆基便称之为瑞鱼磬,从此它被高悬在太微宫,凡讲经设斋时,敲之聚众。此后,诸道观竞相以木或石效仿瑞鱼磬的样子和作用。

这则故事看来,似乎瑞鱼磬是道教木鱼法器的前身。

道观里的木鱼,几乎都是团鱼状,中空,木槌敲之,有哪哪的声响,和佛寺里的诵经木鱼类似,大小都有。不是放在经案边,就是道士端在手里敲打。木鱼往往与磬合奏,磬音喻为"醒",木鱼声比作"觉","木鱼清磬,振醒尘寰"(《无上秘要》)。道家亦有《木鱼经》云:"一个木鱼拿得手中心,一记木鱼一记磬,天上神佛听着木鱼磬,腾云驾雾开天门……"

道教是中国人自己的宗教,诞生时间较早,道教的木鱼由中国民间崇鱼的风俗传统而来，虽然印度佛教经典里有不少与鱼相关的故事，但并不能证明，木鱼由佛教始兴。

汉传佛教中最早出现关于木鱼的文字记载，见晚唐文人司空图的《上陌梯寺怀旧僧二首》，开头四句："云根禅客居，皆说旧无庐。松日明金像，山风向木鱼。"深山云起处，风吹响木鱼，这时佛寺的木鱼，是长直条的整鱼状，又称梆木鱼，以铁索挂在佛殿外廊上，和唐玄宗时期的瑞鱼磬接近，有的是龙首鱼身的造型，延续了民间鱼龙一体的图腾崇拜。

元朝，百丈山大智寿圣禅寺住持德辉禅师奉敕重编《百丈清规》，新规名《敕修百丈清规》，其中提到木鱼来历时说："木鱼，相传云，鱼昼夜常醒，刻木像形击之，所以警昏情也。"

僧侣敲响木鱼，警示世人不可昏惰，早些脱红尘，离苦海，佛弟子时时不忘参学，如昼夜常醒的鱼，日夜自省，所行所为皆是修行，片刻不得懈怠。由于《敕修百丈清规》是对唐代百丈怀海禅师所撰《百丈清规》的修订，所以我们并不能判断在怀海禅师所处的唐玄宗至唐宪宗时代，佛寺中有没有木鱼法器，亦不知佛教与道教，哪个更早使用它。

德辉禅师并没有说"鱼昼夜常醒"的含义源自佛教传统，而是很谨慎地用了"相传云"三个字。

隋唐时期，民间和官方有两种鱼形用具，一种是鱼形铜钥匙，有的是铜镀金，大到城门，小到妆奁，无所不在，钥匙为防盗用，制成鱼形正是因为鱼从来不闭上眼睛，仿佛从不睡眠，故鱼钥的喻意是日夜看护，时时

梆木鱼

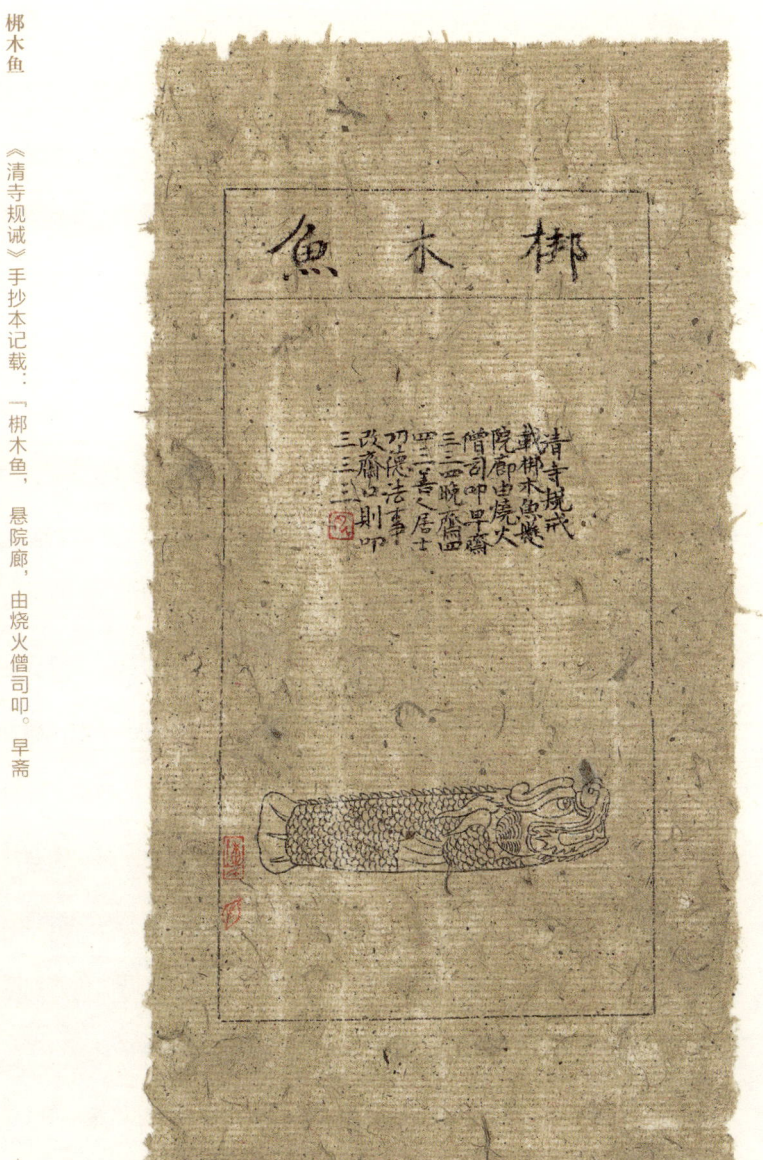

《清寺规诫》手抄本记载：「梆木鱼，悬院廊，由烧火僧司叩。早斋三三三四，晚斋四四三。善人居士功德法事改斋口。」则叩三三三。

警觉盗贼犯科。另一种是给官吏使用的鱼符，也是铜制，鱼形，分成两半，一半官方收管，一半官吏收管，联系时合符为证，用于人事调动或者出入凭证。如此看来，"鱼昼夜常醒"是汉地民间传统。

印度佛教中，没有木鱼这件法器，只有犍椎，又名犍槌。释尊召集僧众讲经说法，打犍椎，龙树菩萨在《大智度论》中有提道："大迦叶尊老往须弥山顶，拉铜犍椎。"这里的铜犍椎可能是铜钵。晋代法显在《佛国记》中说他在天竺于阗国瞿摩帝大乘寺见到"三千僧共犍槌食"的盛大场景，故知犍槌有开斋聚食的作用。北宋高僧道诚编撰《释氏要览》云："今详律，但是钟磬、石板、木板、木鱼、砧槌，有声能集众者，皆名犍椎也。"阐明了犍椎是一切打击发声法器的总称。

佛教从印度传入中土后，木制犍椎接了中土民间的地气，又或许在唐代道佛既相争，又齐鸣的情况下互相影响，便有了木鱼这类佛教法器，关于鱼种种喻义被巧妙引申到汉传佛教中，体现了汉地僧人的智慧。印度有"鱼腹儿"的传说，汉化佛教将这个传说与唐玄奘联系在一起，玄奘法师搭救了一个可怜的婴孩，他被后母掷入水中之后又遭鱼吞，婴孩被救起后，法师说："以木雕为鱼形，悬之于佛寺，于斋时击之，可以报鱼德。"为的是劝善，传播慈恩亲情。

《晋书·张华传》记载，晋武帝时，吴郡临平堤岸崩坍，出来一座石鼓，却敲不出声，张华取蜀中桐木，雕成鱼形槌，用它将石鼓敲出了声音，声闻数十里。由于先秦时代，流传着鲸鱼和蒲牢的神话，鲸鱼出现，蒲牢惊叫，人们将木雕成鱼形，去撞击华钟，钟上雕着生性惧怕鲸鱼的蒲牢，这个传说很容易让人们觉得张华相鱼与之有渊源。佛教东传中土，汉传佛寺的寺钟上，雕着蒲牢形象，法器与民间文化相融合是很自然的事。

明僧瞿佑有首《木鱼》诗，则借用了先秦至汉代民间"蒲牢鲸鱼"、"鱼跃龙门"的传说，将之融入佛理，"长廊悬挂发鲸音，鳞甲光芒欲倍寻。跳跃幸离生死海，虚空已断去来心。阇黎课密钟常早，长者恩多水共深。龙象有灵能拱护，不随波浪去浮沉。"鱼跃龙门，跳离的是生死海，龙神如佛陀加持，不再随波逐流，就在响槌来去之间，木鱼叩醒昏盲人，断绝痴妄凡俗之心，抛却杂念，心绪的线头，没有来，没有去，在虚空中感受恒定。

❖ ❖ ❖

佛寺的木鱼分两种，梆木鱼和诵木鱼。长直条的木雕整鱼或鱼龙合体称为梆木鱼，又有鱼梆、鱼梵、鱼板、鱼鼓等别称，鱼眼或龙眼圆睁，雕云纹和鱼鳞，有的饰以明艳的彩绘，敲击方法如特磬和云板。

《敕修百丈清规·法器章》记载"斋粥二时长击二通，普请僧众长击一通，普请行者二通。"《清寺规诫》手抄本记载"梆木鱼，悬院廊，由烧火僧司叩。早斋三三四，晚斋四四三。善人居士功德法事改斋口，则叩三三三。"可知梆木鱼为召集僧众开斋、集会所用。

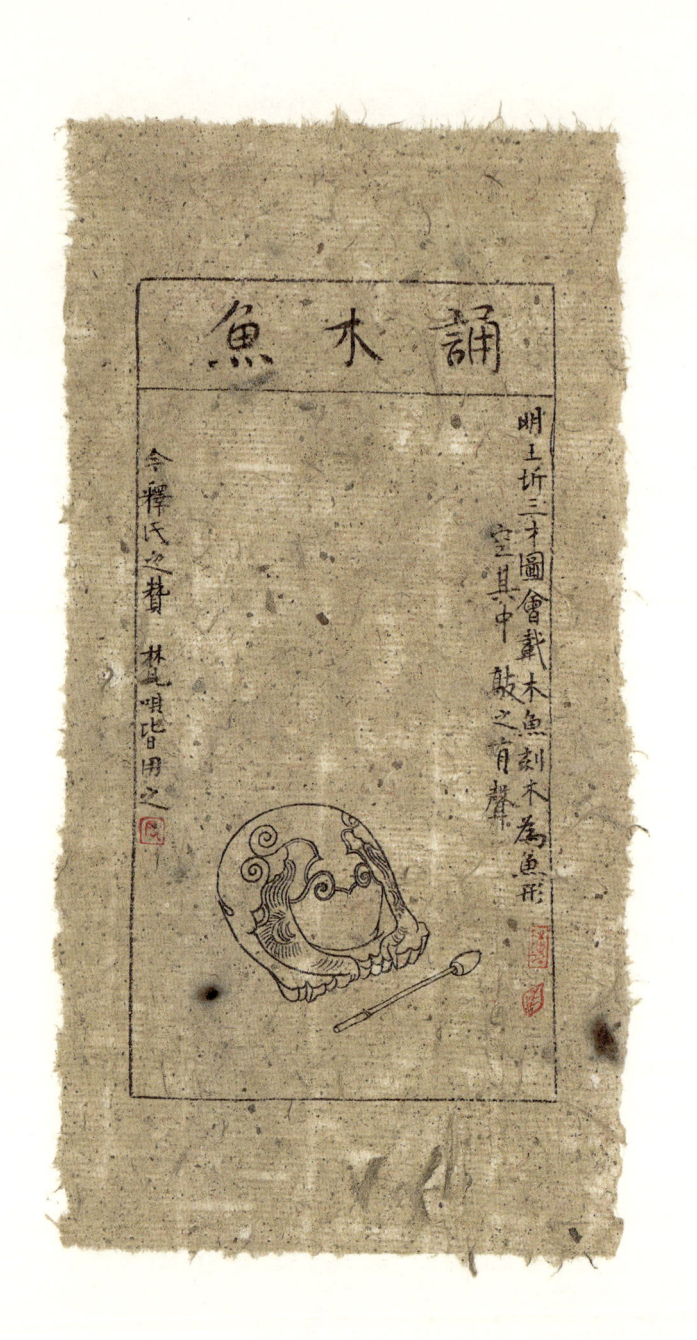

诵木鱼

明王圻《三才图会》载：「木鱼，刻木为鱼形，空其中，敲之有声。今释氏之赞、梵呗皆用之。」

唐末雪峰义存禅师有诗云:"我暂作鱼鼓,悬头为众苦,师僧吃茶饭,拈槌打我肚。身虽披鳞甲,心中一物无,鸬鹚横溪望,我誓不入湖。"

诵木鱼,也称鱼鼓,是腹部中空的团鱼状。明代王圻《三才图会》中说:"木鱼,刻木为鱼形,空其中,敲之有声。今释氏之赞、梵呗皆用之。"诵木鱼被敲击的背部呈斜坡形,往往雕着鱼鳞云纹,鱼头尾相接,样子昂首缩尾。也有龙首鱼尾,雕龙鳞云纹,龙首在底部相聚,龙口张开,中间衔一枚珠。木槌的槌头为橄榄形,在诵经时使用,有大小次第之分,音调高低不同。如今民族乐团里,可按照需要,对木鱼作不同的编排,以奏出不同的音列。

诵木鱼和寺钟、佛磬、法鼓一样,不同仪式,有严格的打法。宋代《禅门日诵》里讲到打佛七的念佛仪轨,"接往生咒三遍,起佛偈,念佛,领众经行半支香,鸣磬一下接(木)鱼,举西方极乐世界大慈大悲阿弥陀佛,念至香到,主七师高举佛一声,大众收佛回问,止静。……"

宋代,木鱼做打更用。苏辙诗云:"堂中白佛青髶髶,气象冲淡非人间。坐令远客厌奔走,径欲筑室依空山。木鱼㫰㫰夜将旦,星斗敧斜挂山半。"尘俗中人,在幽静山寺中对奔忙的人世间产生了厌离心,几有念头效仿僧人筑室掩关,傍依空山,夜半听见木鱼报更,望见星斗斜挂在天边忽闪忽灭。

民间也使用木鱼打更,通常是已出家未剃度的行者或者行脚乞食的苦行头陀担任报更人。宋代孟元老《东京梦华录》记载:"每日交五更,诸寺院行者打铁牌子或木鱼,循门报晓。"《水浒传》第四十五回:"那妇人便道：……若怕五更睡着了，不知省觉，却哪里寻得一个报晓的头陀，买他来后门头大敲木鱼，高声叫佛，便好出去。"

僧人在城中街巷敲木鱼，化斋饭，唱讽诵，见《红楼梦》第二十五回"红楼梦通灵遇双真"。凤姐和宝玉中邪，贾府上下闹得天翻地覆，鸡飞狗跳，乱成一团，宝玉性命垂危之际，癞头和尚和空空道人同时现身贾府门前，真人出现之前，先传来一阵隐隐约约的木鱼声，又远远地听念了一句："南无解冤孽菩萨。有那人口不利，家宅颠倾，或逢凶险，或中邪祟者，我们善能医治。"

这时候，贾母、王夫人坐不住了，迅速命人去快请进来，贾政不情愿也无可奈何，权当救命神仙驾到，待众人举目看时，原来是一个癞头和尚与一个跛足道人，通灵宝玉的前世今生由此被二位真人点出。

诵经木鱼在明代渐渐传入民间，伴随说唱，成为民乐的乐器。佛寺音乐与民间音乐融合，自公元五世纪始，北魏时期，洛阳城中有六个寺院常进行百戏与音乐活动，宫廷遗散的乐伎被送进寺院，如北魏高阳王雍死后，府上有五百乐伎，多数悉令入道，民间音乐丰富了佛教音乐。

❖ ❖ ❖

唐代佛教变文、宝卷便是新的佛教说唱艺术，寺院中流行将佛经俗讲，向人们普及佛经故事，因果轮回，劝说人们积德向善，艺僧的说唱乐曲会被宫廷教坊艺人所学，也有艺僧由于讲唱变文的内容太过民间和生活，以惑众罪受杖背之刑，甚至流放边地。

宋代瓦舍勾栏里已有唱念佛教故事的"说经""说参请""说诨经"的表演；元代出现一种鱼鼓，或称渔鼓，与佛教无关，以竹筒制作，蒙皮，长长的竹筒敲击，道家用它传道、化募、道情，"打渔鼓，唱道歌"，从道家传到民间。

到了明代，江南十番乐的乐器中有木鱼在列，这个时期，宝卷复兴起来。比较早的是宋朝普明和尚所作《香山宝卷》，比丘和比丘尼敲着木鱼，唱着佛经故事、劝世文，人们称为"唱木鱼"。

随着变文、宝卷在广东、佛山、东莞一带流传，和当地民间音乐相融，演化为木鱼歌，在万历和崇祯年间发展迅速。明末南海诗人邝露的《婆侯戏韵效宫体寄侍御梁仲玉》诗云："熏愁苏合香，洒醉蔷薇水。琵琶弹木鱼，锦瑟传香蚁。"

这是一幅风雅香艳的木鱼歌画面，苏合香和蔷薇花水散发出的香气惹人沉醉，幽幽清氛里，琵琶、木鱼与锦瑟合鸣，伴着字词优美的读歌雅唱，曼节长声，婉转轻回，而杯中酒则醇厚芬芳，浮糟如蚁。

木鱼歌的唱本叫木鱼书，在佛山有这样的谚语："想傻，读《二荷》；想癫，读《花笺》；想哭，读《金叶菊》。"闺阁女子无论贫富，人人痴迷木鱼书，可歌可阅。郑振铎曾购买不下三四百部木鱼书，郑振铎说其收藏的木鱼书中"其中最负盛名的是《二荷花史》和《花笺记》"。现存五百多部木鱼书，有十一部被称为"才子书"，《花笺记》与《二荷花史》分别为第八大和第九大"才子书"。

1927年，郑振铎在法国避难期间，埋头在巴黎国家图书馆里研究中国小说和戏曲典籍，发现早在拿破仑三世前后，《花笺记》已被收进巴黎国家图书馆。而在此之前，它有英文、俄文、德文等版本流传在各国。歌德读过《花笺记》，受珠玑文字，尤其是书生梁亦沧与二位女子杨瑶仙、刘玉卿之间爱情故事所包含的中国式审美与精神所感，写下诗篇《中德四季与晨昏合咏》。

可惜这些杰出的木鱼书，不知作者何人，他们文思出众，深谙世间男女复杂情感，应该也是通音律，识音韵，才能写下既可唱、又可读的艺术佳品。

瞽师、瞽姬、船娘、歌伎也唱木鱼歌，明末清初的诗人王士禛，某夜在珠江畔漫步，作诗云："潮来濠畔接江波，鱼藻门边净绮罗。两岸画栏红照水，疍船争唱'木鱼歌'。"

清同治年间，有"粤伎之唱木鱼，如苏伎之唱弹词"的说法，歌伎们在江边伴着木鱼、丝弦吟唱着她们的似水年华，也吟唱着不甘失落的爱情。《佛山竹枝词》："木鱼歌里快传杯，不唱《杨枝》与《落梅》，愿得郎如江上渡，朝朝暮暮趁潮回。"

吹叶嚼蕊

碧玉栏杆白玉人,倚花吹叶忍黄昏,萧郎一去又经春。
眉澹翠峰愁易聚,脸残红雨泪难匀,纤腰减半绿罗裙。

——[宋]朱敦儒《浣溪沙》

晚唐诗人李商隐年少时,与邻家少女有一段当时不在意,之后惦念一生的恋情。人总是这样,错过方知美好,而后频频回味,容貌、才华、颦笑中细微的神情,甚至两人见面时的天气,环境,于是那人在回忆里被反复升华,落到纸面上,笔墨点染,几欲成仙。

那少女名叫柳枝,在诗人记忆中,她永远停留在十七岁的青春年华。

春阴下,她亲手裁断裙上的罗带,向诗人乞诗。她亭亭地立在深巷,等待他的路过,当他骑着马来到她的面前时,她在风中许诺:"以博山香待,与郎俱过。"可是造化弄人,诗人回故里时,她已被东诸侯娶去,留得无限相思惆怅。

诗人想起欠她的诗句,便写下《柳枝五首》,为一组五言绝句,嘱同族昆弟李让山捎去,因为柳枝是偶然间听到李让山念他的诗,才意欲罗带乞诗。不知柳枝究竟得了诗没有,更不知她被迫嫁人之后的生活是怎样的,幸与不幸,纵有人知晓,因无文字记述,便成了谜。

《柳枝五首》诗有篇小序,诗人讲述了自己与柳枝短暂的缘分,朦胧的爱意,对柳枝容颜的描述极淡极微,只有"涂装绾髻""丫鬟毕妆"八个字,点出她时值豆蔻年华,还梳着小女孩的双鬟髻。可能是时间久了,触动心弦的并非那张芙蓉俏面,而是她"吹叶嚼蕊,调丝擪管"的才华。

那人儿立在小窗下,信手摘下春天里鲜发的绿叶,玉指轻轻拈着,送到唇边,吹出"天海风涛之曲,幽忆怨断之音",音声飞旋,迂回起伏,似流风似海波,沾着露珠的一片叶子,替她向虚空表达着对不可知未来的向往,漫漫光阴里无言的感伤,她有时歌唱,有时调理丝弦竹管,但这些才艺,都比不上吹叶技巧的高明。

从美人唇边吹响的绝妙叶声自邻家画墙边,传到诗人耳边,可是当年,为什么就让这抑扬婉转的音声从耳边滑过呢,让"以博山香待,与郎俱过"的承诺落空,此生再不得机缘相见,然后在无数落寞的夜里,回味她的悲喜清欢。

回想当初，交谈寥寥，谈不上交往，说不上相思，而自从美人嫁了东诸侯，伤感如蚕茧抽丝，一寸寸抽出来，点滴记忆，竟积聚成相思如海。美人吹叶嚼蕊，一千多年前生活在洛阳城的少女柳枝，她的清雅风姿被李商隐以笔墨记下，随着千古名篇在世间流传。

世间爱情，最美好的往往不是"执子之手，与子偕老"的圆满结局，虽然那样很难得，很温暖，但到生命终了时，爱人变亲人，相依相存成习惯，说有多少爱，也归了沧海。至顶点的爱，沸腾时只有一瞬，唯有痛，才会刻骨铭心，缺憾产生的美感，凡俗生活难以替代。

清代文人纳兰性德怀念亡妻卢氏，想起她十八岁时"吹花嚼蕊弄冰弦"，与柳枝的"吹叶嚼蕊，调丝擪管"有同工之妙。卢氏活不过二十一，便撒手人寰，纳兰从此孤枕冷衾，夜夜空眠。"多情情寄阿谁边"，"相看好处竟无言"，纳兰对卢氏的相思之情，李商隐追忆柳枝，都有着斯人已去，情无处可寄的万千悲凉。静夜里，怀想美人吹着淡香新叶，双唇翕合，最易勾出酸楚的离人泪。

嚼蕊，意为歌唱，诗人造词，意在表达将视觉、嗅觉、听觉、味觉融合在一起的通感，钱钟书说："即如花，其入目之形色，触鼻之气息，均可移音响以揣称之。"吹叶可伴歌唱，气息控制音声，如花徐徐绽放，歌声飘荡，似花蕊芳香四溢，花开时节，文人小聚，饮酒间赏花嚼蕊，亦是风流。

姑苏城虎丘冷香阁有圆门,名曰"吹香嚼蕊",清嘉庆六年进士、两广总督邓廷桢在《双砚斋词话》里评姜白石和张玉田二人诗词时说:"白石硬语盘空时露锋芒,玉田则返虚入浑不啻嚼蕊吹香。"古人嚼蕊吹香,香,可理解为叶片散发的幽幽清香。

比李商隐早生约四十年的白居易,某天和皇甫郎中赏花,说他爱半开之花甚于全盛之花,莺啼择稳枝,蝴蝶争香朵,品着佳酿,吐气如兰,唇边流出一阕阕清歌,"衔杯嚼蕊思,唯我与君知",这般悠恬回味,唯有知己能懂。

白居易并非嚼蕊的始作俑者,晋人郭璞《游仙诗七首》:"中有冥寂士,静啸抚清弦。放情陵霄外,嚼蕊抱飞泉。"这首诗中,伴着嚼蕊的不是吹叶,而是人类更古老的乐声——啸吟。隐者对着飞泉流瀑放情歌唱,或抚弄冰弦,缓缓运气,发出清越啸声,这门技艺又名口啸,类似吹口哨,魏晋风度,竹林七贤之阮籍精于啸术。

南朝吴声歌器乐曲中有《命啸》曲,是当时风行的吹叶之曲。《旧唐书》云:"啸叶,衔叶而啸,其声清震,橘柚尤善。"啸吟基础上增加一个简单的道具——树叶,便是啸叶。"橘柚尤善",橘树与柚树的叶片,唐人认为是上乘,与叶的易吹程度关系不大,而是由于它们带有清新叶香,含在唇边时,可闻见芬芳,使人愉悦。

其实,吹叶并不一定橘、柚的树叶,只要是无毒的树材,正反两面光滑无毛,竹叶、柳叶、冬青叶、杨梅叶、梧桐叶、龙眼叶、樟树叶……一

木叶

　　那人儿立在小窗下，信手摘下春天里鲜发的绿叶，玉指轻拈，送到唇边，吹出「天海风涛之曲」，幽忆怨断之音」。

概可吹，这是中国自远古到中古唯一不用改良，且随手可得的古老乐器。叶片须得不老不嫩、平整、有韧性，太嫩的叶片容易吹破，老的吹不出清声。

白居易说钱塘歌伎苏小小，猜她在春风拂荡的西湖畔，摘下碧绿柳条盘成银环样，系在手腕上，别有风姿，并"卷叶吹为玉笛声"，柳叶卷起竟能吹出玉笛优美婉转的音声，可见在唐代，吹叶在文人圈中是件至尚雅事。

叶声如笛，也如匏类嵌竹管乐器笙竽，胡人在叶片上加竹管，便改制成了觱。郎士元听闻吹杨叶，说"妙听杨叶动悲觱"，原始的觱，与吹杨叶其实无甚异处。彼时胡马迎风，遥想若是在雁门关的寒月夜里，天地间应该卷尽风沙，以应悲声，郎士元赞叹吹叶者"天生一艺更无伦，寥亮幽音妙入神"。如此出神入化的技艺，吹到凄怆摧折处，被离人听见，定会痛欲断肠。

由于叶片容易损耗，吹叶乐伎表演时，手里总是拿着一些叶片替换用。五代前蜀开国皇帝王建墓石质棺床须弥座二十四块乐舞伎石刻，西座第六块，为吹叶乐伎，她以右手食指和中指按着叶片在唇边吹奏，左手上则拿着两片备用叶片。

乐人口衔绿叶，因感生曲，因歌随吟，吹出五音七声，甚至高低强弱不同的十一二个音调，音色纯澈明亮，可传至很远地方，吹叶的动作又优雅含蓄，故唐代的宫廷燕乐，十部乐的清商乐，便有了吹叶一行。据《旧唐书》记载，《巾舞》《白纻》《巴渝》都属于清商乐，配备的乐伎编制中有"叶二，歌二"，即吹叶者两名，歌唱者两名。

伴着乐声，舞者着碧色轻纱衣，绘着云凤的裙襦大袖，鬟髻上饰有如雀钗的金铜杂花，着锦履，舞姿闲婉柔靡。沈约在《宋书》中说"观其政已乱，其俗已淫，既怨且思矣。而从容雅缓，犹有古士君子之遗风。"

《新唐书·礼乐志》里，唐宫清商乐的乐伎编制，变成了"歌二人，吹叶一人"，《新唐书·礼乐志》是北宋欧阳修重新修订，为北宋施行礼乐治国所用，融进了欧阳修自己的礼乐观，俗乐与雅乐的乐器在配置中有所增减也是情有可原。

贞观十四年，出现"景云现，河水清"的祥瑞之兆，协律郎张文收编制了《景云河清歌》，包括《景云乐》《庆善乐》《破阵乐》和《承天乐》四部乐舞，为唐代九部乐中的燕乐，太宗同时宣布九部乐中，燕乐为首。但是在《新唐书·礼乐志》中，欧阳修将《景云河清歌》的初始，写在唐高宗李治即位时，时间向后推至贞观二十三年，他或许认为唐代礼乐之治，与帝王德政紧密相联，更可垂教后世。与《旧唐书》相同的是，《巴渝舞》和《景云河清歌》的配乐中都有吹叶。

上古时期，阆中渝水土著巴族賨人在部族战争时创造一种执干戈、唱铙歌、击战鼓拼杀山野的早期军舞，《左传》记载："周武王伐纣，巴师勇锐，歌舞以凌殷人。故曰：武王伐纣前戈后舞。"西汉时，汉高祖刘邦平定三秦，招巴族賨人入汉军，他们精勇善战、能歌善舞，汉朝宫廷将他们世代相传的部族舞蹈改编，到了汉武帝时代，武帝曰："此武王伐纣之歌舞也，乃令乐人习学之，今所谓巴渝舞也。"《巴渝舞》始得其名。

賨人是土家族人的祖先，在中国西南部，《巴渝舞》中的伴奏中，有吹叶，也有不少汉家乐器。汉家的吹叶，和西南部少数民族的吹叶，自谁而始，无可考证，远古时代，当先民吹骨哨和骨笛时，便已经开始了采叶吹声。

唐贞观年间，樊绰所撰的《蛮书》中说南诏一带："俗法，处子孀妇，出入不禁。少年子弟暮夜游行闾巷，吹壶卢笙或吹树叶，声韵之中，皆寄情言，用相呼召。"壶卢笙即葫芦笙，南诏为今天的大理，可见当地年轻人夜游街巷，以吹葫芦笙和吹叶传情，召唤心上人的风俗早在唐代便有了。

唐末诗人王贞白《芦苇》诗："穿花思钓叟，吹叶少羌雏。"暮色寒天，已归隐还乡的诗人回想起在边外戍守的岁月，江湖旧事历历在目，此时，他正在湖边闲庭信步，望着手植的芦苇，随手摘片芦叶来吹，不禁叹惜身边少了擅长吹叶的羌族少年。

少年人吹叶，多是男孩吹给女孩听。他们在山林里，吹出百鸟鸣声；在歌会上，吹响纯朴情感。明嘉靖年间，田汝成任广西布政司右参议，他将在西南少数民族所经历之事写成《炎徼纪闻》，提到苗夷人时说："男女吹木叶而索偶。"

无论是苗族、侗族、瑶族、彝族、壮族、土家、布依……男孩拥有娴熟的吹叶技巧，便容易叩动女孩的芳心。土家族至今有首民歌流传："满山木叶堆成堆，问郎会吹不会吹。有朝一日学会了，只用山歌不用媒。"

木叶在中国古典诗词中是落叶的代称，是不能吹奏的枯叶。而在中国西南部，情形却是两样，那里四季如春，时时都有常青的木叶吹，尽管他们有各种方言表达这门古老的技艺，但最普遍的称呼却是"吹木叶"，这是中原文人不会用的，大概与古典诗词中所表述的"木叶"季节不同有关。

自屈原《九歌》开始："袅袅兮秋风，洞庭波兮木叶下。"南朝人谢庄《月赋》将它照搬了去："洞庭始波，木叶微脱。"木叶从此和秋水同命相连。落木萧萧，秋水瑟瑟，诗人在文字间发现了自然的美，发现了四时不同的景致与不同的情绪。

人间草木，有情有知，各有它的秘密。

唐人韦应物夜宿寺院，作诗云："幽人寂不寐，木叶纷纷落。"彼时窗外寒雨连绵，秋夜暗深，寂人独醒，静听木叶一片片掉落的声音，坐在青灯旁，更觉萧索。

中原地区，清代宫廷乐伎仍有吹叶一行，后来就听不到了。

宋人朱敦儒《浣溪沙》诗中"碧玉栏干白玉人，倚花吹叶忍黄昏"的古韵遗风，早已消失散尽。那时候的诗人身边，似乎总有个穿着绿罗裙的纤腰佳人，画墙外，碧玉栏杆旁，倚着花，轻吹绿叶，是在黄昏里独自忍着不愿逝去的青春，还是黄昏听见了清婉叶声，忍着不落幕。又或是诗人自己，少年人一样，拈叶而吹，无论桥头河畔，醒醉皆由我，东风吹来洛阳尘，烟霞笼依着落日，随着叶声，渐淡渐远。

卷七
匏声凤音

匏声崇聚 立春之音也 笙竽系焉

女娲与伏羲,兄妹合婚,交媾繁衍人类。先有女娲以大地之灵制笙簧,后有太子晋吹笙得以升仙,它们既有入道仙意,又象征阴阳婚媾。诗人说起春情,便借之赋兴,唐宋的粉墙画楼中,吹落幽梦无数。

［清］改琦《吹笙仕女图》，绢本设色，纵103cm，横33cm，私人收藏。

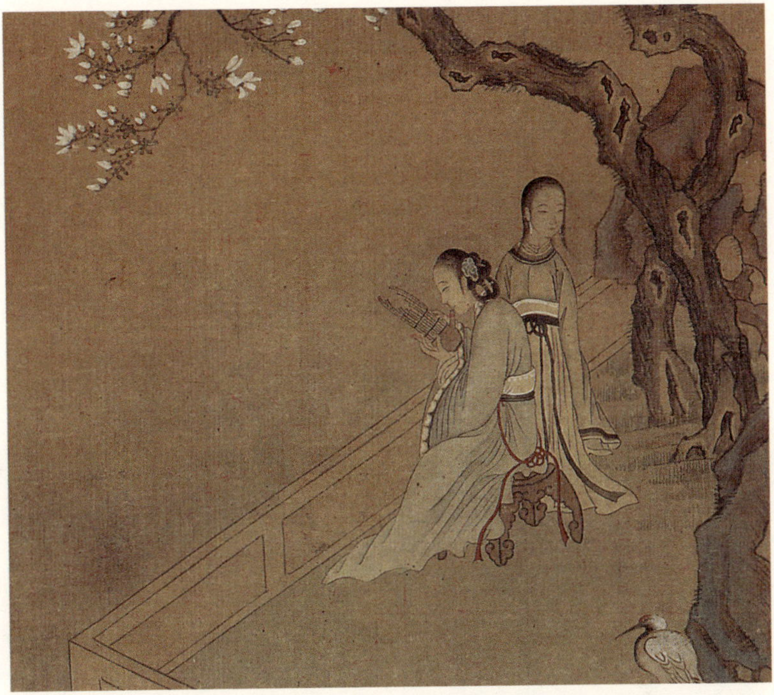

今夜何人，吹笙北岭

> 烟柳疏疏人悄悄，画楼风外吹笙。
> 倚栏闻唤小红声。
> 熏香临欲睡，玉漏已三更。
> 坐待不来来又去，一方明月中庭。
>
> ——[宋]李石《临江仙·佳人》

唐开元二十九年，李白送元丹丘入山访道，有诗云："仙人十五爱吹笙，学得昆丘彩凤鸣。"古人爱将笙音比作凤鸣，仙人，李白借周灵王太子晋的典故，形容十五岁就学得凤声的吹笙道友元丹丘。

太子晋，字子乔，世称王子乔，他常吹笙于山间，声似凤凰鸣唱，在伊水和洛水一带游历时，被道士浮丘生引上嵩山，三十年后于缑氏山麓，乘白鹤得道成仙。河南偃师县缑氏山，有升仙太子庙纪念他，武则天封禅嵩岳，曾留宿于此，受他的故事所感，封太子晋为仙太子，亲手以飞白体写就《升仙太子碑》，意在颂扬武周盛世。

自上古时代，笙与入道成仙密不可分，仙道又与阴阳婚媾有至深渊源。笙，与生同音，笙簧还包括后来消失的竽，它们形制接近，都是嵌簧片的竹管插入取掉瓢的中空葫芦里，借助天鹅颈形的弯管吹出声音。葫芦，称为匏瓜，《周礼》八音，匏，即笙竽之音。

西汉《礼记·昏义》："共牢而食，合卺而酳"，黄昏时，大地阳气转阴，女子出嫁，与丈夫共食祭祀牲肉，共饮匏中的苦酒，葫芦剖开，味苦，不可食，用之以饮，喻义夫妇二人能共担辛苦，音韵相和。

竹与匏，从大地直贯而出，匏为球体，上面是长长的竹管，远古先民的生殖崇拜，产生"女娲作笙簧"的想象。女娲与伏羲，兄妹合婚，交媾繁衍人类。伏羲作琴瑟，女娲作笙簧，笙簧曾经在先民向神灵乞子的巫礼中使用。

据《列仙传》记载，秦穆公时代，有小女儿抓周，独爱西戎国献来的宝玉，得名弄玉。弄玉爱吹笙，华山隐士萧史擅吹箫，秦穆公将弄玉许配给他，从萧史那里，弄玉学会了将笙吹出凤鸣声，果然有凤来仪，秦穆公大喜，为萧玉二人修造凤凰台，又经数年，弄玉乘凤，萧史乘龙，飞离凤凰台，双双往华山成仙去了。

诗人常喜欢借笙赋兴。唐人李贺的"帐底吹笙香雾浓"，将东汉嬖奴秦宫的媚姿写到骨头缝里，帐底吹笙，朦胧的画面，笙音感染了香雾，室内氤氲一片。

唐朝史官李百药在《笙赋》里有一段宫中夜夜笙歌景象,"既藉宠而横陈,恣深心之秘玩。惧管声之易歇,恐君爱之难终。"苏合香,龙烛华,鸳鸯枕,妃子光洁的玉臂捧着瑶笙,希望笙歌不要停歇,永远承露缠绵。

皇甫松曾在江南有一场欢情,念念不忘,某夜相思梦来袭,"梦见秣陵惆怅事,桃花柳絮满江城。双髻坐吹笙"。宋人姜夔怀念旧情人,不写情人模样,只提到,"金谷人归,绿杨低扫吹笙道。数声啼鸟,也学相思调,"那一天,杨柳菁菁,她飘然而至,如神灵掌控着人间情感,笙音袅袅,鸟儿都忍不住跟着轻啼,但造化弄人,美人无缘再见,"甚时重到?陌上生春草"。

八音中,匏声象征春天的意兴,为立春之音,同为雅乐用器,笙比竽多了些风花雪月,竽却渐渐地不合时宜。

曾经,竽为五声之长,竽先,则钟瑟皆随,竽唱,则诸乐皆合。《周礼·春官》曰:"笙师,掌教吹竽、笙、埙、籥、箫、……"笙师是乐官名称,总教习吹奏诸乐器中,竽为首。

齐宣王时期,可能是竽的鼎盛期。一个吹竽队有三百吹手,那时候的簧片是竹制,单独听,音色迷人,却不是洪亮,需要展示大国气势时,必须几百人同吹,才有威力,这样,南郭处士得以囫囵其中。

《吕氏春秋·仲夏纪》有注:"竽,笙之大者。"许慎《说文解字》中:"笙,十三簧,象凤之身。"张揖《广雅·释乐》里记载:"竽象笙,三十六管。"后来减至二十三管,笙小,簧少;竽大,簧多,二者结构近似,竽的体大笨

竽

竽者，笙之大者，初时三十六簧，后化繁为简，与笙同和。二十二管竽，见于长沙马王堆汉墓，竹管刮制，竽斗以木代匏，髹绛色漆。

重，才教它在漫长年月里渐渐被人们冷落。

马王堆一号和三号墓均出过竽、吹竽陶俑，以及一套十二支装在上等绣品"信期绣"淡黄色绢袋中的竽律管。竽的竽斗为木制，西汉长沙国地区人们已经对它进行了改良，而荆楚地区和中原以南地区在当时仍尚古制，以匏制笙竽，直到唐代。

《阙子》说"楚笙冠中国"，湖北当阳曹家岗楚墓和赵巷楚墓均有春秋时代的笙出土，仅存匏质笙斗，笙管应直排向上，入匏透底，和战国早期曾侯乙墓、湖北江陵天星观战国中期楚墓里的笙形状近似。

簧片，形似舌，又称簧舌，起初是竹片，后来改进为铜片，声音洪亮起来，簧片舌尖厚，根部薄为易吹。马王堆墓出土的竽和曾侯乙墓出土的笙一样，有银白色小珠，是"点簧"技术，以朱砂、锡、蜡点在簧舌上，增加簧舌重量，改变振动频率以调整音高，古人说"巧舌如簧"从这里来。

竽多用于雅乐和贵胄宴乐，韩愈说："陋室有文史，高门有笙竽。"不过隋末的九部乐和唐初的十部乐里，竽不在乐阵中，笙却广为使用，连清乐、西凉、龟兹乐中都有它。

宋代《东京梦华录》描绘了中秋时节，民间热闹场景："丝篁鼎沸，近内庭居民，夜深遥闻笙竽之声，宛若云外。"

那些日子，家家店面结络一新，酒楼的花头画竿，酒旗上画着醉仙，人们争相豪饮，正逢螃蟹上市，水果有石榴、梨、枣、栗、葡萄等鲜货，富人家在水榭楼台边品尝美食边赏月，酒楼里座位满席，丝竹表演一波接着一

笙

十七管笙，参差如凤翼，束以竹箍，薄铜片为簧，点以朱蜡，笙斗以木代匏而漆之，中腰吹嘴，形如凤颈。

波，宅院中的人们，遥远地听着笙竽的声音，仿佛穿透千里之外，大人们通宵尽欢，儿童也嬉戏不睡，夜市的生意，能一直热闹到破晓。

或许这种热闹，是笙竽同奏的末数之音，宋代之后，竽与笙同化合一。

笙音不绝，唐宋的粉墙画楼中，吹落幽梦无数。唐代诗人郎士元某夜听见"凤吹笙如隔彩霞"，寻声而去，原来是邻家传来，妙如仙音，仿佛自云霞降临人间，又不知吹者何人，想寻声暗问，发现人家重门深锁，怅然若失间，幻想墙院之内，一定有碧桃千树，花开千姿。

宋人李石写过一个相思女，有似曾相识的意境，也是闻其声不见其人，只不过，郎士元心有所期，这位美人则心有所系，两种闲愁，不一样的情愫。"烟柳疏疏人悄悄，画楼风外吹笙。倚栏闻唤小红声。熏香临欲睡，玉漏已三更。坐待不来来又去，一方明月中庭。粉墙东畔小桥横。起来花影下，扇子扑飞萤。"（《临江仙·佳人》）

在烟柳萧疏的寂寥夜里，美人画楼凭栏，晚风吹来袅袅笙音，勾她想起心爱的人，恍惚中产生幻听，郎不见踪影，叹息着回到闺房之中，熏香欲睡，已是三更，她又起身出画楼，百无聊赖地在花影下，执小扇扑流萤，月光洒在中庭，算是陪伴。

闺阁闲情容易叩动人心，唐宋笙歌，太繁华靡丽，"碧云红雨小楼空，春光已到销魂处"，再往后，便是"明日重觅吹笙路"了。

元中统年间，忽然出现了一件离奇的外来物——兴隆笙，由西域回回国传入，颇似管风琴，经玉宸乐院判官郑秀改制，成为皇家庆典重器。

它以楠木为主体，错彩镂金，上面雕着枇杷、宝相、孔雀、竹木、云彩，两边侧立花板，中空柜子，为笙匏，上面竖着九十根紫竹管，管端饰以木雕莲苞。它有两个风囊，演奏时，一个人鼓风囊，一个人按音管。但凡大朝会，列于殿堂之间，它们一鸣响，众乐大作，一停止，众乐止息。在它的两旁，还立着两只暗藏机关的木制孔雀，身上饰着真孔雀羽毛，由一人控制，笙乐起时，孔雀便随着节奏，展翅飞舞。

到了元延祐年间，宫廷庆典时，兴隆笙增加到十件，规模尺寸不减，只是十件排开，二十对木孔雀有些碍事，便取消了孔雀，元代灭亡后，这件惊世神物再无音讯。

大起大落，令人费解，来得没有预兆，走得匆匆无痕。有说是蒙元人不太注重自己音乐艺术的传承，现在看这件事，像笑话，但画面炫目又似神话。

明清以来，笙有十七、十四、十三和十簧。北京智化寺，禅门临济宗寺院，始于明正统年间，原是太监王振宇的家庙，仿唐宋制，王振宇将宫廷音乐带入家庙，智化寺便有了乐僧。乐僧从十三岁开始培养，七年学成，代代口传心授。这里有一件保存完好的明代十七簧笙，笙斗为牛角制作，与唐宋的形制相符。

经数世流转，笙簧数量在变化，日本笙，由中国传入，至今保持着唐代十七笙簧传统。正仓院有三件唐代笙，两件吴竹，一件仿湘妃竹，均为十七簧，笙斗为木制。《旧唐书》载："今之竽笙，并以木代匏而漆之。"由匏改为木制，以纠其质脆。后来又出现了铜制和牛角等其他材质，如今，笙斗多为不锈钢铝片，捧起来银晃晃，失去了古意。

卷八

竹雅清风

竹声清越 春分之音也 莫尚于管箫

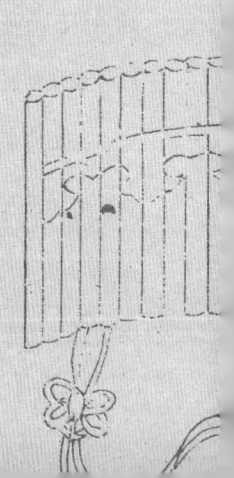

冬至，大地阳气上涌，竹管内的葭灰飞冲而出，由此，定下「黄钟」基调。古人以竹管接候地气，造出籥、篪、箫、笛、尺八等各类竹音。数个小孔，排列起来端正威仪，一孔洞开乾坤，一音包容天地，说相思，道别离，家国悲愁，虚空法门，竹音里，包含了人世间的一切。

庚辰三月吴郡唐寅畫

［明］唐寅《吹箫仕女图》，绢本设色，纵 184.8cm，横 89.5cm，现藏于南京博物馆。

管中乾坤

> 笙师掌教龡竽、笙、埙、籥、箫、篪、篴、管、春牍、应、雅，以教《祴》乐。
> ——《周礼·春官·笙师》

龠（yuè）

古人定音律，取宜阳金门山的竹子为管，十二支，长九寸，九是阳数之极，短约四寸三分，竹管内填满河内葭草烧成的灰，以竹膜封口，埋在地下，竹管的上端与地面平齐，用布幔遮蔽四周，外面筑室，紧闭门户，好接候地气。

等地下的阳气生出，第一支九寸竹管里的灰，受上涌的地气冲出竹管，发出"嗡"的声响，此声名曰"黄钟"，此时间为子，节气为冬至。

然后，每月地气至，某律管中的葭灰飞出，得到其余十一律，与节气应合，由于一律为一个半音，奇数的半音称"律"，偶数的半音称"吕"，统称"十二律吕"，便有了"律吕调阳"一说。人们从竹管中发现了顺接地气的自然奥秘，由此定下与天地和谐的标准音，感知且记录节气。

《资治通鉴·后周世宗显德六年》说："昔日黄帝吹九寸之管，得黄钟正声，半之为清声，倍之为缓声，三分损益以生十二律。"这是根据上古神话，黄帝命乐官伶伦作律之说而来。律管并非乐器，而是中国最古老的音高标准器。

古人以黄钟为固定律，黄钟律管长九寸，直径三分，内可盛装一千二百粒黍米，一管的容量被称为一龠，两管对合的容量，为一合，十合为一升，十升为一斗，十斗为一斛。东汉大儒蔡邕研制过一种"铜龠尺"，是以黄钟之龠为计量基础的度量工具。

龠由律管而来，贾湖舞阳的先民们吹着鹤尺骨制成的斜吹骨龠，出土实物中年代最久远的大约为九千年前。

《礼记·明堂位》说："土鼓、蒉桴、苇龠，伊耆氏之乐也。"伊耆氏即神农，他在河岸边，取芦苇管做成可吹的乐器，称苇龠。苇龠或许出现得比骨龠要早，因为苇的获取，较飞禽走兽的骨要容易得多，但苇容易腐烂，古苇龠不可能有实物留存。

郑玄注解《周礼》《礼记》时下判断："龠,如箎,三孔。"他又在注《尔雅》时说："龠,乐之竹管三孔,以和众声也。"《广雅》："龠谓之笛,有七孔。"《毛诗传》："龠,六孔。"并非给古龠笼罩了一层层不明真身的迷雾,而正如明代律学家朱载堉在《律吕精义》中说:"龠者,七声之主宰,八音之领袖,十二律吕之本源,度量权衡之所由出者也。"龠是一个广义词,是后世管类吹奏乐器的鼻祖。

《周礼·春官·笙师》:"笙师掌教歙竽、笙、埙、籥、箫、篪、箎、管……"这里便可知,西周时,宫廷雅乐中的竹管类吹奏乐器至少有籥、箫、篪、箎、管五种,由笙师教授吹奏方法。

西周宫廷,但凡乐事,以钟鼓演奏九《夏》乐,其中的《祴夏》之乐,又称《陔夏》,是宾客宴飨大醉而归时演奏的音乐,这时候,各种竹音便此起彼伏,尽显其能。

它们各自的形制如何,以及它们后来分别演化成了哪种竹管乐器,一直到今天,因为无实物可考,文字解释历代又不精准,甚至出现过以讹传讹的情况,模糊不明,所以并没有准确的答案。

籥（yuè）

籥,龠上加竹字头,一般认为籥和龠为异体字,它们互相通用。老子说:"吾祖吹橐籥,天人信森罗。"橐:风囊,橐籥是风囊上加竹管,可以理解为道教冶炼丹药时拉动的鼓风箱。我们也可以想象华夏先民在早期简易生活中,使用吹火管的时候吹出气流嗡嗡声,继而发现了管乐的奥秘,大禹治水的时代，有《乐舞》，又叫《夏籥》，乐人赤裸上身，下穿名为素织的白裙，头戴皮弁，即兽皮制成的帽子，一边吹籥，一边跳舞，原始氏族部落的仪式美感，肉色与白色相映，就像素麻纸上的游丝线描一样，古朴粗犷中有舒展和雅之气。

周代以来，历代宫廷多以"羽籥"为祭祀舞具。《诗·邶风·简兮》云："左手执籥，右手秉翟。"表演者一手执长长的翟鸟羽毛，一手执籥。《朱熹集传》曰："籥如笛而六孔，或曰三孔。"只要是有孔的管类吹奏乐器，都需要两手按孔而吹奏，如何能做到在腾不出另一只手的情况下演奏需要两只手同时调动的乐器，实在令人费解。只能猜想，"羽籥"中的籥并没有实际吹奏功能，道具而已。

而《周礼》中，籥的确是一种吹奏乐器，郭沫若先生曾根据甲骨文、金文的字形得出籥是编管，即排箫前身的结论，是很片面的。晚清学者孙诒让认为："籥，正字当作龠。"籥和龠为互通的汉字，这样说也是很草率的。朱载堉在《律吕精义》中说："宋徽宗宣和元年，有人曾献古籥一枚，左手食指按上一孔，右手食指按中一孔，右手中指按下一孔。吹之，其声悉协音律。"很明显，这支古籥是三孔竖吹单管乐器。

依朱熹的对"箫"一词的辨析，中国古箫，早期是云箫，即排箫。《说文·竹部》："箫，参差管乐，象凤之翼。"长度参差不同的竹管编起来，有如凤翼展翅。可否这样理解：《周礼》中的箫为编管竖吹乐器，籥为单管竖吹乐器。

篪（chí）

原古先民以陶泥为埙，以竹管为篪，音声一个悠远苍凉，一个清越明快，配合得和谐有致，埙像沉稳的兄长，篪如聪慧的贤弟，古语"埙篪之交"，被用来形容深厚的手足之情。

从长沙杨家湾汉墓作乐木俑和山东南武阳东阙画像砖上，可知演奏时，乐人双手执篪，掌心向里，篪身放在大指与食指之间，捧着吹奏，与横吹笛的姿势有明显区别。

篪自春秋时代，作为雅乐的乐器为贵族所爱。伍子胥躲避楚平王的追杀，奔出昭关，到了陵水一带，无以糊口，便双膝跪地，鼓着肚子，吹篪乞食，一路乞到吴国的繁华街市上，不失超然洒脱的风骨。

历史上有两个名曰朝云的绝艺女子，一位是北魏河间王元琛的婢女，另一位是北宋苏东坡的爱妾，她们都是歌伎出身。王元琛在洛阳城的家中，蓄养了三百位天姿国色的家伎，有婢女朝云，拿手绝技是吹篪，王元琛任秦州刺史时，遇到羌族叛兵袭魏，每每发兵征讨，都折损而归，于是他让朝云扮成穷苦老妇，吹篪行乞，竟收到了十面楚歌的效果，羌兵听见篪音，纷纷思乡落泪，不愿再沦为山寇，最后落得埋骨异乡的下场，便一个个弃甲投降。

这是出自《洛阳伽蓝记》的故事，书中提到朝云擅长的曲目是《团扇歌》《陇上声》，两首都是乐府歌曲，前者为吴歌，《陇上声》是羌人聚居区陕西和甘肃一带流传的民歌，古来便有"篪声悲"的说法，悲凉的篪

篪

战国初期曾侯乙墓古篪，苦竹制，有竹节，通身髹黑漆，指孔五，吹口与出音孔各一，封底一端为自然竹节，另一端有物填封。乐人双手执篪，掌心向里，篪身置于大指与食指之间，捧而吹之。

音和怀乡的乐曲，在剑拔弩张的沙场，竟胜过了上千精兵。

王元琛在秦州，没什么政绩，生活华奢，动不动和石崇斗富。他在后园造迎风馆，门窗上挂着青钱状的金饰，饰件琳琅满目，有玉雕青色花纹、凤衔铃、金龙吐蟠带等。院子里，白柰和李树长得茂盛，枝条一直伸探到檐下，结果实的季节，伎女在楼上，坐在窗前，伸手摘果子来吃。这样纵情享乐的北魏皇族，聚敛无厌，治州调兵无能，幸亏有吹篪的朝云，为他在历史上留下一笔明彩，但这个故事真实度很低，《河间王传》记载的却是他"进讨氐羌，大败……后讨汾晋胡、蜀，卒于军中。"对朝云吹篪只字未提。

可以通过五代前蜀王王建墓乐舞伎石刻的篪伎，感受一下朝云这一类皇族家伎的神采。那篪伎端坐着，头微微斜倾，衣袂飘飘，面容陶醉，吹的或许是七孔篪，在吹口处，有一个凸起的吹嘴，和曾侯乙时代的篪，形制有了变化。

战国初期曾侯乙墓出土的两支古篪，有着典型宫廷雅乐的风范。篪为带竹节的苦竹制成，通身髹黑漆，上以朱色与黄色绘成菱纹绳纹、三角雷纹和菱纹，五个指孔，吹口与出音孔各一，呈九十度关系，与《周礼·春师·笙师》里郑众注："篪，七孔。"相应。一支有封底，一端是竹节自然的封底；一端有物填封，另一支的尾部竹节已空，不知是年久朽烂还是原本就无底。

篪有大小之分，《尔雅》记载，大篪谓之沂。朱载堉认为篪两端封底，吹口开在竹管的中部,吹口左右各有三个音孔,并不能概括所有的篪。《清史稿》记载清初有两种篪:阳月所用的姑洗篪和阴月所用的仲吕篪,仲吕篪的吹口开在旁边。

曾侯乙墓出土的古篪和清代的篪都没有吹嘴,有吹嘴的篪,始终真相不明。

晋人郭璞注《尔雅·释乐》时说:"篪,以竹为之,长尺四寸,围三寸,一孔上出,寸三分,名翘,横吹之,小者尺二寸。"《世本》曰:"苏成公造篪,吹孔有觜如酸枣。苏成公,平王时诸侯也。"

有一个普遍的说法,"翘"和"觜"意思接近,是装在吹孔上的义嘴,类似西洋的长笛,垫起一个凸出的嘴,利于吹奏。

韩国雅乐中的篪,和宋代陈旸《乐书》中提到的"义觜笛"如出一辙,就像一支装了义嘴的横笛。《乐书》记载:"义觜笛,如横笛而加觜,西凉乐也,今高丽亦用。"对高丽来说,篪就是义觜笛,而在我国古代,却是区别严明的,隋唐的九部乐、十部乐中,篪为清商乐的乐器,义觜笛仅用于高丽乐。

可惜其他中国古代文献,并没有更多关于义觜笛的记述。

篴(dí)

"篴"在古代文献中,只有《周礼》中作为乐器出现过,其他的全是对"篴"究竟为何物的考辨。

《说文·竹部》曰:"笛,七孔筩。"筩:中空的管。段玉裁注解说篴和笛为通假字,汉代丘仲依羌人之制,截竹制笛,而古篴在汉初已经消亡了。杜子春说"篴为荡涤之涤,今时所吹五孔竹篴。"篴、涤、笛同音,造成后世将篴和笛混为一物的原因之一。

马王堆三号汉墓出土的一对竹制乐管,由于殉葬品账目清单"遣策"竹简上记录有"篴"字,被学界认为是古篴,为七孔横吹乐器,管口无封底。它的年代比张骞第一次由西域归汉早半个世纪,如果按照古来就有的笛是张骞从西域带回长安的说法,那篴和笛并非同物。

篴一直有横吹和竖吹之争,中国古汉字异形递变演化,篴的读音也是从逐、胄到笛发生变化,孔数又众说纷纭,且竹管类乐器易朽,实物考据罕有,所以这件古老的雅乐用器,便无法考知真容。

只可知,自先民发现"律吕调阳"的自然规律以来,管乐制律,顺节气,调阴阳,吹奏乐器自始,强调人的气息与自然之气的相合相应,抒发内在精神,无论单管还是编管,人的生命观,人的喜怒哀乐,人的精神本我,通过人的呼吸吐纳,生命不息的微波注入吹孔,经过竹管,化成音声,在辽阔天地间回荡,气不息,生命不息。

朱载堉《律吕精义》中的一些阐释,可对篴的定义稍作正估:

笙师之篴失传久矣,大抵音有南北,器有楚夏。《吕氏春秋》曰:"有娀氏始为北音,涂山氏始为南音,周公召公取之,以为《周南》、《召南》。"

《诗》曰："以雅以南,以籥不僭。"此之谓欤?然则籥乃北音,《礼记》所谓"夏籥"是也。篴乃楚音,《左传》所谓"南篴"是也,俗呼为楚,有以也夫!

朱载堉认为,《周礼》中,笙师掌教的篴,早已失传,音有南北地域之分,器有楚夏年代之别。《吕氏春秋》中的上古部族娥氏和涂山氏,分居南北两地,籥是北方的称呼,篴为南方楚地的乐器,是南方的籥。

马王堆三号汉墓为西汉初期长沙国丞相利苍之子墓葬,长沙曾经是楚国雄踞南方的战略要地。楚国灭亡之后,楚文化以西汉长沙国为代表,马王堆的篴和同为楚文化的曾侯乙篪形制接近,都是单根竹管横吹,区别在篪有底,篴无底。

南北方均有篪,唯有南方有篴。而北音之籥,则是单根竹管直吹乐器,它们和箫一样,同属龠类。龠,是一种原始形态,它是最早的斜吹管类吹奏乐器,由它衍生出诸竖吹竹管类乐器:篪、箫、籥。

参差凤鸣

> 虞舜调清管,王褒赋雅音。
> 参差横凤翼,搜索动人心。
> ——[唐]李峤《箫》

竹管依律编列,每管一音,编成参差凤翼展翅状,以蜜蜡封底,为凤箫,也叫云箫、参差、排箫,其音声清肃,肃然平和,肃字加上竹字头,便是箫字。

萧史擅吹箫,吹的是云箫,可招引凤凰孔雀,后人将他的形象画成一个吹着长箫的翩翩公子,是误解,单管长箫是后来出现的。

朱熹专门有过解释,说今天的箫管,是古代的笛子,云箫才是古代的箫。

公子将凤翼般的排箫吹出了凤鸣之声，难怪弄玉要"含情转来向萧史，千载红颜持赠君"。古人情怀，如翡翠杯，红绮罗，能歌宴起兴，能卷帘幽梦。

沅、湘的江渊之上，湘夫人思念湘君，乘桂舟来到水中央，茫茫水面平静无波，却看不见爱人的踪影，昔日屈原《九歌·湘君》中有"望夫君兮未来，吹参差兮谁思？驾飞龙兮北征，遭吾道兮洞庭"的妙句，参差所指代的凤箫清鸣与载着湘夫人北征的飞龙车乘，或许是暗喻仙侣龙凤相和的期望，传说中湘妃眼泪滴成的湘妃竹，也是制作凤箫的优材。

朱载堉认为排箫是编管，律管，律为道，管为器，但他在这个概念上也是模糊的，他又曾说过，律管的关系如特磬与编磬，单吹为律，编而吹之，谓之管。如果照字义理解，所有管形吹奏乐器都可称为管，而律，则是音高低清浊之标准，它是规矩、规范和规格。

河南鹿邑长子口墓出土的五件骨排箫，以宽带将禽鸟骨束绑，骨管五支一组、六支一组或十三支一组不等，年代在商朝晚期，是目前出土的最早排箫实物。还有石排箫，在河南淅川一号墓，属于春秋晚期的实物，由一块近似汉白玉的整石雕琢而成，能工巧匠雕出管形、斜斜的横绑带以及可吹出高低乐音的十三个管孔，管壁仅厚一毫米。

先秦时代的竹排箫，古物并不多，春秋早期有黄国，因齐国强盛，和其他小诸侯国一样，亲近齐国，被意欲北上争霸的楚国消灭了。在河南光山县有黄国某位国君及黄夫人合葬墓，随葬品中发现四件竹排箫，这位国君不见得就是亡国的那一任，年代必然早于《左传》中记述楚人灭黄事件的"僖公十二年"。曾侯乙墓也有竹排箫,十三根箫管以三根竹夹固定,黑漆底上有朱色绳纹和三角雷纹,楚风饰器,可窥一斑。

古人编管为箫,排箫秩序出自十二律,蕴含古人遵从自然法则、天人共和的观念。自虞舜时代以来,箫在雅乐正声中拥有较高的地位,为竹音之领袖。六代大乐中的《大韶》,又称《箫韶》,相传是舜帝南巡时所作的乐舞,表演者一边起舞一边吹奏形似凤翼的排箫,如百鸟引凤,《尚书·益稷》说:"箫韶九成,凤凰来仪。"仙乐有九章,在山林岚雾间婉转回旋。夏、商、周三代,《箫韶》为大典用乐,周代,它被用于祭庙,并在齐国得以发展,汲取当地风貌。

孔子是礼乐的拥护者与实践者,在齐国闻《韶》乐"三月不知肉味",将它的圣洁比作婴儿的眼睛,并赞叹"温润以和,似南风之至",在颜渊问及"何以为邦"的治国之道时,孔子答:"行夏之时,乘殷之辂,服周之冕,乐则韶舞。"沿袭夏制的历法,殷制的车乘,周制的冕服,舜制的韶舞,博采历朝所长,去杂存精,便是他理想中的尽善尽美了。

《诗经·周颂·有瞽》中描述了宫廷盲人乐师们在周天子的殿庭中奏起庙堂之音的场景,乐悬的钟、鼓、磬已挂在架上,五彩羽毛装饰着乐架上的崇牙木钉,瞽鼓和柷敔也已安置,"既备乃奏,箫管备举"。一切就绪,准备演奏时,排箫在乐人手中,也即将举起来吹响,在雅乐中,它并没有被隆重的金石之音埋没,而因其音色清雅、平和从容起到"以和众声"的作用。

《乐记》中有句话:"广其节奏,省其风采,以绳德厚,律之大小之称,比始终之序，以象事行。"可以借用来形容排箫，箫管有音列顺序，涵盖天地间的严明秩序，箫管以绳带束之，乐律与法治，德行与政绩，上下尊卑，社会伦理，比照次序始终，都有规矩绳准，权重衡平。

排箫因竹管有参差，又有"比竹"之称，有着独特的仪式感。庄子将自然界的音声分为"天籁、地籁、人籁"三种，最高境界的音声是自然所造，如风自吹，不凭借外力，不依存万物，自然发声；其次是有众窍的地籁，风吹万窍，石孔、树隙因风而号，被动发声；再次一等为人籁，庄子曰："地籁则众窍是已，人籁则比竹是已，敢问天籁？"（《齐物论》）

庄子是礼乐的反对者，他将人籁比作比竹，反对礼治下的人为之声，它们带有强烈的人的意志，加入了许多复杂的社会因素，失去了音声的纯粹。自上古至中古，人籁皆由天籁和地籁感发而来，庄子之道，用在雅乐中，则无法逍遥。

箫声肃雅，但在严肃凝重的金石之乐里，它清和婉转，音品高洁，如贤孝君子，似含情淑女，礼乐崩坏后，排箫成为上层士族和文人手中的风雅器物。但只要有皇家礼制存在，排箫就始终不退场，它在宫廷雅乐中的位置一直被保留到清代。

汉代画像砖上，排箫还用于歌舞、百戏、卤簿骑吹。青铜乐器渐渐势微，俗乐冲击雅乐，外来交流丰富了汉地文化，出现了以排箫、鼓等乐器组合的鼓吹乐，它不属于雅乐八音，是全新的形式，"箫鼓"一词由此而来。

接着鼓吹乐分成"鼓吹"和"横吹"，鼓吹以排箫和笳组成，源自汉初在北方少数民族地区与汉族地区往来经营畜牧业的班壹,他是秦末为了逃兵乱至北方谋生的人,率先在游猎队伍中"鸣笳以和箫声",高举旌旗,以示雄厚财力。

横吹由笳和角组成,最初的横吹曲是宫廷音乐家李延年所作,改自张骞通西域带回的外来乐曲,用在军乐中,在马上吹奏,又叫"骑吹",后来也用于仪仗。随着乐器与时代发展,鼓吹乐进入殿庭宴会,西晋陆机《鼓吹赋》中有"鼓砰砰以轻投, 箫嘈嘈而微吟",便是形容箫鼓之声的张弛有度,以"轻投"对仗"微吟",一急一缓相辅相和。

隋唐时,郊庙祭祀、宫廷朝会等雅乐常用它,排箫还是唐代贵族丧葬仪式的羽葆部吹仗队中的主要乐器。箫有大小,大者二十四根管,为雅箫,小者十六根管,为颂箫,这是战国汉晋以来排箫的规格,但并非都依制而行。唐代十部乐中,大箫和小箫属于燕乐。

排箫不仅在汉地融入了西域文化,也在隋唐时期经由丝绸之路传到龟兹、疏勒等西域国。它空灵清和的音声被纳入佛教妙音之中,敦煌壁画里有手持排箫飞天乐伎,姿态灵动飘逸。

除此之外,唐代的道教法曲中也使用它,自汉代以来,排箫是仙家降临的象征。东汉方士郭宪撰志怪小说集《洞冥记》中讲述,汉武帝常常在夕阳下向东方望,见双鹄比翼飞来,立在高台之上,化为神女,手握凤箫,霞光里起舞,歌《清娱春波曲》。

唐玄宗开设梨园,教授法曲,梨园中有排箫演奏家郑伦,他的高超技

艺被中唐诗人施肩吾写进诗篇,"喃喃解语凤凰儿,曾听梨园竹里吹。谁谓五陵年少子,还将此曲暗相随。"(《赠郑伦吹凤管》)

1975年,西安市长安县隋代墓葬中出土的三件施黄釉陶俑,为乐舞伎形象,她们梳着高髻,姿态温婉,着飘逸轻柔的短袖衫和长裙,一位正展臂而舞,另外两位跪坐伴奏,分别吹着排箫和笙,千年时光,仿佛在她们含笑的神情中凝固了。

陕西省咸阳市三原县的唐淮安靖王李寿墓,年代为贞观四年,李寿是唐高祖李渊的堂弟,唐开国功臣之一,他的石椁内壁有精细华美的乐舞砖线刻画,可以看见唐代燕乐对"坐部伎"和"立部伎"的划分,即坐着演奏和立着演奏形式的区别,坐部伎在堂上即室内表演,立部伎在堂下即室外表演,他们的人数、曲目和技艺水平都不同,从李寿墓中的砖线刻画看,排箫在坐、立两部中都有席位。

排箫经过了隋唐的鼎盛期,到了民间音乐繁荣的宋代,在宫廷中的地位开始衰落,排箫的一管一音,从便携程度上不敌换音方便的单管洞箫、横笛、觱篥,大有被取代之势。

世代更迁,元、明、清三朝,戏曲杂剧等品类的兴起和乐器的更新,排箫适应场合越来越少,但所幸并未就此根绝。宫廷雅乐始终保留,清康熙五十二年,官内大批制造乐器,江宁、苏州织造办先后共备了五千多根上乘竹管用来制箫、笛,至康熙五十七年全部造完。

目前存世的有康熙御制双翼排箫,或许是那时候的产物,朱红底描一对金龙，十六根管，每根管上有描金律名，并按阳律、阴律排开，看上去浓妆重彩，应是在中和韶乐中使用。不过此韶乐早非彼韶乐，明代改制了六代大乐，统称中和韶乐，八音具备，清代宫廷天坛神乐署沿袭下来，可惜失传。如今排箫吹奏方法，自外国传入，历代箫谱也早已无存，排箫历史已成断代，今人吹起参差凤鸣，与古人意韵差异甚远。

不妨重温一下宋代民间的箫声，它在宋代的山水间起起落落，在文人的画墙下轻诉啼转、在寻常街市中凌空而出，柳暗花明地展开了前所未有的新意象。

柳永有"乘醉听箫鼓，吟赏烟霞"，郑板桥有"画船箫鼓，歌声缭绕空阔"。他们道出了箫鼓的优美与风雅。宋代之前，谁也不曾想到，箫的悠远，鼓的沉缓，摆脱了礼制教条，卸下约束，来到自然空灵之境，伴着歌女吟唱，表达出人的本真情绪，人的悲和喜，融化在鼓点与箫吟里，产生出一种言说不尽的美感。没有激昂，只有沉缓，醉中聆听，于寥廓处淡远，淡入烟云之中，恍惚朦胧，此时，诗人即听者的双耳却保持智明醒觉，能听得细咽转折处，心跟着微微振动。

若是没有合奏，独赏排箫，又是另外一番意境，去掉嘈杂，存留凤鸣，音声哀艳中有缠绵。思慕的人在午夜庭院中吹起它，很容易让人听出感伤，宋人蒋捷说，"无限倚阑愁，梦断云箫，鹃叫度青壁。"玉人倚着栏杆，表面看仿佛箫声将梦吹断，其实是听到伤心处，柔肠拧成相思结。

走进街市，百姓欢度节庆，排箫声在一片喧嚷中依然容易辨得。辛弃

参差

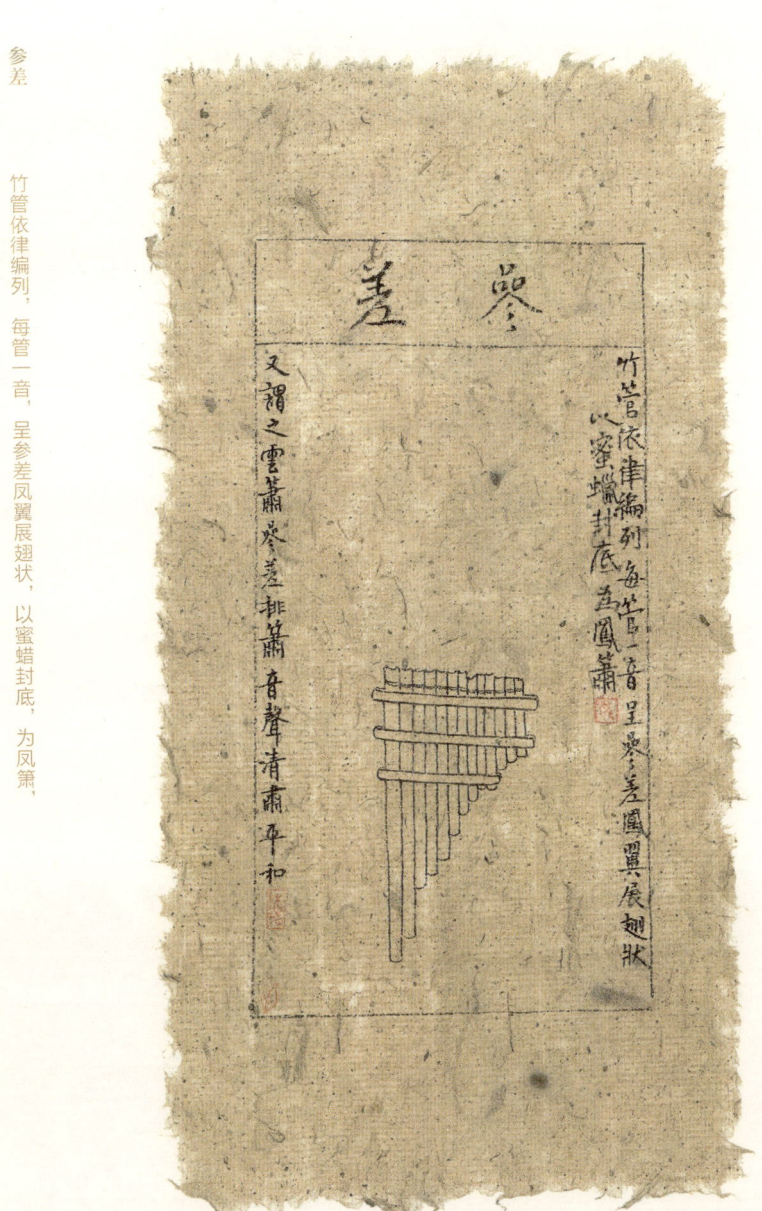

竹管依律编列,每管一音,呈参差凤翼展翅状,以蜜蜡封底,为凤箫,又谓之云箫、参差、排箫,音声清肃、平和。

参差

竹管依律编列每管一音呈参差凤翼展翅状以蜜蜡封底为凤箫

又谓之云箫参差排箫音声清肃平和

疾的《青玉案·元夕》描绘了七百多年前某个正月十五之夜的市井风情。时逢元夕观灯,烟花如星纷飞明灭,贵族们雕满饰纹的马车列列而行,一路上香风弥漫,"凤箫声动,玉壶光转,一夜鱼龙舞"。社火百戏,鱼龙花灯,诸乐齐作,但是诗人并没有列出其他的乐器,仅仅提到随应着歌舞欢腾的凤箫声,在灯月光辉中跃然而出。

游逛的女子们香鬟云鬟,发髻上饰着闹蛾儿、雪柳、金缕丝缠就的金簪银钗,不过诗人意兴不止于此,卓尔不群的心境,如同寻觅理想的伴侣,原来"众里寻他千百度,蓦然回首,那人却在,灯火阑珊处"。

紫箫声转香风回

> 白日迟迟照窗户,深院不知春几许?
> 紫箫声转香风回,隔帘踏动燕脂雨。
> ——[明]王冕《红梅十九首 其六》

简单来说,单管竖吹的箫,管身数孔,管端开吹口,形似洞门,又叫洞箫。古代文献中,关于洞箫的形制渊源复杂多样,且竹管类乐器随着历史演变递嬗衍生,古文字又存在多形多义,不知旧物,不能言新,且竹质易朽,存世实物不多。故综合前人研究,追溯源头,不外它的远祖是贾湖舞阳骨龠,后汉马融《长笛赋》云:"上拟法于韶箾南龠中,取度于白雪渌水中，采制于延露巴人。"从先秦至汉唐，人们笛箫不分，马融的《长笛赋》所描述的并非今之横吹之笛，而是竖吹的洞箫，它效南龠形制，那么洞箫便又与朱载堉所阐释的南龠之篴系属同源。

东汉乐俑和壁画上已出现吹洞箫的乐人形象，在嘉峪关魏晋墓的奏乐画像砖上，乐人所吹的洞箫有九道横线，类似"九节十目"的形制和演奏方法与南音洞箫接近，不过这九道横线也有可能是防止竹管开裂所缚的绳带。西晋乐律家荀勖的十二支律笛，包括唐代吕才制出尺八，都被认为是洞箫类乐器。汉代时有五孔洞箫，隋唐时，洞箫渐渐成型，长度较汉代要短些，多为六孔、八孔，紫竹、白玉、黄铜皆为制箫材料。

箫音是人之气息经吹口送入竹管，吹口形状不同，音色高低也有不同。苏轼《赤壁赋》中这样形容："客有吹洞箫者，倚歌而和之。其声呜呜然，如怨如慕，如泣如诉，余音袅袅，不绝如缕，舞幽壑之潜蛟，泣孤舟之嫠妇。"

箫音中有悲忧，有恋慕，若是喻作世间情感，将恋慕与悲忧融合，将会获得莫名喜悦，淡至不言愁，爱而不激越，欣欣然地心神相通。

低音处如幽谷，典雅沉缓，高音则如长空，明朗清亮，中音似平湖，空阔悠远。箫音在吹奏者的意神下跌宕起伏，或急或缓，层次丰富且变幻莫测，虚实相间，如水波漾动。

唐代深宫，宫人间幽传洞箫声。美人吹箫，和笙簧一样，引起色情联想，古时艳情小说，多少房中秘事，都以吹箫代指。箫音缭绕，不是楼阁，便是桥，楼阁有探幽之趣，桥下有流水，杨柳明月，情似泛波。"二十四桥明月夜，玉人何处教吹箫。"江南秋深，杜牧想起扬州的友人韩绰，调侃一句，些微惆怅，在风月谈笑中散去。

天宝年间，安禄山兼任范阳节度使，曾入宫向唐玄宗李隆基献过数百支珍贵的白玉箫，惊绝天下，白玉箫被存置在梨园，彼时正是安禄山极力谄媚玄宗之时，后来天宝十四年安禄山造反，起兵就在范阳。

想杨贵妃当年在华清宫，梨园弟子频频吹起玉箫，"缓歌曼舞凝丝竹，尽日君王看不足"，醉了春风未央柳，谁也不知后来的骤然变故。天宝盛世最丰美画面如一匹匹绮丽织锦，华筵歌舞，丝竹羯鼓，玉环醉态，缺了任何一样都像画师偷懒，失了骨线神采。中国画制色，有一色似微粉桃梅，初时称绯色、妃色，后人用它纪念杨妃，拟微醺的面颊上飞起绯红，改称杨妃色。

"鸾吟凤唱听无拍，多似霓裳散序声。"白居易怀念王子晋，猜想他在夜间空山月明时吹笙的音调，随意自由，如鸾凤歌唱，如唐玄宗杰作《霓裳羽衣曲》的散序片段，《霓裳》为法曲代表，依宋代周密所说，全曲三十六遍。这其中，散序六遍无秩序节拍，不歌也不舞，发出类似鸾吟凤唱声的丝竹类乐器是筝、洞箫和笛。

李白游峨眉山，在丹霞翠霭之间恍入神境，不禁畅想"云间吟琼箫，石上弄宝瑟"的超凡脱俗。这是盛唐时期，彼时李白又逢年轻得志，满腹浪漫豪情。《新唐书·文学传》载："天宝后，诗人多为忧苦流寓之思，及寄兴于江湖僧寺，而乐曲亦多以边地为名。"这时候，山寺间的箫音，成为文人避世忘忧之所在。

李白呢,天宝后期,他再无当年吟箫弄瑟的兴致,而是借秦女箫声,诉世道变故:"箫声咽,秦娥梦断秦楼月。"咸阳古道音尘已绝,西风残照时,何以入目,只有一座座寂寥的汉家陵阙,荒烟蔓草间与天地同悲。

宋时,宫廷音乐和民间散乐、杂剧,箫声无所不在。词人姜白石,同时也是度曲高手,度曲即自己谱写曲调,并填写歌词,它十分讲究音韵和谐,白石度曲以箫音为准,他曾说,每次度曲,吹洞箫,擅长歌唱的友人俞商卿便与他试唱,"极有山林缥缈之思"。曲度成,往往歌伎唱和,又是一番情调,"自作新词韵最娇,小红低唱我吹箫。曲终过尽松陵路,回首烟波十四桥。"

相思寄情,人去楼空时,回忆当时那个人儿,纵然有千万般好,无数过人才华,似乎都不如在深巷小楼吹箫的神情惹人挂念,听箫人心动,音绝时伤怀。

玉楼、玉箫、明月,来来回回这些词,箫绝门惜。李清照有"吹箫人去玉楼空,肠断与谁同倚?一枝折得,人间天上,没个人堪寄。"朱敦儒有"尘昏青镜,休照孤鸾舞。烟锁凤楼空,问吹箫、人今何处。"张炎有"望花外、小桥流水,门巷愔愔,玉箫声绝。鹤去台空,佩环何处弄明月?"

"昭阳殿里醉春风,香隔琼帘映浅红。翠袖拥云扶不起,玉箫吹过小楼东。"元代儒生王冕的《红梅诗》,将妃子的醉态比作娇媚的梅花,暖风翠袖身软,慵懒在深宫绣榻,这些都是静赏,而玉箫声飞过小楼,似春

箫

客有吹洞箫者,倚歌而和之。其声呜呜然,如怨如慕,如泣如诉,余音袅袅,不绝如缕,舞幽壑之潜蛟,泣孤舟之嫠妇。

池水波，摇动了绮丽画面，不知此昭阳殿是不是汉宫飞燕的那一座殿阁。

王冕的梅花诗，说素梅，总是带着深宵清寒的秋霜气，有"仙子吹箫月下回"，"一声箫管月苍苍"，"玉霄峰顶夜吹箫"……箫音泠滟绝尘，月光莹润似玉。离开秋夜，便是深春，深院，美人在帐帘后，诗人在带着花香的熙风里聆听飘逸清和的箫音，"白日迟迟照窗户，深院不知春几许？紫箫声转香风回，隔帘踏动燕脂雨。"

文人赏箫，总与风月、闺阁有关，李渔在《闲情偶寄》中有一番高论："竹音之宜于闺阁者，惟洞箫一种。笛可暂而不可常。至笙、管二物，则与诸乐并陈，不得已而偶然一弄，非绣窗所应有也。盖妇人奏技，与男子不同，男子所重在声，妇人所重在容：吹笙按管之时，声则可听，而容不耐看。以其气塞而腮胀也，花容月貌为之改观，是以不应使习。妇人吹箫，非只容颜不改，且能愈增娇媚。何也？按风作调，玉箫为之愈尖；簇口为声，朱唇因而越小。画美人者，常作吹箫图，以其易于见好也。或箫或笛，如使二女并吹，其为声也倍清，其为态也更显，焚香啜茗而领略之，皆能使身不在人间世也。"

明清文人画，唐寅的《仕女吹箫图》可为李渔的观点作画面诠释，美人手持的应是一管紫竹箫，坠着红色双梅花结流苏穗子，玉葱般的纤指按着音孔，朱唇轻魇，略带娇羞，她的裙带临风轻动，清雅绝伦，画面虽无声，美人端庄温婉的姿容却足以倾倒众生。故李渔认为，妇人重在容，花间月下，若是又焚香又啜茗，便仿佛出离俗尘，身在仙宫了。

男子重在声，除了姜白石的婉约，引申了思考，在音声之外，还得有一种剑气箫心的豪迈与深情。清代龚自珍不常言失意，纵然失意，"我有箫心吹不得，落花风里别江南。少年击剑更吹箫，剑气箫心一例消。"

剑，并非一定在手中挥舞，文人手中无剑，剑气在胸中，是一股江湖狂侠之气；箫心，则为风流艳骨的幽怀之心，两样加起来，便是既天真又放逸的书生意气。龚自珍为自己写过一副忮心诗："来何汹涌须挥剑，去尚缠绵可付箫。"剑与箫，刚与柔，入世又避世，有几人能在这其中游刃有余呢。他自认做不到，"一箫一剑平生意，负尽狂名十五年。"

洞箫的传世乐谱，多为箫笛合谱或琴箫合谱，今时若有怀古之心，可听《梅花三弄》《普庵咒》《妆台秋思》《关山月》《长门怨》等箫曲。

《晋书·桓伊列传》讲述桓伊以蔡邕柯亭笛创作《梅花三弄》的故事，柯亭笛是洞箫类乐器，王徽之赴召京师，泊舟青溪畔，桓伊与徽素不相识，却久闻徽之其名，桓伊从岸上经过，王徽之知道后，即令人邀桓伊吹奏一曲，桓伊便下车，踞坐胡床上，为徽之作三调，曲毕，他独自乘车离去，两人之间，不曾交流一字。后人将此曲改成琴曲，而忘了它原来是洞箫曲。

佛教乐器，历经朝代也有更替，隋唐有排箫，宋代渐渐没有了，洞箫、尺八、笛替之。《普庵咒》，为宋代普庵禅师所作，原是出自《禅门日诵》的咒语，禅师念来洋洋洒洒，每个单音组合成密雨入林，又如空海泛涛，使人心空寂清明，旋律被用作佛教丝竹乐，琴箫都将它奉为经典。

琴箫合奏，丝竹相谐，此时，箫音不可太过低闷，上世纪三十年代，琴家彭祉卿在《今虞琴刊》上发表了一篇《新制雅箫图说》，展示他创制的八孔雅箫，又称琴箫，配合古琴演奏，它们的式样比江南丝竹乐里的洞箫细巧。江南丝竹洞箫，多取紫竹，管壁较薄，内径较小，不到两厘米，长度在八十至九十厘米左右，另有一种吹管更细的玉屏箫，取材为贵州玉屏竹，它们的吹口皆为屏封。

此时的洞箫，音色轻亮，与古洞箫从形制和浑厚圆润的音色上有了距离。宋代盛行于福建泉州的南音，如琵琶横弹，五叶的檀板。于是人们为了区别，将南音洞箫，称为"南箫"，有屏封吹口的箫，则通称为"北箫"。

虚无吹断

> 春雨楼头尺八箫,何时归看浙江潮?
> 芒鞋破钵无人识,踏过樱花第几桥。
> ——苏曼殊《本事诗》

隋唐"九部乐""十部乐"皆有洞箫类乐器。《旧唐书》载,唐贞观三年,吕才做出十二支尺八,长短不同,谐韵律管,不知是否借鉴了荀勖的笛律。唐代"十部伎"中,洞箫类乐器只有尺八。日本遣唐史将吕才制的尺八带回国,尺八便开始在日本的发展,用于雅乐之中。

尺八得其名,源于古制一尺八寸长度,随着发展,长短有所不同,宋人陈旸认为尺八是长度描述，严谨的称谓应该是尺八管。在宋代，唐人尺八与洞箫相融同化，人们称洞箫、箫管、竖笛、中管等，常常指的是尺八，故后世以为它已经失传。明清时，宫廷雅乐、燕乐、民间丝竹乐中的弦索十三套和福建南音、十番乐等合奏乐器中，均见箫不见尺八。

沿袭唐制，形成于宋代的福建泉州南音，台湾称为南管，是中国古乐的活化石。南音一出，洞箫便有了南北区别，紫竹洞箫、琴箫、玉屏箫等被称为北箫。北箫里，找不到尺八的影子，那么南箫真的是尺八吗？

为此，我向台湾南管演奏家廖锦栋（文松）先生请教，他说："相对北箫，南音洞箫则统称南箫，是取土上节所制，与唐尺八接近，亦称南尺八，台湾乡间称尺八箫。它细分为南箫和南管箫两种，南箫管径较粗，带有大头竹根，吹口上来讲，唐尺八流行外切平斜吹口，南管箫的吹口在泉州以V形为主，台湾以半UV为主，即向内切成内勾式吹口。"

南管箫的形制十分严谨，有个说法："十目九节，三目凤眼，五目开音，十目开窍，一目两孔，尺八长。"符合尺八长度的"十目九节"竹管首先很难找寻，竹节的位置还要合乎音孔与音准，音色"直达云霄"，则难度更大。

老一辈箫者常说"良箫难逢"，竹节条件合格，音却不准的南管箫比比皆是。故南管箫素有"十箫九接"一说，也就是制箫人苦于材料限制，有时会截断竹管，续竹而制。文松先生反对接竹："因为纤维不连贯，影响箫声共振音色，制箫应根据粗细管径，制作不同调高、长短与样式方能

南箫

取土上节所制，又称南尺八，形制严谨，民间传诀："十目九节，三目凤眼，五目开音，十目开窍，一目两孔，尺八长。"

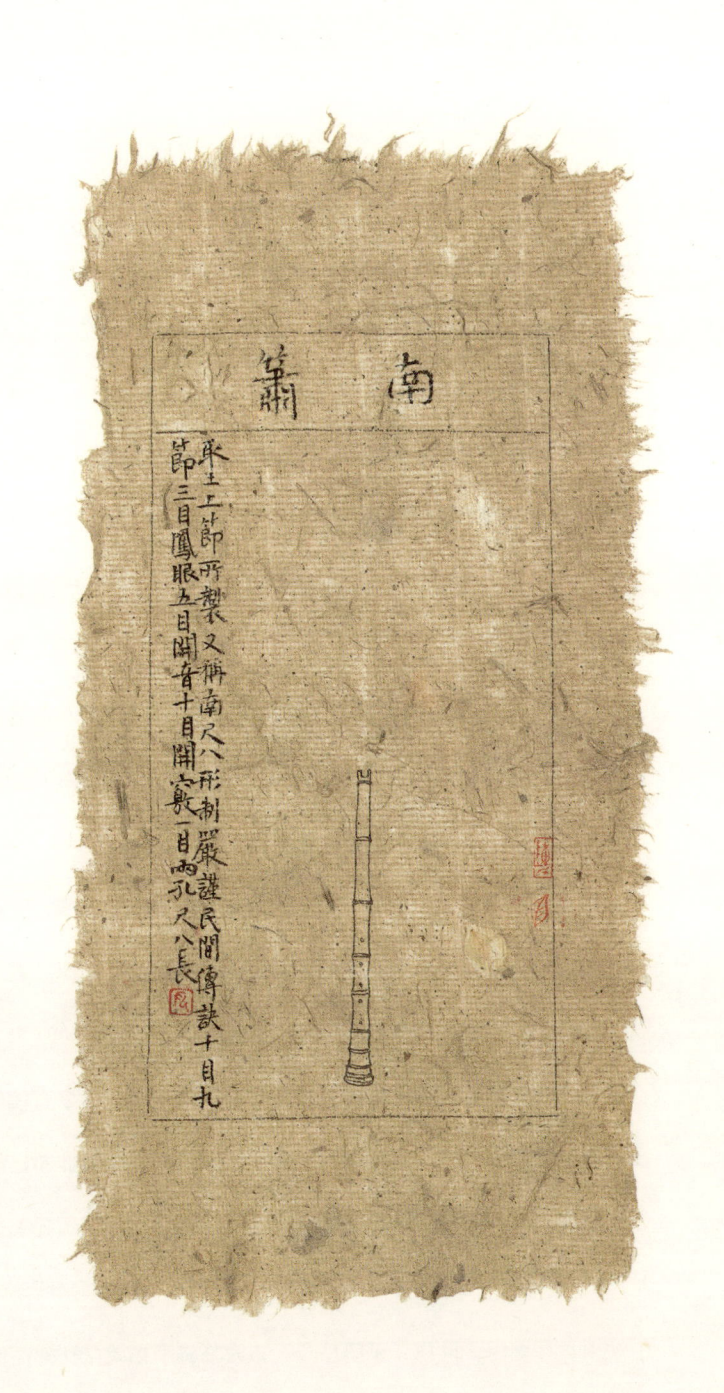

完成归合理想。"

今天如果我们想一睹唐代尺八的真容，可以去日本，京都奈良法隆寺和东大寺正仓院保存了唐代尺八。其中正仓院内存有八支，均为六个指孔，可以从中窥见唐风遗韵。

一支采用了竹雕留青工艺，繁华生姿，第一个孔上，雕着两位仕女，一人着窄袖半臂胡服，俯身采花，另一人着广袖裙衫，张袖欲舞；在背后的孔下也有两位仕女，一人肩披织花帔帛，执扇而立，另一人则坐着弹奏琵琶。唐人生活与审美情趣，就在精巧的竹管上留下一缕香风，供我们细细回味。

法隆寺《古今目录》载："尺八汉竹也……"尺八由遣唐史传到日本之后，在普化宗僧人之间得以传承下来，普化宗的祖庭被认为是杭州护国仁王禅寺。

唐宣宗时期有普化禅师，喜欢摇铎唱禅歌，经常念着："明头来明头打，暗头来暗头打，四面八方来旋风打，虚空来连架打。"在街市化缘，这里便产生了禅宗"明暗双打"和"虚无"的思想。

普化禅师的铎声被一位姓张的居士听到，他以竹管之音模仿铎音，编出《虚铎》曲，又名《虚铃》。至南宋理宗淳祐九年，此曲已经在张门传了十五代，日本高野山禅定院的僧人觉心（即法灯圆明国师）来到杭州的护国仁王禅寺，在佛眼禅师门下参学。"佛眼"是宋理宗所赐的号，禅师俗姓梁，字无门，世称"无门慧开"，为临济宗杨岐派狂禅高僧。觉心随佛眼禅师学禅，又向居士张参学会了尺八吹奏，并将《虚铃》带回日本，传给弟子虚竹（又说寄竹），便是普化宗的雏形。普化僧亦名虚无僧，修禅依靠"虚无吹断"法门，就是以吹奏了断一切烦恼妄念。

有一说虚竹并非觉心的弟子，而是觉心在天目山遇见的佛眼禅师弟子虚竹和尚，后来，虚竹同四名吹箫居士随觉心去日本，觉心创立日本佛教法灯派。他圆寂之后，虚竹携带尺八在京都虚灵山创立明暗寺，成为普化宗开山祖师，虚灵山即为普化正宗总本山。

某夜，虚竹梦见一首尺八曲，醒后记下来，名曰《雾海篪》；另有一说，"虚无僧"源自虚竹往下第五代僧人虚无，是他给普化僧制定了奇特的着装形制，他们不着僧衣，将袈裟挂在胸前，头戴蔺笠，即一种竹编深筒笠帽，排成行，一路吹着尺八化缘。虚无和尚将中国传入的《虚铃》曲，另演化成《虚空》《雾海篪》。

无论哪种说法正确，《虚铃》《虚空》《雾海篪》是日本尺八界公认的三本曲，即三支最古老曲目。

德川幕府时期，普化宗被明确分成禅宗的支派，浪人加入，虚无僧被派向各地，监督加入宗派的浪人行为。浪人以尺八为护身武器，和木刀、剑一样，他们也开始吹起尺八，尺八禁止宗派之外的人吹奏，不过渐渐地，风气流俗，出现弊害，普化宗呈破坏衰败之势，明治四年，普化宗被废除。至明治二十一年，普化僧人自觉会合，获准重兴普化宗派，在东福寺山内善慧院成立明暗教会，又于良兴国寺成立普化教会，京都妙光寺成立法灯

明暗流尺八　明暗尺八以《吹禅行化誓愿文》为修行准则，始于三十七世法系谷 北无竹，文曰："一吹为断一切恶，二吹为修一切善，三吹为度诸众生，皆共成佛道。"

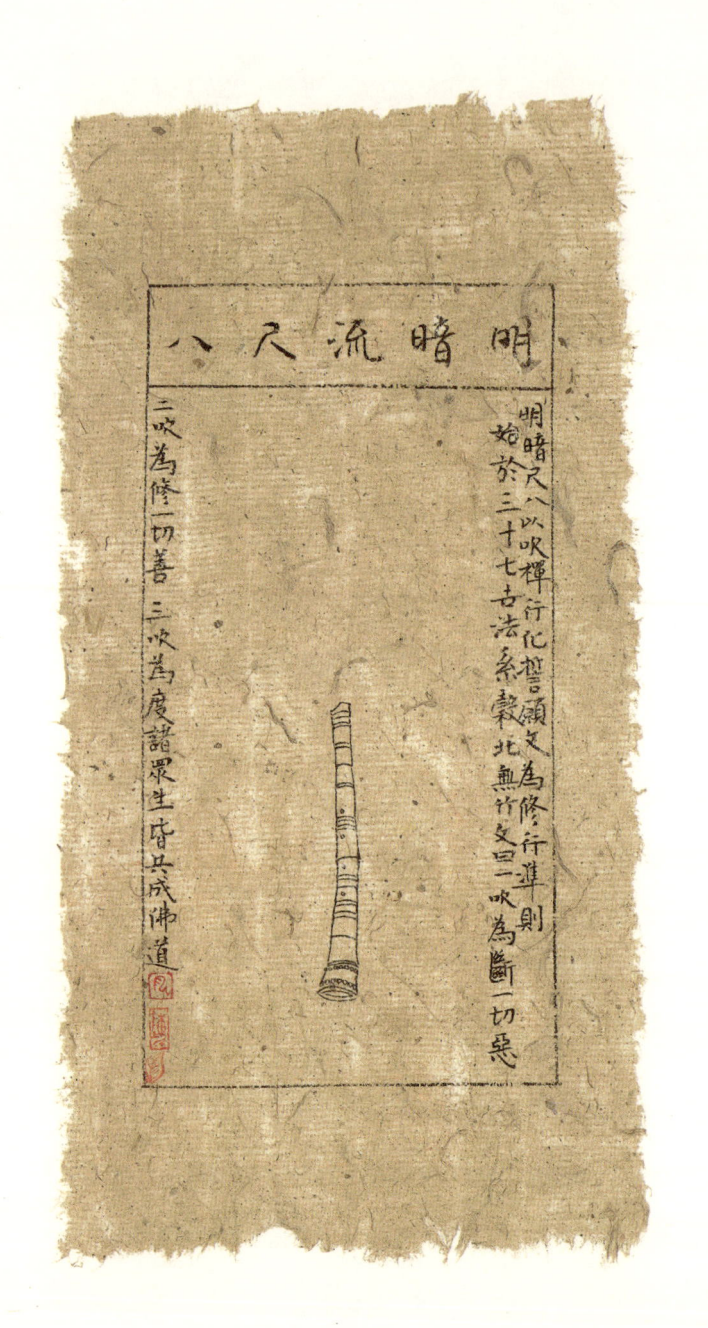

教会，从此，街市上又见虚无僧，依然是手持尺八，边吹边行脚。

民国僧人苏曼殊曾于日本某小楼上听见虚无僧吹尺八行乞，曲目为《春雨》，忽生凄悯，写下诗句："春雨楼头尺八箫，何时归看浙江潮？芒鞋破钵无人识，踏过樱花第几桥。"借景抒发"断鸿零雁"、天涯游子般的孤独感，钱塘指代的中国，樱花指代的日本，虽两头皆故乡，而曼殊一生行为狂放，悲观多情，过着颠沛流离，茫然无所的生活，两边又是他乡，无论身处何地，终摆脱不了无尽的家国忧愁。

今天日本尺八三大流派，最古老的是"明暗流"，虚无僧以口耳相传的方式传承，用尺八吹箫禅。现今明暗尺八以《吹禅行化誓愿文》为修行准则，始于三十七世法系谷北无竹，文曰："一吹为断一切恶，二吹为修一切善，三吹为度诸众生，皆共成佛道。"

另一支是浪人黑田琴古发展出来的"琴古流"；汲引西方乐器演奏技巧的"都山流"接近现代，由中田都山创立，都山流只有一支古曲，名《鹤的巢笼》。

唐尺八的音声，已遗落在漫漫时光里，正仓院和法隆寺的唐尺八，不知何人有幸将遗音吹响。日本尺八的音声，经数代承袭，古曲可听海童道祖禅师、中村明一，以及"明暗流"第四代传人塚本平八郎等大家演绎。塚本平八郎同时也是明暗寺的导主，但他认为自己是半僧半俗的居士，吹奏尺八是坐禅的方式，以气息修心才是真义，不必刻意追求技巧上的雕琢。

海童道祖禅师将尺八说成竹子，"于是我拿起了我的竹子来吹奏"，对他而言，手中的乐器从本质上讲就是一根空心竹管，至于它叫何名，被何人所吹奏，并不重要，重要的是他吹出的音声，他此时彼刻的心境，是否达到纯粹禅定。

他从禅宗中悟出呼吸的奥秘，《虚空》曲开始，老禅师以深沉的丹田之气，缓缓吹出一声玄妙长音，接着吹出似风的竹管空音，吹出人间茫茫海浪，转瞬即逝的快乐，被命运拉扯着又坠入轮回的苦痛，反复周旋之后，老禅师又慢慢吹开迷雾，将世间诸样烦扰一一吹至空明虚无之境。

穿云裂石

> 江南节物,水昏云淡,飞雪满前村。
> 千寻翠岭,一枝芳艳,迢递寄归人。
> 寿阳妆罢,冰姿玉态,的的写天真。
> 等闲风雨又纷纷,更忍向、笛中闻。
> ——[宋]杨亿《少年游》

秦始皇在当政的第三十四年,也就是这座高度集权大秦帝国的建构者生命最后三年,他用一把连续烧了三十天的秦火,将诸子百家和儒家经典,除医药、卜筮、种树之书一概焚毁,后来不止一部史书认为"自秦焚书,《乐经》亡。"

据传《乐经》是中国历史上第一个音乐历史百科书,它的编撰者一说是孔子，这部经消失后，我们的音乐史也断了代。《诗》《书》《礼》《乐》《易》《春秋》六经，孔子最看重《礼》和《乐》，他以六经施教，认为知礼可"疏通致远"，知乐可"洁静精微"。《史记·孔子世家》载："三百五篇孔子皆弦歌之，以求合《韶》《武》雅颂之音。礼乐自此可得而述，以备王道，成六艺。"

孔子去世之后，儒家学说为八氏儒生所传，据说得传乐学的是仲良氏，至于他传承之后的情形，史书无记载。

周朝末期，礼乐衰败，乐学传承已经危若细丝。战国时期，魏文侯听古乐，昏昏欲睡，听郑卫之声反而不知疲倦，孔子门人子夏试图辩说，却不见纳谏，这是礼乐气数将尽的征兆。秦始皇焚书，即使没有焚掉《乐经》，依照他薄古厚今的思想，重法家轻儒家，《乐经》在秦国的命运，最终也会因不受尊崇而消亡。

汉代恢复秦制，孔子之道已绝，只有秦朝遗老叔孙通重制礼仪，可惜典籍失传，人又年迈，礼的方面，只弄了个马马虎虎，乐呢，根本没来得及弄，他老人家便过世了。往后几代，至汉武帝时，宫中置五经博士，这其中并没有掌乐的博士官，可能是因为没有知晓乐学之仕。

汉儒在这个时候，对一些乐器已经搞不清楚概念了，比如笛，因为这个字出现得比较晚，而汉代之前的竹管类横吹乐器称法多样，有的甚至已经失传，故张骞通西域之后传来的羌人之笛，被误认为是中国笛的初始。

《周礼·春官·笙师》中："笙师掌教龡竽、笙、埙、籥、箫、篪、篴、管……"这里的篪、篴便是中国早期的横吹笛，通俗讲是雅乐之笛。西汉末年儒生杜子春初解《周礼》，将篴误解为五孔竹笛，从此两千多年，人们不知道雅乐之笛的真正模样。近代考古学发现则帮助它找到了真身，那是马王堆汉墓发现的两支七孔横吹古篴。

东汉马融在《长笛赋》说"近世双笛从羌起"，笛原来是四孔，公元前1世纪，西汉京房加了一孔，变成五孔，也就是加了一个商音，由此，笛才有完备的宫、商、角、徵、羽五音，北宋沈括则认为马融《长笛赋》里的长笛是竖吹乐器，形似洞箫中的尺八。

西晋乐律家荀勖用他创造的"管口校正"方法制作出一套笛律，十二支笛，长短不同，一律一笛，一笛三调，因年代为泰始十年，又名泰始笛，它的作用是奏乐，也可用来定律。

东汉末年，汉献帝时有位儒生叫应劭，在他所撰的《风俗通史》中记载笛子是西汉武帝刘彻时期的宫廷乐人丘仲所造，长一尺四寸，七孔，并且应劭认为："笛者，涤也，所以荡涤邪秽，纳之雅正。"可见在丘仲笛之后才出现了羌笛，但此笛又极可能是竖吹的洞箫。

清代藏书家吴翌凤在《灯窗丛录》卷二中考辨："风俗通曰：'笛，武帝时丘仲所作。'非也，高祖初入咸阳宫，得玉笛长二尺三寸，二十六孔，铭曰昭华之琯。在武帝前。"汉高祖破城而入，打开秦王咸阳宫珠玉璀璨的珍阁，发现传世的昭华之琯，可它真的是笛吗？

《西京杂记》形容它的高妙："吹之则见车马山林，隐辚相次，吹息亦不复见……"仿佛有神通之灵气，难道是玄奇的笛音，令人出现幻觉，眼前出现琅缳仙境，而吹奏者只要嘴唇离开音孔，收住气息，仙境便消失了？

哪里有这般仙乐，这是古人发明的显像器，类似走马灯，它的奥秘是内部有一个类似靠风力带动的叶轮装置，将车马山林的图像贴在上面，用嘴向里吹气，画面转动，灯燃起，便看见了隐辚相次的车马山林，灯息则不见。

同样在《西京杂记》里，记载了长安巧匠丁缓发明的九层博山香炉，"镂为奇禽怪兽，穷诸灵异，皆自然运动"。《清异录》中有一件奇物，与昭华之琯和丁缓的博山香炉有异曲同工之妙，唐懿宗爱女同昌公主病逝，皇帝伤悼之际命宫廷匠人为她的亡魂制作了一台仙音烛赐予安国寺，它的外观如高层露台，上饰各类珍石珠宝，雕成玲珑花鸟，台上的烛火一燃点，花鸟便动了起来，且空中飘扬起叮叮当当的仙音，而烛光一灭，仙音消失。

说到古人的发明，与笛子无甚关系，但这些趣事和历代学者们的反复考辨，足见自汉代起，古人对笛的概念十分模糊，昭华之琯也因二十六孔管曾经被误认为是笙，但这些模糊的概念我们不必在意，也不用纠结。

今天的我们来重新琢磨，会从中发现古人的情趣与天真，巧思与认真，感悟到今世的流行与匠造，与前人相比，实在是太粗糙太急切。

我们可以这样理解，在羌笛出现之前，中国笛已经存在了数千年，只是没有统一的形制，从贾湖舞阳的骨龠开始，先民用钻孔空管吹响生命之音,如果骨龠可称为骨笛的话,那么它也可以被称为骨箫。而古籥、古篪、古篴的形制与笛又有着极其相近的关系,它们同样是凿孔的中空竹管,气息发声,可惜,籥、篪、篴的音色,已一一湮灭在时光中。

❖ ❖ ❖

屈原的弟子宋玉写过一篇《笛赋》,其中用典与故事,多半杜撰。那个年代,从字形上研究更可能是《篴赋》,我们不去追究字字珠玑的赋文所描述的篴究竟是横吹还是竖吹,是洞箫还是笛,只需要花点安静的时间,沿着作者精绝的描绘,去感受乐师严春、子午在落日西沉时吹笛的场景。

他们手中的笛,与师旷的笛可谓一对雌雄笛。师旷在衡山之阳的茂林,发现了雄竹,宋意送别荆轲,在易水上得到雌竹,于是借王尔、公输班这样的能匠妙手,将竹材制成笛。"延长颈,奋玉手,摛朱唇,曜皓齿,赪颜臻,玉貌起,吟清商,追流徵,歌《伐檀》,号孤子,发久转,舒积郁。"他们的吹奏姿态风雅无双,技巧亦是高超绝伦。吹至愁怨时,如永不得见的相思,直刺人心之痛,堪比亲人早亡,生离死别;吹至激越时,又如青云扶摇直上九霄;吹至慷慨时,如壮士失志。

一根竹管能吹出千丝万缕、千差万别的情感,奔涌时如大海,柔婉时若流水,壮士一去不返的满腔悲壮,化做气流在竹腔交汇,自音孔而出,宋玉最后感叹雅笛正声,善若贤士,可安心隐志,清和长久。

张骞通西域之后，胡人的羌笛随着背上铺有波斯毯子的骆驼、马背上的乐队一起热热闹闹而来。乐人们一路弹着琵琶，吹着笛子，踏歌而行，西域之声如狂风潮浪，一夜之间改变了大汉天子殿堂上的风景。本来对先秦古乐渐已淡漠的人们，随即欢快地接受了彼时最时髦的羌中横笛，而古制籥、篪、篴，被遗忘得更快了。

汉代四百年，被战火破坏的土地被重新整合，人们翻动土壤，撒下种子，收获新的庄稼。而羌笛到来的时候，正是借助外来文明重新建构思想秩序之时。西汉末年，中国古笛已与胡人羌笛完全融合，传统更生，记忆刷新，新的历史便从羌笛开始。

汉代始兴的鼓吹乐和横吹乐，排箫和建鼓为鼓吹，笳和角的组合为横吹，吹奏乐器中横笛也不可少。汉乐府"丝竹更相和，执节而歌"的相和歌，配乐丝竹是箫、笛、笙、筝、琵琶、瑟、箜篌、筑，节是节鼓。

乐人唱着来自民间巷陌的歌辞，"江南可采莲，莲叶何田田！鱼戏莲叶间，鱼戏莲叶东……"（《江南》）"欲归家无人，欲渡河无船。心思不能言，肠中车轮转。"（《悲歌》）还有叙事歌《焦仲卿妻》《陌上桑》等，它们借用先秦楚歌一人唱余人和的形式，在宫廷里天子举行的宴饮上表演。

殿阁中响起的是庶民之乐，唱道的是寻常人情。有歌舞、器乐和表演的是相和大曲，曲之前表演的歌诗为艳，主要歌唱的部分是曲，每一个歌唱段落之间的纯音乐间奏是解，大曲高潮部分为趋，又名乱，曲终阕尽之时，众音毕会，沸沸扬扬进入尾声。

汉代音乐艺术以平实自然又自由舒展的风格接替了先秦的钟磬之乐，巫舞被来自八方的民间舞蹈取代，《巾舞》《铎舞》《盘鼓舞》《巴渝舞》……它们都需要笛这样富有生机的新型乐器配合新编歌舞。

汉武帝时期，曾有一条装饰着龙首与凤盖华旗的大船，载着美艳的乐伎在上林苑的昆明池中游乐，她们唱着《濯歌》，伴着欢快悠扬的鼓吹乐，天子刘彻并不与这些鼓吹伎女同船作乐，而是极风雅地在池中修造的豫章观上隔水欣赏，不亦乐乎。

胡乐如天外飞音，是汉代至唐代宫廷音乐中最富华彩的一道装饰，它们和中原文明融合后，演化为别致的汉家之声。

宫廷乐师李延年根据张骞带回的胡曲《摩诃兜勒》改编了二十八支新曲，其中《关山月》《梅花落》《折杨柳》三支是笛曲。它们凄清婉转，饱含思乡之情，一代代传下来，唐人不少描写羌中横笛的诗词，总与这三首名曲所象征的家国悲愁有关。

边塞的征人，身处万仞山间，人似孤城，关山寒月，雪拂梅落，长堤春柳，是唐诗中关于羌笛出现最多的意象。

王之涣在《凉州词》中悲叹："羌笛何须怨杨柳，春风不度玉门关。"王昌龄《从军行》有"更吹羌笛关山月，无那金闺万里愁"。文士思乡听玉笛，在长安、洛阳城中的水榭楼台之上，李白无意间听到《折杨柳》，不禁发问："谁家玉笛暗飞声，散入春风满洛城。"

宋之问的《咏笛》诗至少有四处引用，"羌笛写龙声，长吟入夜清。

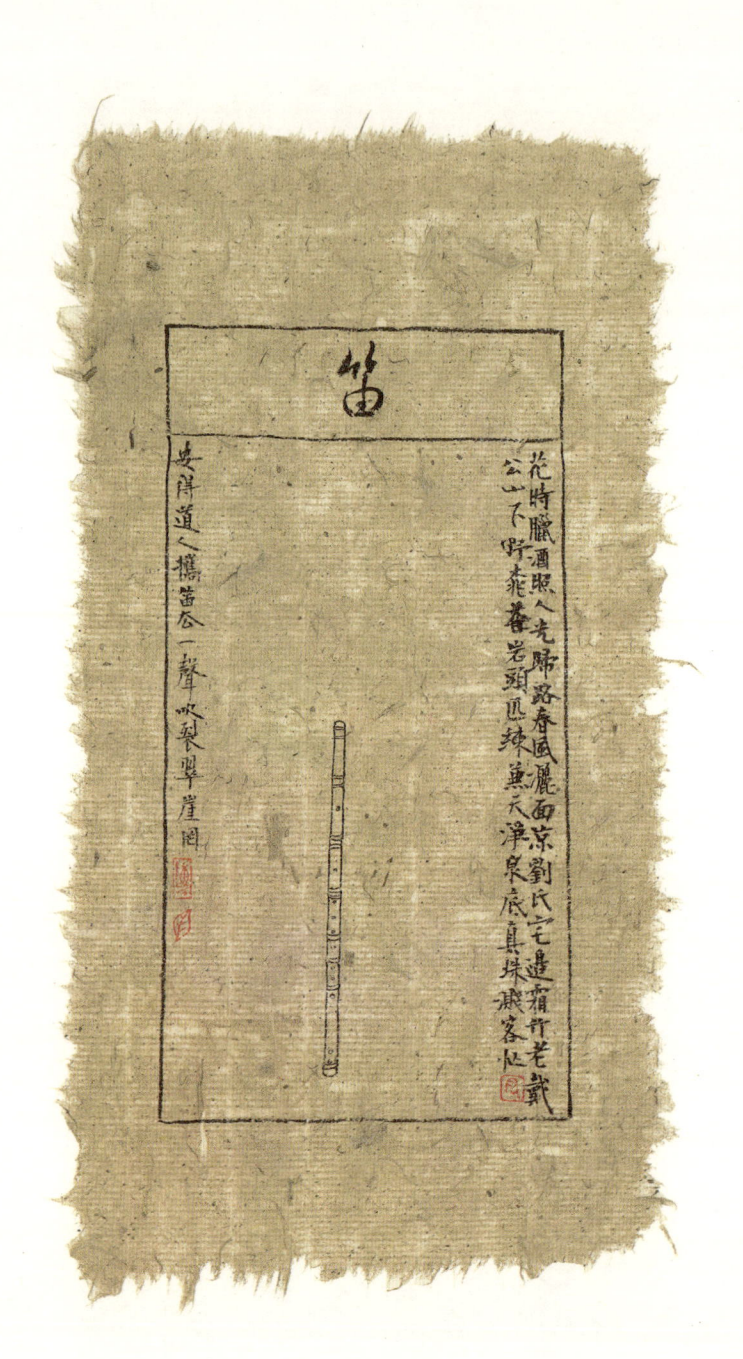

笛

花时腊酒照人光,归路春风洒面凉。刘氏宅边霜竹老,戴公山下野桃香。岩头匹练兼天净,泉底真珠溅客忙。安得道人携笛去,一声吹裂翠崖冈。

关山孤月下，来向陇头鸣。逐吹梅花落，含春柳色惊。行观向子赋，坐忆旧邻情。"前三处是这三支笛曲，最后一句引用的是晋人向秀的《思旧赋》。

昔日竹林七贤的向秀，在某个薄冰冬日，偶然路过嵇康故宅，彼时这位擅理丝竹的好友已不在人世，忽听邻家有人在吹笛，音声慷慨悲绝，似白鸟啼号划过灰天，不禁感忆嵇康当年临当就命时，一曲《广陵散》辞世的决然豪气。

诗人写笛音，常常因"偶听""忽闻"产生激烈的感怀。向秀《思旧赋》的诞生，完全因为"听鸣笛之慷慨兮，妙声绝而复寻"，站在故友的空庐前，心中激荡起愤懑，正是这突然而至的悲凉笛音，来自素昧平生的陌生人，一下子刺痛了向秀，令他毫不犹豫"停驾言其将迈兮，遂援翰而写心！"提笔挥成这篇千古名赋。

唐代以前，笛箫不分，至唐朝，乐人刘系在竹笛的吹孔与指孔之间增开一孔，从竹管内壁取出薄薄的笛膜，贴在这个孔上，令笛音更清亮，拥有前所未有的穿透力，笛终于成型。此时，笛箫概念基本分开，横吹为笛，竖吹为箫。

唐代笛种繁多，十部乐中燕乐有长笛、短笛，龟兹乐中使用横笛，高丽乐中使用义觜笛，还有中管笛、七星管笛、玉笛、铁笛……不下二十多种，制笛的材料，有苦竹、紫竹、斑竹、玉屏竹、白竹等竹材，还有玉、铁、铜、瓷。华夏之音也传至西域，李白有诗云："胡人吹玉笛，一半是秦声。十月吴山晓，梅花落敬亭。"

这里有一个典故《梅花落》，诗中以玉笛吹之，此曲拟风雪吹落梅花的美妙姿态。宋人杨亿有首《少年游》，借用了南朝宋武帝时期的寿阳公主关于梅花妆的典故，可用来解读这支笛曲的神妙。

"江南节物，水昏云淡，飞雪满前村。千寻翠岭，一枝芳艳，迢递寄归人。寿阳妆罢，冰姿玉态，的的写天真。等闲风雨又纷纷，更忍向、笛中闻。"

当年公主在含章殿的檐下睡着，醒来发现梅花落在额头，留下淡淡的红梅印拂拭不去，引来宫中佳丽争相往额头上贴梅花妆。词中一句"的的写天真"道出梅花飘落的随机天然、"的的天真"之美。

美就美在偶然，谁也未曾料到，无意乎相求，不期然相遇，风吹花落，花并不知道落在哪里，在哪一个瞬间落下，与花相遇的人，也并不知道撞上了这个瞬间，接下来会发生什么。

一切都是那么刚刚好。

唐玄宗爱笛，奉它为八音之领袖，曾作笛曲《紫云回》，源自神游月宫，曲成之后，令太常将曲谱刻石为记。当时的吹笛高手李謩还是个翩翩少年，他偷偷学到此曲，故意在圣上能经过的地方吹奏，令玄宗惊为天人，将李謩召入梨园法部，从此声名鹊起，独步长安。

开元年间，宜春院的内人许和子是著名歌唱家，玄宗赞她"歌值千金"，她或许是那个时代嗓音最亮的花腔女高音，相传每逢高秋朗月，她在殿阁高台之上为圣上歌唱，清喉婉转，声音直传九陌，圣上有一回独召李謩为她的演唱伴奏，如凤鸣龙吟的笛声，直追清远嘹亮的歌声，高音飙得惊天动地，最后曲终管裂。

曲终管裂，有一个词形容格外奇巧——"穿云裂石"。传说李謩得到友人以村舍烟竹制成的一支笛，坚如铁石，在某个月夜泛舟时吹起，岸上有位陌生人闻声呼唤他。等此人上船后，陌生人借用了李謩的竹笛，吹出世间罕有的精妙之声，仿佛山石闻声可裂。等他吹到入破之时，笛身应指粉碎，李謩还未回过神来，此人已不知去向，人们惊叹，以为是水中蛟龙的化身。

晚唐卢肇撰写的志怪小说集《逸史》中，这个故事被改编得更加玄秘，那位世外高人被描述成久居田野荒屋的独孤老人，在李謩已吹得曲惊四座时，老人并无半点赞赏之意，"你的《凉州》里有夷狄之气。"李謩略惊讶，"师傅正是龟兹人。"老人在一边不动声色静静地听，点出他的失误"第十三叠误入水调"，并拿起他的笛子示范。

"吹到入破时，笛子便会裂，你不会吝惜吧？"老人表情枯寂地发问。

"不敢。"李謩答。

老人吹到入破，笛子果然裂了。

安史之乱后，李謩离开宫廷，流落民间，王建有诗云："梨园弟子偷曲谱，头白人间教歌舞。"说的便是他传奇的一生。贞元初年，诗人韦应物夜泊灵璧驿，听见有人吹笛，风格酷似李謩，问及此人，名曰许云封，竟是李謩的外孙。

谈起梨园法部的往事，犹记得天宝十四年六月杨贵妃寿筵上，奏新曲，正逢南海进贡荔枝，新曲便得名《荔枝香》，顷时左右一片欢呼，声动骊山。不久安禄山造反，此后李謩乱世漂荡四十载。韦应物取出怀中一旧笛，疑是李謩旧物，云封说："良竹在云梦泽的南岸，柯亭之下，今年七月十五前栽种，明年七月十五前截竹，过期不伐声音会闷窒，未到日子伐下，声音会浮，外泽中干，受气不全则竹夭。"又指出此竹是夭竹，承受不了高绝的音部，遇至音必破，故并非外祖父的遗赠。

云封持笛吹起《六州遍》，一遍未完，笛子就从中间划然裂开。

笛子吹破，有两种情况，一种是吹到该破时的天然功成，曲终笛破的天涯尽处，另一种则是竹材有恙，在不该破的时候破，看一眼便可准确预见两种笛破的人，才是真正的高手，云封在笛艺上，显然已经青出于蓝。

苏东坡认为"穿云裂石"是吹笛的最高境界，并将此境界融入道家，"安得道人携笛去，一声吹裂翠崖冈。"（《同柳子玉游鹤林招隐醉归呈景纯》）

另有一次，宋元丰七年冬天，苏东坡路过临淮，遇见仙风道骨，鹤发童颜的湛然先生，看上去宛如二三十岁的人，先生善吹铁笛，东坡在《水龙吟》序中记述了这次神奇的相遇，并称他的吹奏"嘹然有穿云裂石之声。"

他特意作一首《水龙吟》，被后世认为是宋人咏笛之冠。

楚山修竹如云，异材秀出千林表。龙须半剪，凤膺微涨，玉肌匀绕。木落淮南，雨晴云梦，月明风袅。自中郎不见，桓伊去后，知孤负、秋多少。闻道岭南太守，援堂深、绿珠娇小。绮窗学弄，梁州初遍，霓裳未了。嚼徵含宫，泛商流羽，一声云杪。为使君洗尽，蛮风瘴雨，作霜天晓。

宋人倚声填词，笛谱又是词谱，这首《水龙吟》便是倚声填词的佳例。宋人著名的笛曲填词还有：秦观的《兰陵王》、林逋的《霜天晓角》、刘长卿的《谪仙怨》、黄庭坚的《鼓笛令》、周邦彦的《月下笛》……

宋代民间音乐更盛，各类笛的品种层出不穷，在宫内、鼓吹、教坊、燕乐等各个部门都设笛部，且出现类似叉手笛这样的雅乐用笛，它演奏时须双手交叉，又名拱辰管，不过雅乐已经不盛，很快这个笛种也就消失了。《工尺谱》还记录了官笛、夏笛、小孤笛等新奇的笛种，教坊里专门设笛色，北宋是龙笛色，南宋是笛色。

宋淳熙年间，德寿宫的龙笛色多达四十名，每逢中秋或月夜，便有龙笛独奏，宋代宫廷的教坊会在民间演出，这里的龙笛便是在民间瓦舍中的"清乐"表演，它有龙笛齐吹或独奏，也可与方响、拍板、笙等乐器的合奏。《都城纪胜·瓦舍众伎》提到这个场景时说"声闻于人间，真清乐也。"

龙首笛，与龙笛有区别，龙笛是笛身装饰龙纹，龙首笛则是象形笛，整只笛身状若一条龙，一端雕龙首，也有的雕龙尾。今天在民间有些地方还能看见。建于北宋太祖开宝七年的开封繁塔，当时称兴应寺塔，1983年繁塔修复时，发现二层塔心室有二十尊砖雕佛龛，每尊内雕一位头戴宝冠、颈饰璎珞、结跏趺坐于莲花座上的佛伎，从装饰和砖雕来看，应属佛教密宗。乐器有排箫、笙、琵琶、龙首笛、拍板、觱篥等十二种，司龙首笛的佛伎面容祥和，略带微笑，她的手正横持笛身，嘴微微蹙起，正在吹奏，头部位置的龛壁上雕有一圈佛光，似妙音菩萨。

说唱、百戏、歌舞散乐、戏曲，笛音精微清妙，又灵活轻便，且能适应各种新的变化，发展得格外活色生香。元明清三代，杂剧与戏曲的时代，笛在这样的环境下得以一直发展。

昆曲里的曲笛，格外值得品味，笛师全凭气息的控制，既不盖过唱腔，又不压抑自身，舒展自如，似连似断，若有若无，在虚虚实实之间，与行丝游长的水磨腔配合得天衣无缝。

从上古到现代，数千年来，与笛同台的搭档消失了许多，它自己也几经变化，所幸基本形制依然保存着。福建南音里，上四管分洞箫和品管，品管即横笛，它们分别与二弦、琵琶、三弦、拍板组成近似唐宋士族家蓄的小型乐队，演奏沿袭自唐宋流传下来的法曲、大曲、佛曲及宋词慢唱，形式呢，依然是"丝竹相和，执节者歌"。

虽然如神迹般穿云裂石的奇景不复再现，不过身在闹杂的都市，听见清悠笛曲，依然如置身"芦花深入泊孤舟"的秋水岸，体会"笛在明月楼"的疏朗。它属于慢腾腾的辰光，写意的水墨画，千里江烟的寒色，属于月明风袅，风又恰好吹落了梅花的那些个瞬间。

凉月悲笳

> 北风厉兮肃泠泠,胡笳动兮边马鸣。
> 孤雁归兮声嘤嘤,乐人兴兮弹琴筝。
> 音相和兮悲且清,心吐思兮胸愤盈。
> ——[东汉]蔡琰《悲愤诗》

暮色四合的时候写悲笳,由一生命孤的蔡文姬开始。

在狼烟四起的荒漠,千里疾风,冰寒刺骨,她住在匈奴人的帐篷里,被迫穿着于她眼里粗鄙惊悚的兽皮毡裘,强咽着腥膻的肉酪,过着漂泊流离的游牧生活,夜晚,她听见陇水的呜咽,怀想大汉故土,笳声于她,应是一种彻骨的恨。

她叫蔡琰，琰，意为美玉璧光，文姬是她的字。父亲是集琴学家、辞赋家、史学家为一身的东汉大儒蔡邕，她自幼随父习琴，精通翰墨，可惜正常安宁的书香生活，她几乎没有真正享受过。

汉灵帝熹平六年，蔡邕受奸佞阳球所害，由死罪改流放并州五原郡，后来虽得赦免，却因蔡邕受五原郡守密告，恐再遭祸殃，不得不带着年幼的文姬亡命吴地，在那里，蔡邕制出永留史册的焦尾琴，也正是在那段生涯里，文姬耳濡目染，通音律，擅鼓琴，传说她听觉机敏，甚至可听得出隔屋的父亲不小心弹断了哪根弦。

十二年后，灵帝崩，少帝刘辩即位，董卓拥兵自重，把揽朝政，将蔡邕召回洛阳，不久废帝新立，迁都长安，蔡邕随即官至左中郎将。文姬初嫁河东世家卫仲道，可谓适得其配，可惜仲道早亡，文姬回到父亲身边。汉献帝初平三年，董卓被诛，蔡邕在司徒王允座上的一声轻叹惹来灭顶之灾，最终被囚死狱中，留下一部没有编完的《汉史》。文姬在长安存身无处，只得避难回到家乡陈留。

彼时，天下丧乱，董卓部下李榷、郭汜作犯关中，大掠陈留、颍川，掳走文姬，不久南匈奴左贤王率兵破李、郭等军，文姬即为胡骑所获。天灾国乱人无主，《后汉书·董祀妻传》提起这一段说"没于南匈奴左贤王，在胡中十二年，生二子"，这里有一个关键词"没于"，文姬应是不幸沦入左贤王的军队，后来被强配给匈奴人，并非后世传说的嫁于左贤王，成为妃子或王后，文姬并没有任何封号，否则，曹操不会像赎回奴隶一样以"金璧赎之"。

建安十一年，文姬留下两个为匈奴人所生的儿子，孤零零归汉，虽是重新获得了平定的生活，但她知道此生再也不能和骨肉相见，回想被掳时，"马边悬男头，马后载妇女"的屈辱场景，以及长达十二年忍辱不堪的胡族生活，半生苦痛涌上心头。

她拨响琴弦，脑海中反复盘绕的却是胡人所吹的笳声，她索性弹出一曲《胡笳十八拍》，将积郁多年、无人言说的心伤，化作一声一声的悲怨，这悲怨足以凄绝大地，穿裂云霄。

伴随着琴曲的，还有飞流直下、惊天动地的十八段怨辞，拟屈原的离骚体，字字句句是对天地神灵的含泪控诉，力透纸背。这些怨辞是不是文姬亲写，无有定论，但却是以文姬之口，道出了十二年来的心酸坎坷。

开头第一拍，即有悲吼咆哮之势，"我生之初尚无为，我生之后汉祚衰。天不仁兮降离乱，地不仁兮使我逢此时。干戈日寻兮道路危，民卒流亡兮共哀悲。烟尘蔽野兮胡虏盛，志意乖兮节义亏。对殊俗兮非我宜，遭恶辱兮当告谁？笳一会兮琴一拍，心愤怨兮无人知。"

"笳一会兮琴一拍"，点出此曲以琴拟笳，也可解为琴笳合奏。汉人观念，君子无故不撤琴瑟；笳，则是西北游牧民族手中最普遍的乐器。最初是"葭叶为声"，胡人以芦叶卷起葭管，吹之以作乐，"笳"是人们将它安装在芦管或竹管上之后才生出的字。

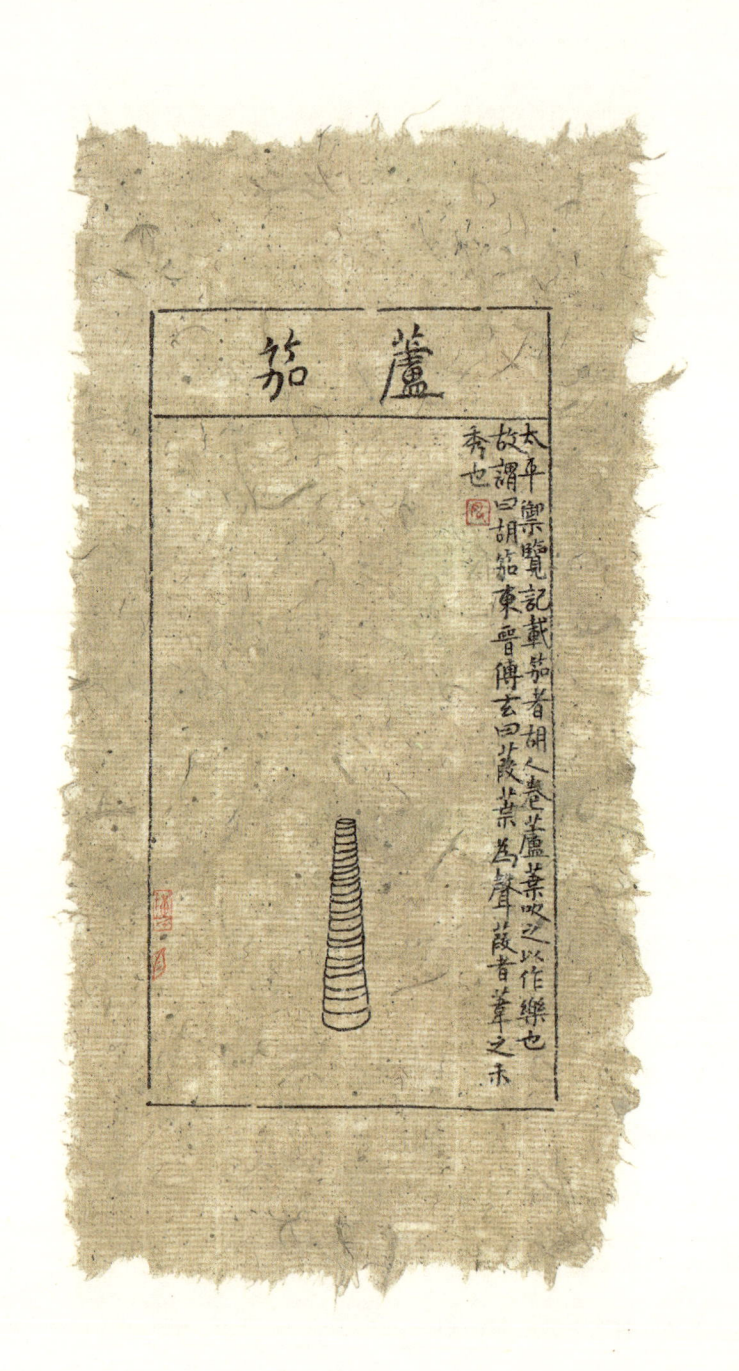

芦笳

> 太平御览记载,笳者,胡人卷芦叶吹之以作乐也,故谓曰胡笳。东晋傅玄曰葭叶为声,葭者,苇之未秀也。

太平御览记载笳者胡人卷芦蘆葉吹之以作樂也故謂曰胡笳東晉傅玄曰葭葉為聲葭者葦之未秀也

文姬当年在汉地，对胡笳必定不陌生，汉代流行的鼓吹乐与横吹乐，前者是"鸣笳以和箫声"，后者是笳与角的组合。

以笳和排箫组成的鼓吹乐由汉初为躲避战乱而逃至北方边塞，通过畜牧业边贸富甲一方的汉人班壹传至中原。由笳和角组成的横吹乐来自西北少数民族，初是军中的"马上乐"，又叫"骑吹"，后来也用于仪仗。最早的横吹曲是宫廷音乐家李延年所作，改自张骞通西域带回的胡曲《摩诃兜勒》。

自从张骞通西域，打开丝绸之路，匈奴和大汉王朝之间开始了长达四百年征服与反征服的你争我夺。之后，文姬式的悲剧随着战乱，在汉地频频发生。汉匈之间的关系，除了贸易和战争，还有"和亲"和"贡纳"的"交流"，《昭君出塞》便是其中流传最广的悲壮故事。而从另一个角度看，汉匈文化也由政治上的博弈展开了互通。

从大汉帝国至隋唐宋的朝会仪仗、宫廷典礼、卤簿鼓吹中，有"鸣笳启路"的仪规，"辨等列，明贵贱"，等级越高，卤簿中笳的数目越多。

魏晋以降，王公贵族的丧仪里，笳的哀婉亦是挽歌章节最凄怨的部分。唐人李嘉佑《故燕国相公挽歌》中便有这样的描述："车马行仍止，笳箫咽又悲。今年杜陵陌，殊瘁百花迟。"然而，身处边塞、孤立无援的汉人听胡笳，和在汉地听汉廷礼乐中以振威仪的胡笳，是完全不同的两种情绪。

早在西汉，战败浚稽山的将军李陵在《答苏武书》中，有一段与此相关的透彻描写："举目言笑，谁与为欢！胡地玄冰，边土惨裂，但闻悲风萧条之声，凉秋九月，塞外草衰，夜不能寐，侧耳远听，胡笳互动，牧马悲鸣，吟啸成群，边声四起，晨坐听之，不觉泪下。"结果是，李陵在兵临绝境时解甲投降。

塞外天寒地冻，牧马在夜间迎风嘶啸，文姬第三拍"鼙鼓喧兮从夜达明，胡风浩浩兮暗塞营"，明指匈奴通宵达旦的狂欢喧嚣，暗诉汉俘夜夜警醒，久不能寐。在初到边外的日子里，她听见笳声的反应是"殊俗心异兮身难处，嗜欲不同兮谁可与语！"的不可忍受。

"冰霜凛凛兮身苦寒，饥对肉酪兮不能餐"，那里原野萧条，烽戍万里，生存环境极其恶劣，草尽水竭时，人们必须赶着羊马不断迁徙，在动荡流离的道路上寻找生机。

无数个不眠的漫漫长夜，究竟如何挨过？在第五拍中，文姬叹道："雁南征兮欲寄边心，雁北归兮为得汉音。雁飞高兮邈难寻，空断肠兮思愔愔。攒眉向月兮抚雅琴，五拍泠泠兮意弥深。"

雁南雁北，冬尽春来，欲寄思乡之情，竟无人可寄，哪怕是归家，旧宅荒空，仅剩自己。唯一的安慰只有陪伴她的琴，每当弹起它，便忆起父亲蔡邕挥袖抚琴的样子。夜半独对清冷的月光，琴音似泠泠流水，流进一颗幽谷般空寂至死的心里。

第八拍，文姬连用了四个激烈的排比问句，痛斥天神的无情。"为天有眼兮何不见我独漂流？为神有灵兮何事处我天南海北头？我不负天兮天何配我殊匹？我不负神兮神何殛我越荒州？"

这番惊天地、泣鬼神的激问，层波叠浪，汹涌澎湃，郭沫若有句评述："像滚滚不尽的海涛，像喷发着熔岩的活火山，那是用整个灵魂吐诉出来的绝叫。"

当大汉帝国的天子在威风八面的朝会路上，在"鸣笳以和箫声"的激昂乐曲中接受群臣礼赞，接受外族使者纳贡时，谁会记起远在北方荒地，日夜盼望还乡的蔡文姬？

终于，建安十一年，已雄霸北方的曹操正不惜千金招贤纳士，也或许是他在饮酒赋诗时，忆起了故交蔡邕，唯有一女文姬流落在外，曹操深感汉室已失蔡邕，不可再失续传其业、才空绝类的文姬，于是，他派遣使者，携黄金和玄玉璧奔赴塞外去赎人。

任凭后人如何猜想曹操与她之间的情谊，以及归汉之后，他俩之间发生了怎样的红颜逸事。对于文姬而言，却是另一种摧折肝肠的痛苦开始。

古来多少贞烈，面对敌军强掳以死相抵，她却在无尽的精神折磨中顽强地活了下来，"我非贪生而恶死，不能捐身兮心有以。……日居月诸兮在戎垒，胡人宠我兮有二子。鞠之育之兮不羞耻，愍之念之兮生长边鄙。"在第十一拍里，她道出了"失节偷生"的缘由，即无法回避为她所厌恶的匈奴人生育，却也是自己的亲生骨血这一事实，也正是因为她替匈奴人生下二子，才受到一些宠爱，如若不是这样，或许她早已自寻了断。

生离死别痛入心髓，她无法带走拉扯着衣袖，哭号不住的幼子，"十六拍兮思茫茫，我与儿兮各一方。日东月西兮徒相望，不得相随兮空断肠。"

《胡笳十八拍》，一唱三叹的生离死别，塞外的荒烟蔓草，沙场上，累累白骨带着触目惊心的刀箭遗痕，凛凛风霜，永逝不返的青春岁月，文姬所见所历所感，给胡笳赋予了格外旷远的愁怀。

早期的胡笳没有音孔，故没有旋律。曹魏时代的文人杜挚作《笳赋》云："乃命狄人操笳扬清，吹东角，动南徵，清羽发，浊商起，刚柔待用，五音迭进。"说明此时的胡笳已具备宫、商、角、徵、羽五音。

杜挚殁于公元255年左右，文姬归汉约是公元207年，文姬所听的胡笳，很可能只是在原始"卷叶吹声"的基础上先进了一些，芦叶卷成圆锥管状，类似复簧乐器的簧，装在中空竹管上，簧可替换，由于竹管没有音孔，她听见的笳声恐怕单调沉闷。

若不是笳声被引入琴曲，人们对胡笳的理解，到唐人边塞诗中表现的空寂旷远，落落离愁，恐怕也就仅止于此了。如王贞白的"陇底悲笳引，陇头鸣北风。一轮霜月落，万里塞天空"，岑参送颜真卿赴河陇，有"君不闻胡笳声最悲，紫髯绿眼胡人吹"。

那么，羌笛怨，角声寒，笳音悲，这三样出自西北少数民族的军乐，在意象上便是并列关系。自《胡笳十八拍》始，汉地文人对于胡笳这样的边塞悲声有了新的认识，这件源于匈奴胡地、带着原始色彩的乐器，成为人们寄托无以为寄的离散悲情之所在。

"胡笳本自出胡中，缘琴翻出音律同。十八拍兮曲虽终，响有余兮思无穷。"在此曲的最末，她交代了琴曲源自笳曲，这是汉匈音乐文化

三孔胡篍

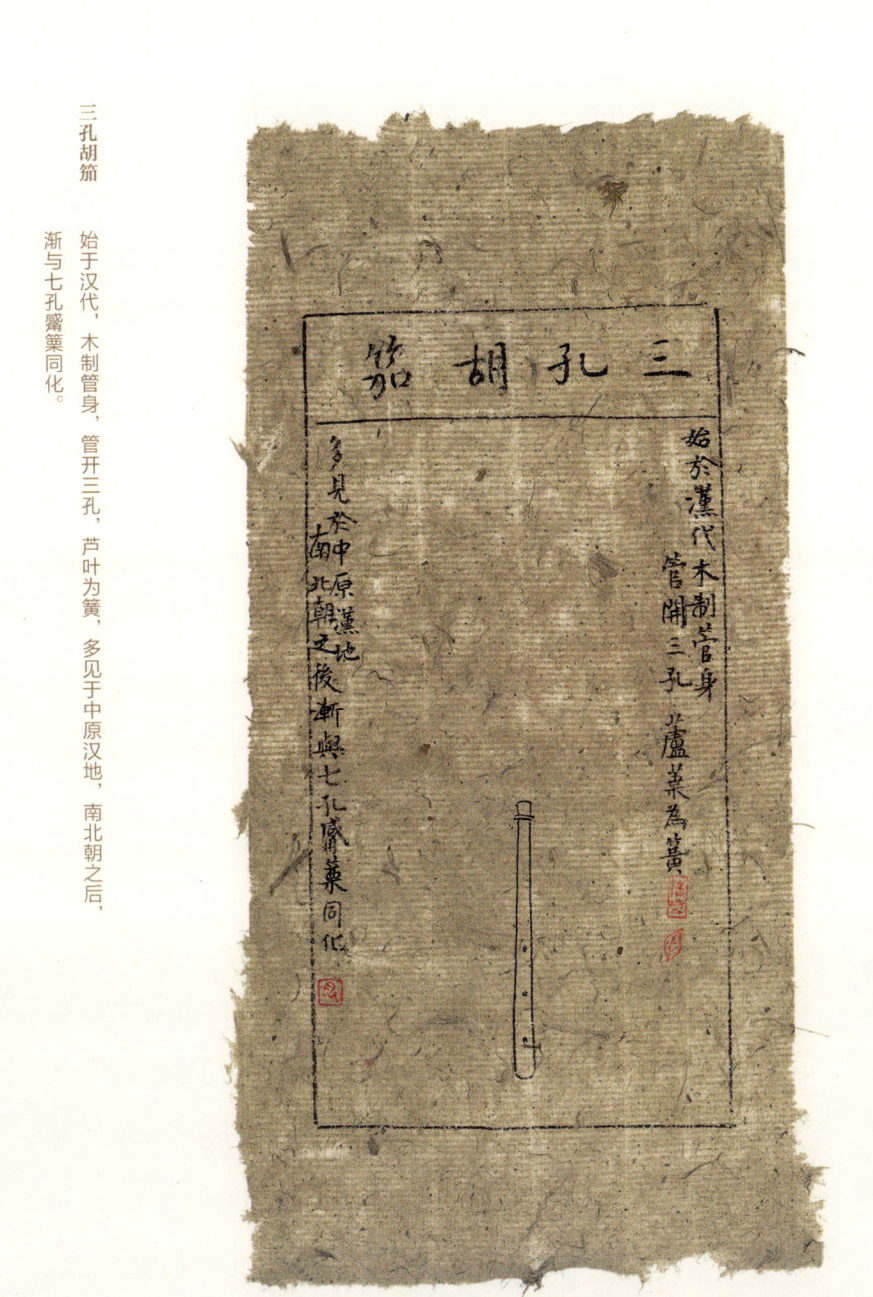

始于汉代,木制管身,管开三孔,芦叶为簧,多见于中原汉地,南北朝之后,渐与七孔觱篥同化。

在历史上震荡时空的一次融合，这融合交杂着文姬有如浩荡江水连绵不绝的哀泣。

"是知丝竹微妙兮均造化之功，哀乐各随人心兮有变则通。胡与汉兮异域殊风，天与地隔兮子西母东。"琴与胡笳，不似琴箫、琴笛般风流，那是两种截然不同文化的对撞，是无可奈何的交融之下产生的奇异效果。

假如《胡笳十八拍》确实为文姬所作，那她便是继李延年之后，又一位杰出的新音乐创造者。以琴音拟笳声，绝非简单地复制，而是对笳声的意韵进行抽象的概括，再用琴的表现技巧去丰富它。在琴曲中以笳声相和，笳又成为琴的伴奏，继而产生出新的听觉感受。

笳声低沉悲缓，琴音清冽阔远，在极大的哀恸中产生的杰出作品，就音乐本身而言，想是文姬已体味到复杂又沉痛的美感，内心深处的强烈抵抗又因与匈奴产生了骨血亲缘而无法割断，此时的胡笳，已成为思念爱儿的寄托。

哀与乐之间的细微转化，各随人心，有变则通。

然而人生际遇无可改变，回归现实，束手无策的她抬头面对苍穹，最后发出荡气回肠的悲号："苦我怨气兮浩于长空，六合虽广兮受之应不容！"

琴的精确雅致，笳的原始苍凉，本不是同类，正因为笳与琴的相和与演绎，清悲的笳声才在一望无际的荒原中跃然出尘。

魏晋时期，有《大胡笳鸣》《小胡笳鸣》，还有一支讲述《昭君出塞》故事的《胡笳明君》，皆为借笳曲改编的琴曲。晋代楚人乐吏刘琨制《胡笳五弄》，集《登陇》《望秦》《竹吟风》《哀松露》《悲汉月》五支笳曲，曾在沙场上吹得胡人骑兵一个个动思泣泪，最后弃围而奔，这又是一个"四面楚歌"式的故事，也是早期被改编成琴曲的作品。

唐代，琴师弹奏笳曲成为风尚，此时，便有了《大胡笳十八拍》和《小胡笳十九拍》，前者由沈辽集曲，世称"沈家声"，后者世称"祝家声"，其名无考，但世间仍有传说，认为两首均出自蔡文姬之手。

武则天时期，凤州参军陈怀古将大小"胡笳"传给琴师董庭兰，在董庭兰手上，《大胡笳十八拍》被改成大曲，真正成型，唐朝诗人刘商为它配上歌辞，也是十八拍，每一拍的辞意与蔡文姬的版本环环相套，有明显拟写痕迹，只是文体不同，蔡文姬借屈原的离骚体，而刘商从第一拍开始，采用了七言形式，读起来稍嫌古板。

《胡笳十八拍》的曲辞是否为文姬所作的争议，也由此开始。

这并不重要，我们只要知道，无论在文学史还是音乐史上，它都是不朽的千古名作。荡气回肠的曲调和辞赋使文姬归汉的故事以别样诗意的方式流传了一千多年，给胡笳增添了一层悲凉的文学气息。

蔡文姬另有两首《悲愤诗》，一般被认为真正是她的作品，诗中这样提到笳琴："北风厉兮肃泠泠，胡笳动兮边马鸣。孤雁归兮声嘤嘤，乐人兴兮弹琴筝。音相和兮悲且清，心吐思兮胸愤盈。"

以北风泠泠，对仗孤雁嘤嘤，以胡笳马鸣，对应乐人琴筝，表面上音声相和，实则悲怆清泠，胸中积聚了满腔无处可诉的愤懑。

"月下清笳欲别难，归来又促嫁衣看。"（《文姬》）归汉之后的蔡文姬，被曹操以赠婚的形式下嫁屯田都尉董祀，这段婚姻似乎结束了她孤苦无依的困境，却也并没有因此而获得完满。

董祀不知因触犯何罪，险些被诛，彼时天寒地冻，文姬蓬首赤足，冲进丞相府，当着满堂宾客的面向曹操叩头请罪，凭借精彩的辩辞，救回董祀一条性命。蓬首赤足显然不成体统，而曹操应对这次不速造访，仅是笑着对公卿名仕和远方使驿们说："蔡伯喈（蔡邕）的女儿就在外面，诸位今天想看看吗？"

关于她的故事，仅见于《后汉书·烈女传》，之后野史，多以此为蓝本演绎。至于传说中曹操与她的一段情，盖因"时且寒，赐以头巾履袜"这九个字引发人们的各种揣测。无论怎样，文姬是一代名儒之后，况一介女子，寒天中光着脚跑来替夫求情，曹丞相赐头巾履袜以示体恤，是再正常不过的事。

曹操问文姬："听说夫人家原有不少藏书，还能记得多少？"文姬答："原是父亲赐予四千多卷，但经年颠沛流离，散佚殆尽，能忆诵的，估计四百余篇。"曹操便提出派十位书吏协同她记录，而她以男女授受不亲婉拒，要来纸笔，自行默出，无一贻误。彼时，曹操天下未定，四处求贤问策，以谋夺国与治国良计，这四百篇珍贵典籍，值得赎回她所用的那些黄金和玄玉璧。

她的爱情，也许早如草灰烟散在跌宕人世间，董祀之于她的意义，或

哀笳

　　盛于唐代，以羊骨或羊角为管，管身无孔，用于卤薄鼓吹乐，多见于塞北及河西走廊一带。宋代渐渐不兴。宋人陈旸《乐书》将之称为哀笳，宋代鼓吹乐中被觱篥所代，惟救患分灾的恤礼尚存。

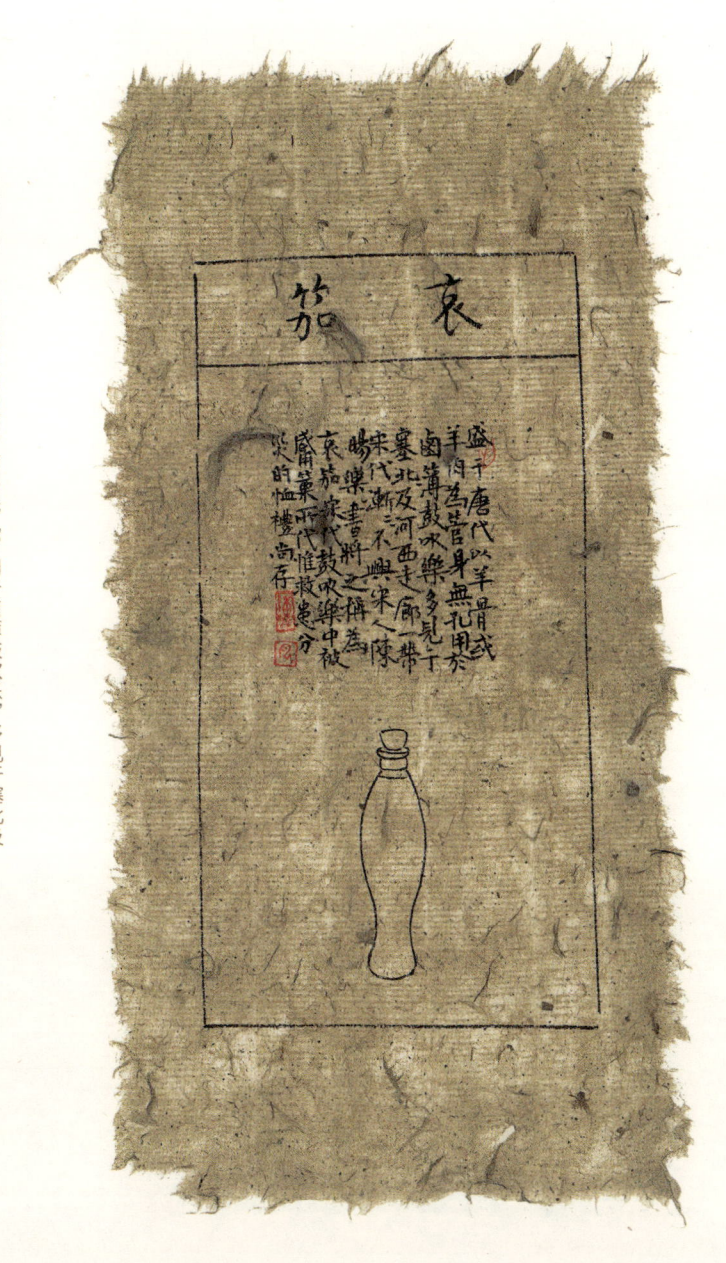

蒙古笳

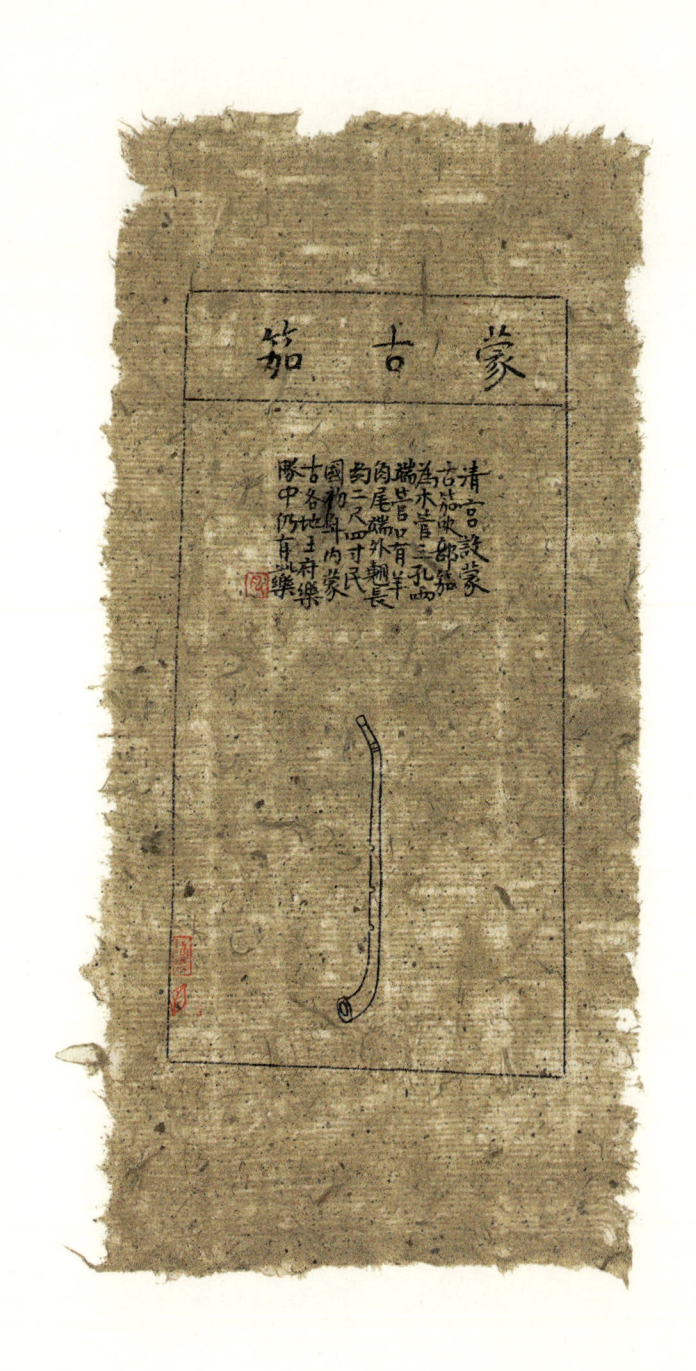

清宫设蒙古笳吹部，笳为木管，三孔，两端管口有羊角，尾端外翘，长约二尺四寸，民国初年，内蒙古各地王府乐队中仍有此乐。

许只是亲人似的陪伴罢了。她在《悲愤诗》其一的末尾写道:"托命于新人,竭心自勖励。流离成鄙贱,常恐复捐废。人生几何时,怀忧终年岁。"

新人便是指董祀,论出身、才华,她均远胜于他,却因曾经被掳"失节"的不堪命运,她连最起码的自信都丧失殆尽,纵然自恃才高,身为人妇,却时时戚然惶恐,害怕有一天被比自己年纪小的丈夫嫌弃而再次失去家庭。算算人生已过半,往后看,不剩多少春景,未来的日子,已无所期待,兀自一颗若存若亡的心,在无休无尽的忧愁中度过残生。

文姬的最终结局,史上并无记载。与她差不多同时代的丁廙有首《蔡伯喈女赋》,提起她的年轻时代,也曾"曳丹罗之轻裳,戴金翠之华钿"。历经劫难复归汉土之后,则只是"循肤体以深念,叹兰泽之空设。伫美目于胡望,向凯风而泣血"。

至于胡笳,虽然形制与音声渐渐进化,却因与另一件吹管乐器觱篥接近,而走向衰落,最终难逃在中原消亡的命运。宋人陈旸在《乐书》中提到过羊骨为管的无孔胡笳,他将之称为哀笳,在宋代的鼓吹乐中已被觱篥所代替,惟有救患分灾的恤礼中还保存着。

清代,宫廷宴乐中重新出现有按孔的笳,木管、三孔、两端管口有羊角,长约二尺四寸,不过,它们属于蒙古笳吹部,与旧时形制不同。民国初年,内蒙古各地王府乐队中仍有木管胡笳,渐渐就稀绝了。20世纪80年代,新疆阿尔泰罕达嘎图蒙古族自治乡发现了三孔木制的胡笳,接近汉魏古制,被定名为阿尔泰胡笳。现在,蒙古族有木管三孔竖吹乐器冒顿潮尔,与胡笳近似。

"清风夜起，悲笳微吟，乐往哀来，怆然伤怀。"三国时期，魏文帝曹丕的好友吴质将赴朝歌为官，曹丕忆起昔日同游，凉夜里，清风送来阵阵笳声，仿佛在时光里轻叹人世的无常。

古笳悲声，今已不闻，好在，我们还有琴曲可听，有辞赋可感。

《胡笳十八拍》曲谱最早见于明太祖之子朱权编纂的《神奇秘谱》，其中收录了无词的"大胡笳"曲。明万历三十九年孙丕显所刻的《琴适》，是唯一有词之谱，配的正是"我生之初尚无为，我生之后汉祚衰……"的叙事歌辞，一字一音，带着汉代相和大曲的痕迹。

清初广陵派琴家徐常遇的《澄鉴堂琴谱》是无词之谱，徐祺父子的《五知斋琴谱》，则附上了这首离骚体叙事歌辞，第一段是序曲，第二段是起调，注"末句是笳声"，与离骚体歌辞"笳一会兮琴一拍"相应。在第三段又注"字字都是笳声"，"句句弹得恬逸，点点达到舒畅"，即有"难以形容的神妙"。

忆起一往事，宋人汪元量曾经弹出过绝品"神妙"，不过它既不恬逸，也不舒畅。宋德祐二年，宋廷奉表降元，元军将太皇太后谢道清、全太后及宋少帝赵㬎作为战俘掳至燕京，这其中有作为扈从的宫廷琴家汪元量，他在燕京生活十三年之久，切身感受到蔡文姬当年的去国之痛，俘虏之耻。

亡宋宫人吴淑真听汪元量弹《胡笳十八拍》，字字泣血，作词云："弹到笳声悲处，千万恨，不能雪。愁绝。"

附《胡笳十八拍》全篇

我生之初尚无为，我生之后汉祚衰。天不仁兮降离乱，地不仁兮使我逢此时。干戈日寻兮道路危，民卒流亡兮共哀悲。烟尘蔽野兮胡虏盛，志意乖兮节义亏。对殊俗兮非我宜，遭恶辱兮当告谁？笳一会兮琴一拍，心愤怨兮无人知。

戎羯逼我兮为室家，将我行兮向天涯。云山万重兮归路遐，疾风千里兮扬尘沙。人多暴猛兮如虺蛇，控弦被甲兮为骄奢。两拍张弦兮弦欲绝，志摧心折兮自悲嗟。

越汉国兮入胡城，亡家失身兮不如无生。毡裘为裳兮骨肉震惊，羯膻为味兮枉遏我情。鼙鼓喧兮从夜达明，胡风浩浩兮暗塞营。伤今感昔兮三拍成，衔悲畜恨兮何时平。

无日无夜兮不思我乡土，禀气含生兮莫过我最苦。天灾国乱兮人无主，唯我薄命兮没戎虏。殊俗心异兮身难处，嗜欲不同兮谁可与语！寻思涉历兮多艰阻，四拍成兮益凄楚。

雁南征兮欲寄边心，雁北归兮为得汉音。雁飞高兮邈难寻，空断肠兮思愔愔。攒眉向月兮抚雅琴，五拍泠泠兮意弥深。

冰霜凛凛兮身苦寒，饥对肉酪兮不能餐。夜闻陇水兮声呜咽，朝见长城兮路杳漫。追思往日兮行李难，六拍悲来兮欲罢弹。

日暮风悲兮边声四起，不知愁心兮说向谁是！原野萧条兮烽戍万里，俗贱老弱兮少壮为美。遂有水草兮安家茸垒，牛羊满野兮聚如蜂蚁。草尽水竭兮羊马皆徙，七拍流恨兮恶居于此。

为天有眼兮何不见我独漂流？为神有灵兮何事处我天南海北头？我不负天兮天何配我殊匹？我不负神兮神何殛我越荒州？制兹八拍兮拟排忧，何知曲成兮心转愁。

天无涯兮地无边，我心愁兮亦复然。人生倏忽兮如白驹之过隙，然不得欢乐兮当我之盛年。怨兮欲问天，天苍苍兮上无缘。举头仰望兮空云烟，九拍怀情兮谁与传？

城头烽火不曾灭，疆场征战何时歇？杀气朝朝冲塞门，胡风夜夜吹边月。故乡隔兮音尘绝，哭无声兮气将咽。一生辛苦兮缘别离，十拍悲深兮泪成血。

我非贪生而恶死，不能捐身兮心有以。生仍冀得兮归桑梓，死当埋骨兮长已矣。日居月诸兮在戎垒，胡人宠我兮有二子。鞠之育之兮不羞耻，愍之念之兮生长边鄙。十有一拍兮因兹起，哀响缠绵兮彻心髓。

东风应律兮暖气多，知是汉家天子兮布阳和。羌胡蹈舞兮共讴歌，两国交欢兮罢兵戈。忽遇汉使兮称近诏，遣千金兮赎妾身。喜得生还兮逢圣君，嗟别稚子兮会无因。十有二拍兮哀乐均，去住两情兮难具陈。

不谓残生兮却得旋归，抚抱胡儿兮泣下沾衣。汉使迎我兮四牡騑騑，胡儿号兮谁得知？与我生死兮逢此时，愁为子兮日无光辉，焉得羽翼兮将汝归。一步一远兮足难移，魂消影绝兮恩爱遗。十有三拍兮弦急调悲，肝肠搅刺兮人莫我知。

身归国兮儿莫之随，心悬悬兮长如饥。四时万物兮有盛衰，唯我愁苦兮不暂移。山高地阔兮见汝无期，更深夜阑兮梦汝来斯。梦中执手兮一喜一悲，觉后痛吾心兮无休歇时。十有四拍兮涕泪交垂，河水东流兮心自思。

十五拍兮节调促，气填胸兮谁识曲？处穹庐兮偶殊俗。愿得归来兮天从欲，再还汉国兮欢心足。心有怀兮愁转深，日月无私兮曾不照临。子母分离兮意难任，同天隔越兮如商参，生死不相知兮何处寻！

十六拍兮思茫茫，我与儿兮各一方。日东月西兮徒相望，不得相随兮空断肠。对萱草兮忧不忘，弹鸣琴兮情何伤！今别子兮归故乡，旧怨平兮新怨长！泣血仰头兮诉苍苍，胡为生我兮独罹此殃！

十七拍兮心鼻酸，关山阻修兮行路难。去时怀土兮心无绪，来时别儿兮思漫漫。塞上黄蒿兮枝枯叶干，沙场白骨兮刀痕箭瘢。风霜凛凛兮春夏寒，人马饥豗兮筋力单。岂知重得兮入长安，叹息欲绝兮泪阑干。

胡笳本自出胡中，缘琴翻出音律同。十八拍兮曲虽终，响有余兮思无穷。是知丝竹微妙兮均造化之功，哀乐各随人心兮有变则通。胡与汉兮异域殊风，天与地隔兮子西母东。苦我怨气兮浩于长空，六合虽广兮受之应不容！

觱篥无声河汉转

> 一管妙清商,纤红玉指长。
> 雪藤新换束,霞锦旋抽囊。
> 并揭声犹远,深含曲未央。
> 坐中知密顾,微笑是周郎。
> ——[唐]张祜《觱篥》

一千两百多年前的某个除夕夜,长安文人圈有一个小聚会,他们来自不同的地方,离家最远的是西域乐人安万善,身在异乡为异客,他乘着酒兴,拿起觱篥,当场吹奏一曲,曲音跌宕急缓中,在座的宾客无不思乡落泪。唐开元十三年的进士李颀是颍阳人,听觱篥声有感,取笔墨记下当时的情形:

南山截竹为觱篥，此乐本自龟兹出。
流传汉地曲转奇，凉州胡人为我吹。
旁邻闻者多叹息，远客思乡皆泪垂。
世人解听不解赏，长飙风中自来往。
枯桑老柏寒飕飗，九雏鸣凤乱啾啾。
龙吟虎啸一时发，万籁百泉相与秋。
忽然更作渔阳掺，黄云萧条白日暗。
变调如闻杨柳春，上林繁花照眼新。
岁夜高堂列明烛，美酒一杯声一曲。

此诗以简洁平实的笔调道出了觱篥的前世今生。唐时流行的觱篥取南山竹材而制，早先由龟兹传入中原。今天的人们会把它视作木管吹奏乐器管子，不过经过数世流转，古觱篥与管子，差异颇大。

约是公元前384年，前秦苻坚的大将吕光攻灭龟兹，带回了龟兹乐和一支载着珠玉美伎的骆驼队伍，这是龟兹音乐歌舞在中国的第一次传入。这支龟兹乐队中有竖箜篌、琵琶、五弦、觱篥、毛员鼓、答腊鼓、羯鼓等乐器。吕光并没有回到中原，而在凉州停留下来，割据河西，建立后凉政权，当时他带回的人还有译经师鸠摩罗什，鸠摩罗什以汉文译出佛经，使佛典成为人人可吟诵的优美音律。

龟兹乐被吕光带来之后，改编为秦汉伎，他死后，乐队星散四方。后魏平定中原，龟兹乐与凉州当地音乐融合，谓之西凉乐。此乐是龟兹乐器琵琶、觱篥与华夏乐器钟、磬、筝等在中国历史上的首次合奏，觱篥因此随着秦汉与龟兹结合的新乐，正式进入中原腹地。

有一些古石窟壁画，仍可见龟兹乐队风貌。如开凿于东汉末年的龟兹克孜尔石窟，比敦煌石窟要早一百多年，石窟中的天宫伎乐飞天图像，有手持觱篥的佛伎在洞壁上侧面含笑了近两千年。还有一些古龟兹国早期壁画，有描绘梵天请佛说法的故事，吹觱篥的伎乐飞天双手持器，指孔吹奏，衣带飘飘，漫天花雨随妙音吹落。

隋代，宫廷著名的乐师有曹妙达、王长通、李士衡、郭金乐、安进贵等人，他们"皆妙绝弦管，新声奇变，朝改暮易，持其音技，估衒公王之间，举时争相慕尚"。龟兹音乐是当时最流行的音乐，花样频出，且流行周期短，达到朝改暮易的程度，这便是李颀诗中"流传汉地曲转奇"之意。

隋高祖是新声的反对者，且对此感到十分不安，轻松欢快的龟兹乐，奔放起伏的旋律，易于激荡人心，这在他眼里是不祥之兆，不正之声，说："声不正，何可使儿女闻也？"

"世人解听不解赏，长飙风中自来往。"事情往往是这样，越热闹的东西越容易积聚人气。乐师们竞相炫技，争领一时风骚。人们多半盲目追随潮流，而觱篥真声，却很少有人识赏。

隋唐燕乐，弦乐中最盛是琵琶，管乐中最盛则是觱篥。隋炀帝时期，宫廷乐队九部伎中清商伎、文康乐（出自晋太尉庾亮的假面乐舞）配置汉家乐器，其他七部伎均混融了西凉、龟兹、疏勒、高丽、康国、天竺、安国等地伎乐。这时，不仅出现了九孔的大觱篥，六孔的小觱篥，还有双觱篥、桃皮觱篥。

小觱篥音色明亮高亢，大觱篥音色低沉洪亮，一个适于领奏，一个适于协奏，分工各不同。隋代，小觱篥和桃皮觱篥在高丽乐中使用，桃皮觱篥即桃皮卷制而成；西凉乐即国伎中，大、小觱篥同时入列；双觱篥是两根管身连接并列，合二为一，吹奏的时候同时发出两个声部，它和普通的觱篥一起在安国乐中使用。

宫廷之外，士族显贵家中蓄养乐伎成风，似乎家家都有一支小型宫廷乐队，演出各式燕乐。隋代征虏将军张盛墓，位于河南安阳豫北纱厂，墓葬出土十三件乐舞俑和伎乐俑，再现了当年张盛家畜乐伎表演乐舞的场景。

舞俑着轻盈长袖薄衫，束胸垂地长裙，胸系双带，伎乐俑则端坐席上，也是胸系双带的垂地长裙。其中，吹觱篥乐伎上身微微前倾，陶胎虽然年久失色，乐伎面容已经模糊，却依稀可见她安静温婉的表情。

觱篥吹响时，可高腾激昂，可沉缓微吟，它灵活多变，握在手中玲珑纤巧，伴随它的是龟兹王国明艳多姿的舞蹈，当它协奏时，可与琵琶、琴、筝相伴，而当它领奏时，似一声朝天笑，似在众芳群里摇曳探出的野姜花。

可是，离开金碧彩绘的殿阁，回到浩瀚的戈壁、荒漠、苍茫辽阔的原野，在漫天风沙里，觱篥声却格外悲凉。

晚年的杜甫在边外，夜间听见觱篥声，叹道："邻舟一听多感伤，塞曲三更欷悲壮。积雪飞霜此夜寒，孤灯急管复风湍。君知天地干戈满，不见江湖行路难。" 明朝诗人苏佑《塞下曲》："将军营外月轮高，猎猎西风吹战袍。觱篥无声河汉转，露华霜气满弓刀。"

觱篥的汉字写法多样，最初，它被译为必栗，六朝名为"悲栗"，周、隋两代始有两个字均为竹字头的"箽篥"，结合了芦管和竹管的意思，盛唐时代，出现"觱篥"一词，从《诗经·豳风·七月》"一之日觱发，二之日栗烈，无衣无褐，何以卒岁"一句而来，"觱发"和"栗烈"均是严冬寒风烈起之意。边塞羌人吹角，声音凄烈，汉人称之为觱，觱篥一来与诗的意境相合，二来又表示这件牧民的吹奏乐器，与角有着千丝万缕的关系。

李颀在诗中说："枯桑老柏寒飕飗，九雏鸣凤乱啾啾。龙吟虎啸一时发，万籁百泉相与秋。" 安万善将觱篥吹出龙吟虎啸之势，又如万籁百泉在秋风中悲凉凄咽，似枯树肃杀，似雏凤啾鸣，与"觱发"和"栗烈"的凛冽萧瑟之意有所应合。

"忽然更作渔阳掺，黄云萧条白日暗。变调如闻杨柳春，上林繁花照眼新。"这两句诗里，《渔阳掺》是边塞的横吹鼓曲，《杨柳春》为李隆基所作的燕乐鼓曲，它们是两种截然不同的鼓乐。西域乐人安万善竟然以一支觱篥将其神韵淋漓尽致地演绎出来，忽而如黄沙漫天、白日暗沉，忽而如上林苑的繁花竞相盛开。明暗对比，冬春转换，吹奏者的气息控制张弛有度、收放自如，听者的情感被调动得时而高亢激昂，时而悲咽幽泣。

除了安万善，唐代青史留名的吹觱篥高手不下十位，如宫廷乐师李龟

觱篥

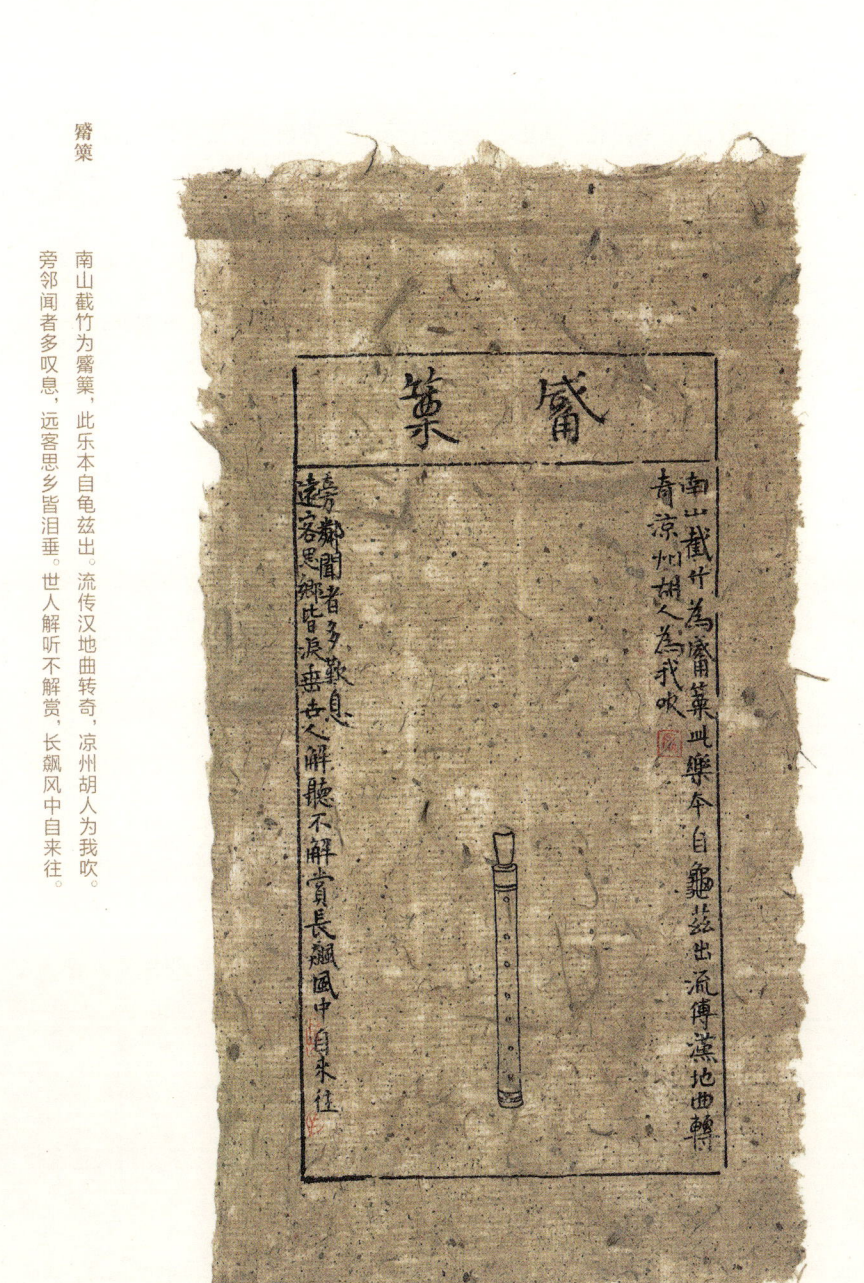

南山截竹为觱篥，此乐本自龟兹出。流传汉地曲转奇，凉州胡人为我吹。旁邻闻者多叹息，远客思乡皆泪垂。世人解听不解赏，长飙风中自来往。

年、黄日迁、刘楚材、关璀、李衮、尚陆陆、史敬约、王麻奴、张徽等。被唐代文人称赞最多的是神童薛阳陶和大将军尉迟青。

大将军尉迟青是西域于阗人，幽州觱篥名手王麻奴来挑战，一曲下来，由于他求胜心切，选用最难的指法，将乐曲移到比原调高半音的调法吹，格外费力以致汗流浃背，而尉迟青则拿出银字管觱篥，吹了同样的曲目，从容不迫，气韵畅和，便说明了觱篥吹奏的技巧，同所有竹管类乐器一样，不在于调门高低，而在于顺应自然，高手总是在有把握的范围里控制自如。

银字管觱篥音声清亮，是唐代出现的觱篥上品。它大致有三种，一种是管身依然是竹管，以银丝缠绕或管端镶嵌银锡；另一种是管身以银或锡浇铸而成；还有一种是管上以银字标注音律。近代，镶银的竹管觱篥、银或锡管觱篥都有考古发现。

唐人冯翊撰笔记小说《桂苑丛谈》中说起一件旧事，丞相李蔚从大梁移镇淮海，浙右小校薛阳陶监押度支运米入城，李丞相便问起薛阳陶是不是故交朱崖李相的左右，李相即相国李德裕，曾被贬朱崖。得到确认后，李丞相大喜，留他住在别馆。

某日，薛阳陶在赏心亭向李丞相献艺，他拿出的觱篥非常奇特，同一管身中容纳三根细管，"声如天际自然而来，情思宽闲。"李丞相又是嘉赏又是赠诗："虚心纤质雁衔余，凤吹龙吟定不如"。

白居易听薛阳陶吹奏时，这位天才神童年仅十二岁，那时吹觱篥的高手有三代，"关璀老死李衮生"，关璀的后继者一般公认是李衮，自古英雄出少年，薛阳陶的技艺在小小年纪已是炉火纯青，诗人这样描述："有时腕软无筋骨，有时顿挫生棱节。急声圆转促不断，栋栋鄰鄰似珠贯。缓声展引一长有条，有条直直如笔描。下声乍坠石沉重，高声忽举云飘萧。"最后，诗人下了结论："若教头白吹不休，但恐声名压关李。"

刘禹锡和李德裕交情不浅，由于薛阳陶是他的乐童，某个霜夜月下，刘禹锡与老友会面时，听过神童的吹奏，忍不住作诗赞叹："冲融顿挫心使指，雄吼如风转如水。思妇多情珠泪垂，仙禽欲舞双翅起。郡人寂听衣满霜，江城月斜楼影长。才惊指下繁韵息，已见树杪明星光。"

这首诗和白居易的诗意思大致相同，薛阳陶的演奏变化多端，顿挫激荡，似风如水，柔缓处如思妇珠泪滴答，振跃时如仙禽展翅飞舞，可听得见秋霜沾衣的寂静，可遥想江月照楼的清肃，一番跌宕激扬过后的尾音，又似晚林间的点点星光，余韵不绝。

唐代有一支觱篥曲《别离难》，背景故事为武则天时代，一士人身陷囹圄，他的结发妻子无处诉冤，独自立在掖庭，吹出愁怨之声，以寄哀情。这支曲子又名《怨回鹘》，后世流传至宋代，教坊里为觱篥首曲。

李隆基擅吹觱篥，曾作《杨柳枝曲》《新倾杯曲》，但他最好的作品却是安史之乱，马嵬坡事变之后诞生的，雨中蜀道行路，斜谷栈道中听风吹动车驾上的铃，铃似雨声，叮咛断续，在山谷中回响，勾起他对杨贵妃的思念之情，千愁万绪，欲诉衷肠，纸面文字或是向虚空倾诉的语言，在彼时于他，竟无颜发声，只得借雨中的铃音替自己向幽冥处传递悲思，遂成一曲，取名《雨霖铃》。

李隆基作此曲时，梨园弟子仅有张徽一人在身边，以觱篥吹之，声悲如雨，泣咽哀绝，后曲子入教坊，无词。北宋柳永用为词调，填出上下阕，"多情自古伤离别，更哪堪，冷落清秋节！今宵酒醒何处？杨柳岸，晓风残月。"为千古绝唱。

音乐家贺怀智曾将十枚交趾国进贡来的瑞龙脑香赠予杨贵妃，从此她的衣裙便有了浓烈熏香，美人不在，李隆基夜夜忧愁，贺怀智便献出当年沾了这香气的幞头巾给他，闻香思人，聊慰离情。贺怀智擅琵琶，研究出以觱篥为黄钟、太簇、林钟宫声三调定弦的方法，琵琶八十四调，其余八十一调，皆以此三调为准，故知觱篥的音高音准，不会轻易变化。

觱篥谱，通俗易懂，五代时期的花蕊夫人《宫词》中有"尽将觱篥来抄谱，先按君王玉笛声"的记述。御制的曲子还没来得及命名，宫娥们便竞相传习，她们以当时流行的觱篥来记谱。

唐代，九部乐中出现管身施以华丽漆彩的漆觱篥，音色上与普通觱篥无异，在婆罗门乐、四夷乐中使用。唐十部伎增加了扶南乐，像天竺乐、龟兹乐一样使用觱篥，而天竺乐在隋代是不用觱篥的，到了唐代它备受尊崇，尤其是唐十部伎中的首部为燕乐伎，觱篥的位置在管类乐器中竟然排至首位。

教坊设有觱篥部，唐人段成式的《觱篥格》中有记述，在大曲中，它的作用为领奏和送场，即"破、断送用之"。

宋代音乐景象，与唐代截然不同。唐人的错彩镂金，到了宋代，被简约化和通俗化，觱篥成为鼓吹、教坊中的"头管"。宋代教坊先是分为大曲部、法曲部、龟兹部、鼓笛部，前三部均有觱篥，后来四部取消，分属十三部，便专设了觱篥部。直至金人侵宋，教坊在宋廷政权风雨飘摇中解散。

宫廷宴乐中，往往是它先开腔，王壬秋有词曰："头管一声天外起。群仙俱上，有人殊丽。"一声似天外凤鸣的仙音作引子，筝、琵琶等其他乐器再百鸟朝凤般依次奏起。

《武林旧事》中，宋理宗寿筵"天基圣节"，有一个皇家宴乐的乐次列单。觱篥先起《万寿永无疆》曲为引子，以示王恩，接着三巡赐酒，每巡第一盏，均为觱篥起，第一巡以《圣寿齐天乐》起；第二巡以《万岁梁州》起；第三巡以《庆芳春慢》起，中间有觱篥、笛、笙、方响、琵琶等乐器的独奏或合奏；最后第三巡第二十盏，以觱篥《万花新》收尾。

北宋崇宁年间，宋徽宗复兴雅乐，太常寺掌管的礼、乐被分开，音乐专立部门叫大晟府。觱篥随着大晟雅乐和燕乐在南宋政和七年传入高丽。政和年间帝王仪仗的鼓吹乐，分大晟府前部鼓吹和大晟府后部鼓吹，其中觱篥和桃皮觱篥的乐人各占二十四，且前后两部都有设置，这样的编制延续到了辽、金。

圣朝元会、天子法驾的行幸，觱篥为雅乐编列，陈旸在《乐书》论述觱篥时批判过，他认为夷狄之音"加之中国雅乐之上，不几于以夷乱华乎？"应该"降之雅乐之下，作之国门之外"。

陈旸担心的是华夏正统音乐由于外来音乐过多的冲击会变乱退化，甚至以春秋时期礼废乐坏、郑卫淫声来形容，这是儒家对传统的捍卫。军中流行舞者假面，着胡人衣服的伎乐已经很久，士族之家，为图热闹，对夷狄之乐更是推崇，而雅乐正声的本来面貌与上古之制，则离人们越来越远了。

这世间的流行，再来势汹汹，都不会长久，人心多变，诱惑太多。儒家强调复古雅乐，也只是空谈，正声的源头，是驯育万民，它本身替统治者说话，压抑人的情感。孔子喜爱箫韶的高洁之美，可是人作为具有七情六欲的动物，无法抵抗欲望之音。圣音和寡，传统雅乐能够轻易地被胡乐稀释，是人本精神的自觉驱使。

热衷胡乐的君王数一数，多半是亡国之君，而纵观历史，亡国之君里，又常出卓越的大艺术家和音乐家，李世民披戎擂鼓的《秦王破阵乐》和李隆基轻歌曼舞的《霓裳羽衣曲》在美感上完全不是一个层次。

"万古到头归一死，醉乡葬地有高原。"李煜在无可奈何中仿佛已经参破。

他们更能在日落之前，流水骓逝之时，看到白鹭拍岸，映照在江波上的粼粼霞光。

宋儒有宋儒的担忧，而宋词有宋词的趣赏。

说回觱篥，从策马扬鞭的边外悲音，到浅酌低唱的宋词，它在中原的流传，渐渐地竟显露出别样的雅致。柳永是宋词慢唱的主导者，婉丽抑扬的词，配上意韵悠远的曲，从各领风骚的歌伎口中唱出，以拍板、觱篥伴奏，便多了烟雨江南的缠绵气息。

姜夔是作词度曲的高手，客居异乡，在荒烟蔓草的城外，想起昔日曾在西湖的画舫上行乐，便有了时光难再的伤感。于是借琴的凄凉调，作出一首《凄凉犯》。这里的"犯"是转调之意，"仙宫调"犯"双调"转"夹钟商"。还有一种"犯"，是将不同的词牌乐句组合串联成新的曲牌。

待到回都城，姜夔将此曲示给觱篥部教坊大使田正德，田正德用一种音色低柔淡雅的哑觱篥吹了一遍，音韵极美，此曲于是又名《瑞鹤仙影》。曲子今已失传，我们可以从"追念西湖上，小舫携歌，晚花行乐。旧游在否，想如今、翠凋红落。漫写羊裙，等新雁、来时系著。怕匆匆、不肯寄与误后约"这些优美的词句中体会它的清雅。

唐诗宋词都是用来唱而非枯念，唐代以诗取仕，诗在很多时候，是官场竞逐的工具；而宋人作词，多半为了娱乐，文人之趣浸润在宋词吟唱中，它表露出更多情感，更加通俗易于流传，且越是茶楼酒肆，越是胭脂香粉之地，越见词人风流狂浪的才情。

唐诗、宋词之后是元曲，各有定数。宋亡后，元杂剧和元散曲时代来临，再往下便是昆曲，音乐形式始终在变化，笛、箫的一波波兴起，使觱篥最终退出主流。明代之后，有前七后一的八孔觱篥，与今天的木制管子相似。

今日再寻它，已散落在民间各地。

要新声陶写,奈声外有声何?怆银字安清,珠绳莹滑,怨感相和。风流故家人物,记诸郎、吹管念奴歌。落日邯郸老树,秋风太液沧波。

十年燕市重经过,鞍马宴鸣珂。趁饥凤微吟,娇莺巧啭,红卷钿螺。缠头断肠诗句,似邻舟、一听惜蹉跎。休唱贞元旧曲,向来朝士无多。

这首《木兰花慢》是金末元初诗人元好问为一对乐人夫妇所写。男的叫张嘴儿,擅吹觱篥,他的妻子田氏是位歌人,此诗中的"风流故家人物"指的便是当年在台上红极一时的他们。十年后,诗人与这对夫妇在燕京又相遇,彼时正是金元交际,诗人以"新声陶写""声外有声"表达了改朝换代中,身为遗民既不愿出仕,也无力挣扎的无奈。"休唱贞元旧曲,向来朝士无多"一句是借用了唐朝刘禹锡的"休唱贞元供奉曲,当时朝士已无多"。

蹉跎岁月有情,一切不复重来。纵然田氏的嗓音依然如娇莺啼转,张嘴儿的银字管觱篥吹起来依然音声清亮,但那时候,觱篥已经不再流行。

时代变了,诗人自己也老了,他们都过时了。

跋

未了缘

起头时,芳草绿生才雨好,
收尾时,杏花红坠已春消。
良可叹,实堪嘲,流水光阴暮复朝;
别绪闲情收拾去,我且待,词登十七润新毫。

——[清]陈端生

陈端生当年写《再生缘》的时候，在第十六回搁笔，作此词，表示她心里指望着还有第十七回。实在如我当下心情，虽然在写作过程中，几欲停住，又慢吞吞拾回来，一个字一个词考证，一句一句往下写。不过现在却暗暗想，或许往后，在不明的未来里，还会接着续上这段缘分，如果有心气儿，如果有时间，如果有机会。

这些文字，不算什么文学创作，只是我对中国古典音乐知识探寻中的一些笔记，出于爱好，零乱支离，不成体统。它们常常在各个方面，让我这个好奇心强烈的人，生出诸多疑惑，无论是渊源，还是演变，或是与它们相关联的人情是非，有若古今传奇，有若艳粉逸事，真真假假，虚虚实实。

我们常说格物致知，音乐的骨架是乐器，乐曲是它的血肉，人赋予其灵魂。无论弹、拉、吹、敲，表达的是人的心境，意念，悲喜，种种……今天的人，不可能复制出古乐的滋味。古人也一样，宋朝的人，弹不出唐朝的韵，唐朝的人，吹不出汉魏的音。人们有的，仅仅是臆想，从前已逝，无人听过真声，无论哪朝哪代，人们弹奏的，是他们自己，是当下的音，与技巧的熟练程度，曲谱的新旧无关。

我出生在一个爱听戏，又出伶人的家庭。我的外公，他是一位建筑师，京戏票友，爱学马连良，也爱听程砚秋、周信芳，随着他，我在那些没完没了的《空城计》《甘露寺》《四郎探母》《坐楼杀惜》中无奈地长大。我的三姨奶奶，她今年恐怕九十岁了，曾经貌美如花，习惯了吊嗓子，说话也始终吊着，细声细气，温婉可人，过去是一位京昆旦行演员，《玉簪记》里的陈妙常，六十五岁封刀，最后登台演的是《金玉奴》。她在绣椅上的定妆照，是我幼年时，贫乏视觉上的最好安慰。

正因不懂戏，所以这里凡是写到关于戏曲伴奏时，便止笔了。我仍爱听戏，听着便觉得人还在过去的家里，热热闹闹，厨房里煮着莲子银耳红枣粥，香味飘过来，这里，"阎婆惜正听到乌龙院外传来三更鼓，宋江辗转思量，杀心渐起。"……

至于古乐器，数千年流转，一件件，余温不同，气韵有别，似一个个不一样的人。在我们不知长短的一生中，不知会结识多少朋友，有的近，有的远，但你总会记得他们的别样气息。因此，诸多种类，我只选了仿佛是我的朋友的那一些，君子之交，其淡如水，临岸观水，微波静美。

天涯至友，记得便是情义。写这些乐器，仿佛为它们一一立传，毕竟没有那么熟络。"穷理于事物始生之处，研几于心意初动之时"，便可借来比作这漫长的散记过程。穷理是份苦差，书斋枯寂时，听听旧曲，曾经几番心动，得以支撑下来。

失去的，就让它失去，可以追怀，不必留恋。接受今天，喜欢不喜欢，那也是没有办法。每个人对于当下，选择继续生活下去的方式不同，我选择拎着一只不大的水桶，往历史的泉井里去打捞，一次一次，攀着井沿，小心提起，猴子捞月一般，愿意朝夕如此。

事物一旦产生，便有自己的轨道和线索，面对历史，我们无能为力，能做的不过是遵循事实，摸索来龙去脉。或许你看到这里，会觉得并没有那么美，也不似一帧帧古画小词动人，是的，这大抵是由于少了些假想与呻吟，连而少了些婉丽辞藻。

古乐之美，今非昔比。失传的，盖棺定论，仍在的，妥善评议。无论考据还是行文方面，一定错漏甚多，且分析片面，盼内行的你，悉心指正。

苏泓月

甲午年腊月初一于京师

古代典籍

[战国]屈原《楚辞》，中华书局，2009年7月

[战国]吕不韦《吕氏春秋》，陆玖译注，中华书局，2011年10月

《周礼》，杨天宇注译，上海古籍出版社，2007年4月

《山海经》，陈成注译，上海古籍出版社，2008年7月

[西汉]司马迁《史记》，中华书局，2009年1月

[东汉]许慎《说文解字》，上海古籍出版社，2007年8月

[东汉]应劭《风俗通意校注》，中华书局，2010年5月

[东晋]郭璞注《尔雅》，浙江古籍出版社，2011年2月

[北魏]杨炫之撰《洛阳伽蓝记》，周祖谟校译，中华书局，1963年

[唐]段安节等《乐府杂录·羯鼓录·乐书要录》，商务印书馆，1936年12月

[唐]杜佑《通典》，中华书局，1988年12月

[后晋]刘昫等《旧唐书》，中华书局，2002年12月

[北宋]李昉等《太平御览》，上海古籍出版社，2008年04月

[北宋]欧阳修、宋祁《新唐书》，中华书局，1975年2月

[北宋]陈旸《乐书》，国家图书馆出版社，2004年10月

[南宋]朱熹注《诗经》，上海古籍出版社，1991年9月

[元]马端临《文献通考》，中华书局，1986年9月

[明]王圻、王思羲《三才图会》，上海古籍出版社，1988年6月

[明]朱载堉《乐律全书》，上海古籍出版社，1987年1月

[清]康熙、乾隆敕编《律吕正义》，1713，1746年

历史、建筑论著（按姓氏笔划排列）

许倬云《西周史》，生活·读书·新知三联书店，1994年12月

张光直《中国青铜时代》，生活·读书·新知三联书店，2013年3月

张光直《商文明》，生活·读书·新知三联书店，2013年3月

陈绍棣《中国风俗通史·西周卷》，上海文艺出版社，2006年3月

罗振玉《殷墟书契考释三种》，中华书局，2006年1月

梁思成《中国建筑史》，生活·读书·新知三联书店，2011年1月

戏曲、音乐论著（按姓氏笔划排列）

王国维《宋元戏曲史》，华东师范大学出版社，1995年12月

王子初《中国音乐考古学》，福建教育出版社，2006年5月

李纯一《中国出土上古乐器综论》，文物出版社，1996年8月

杨荫浏《中国古代音乐史稿》（上、下册），人民音乐出版社，2005年1月
萧友梅、王光祈著《中国古代乐器考·论中国古典歌剧》，廖辅叔、金经言译，吉林出版社有限责任公司，2010年1月

期刊及学位论文（按姓氏笔划排列）

王子初《汉龠试解》，《南艺学报》，1984年01期
王子初《鼍鼓论》，《中央音乐学院学报》，1986年03期
王子初《汉龠再解》，《中国音乐学》，1988年01期
王子初《笛源发微》，《中国音乐》，1988年01期
王子初《汉籥余解——借复高德祥君》，《中国音乐学》，1993年07期
王子初《我们的编钟考古》（上），《中国音乐学》，2012年04期
王晓俊《古篪音义形制考》，《南艺学报》，2009年第04期
王克芬《元代敦煌壁画舞蹈形象的考察与研究》，《舞蹈》，1996年06期
方建军《琴瑟的轸和轸钥》，《中国音乐学》，2009年第2期
方建军《论东周秦汉铜钲》，《中国音乐学》，1993年01期
叶敦妮《先秦竹类乐器考》，《中国音乐》，2010年01期
田中华《筚篥考略》，《文博》，1991年01期
冯洁轩《徽与琴瑟》，《中央音乐学院学报》，1992年03期
吴晓秋《试论铜锣与铜鼓的关系》，《东南文化》，2000年01期
陈梦家《商代的神话与巫术》，《燕京学报》，20期，1936年12月
李明明《中国民族打击乐铙、钹之辨》，《安庆师范学院学报》（社会科学版），2013年4月
郑祖襄《宋元明琵琶曲史料拾零》，《中央音乐学院学报》，1994年02期
项阳《考古发现与秦筝说》，《中央音乐学院学报》，1993年04期
项阳《筑及相关乐器析辨》，《音乐探索》，1992年03期
祝仰东《汉画像"盘鼓舞"价值取向研究》，《艺术百家》，2011年06期
费秉勋《鼓及盘鼓舞与古代宗教意识》，《西北大学学报》（哲学社会科学版），1984年02期
爱新觉罗·启垚《爱新觉罗·毓峘谈清恭王府三弦传谱》，《人民音乐》，1988年09期
晏波《古瑟研究——以楚瑟为中心》，华中师范大学，2009年硕士论文
黄晔北、覃辉《钟鼓楼的发展》，《山东建筑大学学报》，2008年4月
黄艺鸥《方响形态及其历史文化研究》，上海音乐学院，2007年硕士论文
彭东焕、王映珏《唐宋羯鼓、腰鼓考辨》，《中华文化论坛》，2012年06期
戴宁《隋唐朝的打击乐史》，《西安音乐学院学报》，1996年03期

GUYUE ZHI MEI

图书在版编目（CIP）数据

古乐之美 / 苏泓月著. -- 北京：人民音乐出版社，2016.1（2017.4 重印）
ISBN 978-7-103-04992-1

Ⅰ.①古… Ⅱ.①苏… Ⅲ.①古乐器—介绍—中国 Ⅳ.①K875.5

中国版本图书馆 CIP 数据核字（2015）第 180447 号

责任编辑	刘沐粟
责任校对	颜小平
整体设计	李　响
"新乐府"题字	许　静
内封题字	章燕紫
插图绘制	叶　紫
书法及篆刻	陈嘉豪
出版发行	人民音乐出版社
社　　址	北京市东城区朝阳门内大街甲 55 号
邮政编码	100010
网　　址	http://www.rymusic.com.cn　E-mail:rmyy@rymusic.com.cn
经　　销	新华书店
印　　刷	北京尚唐印刷包装有限公司
开　　本	880×1230 毫米　1/32
印　　张	14.5
版　　次	2016 年 1 月北京第 1 版　2017 年 4 月北京第 3 次印刷
印　　数	10,001- 30,000 册
定　　价	128.00 元

版权所有　翻版必究
凡购买本社图书，请与读者服务部联系。电话：(010) 58110591
网上售书电话：(010) 58110650 或 (010) 58110654
如有缺页、倒装等质量问题，请与出版部联系调换。电话：(010) 58110533